Friedrich Oberkogler · FAUST I. Teil

Werkbesprechung und geisteswissenschaftliche Erläuterungen

Friedrich Oberkogler

FAUST

I. Teil

von

Johann Wolfgang von Goethe

Werkbesprechung

und

geisteswissenschaftliche Erläuterungen

1981

Novalis Verlag

Printed in Switzerland
ISBN 3-7214-0074-7

Inhaltsverzeichnis

Vorwort

Angesichts der kaum überschaubaren Literatur, die seit Goethes Tod über den «Faust» entstanden ist, glaube ich Rechenschaft ablegen zu müssen über den Beweggrund, der mich veranlaßte, die vielen Kommentare um ein weiteres zu vermehren. Grundlage dafür bildete die Erfahrung, die ich durch viele Jahre bei meinen zahlreichen Kursen und Seminaren über Goethes Faust-Dichtung sammeln konnte. Namentlich die wiederholten Einführungs-Vorträge am Goetheanum in Dornach, die ich zu den Sommertagungen der dortigen Faust-Aufführungen zu halten die große Freude hatte, haben mich erkennen lassen, daß diesem unerschöpflichen Werk immer wieder neue Aspekte abzuringen sind, und daß vor allem die Geisteswissenschaft Rudolf Steiners die Möglichkeit bietet, neue Einsichten zu eröffnen und aufzuzeigen. Was mir dabei vor Augen schwebte war also der Versuch, das Werk mit Hilfe der geisteswissenschaftlichen Erkenntnisse Rudolf Steiners zu erhellen, die geistigen Zusammenhänge, die in der Dichtung selbst liegen, durch sie einsehbar und verständlich zu machen. Daß die Vorkommnisse der Dichtung oft wie von selbst in das Erkenntnisgut Rudolf Steiners einmünden, ergibt sich zwangsläufig aus der inneren Geistverwandtschaft zwischen dem Weltbild Goethes und der Anthroposophie Rudolf Steiners; ein Zeugnis dafür, wie verwandt, ja aus einer Quelle fließend, die künstlerische Inspiration und die wahre Geisterkenntnis sind.

Hier muß ich hinzufügen, daß die gleiche Strenge, die ich mir in meinen Untersuchungen über das Werk Richard Wagners – «Vom Ring zum Gral» – auferlegte, nämlich ausschließlich dem Werk zu folgen, auch hier mein oberstes Gebot war. Auch in diesem Buche sind nur solche Wahrheiten und Erkenntnisse der Anthroposophie angeführt, die unmittelbar durch die Dichtung selbst angesprochen werden und organisch aus ihr resultieren. Daher ist es kein philosophisch-anthroposophisches Buch im formalen Sinne geworden. Seine Intentionen urständen vielmehr in den ewigen Fragen, die sich gerade an der Faust-Gestalt immer aufs neue entzünden und sich nicht nur dem Verfasser aufdrängen, sondern jedem Menschen in der Seele brennen. Diese Fragen, die bis zu den letzten Dingen reichen, sind der Grundnerv des Buches: Fragen nach Sinn und

Mission unseres Menschseins, nach der Güte der Schöpfung und nach dem «Bösen», wie sie der Weg Faustens aufzeigt.

An wen will sich das Buch nun wenden? Dem mit der Geisteswissenschaft verbundenen Leser möge es Erfahrungen bringen in Fortsetzung und Ergänzung der Faust-Vorträge Rudolf Steiners. Vielleicht wird ihm dabei manches Fenster aufgeschlossen und ein Blick in Räume gewährt, in denen Erkenntnis und Dichtung sich in wunderbarer Weise zusammenfinden. Mit besonderer Hoffnung aber wendet sich dieses Buch an alle jene, die Goethe verehren und denen der Faust ein Wegbegleiter durch ihr Leben ist. Möchte es doch gerade dieser Leserschaft Zusammenhänge erschließen, die von ihr vielleicht geahnt und empfunden wurden, die aber, konkret ausgesprochen und zur Darstellung gebracht, das bisherige reine Gefühlserlebnis mit Gedankenlicht zu erhellen vermögen. Und nicht zuletzt möchte sich dieses Buch mit gleicher Neigung auch den Händen all derer überantworten, die dieser Dichtung bislang nicht allzuviel Verständnis entgegenbringen konnten, da sie glaubten, Widersprüchlichkeiten und Ungereimtheiten in ihr entdecken zu müssen. Gerade auf diese Widersprüche einzugehen und ihre scheinbare Gegensätzlichkeit zu entwirren, habe ich mich bemüht, um dieser einzigartigen Dichtung auch in unserer Zeit den geistgemäßen Zugang eines breiten Leserkreises zu erschließen.

Was den Formwillen des Buches betrifft, die Szenenkontinuität zu wahren, d. h. keine zusammenfassenden Blickpunkte zu geben, sondern die Besprechung an die Versfolge zu binden, so urständet er ebenfalls in meinen Erfahrungen, die ich in zahlreichen Seminaren, Gesprächen und sonstigem lebendigen Austausch mit einer weit gefächerten, nicht nur auf den deutschen Sprachraum beschränkten Hörerschaft sammeln konnte. Denn es wurde stets als wertvolle Hilfe empfunden, sich solcherart – gleichsam von Vers zu Vers – im Studium voranzutasten.

Bleibt mir abschließend noch die Freude, dem Novalis-Verlag meinen herzlichsten Dank zu sagen, daß er der wiederholt an mich herangetragenen Bitte nach schriftlicher Niederlegung meiner Ausführungen Gehör schenkte und sich spontan bereit erklärte, das Manuskript zu übernehmen.

Wien, im Sommer 1980 Friedrich Oberkogler

Zur Entstehung des Werkes

Im Juli des Jahres 1772 schrieb Goethe an J. G. Herder:

«Ich möchte beten wie Moses im Koran: ‹Herr, mache mir Raum in meiner engen Brust›.»

Die Sehnsucht, das eigene Ich zur Welt, zu Gott auszuweiten, erfüllte die ganze Seele des jungen Dichters. Menschsein ist ihm – nach den Selbstzeugnissen in «Dichtung und Wahrheit» – ein lebendiger Atemstrom der Entelechie: ein «Sich-Verselbsten zum Ich» und ein «Sich-Entselbstigen zum All». Systole und Diastole des unvergänglichen Wesenskernes des Menschen.

Wie sollte da der vierundzwanzigjährige, ganz dem visionären Höhenflug des «Sturm und Drang» hingegebene Jüngling nicht überwältigt sein von jener Gestalt, die in so einzigartiger Weise Geist-Verselbstung und Selbst-Vergeistung repräsentieren konnte? Hatte er sich doch bereits in Prometheus und Pandora Mythengestalten geschaffen, die ihm Urbilder dieses kosmischen Atemstromes bedeuteten. Doch das Drama der Ichheit und des Göttertrotzes: Prometheus blieb Fragment, und das Urbild der liebend in ein Götterreich Aufgehenden: Pandora sollte erst viele Jahre später seine dichterische Fassung erfahren.

Allein Goethes eigener, ungestümer Erkenntnisdrang, in allen Wissensgebieten das Unendliche ergründen zu wollen, wie seine, allem Natur-Erleben hingegebene Seele, sein eigener prometheischer Trotz:

«Hier sitz' ich, forme Menschen
Nach meinem Bilde,
Ein Geschlecht, das mir gleich sei,
Zu leiden, zu weinen,
Zu genießen und zu freuen sich;
Und dein nicht zu achten,
Wie ich!»

(Prometheus. Entstanden 1774)

– wie seine ganymedische All-Liebe:

«Hinauf! Hinauf strebt's
Es schweben die Wolken
Neigen sich der sehnenden Liebe.
Mir! Mir!
In euerm Schoße
Aufwärts!
Umfangend umfangen!
Aufwärts an deinen Busen,
Alliebender Vater!»

(Ganymed. Entstanden wahrscheinlich ebenfalls 1774)

fühlten nur zu deutlich, daß dieses gegensätzliche Streben der eigenen Seele sich in der Faust-Gestalt umgreifen ließ. Und so scheint uns der junge Dichter von der, aus dem 16. Jahrhundert überlieferten Faust-Sage förmlich überfallen. Unbekümmert, wie sich alles einmal zu einem Ganzen wird fügen lassen, gibt er sich seiner dichterischen Phantasie hin, formt, was ihn bedrängt. Die zwei Seelen in seiner Brust gestalten sich dabei zu zwei geschlossenen Szenengruppen: die «Gelehrten-Tragödie» (E. Trunz) – das Scheitern des Titanendranges, über sich selbst hinaus wachsen zu wollen, und die «Gretchen-Tragödie» – die Erlösung aus den Fesseln des Ich durch die Liebe.

Als Goethe 1775 nach Weimar kam, war dieser «Urfaust» bereits geschrieben. Nach dieser ersten Entstehungsepoche, die wohl schon um 1772 begonnen haben mag, ruht die Arbeit lange Jahre. Einen ausgearbeiteten, folgerichtigen Handlungszusammenhang läßt der «Urfaust» noch nicht erkennen. So bemerkt Erich Trunz in seinem Kommentar:

«Mephistopheles ist plötzlich da, ohne daß wir wissen, warum. Fausts Entfernung von Gretchen bleibt unbegründet. Es sind nur Entwürfe, noch kein fertiges Werk, und Goethe behielt den Wunsch, es zu vollenden.»

1790 erscheint die Dichtung unter der Bezeichnung «Faust, ein Fragment». Es bricht mit der Dom-Szene ab. Das «Fragment» stellt eine Umarbeitung des «Urfaust» dar. Die Prosa ist in allen Szenen dem Versmaß gewichen. Die Schüler-Szene hat nunmehr endgültige Form. In «Auerbachs Keller» ist nicht mehr Faust, sondern Mephisto der Urheber der schwarz-magischen Wein-Hexerei. Auch die «Hexenküche» scheint bereits auf. Als bedeutendste Frucht aber, die Goethe aus der italienischen Reise für das Drama ernten konnte, erstand die Szene «Wald und Höhle», die jetzt den ersten Teil der Gretchen-Handlung abschließt.

In der dritten Epoche zwischen 1792 bis 1806 werden alle bisherigen Ereignisse des Dramas in eine weltweite, menschheitliche Perspektive gestellt. Für uns Rückblickende ein erregendes Geschehen, das uns erleben läßt, wie nunmehr «alles sich zum Ganzen webt», und sich die endgültige Form des Werkes abzuzeichnen beginnt. Der Pakt mit dem Teufel, in seiner, von aller Tradition abweichenden Form, die Helena-Gestalt, an der sich jetzt der »Klassiker« Goethe entzündet, vor allem aber der nunmehr vorangestellte «Prolog im Himmel», welcher der Dichtung ihren eigentlichen kosmischen Rahmen gibt, sind die Kostbarkeiten dieser Jahre, die wir als die Periode Schillers bezeichnen dürfen. Denn ihm fällt das Verdienst zu, Goethe in dieser Zeit für die Arbeit am «Faust» enthusiasmiert zu haben. Das endgültige Ergebnis dieser Schiller-Epoche ist der gesamte erste Teil der Dichtung, sowie der Beginn der Helena-Tragödie.

Die vierte und letzte Arbeitsperiode fällt in die Jahre von 1825 bis 1831. In ihr entsteht der zweite Teil des Dramas. Folgen wir dem Chronisten, dann wirkt jetzt Eckermann *«fördernd und anregend durch seine leise, aber stetige Stimme und seine genaue Vertrautheit mit Goethes Werk.»* (E. Trunz) Marksteine zur Vollendung sind die Jahre: 1826, in dem der Helena-Akt fertiggestellt wird, 1827 mit den Szenen am Kaiserhof, während die Lücke zwischen beiden Geschehnissen 1830 geschlossen wurde, in welches Jahr die Vollendung der «Klassischen Walpurgisnacht» fällt.

Im Anschluß daran wird der fünfte Akt begonnen und vollendet. Der Frühling 1831 sieht den 2. Teil im wesentlichen fertig, nur der vierte Akt weist noch Lücken auf. Goethe steckt sich selbst das Ziel, diese bis zu seinem Geburtstage am 28. August, zu schließen. Es gelang.

Der Dichter ist von tiefstem Glück erfüllt:

«Mein ferneres Leben kann ich nunmehr als ein reines Geschenk ansehen, und es ist jetzt im Grunde ganz einerlei, ob und was ich noch etwa tue.» (Zu Eckermann, 6. Juni 1831.)

Und in einem Brief an Sulpiz Boisserée vom 8. September 1831, fühlen wir die ganze innere Bewegtheit Goethes heraus, und ahnen, was der Abschluß für ihn bedeutete:

«Nun bedurft' es zuletzt einen recht kräftigen Entschluß, das Ganze zusammenzuarbeiten, daß es vor einem gebildeten Geiste bestehen könne. Da steht es nun, wie es auch geraten sei. Und wenn es noch Probleme genug enthält, keineswegs jede Aufklärung darbietet, so wird es doch denjenigen erfreuen, der sich auf Miene, Wink und leise Hindeutung versteht. Er wird sogar mehr finden, als ich geben konnte.

Und so wird denn das Manuskript endlich eingesiegelt, daß es verborgen bleibe und dereinst, wenn's glückt, die spezifische Schwere der folgenden Bände meiner Werke vermehren möge. Alles, was hierzu gehört, wird sorgfältig redigiert und rein geschrieben in einem aparten Kästchen verwahrt.

Verzeihen Sie, wenn diese vielen Worte doch am Ende nichts Befriedigendes aussprechen. Möge das Ganze zu guter Stunde künftig zu Gesicht kommen.»

So ist der «Faust» wahrhaftig Goethes Lebenswerk und Vermächtnis. Versiegelt hat er es der Nachwelt übergeben, und sein Blick geht dabei in weite, ferne Zukunft. Wann wird das Verständnis reifen für seine Wahrheiten, die, nach des Schöpfers Worten, den eigenen Bewußtseinshorizont übersteigen? Dachte er an die Jahrzehnte nach seinem Tode? Dachte er an unser Jahrhundert? Oder ahnte er, daß die Faust-Gestalt durch seinen Genius zum Repräsentanten einer ganzen Kulturepoche wurde? Ein Leitbild für den freien, ich-bewußt-strebenden, liebenden Menschen des Bewußtseinsseelen-Zeitalters?

Das «Lebenswerk» macht es notwendig, daß uns Goethe schrittweise der Handlung des Faust-Dramas entgegenführt. Sein eigenes Reifen von der dramatischen Erzählung eines Menschenschicksals zu einer Menschheits-Dichtung fordert die drei «Tore», durch die uns der Dichter führt, und die uns das Werden dieser menschheitlichen Perspektive miterleben lassen.

Zueignung

Zwischen den beiden ersten «Prologen», der «Zueignung» und dem «Vorspiel auf dem Theater» besteht ein inniger Zusammenhang. Die «Zueignung» ist der subjektivste, am meisten an die Persönlichkeit des Dichters gebundene Prolog. Als Goethe in den Neunziger-Jahren, durch Schillers unablässiges Drängen bewogen, die Arbeit am «Faust» wieder aufnahm, da mochte er wohl zurückdenken an jene Jugendjahre, wo ihm die «Tiefen» und «Weiten» des Faustproblemes noch unbekannt waren:

«Ihr naht euch wieder, schwankende Gestalten,
Die früh sich einst dem trüben Blick gezeigt.»

«Schwankende Gestalten», Wesen seiner dichterischen Phantasie drängen sich ihm zu, verdichten sich zu Imaginationen, wollen durch ihn Kontur und Form bekommen. Geistwesen, die er damals schon mit seinem «Urfaust» angezogen hatte, die durch seinen Genius zu dichterischer Wirklichkeit im Reiche des «Schönen Scheines» wurden. Sie nahen sich ihm wieder aus längst entschwundener Ferne.

«Fühl' ich mein Herz noch jenem Wahn geneigt?»

Eine Frage von entscheidender Bedeutung. Denn sie läßt uns erkennen, daß die «Bilder froher Tage», die jene aus «Dunst und Nebel» steigenden Gestalten mit sich bringen, und ihn wie «Zauberhauch umwittern», mehr sind als blasse Gedächtnisbilder und tote Erinnerungs-Vorstellungen.

«Der Schmerz wird neu, es wiederholt die Klage
Des Lebens labyrinthisch irren Lauf...»

Was er erschaut, ist gegenwärtiges Erlebnis. Der Dichter sieht sich in eine Sphäre gehoben, wo die irdische Zeitdimension, der fließende Strom eines stetigen Nacheinander, nicht mehr gilt. Eine Sphäre, die sich hinter unserer Vorstellungswelt weitet, in der die Zeit wesenhaft in der Dauer webt. Mit unseren reflektierenden Vorstellungen vermögen wir uns diese Sphäre nicht zu erschließen. Sie gewähren uns nur Bilder, Spiegelungen eines wahren Seins.

Doch wo das Herz sich jenem Wähnen neigt, im Fühlen, weben wir in diesem Sein. Das Fühlen reflektiert nicht, es erlebt. Zwar ist es nicht so tag-wach wie unser Denken; sein Wachheitsgrad entspricht dem Träumen. Dafür aber erleben wir uns in einer realen Welt des Seins. Eine Erkenntnis, die uns Rudolf Steiner in zahllosen Darstellungen vermittelt hat. Aus diesem Erlebnis wesenhafter Transzendenz sind die feierlichen Strophen der «Zueignung» geschrieben.

Doch kann sich dieses erfühlte Darinnen-Stehen in einer realen Seins-Transzendenz nicht ohne Schmerz erleben. Wird die Mitwelt den neuen Versen gleiches, verstehendes Lob spenden, wie es einst die Gefährten der Jugend dem «Urfaust» zollten? Längst sind sie «hingeschwunden», haben sich äußerlich wie innerlich zerstreut und verloren. Äußerlich, indem sie das Leben andere Wege geführt hat, die das «freundliche Gedränge» jener Jugendtage in alle Winde zerstieben ließen. Innerlich, weil sie, um der neuen Dichtung Verständnis entgegenbringen zu können, selbst zu jener Bewußtseinshöhe hätten erwachsen müssen, zu welcher der Dichter inzwischen emporgestiegen war.

Ihn jedoch ergreift mit Urgewalt «ein längst entwöhntes Sehnen» nach diesem «stillen, ernsten Geisterreich», in dem das «Himmelslicht» urständet, jener entelechische Wesenskern des Menschen, der ihn zum Ebenbild der Gottheit veranlagt hat. Wie sehr durchdrungen Goethes Dichterseele von diesen, ihn umdrängenden Geistgestalten ist, zeigt die Wiederkehr mancher «Zueignungs-Worte» im Drama. So etwa, wenn sich die «schwankenden Gestalten» zu den ersten Versen der Anachoretenszene verdichten: «Waldung, sie schwankt heran», – oder wenn der «Zauberhauch», der ihn jetzt «umwittert», sich zum «Schlüssel» formen und die rechte Stelle «wittern» wird, um Faust das Tor zu den «Müttern» zu öffnen.

Durch diese nur hingehauchten Parallelen können wir sehen, wie sich der Dichter hinübergetragen fühlt in diese Geistsphäre, wie er sich als Geleiteter und nicht als ein sich mit Vorsatz Hineindrängender erlebt: «Ihr drängt euch zu! Nun gut, so mögt ihr walten». Was wir hier miterleben dürfen, ist der Geburtsaugenblick einer dichterischen Schöpfung. Goethe läßt die Poesie nicht zum «dichterischen Geschäft» werden, wie es gleich im folgenden «Vorspiel» der «Theaterdirektor» vom Dichter fordern wird, vielmehr versinnbildet er uns ihren schöpferischen Werdeprozeß in dem schönen Bild, der vom Windhauch zum Klingen erweckten Harfe:

«Es schwebet nun in unbestimmten Tönen
Mein lispelnd Lied, der Äolsharfe gleich.»

Angeweht durch das gewaltige «Sehnen», fühlt er wie von «Schauer» – des Menschen bester Teil – sein Herz berührt: «Träne folgt den Tränen». Mit lösender Milde erweicht dieser Seelen-Tau des Auges das «strenge Herz», das nur mit Wehmut und Resignation auf seine Umwelt blicken kann. Denn Goethe fühlt nur zu deutlich, daß die gegenwärtige, vom Materialismus angenagte Denkungsart das neue Lied nie verstehen wird:

«Mein Leid ertönt der unbekannten Menge,
Ihr Beifall selbst macht meinem Herzen bang.»

Eine Tagebuchaufzeichnung Goethes von 1809 über die Druckfehler der Cottaschen Ausgabe setzt hier statt «Leid» das Wort: «Lied». Dennoch blieb in den folgenden Ausgaben «Leid» stehen, und Goethe mag dies später selbst sanktioniert haben. Denn daß Dichtung aus dem Schmerz des Dichters aufsteigt, daß Leid die Quelle der schönsten Lieder ist, war Goethe kein fremdes Erlebnis. Es ist das Leid, das jedem widerfährt, der die geistig-göttlichen Welten, gleich dem Dichter, zu schauen erstrebt. Das Leid der Einsamkeit und Heimatlosigkeit der Seele. Zu ihnen gesellt sich der Schmerz der Entsagung, der aus dem nie endenden Stirb-und-Werde-Prozeß erfließt, ohne den es keine echte Schöpfertat geben kann. Auch das neue Dichter-Wollen fordert ihn. Denn mit dem, was Goethe «besitzt», würde er seine neue Dichtung nicht schreiben können. Doch jenes längst Entschwundene, das als einstiger Erlebnisgehalt hinuntergesunken ist in die Tiefen seiner Seele, unbewußt ihm selbst sich dort verwandelt hat, innerlich gereift und gewachsen ist, das steigt nun herauf, erfüllt seine Inspiration und wird plötzlich reale Wirklichkeit:

«Ein Schauer faßt mich, Träne folgt den Tränen,
Das strenge Herz es fühlt sich mild und weich;
Was ich besitze, seh' ich wie im Weiten,
Und was verschwand, wird mir zu Wirklichkeiten.»

Alles in ihm ist Erwartung; Lauschen auf jenes «lispelnde Lied», das auf den Saiten seines Herzens wie auf einer Äolsharfe erklingen wird, vom Schicksalswind angeweht.

Vorspiel auf dem Theater

Die lyrische Empfindungswelt der «Zueignung» mit ihren zart ineinanderfließenden Bildern, verdichtet sich im «Vorspiel» zu dramatisch festen Konturen dreier Gestalten: zum «Dichter», «Theaterdirektor» und zur «Lustigen Person». Das Thema bleibt das gleiche: wieder geht es um die Vollendung eines Jugendwerkes durch den inzwischen ergrauten Dichter.

Die Tatsache, daß uns alle Dichtungen Goethes mit seinem persönlichen Erleben untrennbar verbunden erscheinen müssen, und Goethe ja auch tatsächlich alle drei hier dargestellten Funktionen ausgeübt hat, könnte in uns leicht die Vermutung erwecken, es handle sich auch hier um ein «Selbstgespräch», einen dreifältigen Monolog. So erfahren wir, daß Goethe, als er die Direktion des Weimarer Hoftheaters innehatte, Schiller oft antrieb und mahnte, praktischer und rascher zu schreiben. Wir besitzen Briefe, in denen Goethe dem Freund empfiehlt, seine Motive so beherrschen zu lernen, daß *«Genie und Stimmung nicht zu jeder Operation nötig seien.»* Also ganz im Sinne des hier auftretenden Direktors und seiner Forderung:

«Was hilft es, viel von Stimmung reden?
Dem Zaudernden erscheint sie nie.
Gebt ihr euch einmal für Poeten,
So kommandiert die Poesie.»

Und wenn Goethe hinsichtlich seiner eigenen Arbeitsweise am Faustdrama an Schiller schreibt:

«Das alte, noch vorrätige, höchst konfuse Manuskript ist abgeschrieben, und die Teile sind in abgesonderten Lagen, nach den Nummern eines ausführlichen Schemas hintereinander gelegt. Nun kann ich jeden Augenblick die Stimmung nutzen, um einzelne Teile weiter auszuführen und das Ganze früher oder später zusammenzustellen.» –
– so begegnen wir dieser «Methode» in den Worten des Direktors wieder:

«Was heute nicht geschieht, ist morgen nicht getan,
Und keinen Tag soll man verpassen,
Das Mögliche soll der Entschluß
Beherzt sogleich beim Schopfe fassen...»

Unschwer ließen sich manche Verse, die Goethe seinen «Direktor» sprechen läßt, aus seinen eigenen Briefen und Gesprächen belegen.

Die Parallelität zum «Dichter» bedarf nach der «Zueignung» kaum einer weiteren Ausführung.

Und die «Lustige Person»? Daß sie einen Verwandten des von Gottsched von der Bühne verbannten Harlekin darstellen mag, ist nicht das Wesentliche. Wichtiger muß uns scheinen, daß in ihr der Schauspieler zu Worte kommt, der reproduzierende Künstler, für den der Dichter wie der Direktor, Voraussetzungen bilden, um seine Kunst verwirklichen zu können.

In diesem Sinne könnte er uns wie eine Brücke zwischen den beiden Repräsentanten des «geistig» – und des «sinnlich» realisierten Theaters erscheinen. Und auch diese Rolle spielte Goethe wiederholt in eigener Person. Zwar nicht offiziell am Theater zu Weimar, aber bei zahlreichen Liebhaber-Aufführungen am herzoglichen Hof. Und wenn diese «Lustige Person» immer wieder die Notwendigkeit des Humors betont, daß «Vernunft, Verstand, Empfindung, Leidenschaft», nie «ohne Narrheit» gehört werden sollten, dann spricht sie aus, was Goethe in seinen Dichtungen stets so einzigartig erquickend geübt hat. Bezeichnete er doch selbst manchmal seine Dichtungen als «Späße». Und von der Weisheit eines seelenvollen Welten-Humors ist seine ganze Alterssprache erfüllt.

So könnte man also durchaus den Eindruck gewinnen, daß uns Goethe in diesem «Terzett» seine Erfahrungen auf den verschiedenen Ebenen seines kulturellen Wirkens mitteilt. Es scheint auch kaum zu bezweifeln, daß sie mit in die Dichtung eingeflossen sind; nur darf man sie nicht überbewerten und in ihrer wörtlichen, subjektiven Übernahme den letzten Sinngehalt der dichterischen Gestaltung erkennen wollen. Denn hier gilt das gleiche, was Goethe in einem Brief an Zelter bezüglich der Arbeit an den «Wahlverwandtschaften» schrieb: daß *«kein Strich in dem Roman enthalten sei, den er nicht selbst erlebt hätte, aber keiner so, wie er erlebt wurde.»*

Dies gilt letztlich für alle poetischen Werke Goethes; sie alle sind «Dichtung und Wahrheit».

Deshalb kann dieser Aspekt allein nicht genügen, um den wahren Sinngehalt dieses «Vorspieles» zu erfassen. Denn Dichtung will als Dichtung ernst genommen sein, und sich nicht als künstlerisch gestaltete biographische oder zeitgeschichtliche Mitteilung verstanden wissen. Als Dichtung ernst genommen aber bedeutet, daß sie nicht nur auf subjektive Grundformen des Irdisch-Menschlichen zurückweist, sondern objektiv und universell die Ursprungstiefe des Daseins selbst aufscheinen läßt. Oder wie es der «Dichter» in diesem «Vorspiel» ausspricht: daß sie «das Einzelne zur allgemeinen Weihe» erhebt.

So ist Dichtung zwar ein Schauen in Bildern, ist schöner Schein, dessen tiefer Sinngehalt jedoch den Menschen erst echter und tiefer in das Dasein des Geistes und der Seele einweiht, als es die gelebte Wirklichkeit je vermag. Gewiß, Goethe steckt in allen Personen dieses Vorspieles darinnen, und doch ist er keine von ihnen. Wenn in seinen Dichtungen «kein Strich enthalten ist, den er nicht selbst erlebt hatte», so meint dies, daß in allen Gestalten, Schicksalen und Geschehnissen Goethes eigene Lebenserfahrung verwoben ist. Indem aber kein Strich in diesen Dichtungen so geschrieben ist, «wie er erlebt wurde», entwachsen diese Gestalten und Geschehnisse der irdischen, auf den Menschen Goethe bezogenen Wirklichkeit, steigen hinauf zur Ebene des «Schönen Scheines», werden durch den Dichter Goethe transparent und formen sich zu lebendigen Trägern eines umfassenden Weltenschicksals.

Der Beweis für die Unhaltbarkeit einer nur wirklichkeitsbezogenen Erlebens-Parallele zwischen Autor und Werk ist in unserem Falle leicht zu erbringen. Den «Praktiker» des Weimarer Hoftheaters haben wir vernommen, auch von seiner «Methode», die handwerkliche Seite seiner Kunst möglichst «rationell» zu gestalten, haben wir gehört; und die Parallelität zu dem hier agierenden Direktor war augenfällig. Nie und nirgends aber hat Goethe je Worte folgenden Inhalts gesprochen:

> «Sucht nur die Menschen zu verwirren,
> Sie zu befriedigen ist schwer...»

Wann wäre für Goethe je «Verwirrung» die Aufgabe der Kunst gewesen? Gleich Schiller, sieht auch er in der Kunst ein «Morgenrot des Schönen», durch das wir den Weg «in der Erkenntnis Land» finden sollen. Gewiß kannte auch Goethe sein Publikum, wußte, für wen er schrieb:

«Wenn diesen Langeweile treibt,
Kommt jener satt vom übertischten Mahle,
Und, was das allerschlimmste bleibt,
Gar mancher kommt vom Lesen der Journale.»

Und er war ob dieses Wissens von tiefster Resignation erfüllt. Ein Urteil aber, wie jenes des «Theaterdirektors», sprach er über dieses Publikum niemals aus:

«Beseht die Gönner in der Nähe!
Halb sind sie kalt, halb sind sie roh.
Der, nach dem Schauspiel, hofft ein Kartenspiel,
Der eine wilde Nacht an einer Dirne Busen.
Was plagt ihr armen Toren viel,
Zu solchem Zweck, die holden Musen?»

Er sprach es nicht deshalb nicht aus, weil er sich bezüglich dieser «Gönner» Illusionen hingegeben hätte, sondern weil er den geistigen Aspekt der Kunst auch als «Praktiker» nie verloren hatte. Gerade weil er sein «Publikum» kannte, wußte er, wie not ihm wahre Kunst tat. Wieder dürfen wir ihn im Gleichklang mit Schiller sehen:

«Gib der Welt, auf die du wirkst, die Richtung zum Guten, so wird der ruhige Rhythmus der Zeit die Entwicklung bringen… …Verjage die Willkür, die Frivolität, die Rohigkeit aus ihren Vergnügungen, so wirst du sie unvermerkt auch aus ihren Handlungen, endlich aus ihren Gesinnungen verbannen.» (F. Schiller, «Über die ästhetische Erziehung des Menschen», 9. Brief)

Der Direktor des «Vorspiels» aber hat diesen Blickpunkt verloren. –

Der Schritt von der «Zueignung» zum «Vorspiel» birgt unausgesprochen die Frage in sich, wie sich denn nun all das realisieren kann, was sich im Herzen des Dichters einsam vollzogen hat. Wie kann Wirklichkeit werden, wovon die «Zueignung» spricht?

Im Vorspiel hat der Direktor das erste Wort. Von der Welt brandet das

Verlangen nach dem Kunstwerk heran. Und gleich in seinen ersten Worten zeigt sich uns, wie Kunst durch ihre Verwesentlichung die Erschließung der wahren Lebensgrundlagen ermöglicht. Mag der Direktor auch bloß in der Sicht reiner Nützlichkeit und wirtschaftlicher Rentabilität sprechen, so zeigt er doch auf, daß die Welt den Dichter braucht; daß sie ihn so urgewaltig braucht, wie das tägliche Brot. Die «kosmische Nahrung», die er zu reichen versteht, sie wirkt wie ein «Wunder» auf die Menschen, mit einer Kraft, die dem stärksten Trieb gleichkommt: dem Hunger in Zeiten der Not. Unbewußt seines wahren Geistgehaltes setzt er ein schönes Bild:

«Denn freilich mag ich gern die Menge sehen,
Wenn sich der Strom nach unsrer Bude drängt,
Und mit gewaltig wiederholten Wehen
Sich durch die enge Gnadenpforte zwängt...«

Alle zwängen sie sich hindurch; wem aber wird sich wirklich die Pforte öffnen und gnadenweise Einlaß gewährt werden in das Heiligtum des Dichters? Diese Frage ist mit eingeschlossen in dem Drängen und Stoßen, mit dem diese Menge «schon vor vieren», Einlaß begehrt.

«Und, wie in Hungersnot um Brot an Bäckertüren,
Um ein Billet sich fast die Hälse bricht.»

Der Dichter freilich darf sich diesem Anblick nicht hingeben. Denn dieses «wogende Gedränge» macht ihm den «Geist entflieh'n». Ihm ziemt vielmehr die «stille Himmelsenge», wo ihm allein als Dichter «reine Freude» erblühen kann.

Man hat in dieser Abwehr eine Weltflucht des «Dichters» erkennen wollen. Die «stille Himmelsenge» meint jedoch nicht eine weltferne «Kammer», wo sich in ungestörter Selbstbezogenheit die reinen Freuden einer Geist-Seligkeit genießen lassen. Sie ist vielmehr selbst als eine «Gnadenpforte» zu verstehen, die weit jenseits der vorhin gemeinten, irdischen steht. Sie bedeutet jenes «Nadelöhr», durch das kein Irdisch-Reicher schreiten kann, wo nur der Heimatlose das «lispelnde Lied der Äolsharfe» erlauschen kann, das ihm den Weg in die grenzenlosen Weiten der Himmel weist. Oder um es mit des «Dichters» Worten zu sagen: wo er die stille

Stunde seiner «Zueignung» erleben darf, in der sich formen und gestalten will,

«Was in tiefer Brust uns da entsprungen,
Was sich die Lippe schüchtern vorgelallt,
Mißraten jetzt und jetzt vielleicht gelungen...»

Diesen, von grenzenlosen Himmelsweiten erfüllten status nascens dichterischer Inspiration, müßte des «wilden Augenblicks Gewalt» verschlingen. Die Sinneswelt aber ist aus lauter solchen wilden Augenblicken zusammengestückt. Den der Dichter jedoch sucht, das ist der Augenblick, der wie eine Ewigkeit empfunden wird, weil in ihm die Zeit ihre fließende Hast überlebt hat. Dieser Augenblick ist jene «Gnadenpforte», in deren «Enge» sich die Himmel öffnen. Jede tief erlebte Meditation kann uns zu solch einer «Himmelsenge» führen.

Was in der «Zueignung» noch ahnendes Empfinden war:

«Was ich besitze, seh' ich wie im Weiten,
Und was verschwand, wird mir zu Wirklichkeiten.» –

– wird jetzt klar ausgesprochene Erkenntnis:

«Oft, wenn es erst durch Jahre durchgedrungen,
Erscheint es in vollendeter Gestalt.
Was glänzt, ist für den Augenblick geboren,
Das Echte bleibt der Nachwelt unverloren.»

Das «Echte» ist nach den Worten des Dichters das «Vollendete», das erst mit den Jahren reift. Dieses «Werden» aber ist in Wahrheit ohne Ende. Kann der Dichter sein Werk je als vollendet erkennen? Muß er es, gemessen an der Urbildlichkeit seiner Inspiration nicht stets als Unvollkommenes, und daher Un-Vollendetes empfinden? Und wird er sich nicht immer aufs neue zu einer noch vollkommeneren, vollendeteren Gestaltung gedrängt fühlen?

So wird uns der Dichter in seinem rastlosen Streben nach «vollendeter Gestalt», Repräsentant eines Geistes, der sich nie «beruhigt auf ein Faulbett» legen kann und im Durchleiden dieses «Immer-strebend-sich-Mühens» weiß, daß er das Vollendete nie erreichen wird. Und der deshalb zurückschrecken muß, sein Werk aus der Hand zu geben, weil es für ihn nie fertig ist.

Damit freilich würde die «Mitwelt» um die kostbarsten Geistesgüter ihrer Zeitgenossen gebracht. So gesehen, würde der Dichter tatsächlich seiner Gegenwart entfliehen.

Hier ist es nun die «Lustige Person», die ihn zurückruft und ihn der Mitwelt fruchtbar macht:

> «Wenn ich nur nichts von Nachwelt hören sollte;
> Gesetzt, daß ich von Nachwelt reden wollte,
> Wer machte denn der Mitwelt Spaß?
> Den will sie doch und soll ihn haben.
> Die Gegenwart von einem braven Knaben
> Ist, dächt' ich, immer auch schon was.»

Für «Augenblick» wird hier das Wort «Gegenwart» gesetzt. Ist Gegenwart doch selbst jener unfaßbare, mystische Augenblick, in dem sich ein in Zukunft Gebettetes unentwegt in ein Vergangenes wandelt. Dieser nicht zu greifende, stets sich bildende und sofort wieder verschwindende Augenblick, in dessen Wechseldauer wir ständig leben, ist der Freiheitsraum unseres Strebens und Mühens, in dem wir unsere Zukunfts-Ziele der Vergangenheit als Taten einverweben. Und diese Gegenwart einer nach Vollendung strebenden Menschenseele, dieses Dasein eines «braven Knaben», sollte nicht unterschätzt werden, auch wenn sein Streben dem Unzulänglichen verhaftet bleibt. Denn die Wirkung auf die Umwelt, das Empfinden für die Größe des selbst gesteckten Zieles, bleibt auch der Mitwelt unverloren und kann ihr Vor- und Leitbild sein. Und: «Das ist immer auch schon was!»

> «Drum seid nur brav und zeigt Euch musterhaft...»

Bravheit und musterhaftes Vorbild aber spricht die «Lustige Person» jenem zu, in dessen Werk sich «Vernunft, Verstand, Empfindung, Leidenschaft» zu einem Ganzen verbinden, und das als Menschenwerk der «Narrheit» doch nicht ganz entraten kann. Damit verbindet sie den, nach Vollendung strebenden Dichtergeist mit dieser Erdenwelt, auf der die «Narrheit» sorgt, daß es ein absolut Vollendetes nicht geben kann. Ohne ihn zu korrigieren, relativiert sie die Vorstellungen des Genius auf irdische Dimensionen.

Dem «Direktor» jedoch plagen keine Skrupel bezüglich Vollendung oder Unzulänglichkeit. Die subtilen Töne dieses Dialoges zwischen «Dichter» und «Lustiger Person» bleiben ihm fremd und unverständlich. Was jenseits des Sinnes-Horizontes liegt, ist ihm verschlossen:

> «Besonders aber laßt genug geschehn!«

Denn die Menge will staunen und «gaffen». Die Geschöpfnatur des Menschen wirkt durch die Sinnesorgane, und wird von außen durch sie angeregt. Die reine Sinneswahrnehmung aber kann uns immer nur Stückwerk geben. Und weil jedes Sinnesorgan stets nur einen Teilaspekt gewinnen kann, indem es sich aus der «Vielheit» jenes «Etwas» aussucht, für das es Organ ist, wird es das geistgeformte Ganze stets «zerpflükken»:

> «Was hilft's, wenn Ihr ein Ganzes dargebracht,
> Das Publikum wird es Euch doch zerpflücken.»

Er taxiert das Publikum rein von seiner Sinnen-Natur her.

Im 9. Brief von Schillers «Ästhetischer Erziehung des Menschen» lesen wir die Mahnung an den Künstler:

«Lebe mit deinem Jahrhundert, aber sei nicht sein Geschöpf; leiste deinen Zeitgenossen, aber was sie bedürfen, nicht was sie loben.«

Diesem Ethos sah sich auch Goethe verpflichtet. Dem «Direktor» ist diese pädagogische Zielsetzung der Kunst jedoch verschlossen: «Die Masse könnt ihr nur durch Masse zwingen», und: «Wer vieles bringt, wird manchem etwas bringen.»

Hier spricht sich gerade das Gegenteil des Goetheschen Kunst-Ideales aus. Denn diese Worte besagen: gebt den Menschen nur was sie wollen, und nicht, wessen sie in Wahrheit bedürfen. Und von diesem Gewollten, «gebt nur mehr, und immer, immer mehr». Der Sinn ist: «in der Breite» zu gewinnen und die Menschen zu «verwirren». Daß diese «Maxime» für das wahre Anliegen der Kunst und für ihr Wesen kein Organ hat, haben wir längst bemerkt, und eingesehen, wie irrig es wäre, sie mit Goethes eigenen Intentionen in dieser Funktion, zu identifizieren. Schmerzlich jedoch muß uns die verächtliche Beurteilung berühren, welche dieser Direktor jener Vielzahl von Menschen zuteil werden läßt, die sein Theater füllen. Er kann diese «Menge» eigentlich nur in ihrer korrumpierten Geschöpfnatur sehen. Als nicht minder schmerzvoll aber empfinden wir auch die Tatsache, daß diesen Worten, von der irdischen Warte gesehen, ein Wahrheitsgehalt nicht abzusprechen ist. Denn: «Halb sind sie kalt, halb sind sie roh!» – und «übertischte Mahle», »Kartenspiel», «Dirnen», «Lesen der Journale», all das bildet ja nun wahrlich nicht die geeignetste Voraussetzung für eine geistgemäße Aufnahme des Kunstwerkes. Trotzdem! Darf dieses Urteil so wie es gesprochen ist, stehen bleiben? Ist es allumfassend?

Schmerzerfüllt wendet sich der Dichter von diesem getrübten Menschenbild:

> «Geh hin und such dir einen andern Knecht!»

Sich mit demselben Namen bezeichnend, den der «Herr» im folgenden «Prolog» Faust verleihen wird, spricht er von der Würde seines Menschenrechts, das er «nicht freventlich verscherzen» darf. Für ihn waltet immer noch ein reines, unverdorbenes Recht, das sich der Mensch durch seine Geist-Natur zur Erde bringt. Faust wird später von diesem Recht als jenem sprechen, «das mit uns geboren ist», weil es aus unserer Ebenbildschaft mit der Gottheit erfließt. Der Dichter weiß, daß es als eine geistige Realität unverlierbar ist, trotz jener anderen, verweslichen Natur, die der Mensch auch in sich trägt, und die Ursache ist,

> «Wenn aller Wesen unharmon'sche Menge
> Verdrießlich durcheinander klingt.»

Den Einklang in dieser Entzweiung wieder herzustellen, in Harmonie zu bringen, was in Dissonanzen auseinanderbrach, das ist das «Wunder», das der Dichter durch sein Werk vollbringt. Mit Bildern wundervollster Poesie malt uns Goethe diese Tat des Dichters, wie er «das Einzelne zur allgemeinen Weihe» erhebt, «die immer gleiche Reihe der Natur» rhythmisch belebend abzuteilen weiß, wie durch des Dichters Wort «das Abendrot im ernsten Sinne glüht», und er «den Sturm zu Leidenschaften wüten läßt»:

«Wer sichert den Olymp, vereinet Götter?
Des Menschen Kraft im Dichter offenbart.»

Die Taten, derer sich der Dichter hier rühmen darf, sie bedeuten die Überwindung der entzweiten Schöpfung, den «Zusammenklang der Gegensätze», um den auch Faust, in seiner Weise, doch mit aller Inbrunst ringen wird.

Indem wir auf Faust weisen, der dieses höchste Recht des Dichters zu einem mit uns geborenen weitet, haben wir gleichzeitig die Antwort auf die vorhin aufgeworfene Frage gewonnen. Denn jeder Mensch ist allein dadurch, daß er Mensch ist, mit diesem Recht geboren. Auch jeder Einzelne dieser «Menge» trägt es in sich, und muß es in sich finden, wenn er zu seiner wahren Menschen-Natur erwacht. Und nur weil die einzelnen Glieder ihr wahres Wesen noch nicht gefunden haben, ist diese «Menge» eine unterschiedslose «Masse».

Für diese Geburt der göttlichen Urbildlichkeit in jedem Einzelnen aber ist die Kunst die wertvollste und unschätzbarste Helferin. Nicht die «Masse» durch Masse zu zwingen ist ihre Mission. Vielmehr geziemt es ihr zu offenbaren, was jeder Einzelne, verschüttet und verborgen, in seiner Seele trägt, um ihm solcherart den Reichtum seiner Seelentiefen zu erschließen und bewußt zu machen. Unser Mitleiden und Mitfreuen am Geschehen des Kunstwerkes verleiht der Seele jene kathartische Erschütterung, die der namenlosen Zahl von Menschen plötzlich Gesicht, Physiognomik verleiht und sie herauslöst aus ihrem unterschiedslosen Herden-Dasein.

Wieder ist es die «Lustige Person», die uns auf diese Verwandlungskraft der Kunst verweist. Da wird plötzlich «der Jugend schönste Blüte» sichtbar, sich durch ihr eigenes Erleben im werdenden Lebensstrome mit dem «Werdenden, Nie-Fertigen» des künstlerischen Strebens innig verbunden fühlend. Da öffnet sich so manches «zärtliche Gemüte» den Offenbarungen des Dichters, und mit einem Male ist aus der «unbestimmten Menge» ein vielstimmiger Chor von Menschen geworden, die bereit sind «zu weinen und zu lachen», und die ihre ganz nur ihnen gehörenden Leiden, Freuden, Sorgen und Bekümmernisse in dieser, nie ganz fertigen «Gegenwart», wie in einem lebendigen Spiegel erleben:

«Ein jeder sieht, was er im Herzen trägt.»

Diese Worte setzen dem rein aus der korrumpierten Kreatur gewonnenen Urteil des «Direktors», das wahre, wenn auch verschüttete Menschenbild entgegen. Hier darf wohl darauf verwiesen werden, welch irrige Meinung im Zuschauer erstehen muß, wenn der Darsteller des «Direktors», im anschließenden «Prolog» als «Herr» auftritt, während die «Lustige Person» mit Mephistopheles identifiziert wird. Negiert man nicht den wahren Sinngehalt der Worte, wird man derartigen Versuchen zeitgenössischer Inszenierungen gewiß nicht zustimmen können.

Mit froher Zuversicht ruft die «Lustige Person» den Dichter auf, seines heilkräftigen Amtes zu walten:

«Greift nur hinein ins volle Menschenleben!
Ein jeder lebt's, nicht vielen ist's bekannt,
Und wo Ihr's packt, da ist's interessant.»

Doch wie wird der ergraute Dichter all das wiederfinden, was er einst so selbstverständlich besaß, als er «noch selbst im Werden war»? Da es in der Seele tönte, als wäre sie nur Vers und Gesang, und ihr «ein Quell gedrängter Lieder» unaufhörlich floß:

«Da Nebel mir die Welt verhüllten,
Die Knospe Wunder noch versprach...» –

Ein Zauberhauch an Poesie läßt uns den verschwenderischen Reichtum erleben, mit dem Natur in der ersten Lebenshälfte ihre Gaben verteilt. Bilder, die uns zeigen, wie sich die Seele getragen fühlte von den schäumenden Wogen des Lebens, in denen sich «der Drang nach Wahrheit und die Lust am Trug» noch die Waage hielten. Ein Übermaß an Lebenskraft und Empfindungsgehalt – «ungebändigte Triebe» und «tiefes, schmerzenvolles Glück», sie scheinen ein unversiegbarer Quell dichterischer Schöpferlust gewesen zu sein.

Aber mit der Jugend schwand auch ihre Ursprünglichkeit, wurde aufgezehrt von den, in immer hellerer Klarheit aufleuchtenden Bewußtseinskräften des reifenden Dichters.

Wie aber sollte dieser Quell zu einem neuen Strom von Liedern anders aufbrechen können, als allein durch die Wiederkehr der entschwundenen Jugendkraft?:

«Gib meine Jugend mir zurück!»

Der Verzweiflungsschrei eines in tiefster Seele Einsamen klingt aus diesem letzten Dichterwort. Die aus dem Leben, aus echter «Gegenwart» gewonnene Weisheit der «Lustigen Person» weist auch hier in liebevollem Verstehen den Weg, und kündet in einem Tableau quellend-überschäumenden Natur-Daseins, wozu man der Jugend «allenfalls» bedürfe. Es ist ein buntbewegter Kranz von irdischer Liebe, von Festesfreuden, Leben und Tod. Ihn zu tragen, erfordert die natürlichen Kräfte der Jugend.

Des Dichters Aufgabe aber ist von anderer Art:

«Doch ins bekannte Saitenspiel
Mit Mut und Anmut einzugreifen,
Nach einem selbstgesteckten Ziel
Mit holdem Irren hinzuschweifen,
Das, alte Herrn, ist eure Pflicht.»

In diesen Worten liegt der Kern des ganzen Dramas. Er ruht in dem «selbstgesteckten Ziel», das zu erstreben die «Pflicht» aller Bewußtseins-Reife ist. Doch um welches Ziel mag es sich handeln? In seinem höchsten Ethos ist es jenes «stille, ernste Geisterreich» der «Zueignung», zu dem ein «längst entwöhntes Sehnen», den seines Menschentums sich voll bewußt gewordenen Dichter ergreift; das Licht der «Himmelsenge», das im Kunstwerk zur Offenbarung kommen soll.

Doch ist dieses Ziel kein von vorneherein fixierter Punkt, zu dem ein moralischer Imperativ eine geradlinige Straße weisen kann. Im «holden Irren» vielmehr, nach allen Richtungen frei «dahinschweifend», soll die Erreichung dieses Zieles, wie aus einem schöpferischen Wachstums-Prozeß, als Frucht ersprießen.

Wenn man sich in die Tiefe dieses wunderbaren Wortes hineinversenkt: «Im holden Irren hinzuschweifen!» – breitet sich ein erhellendes Licht über alles kommende Geschehen. Das «Irren», im nachfolgenden Dialog zwischen dem «Herrn» und «Mephistopheles», als ein entscheidendes Kriterium unseres Menschseins angesprochen, wird hier als hold bezeichnet. Trotz seines mildernden Glanzes, kann es uns den Widerspruch nicht verbergen, der zwischen beiden Verszeilen liegt. Denn das «selbstgesteckte Ziel» und ein «im holden Irren Hinschweifen», schließen einander eigentlich aus. Zielsetzung bedeutet Fixierung, das Schweifen aber spricht von Bestimmungslosigkeit. Und das um so mehr, wenn es von einem «holden Irren» begleitet wird. Wieder stehen wir vor einem polaren Gegensatz, auf dessen Überwindung und Harmonisierung alles Streben des Menschen gerichtet sein muß. Ja, liegt in diesem Streben nach Vereinigung der Gegensätze nicht ein wesentliches Element dieses selbstgesteckten Zieles?

Eine Polarität birgt auch die Mahnung an den Dichter, wenn sie ihn mit «Mut und Anmut» in das «bekannte Saitenspiel» zu greifen, auffordert. Denn Mut bedarf der Konzentration, verlangt innere Aktivität, Besinnung auf die eigene Seelenkraft. Anmut dagegen will sich in Harmonie mit der Umwelt erleben, ist ein innerliches Sich-Weiten und Aufgehen-Wollen in allem, was die Seele umgibt.

Auch die vorangegangene Aufforderung der «Lustigen Person» ist von dieser Polarität durchdrungen:

> «Und treibt die dichterischen Geschäfte,
> Wie man ein Liebesabenteuer treibt.»

In dem Gleichnis des «Liebesabenteuers» ersteht uns neuerlich das «lispelnde Lied der Äolsharfe», das ja kein von vorneherein Bestimmtes und Gewolltes sein kann, sondern ein Werdendes ist, dessen Erfolg von Imponderabilien abhängt, die Risiko bedeuten, aber auch volle Hingabe verlangen. Wie die Saiten der Harfe an den unberechenbaren Hauch des Windes sich abenteuerlich verlieren, so ist die Hingabe des Dichters an sein Werk nicht bloß Liebe zu einem bewußt Begriffenen, sondern die Selbst-Preisgabe an den unbekannten Genius, als dessen Erfüller und Beauftragter sich der Künstler fühlt. In dieser Hingabe aber webt die «Anmut»; das Risiko des Abenteuers jedoch erfordert «Mut».

So gibt uns die «Lustige Person» ein Leitbild für die Lebensgestaltung des Menschen schlechthin. Denn sind wir nicht alle Beauftragte unseres «Daimonions», unseres unsterblichen Ichs, dem es nicht minder darum geht, das Erdendasein zu einem Lebens-Kunstwerk zu gestalten? Die grundlegenden Züge des kommenden Dramas zeichnen sich bereits ab. Denn der im «holden Irren Hinschweifende» ist der Mensch, der «irrt solang' er strebt». Das Werk aber, das sich uns aus diesem «holden Irren» unseres, als «Liebesabenteuer» zu durchlebenden Erdendaseins gebiert, ist die «vollendete Gestalt», die aus der «Verworrenheit» zur «Klarheit» führen wird. Daher kann der Kraftquell dieser dichterischen Gestaltung auch nicht in jener, dem holden Irren noch ganz preisgegebenen Jugend zu finden sein, die der «Dichter» – wie der alternde Mensch – glaubt zurücksehnen zu müssen. Vielmehr geht es um verwandelte Kindheitskräfte, die sich nur der Mensch in seiner zweiten Lebenshälfte erringen kann:

> «Das Alter macht nicht kindisch, wie man spricht,
> Es findet uns nur noch als wahre Kinder.«

Hier spricht im tiefsten Grunde der Geist des Evangeliums, der nur einer neuen Kind-Werdung das Himmelreich erschließt. Dort allein liegt aller Quell, der uns Zwiespalt und Entzweiung überwinden läßt. –

Wie das erste, so ist dem «Praktiker» auch das letzte Wort dieses «Gesprächs vor dem Vorhang» überlassen. Von dem Zwiegespräch seiner beiden Gefährten hat er gar nichts verstanden. Ihre Mühen, wie man die Realität des Geistes in die Wirklichkeit hereinbringen kann – denn um dieses Problem ringen «Dichter» und «Lustige Person» – sieht er als Zeitverschwendung und unnütze «Komplimente-Drechselei» an. Und trotzdem entbehren auch diesmal seine Worte nicht einer bestimmten Wahrheit. Seine Forderung: «Was heute nicht geschieht, ist morgen nicht getan», die Mahnung, daß kein Tag verpaßt werden darf und der «Entschluß das Mögliche beherzt beim Schopfe fassen muß», sind Erkenntnisse, die wir auch aus Goethes Mund vernahmen. Goethe war nicht unbekannt, wie sehr alles Kreatürliche sich «die unbedingte Ruh» liebt, und wie dafür ein gewisser Zwang notwendig scheint, um es aus seinem reinen Natur-Dasein herauszustoßen: eine Kraft, die «reizt und wirkt».

So wird uns das Drama von «Faust» zum bedeutsamen «Einzelfall», der durch das Wort des Dichters zur «allgemeinen Weihe» erhoben wird.

Diesem Dichter-Wort stellt der «Direktor» allen Aufwand irdischer Mittel zur Verfügung, um ihm sein In-Erscheinung-Treten zu ermöglichen:

«Drum schonet mir an diesem Tag
Prospekte nicht und nicht Maschinen.
Gebraucht das groß' und kleine Himmelslicht,
Die Sterne dürfet ihr verschwenden;
An Wasser, Feuer, Felsenwänden,
An Tier und Vögeln fehlt es nicht.»

Wahrhaftig – der «ganze Kreis der Schöpfung», wie er sich gleich im «Prolog» offenbaren wird, miteinbezogen alle Möglichkeiten der Technik, soll nach des «Direktors» Willen ausgeschritten werden, in seinem weiten Theater-Rund.

«Und wandelt mit bedächt'ger Schnelle
Vom Himmel durch die Welt zur Hölle.»

Noch einmal, als «bedächt'ge Schnelle», ersteht uns der bereits vertraute «Zusammenklang der Gegensätze», – dann endet das Vorspiel mit einer befremdenden Richtungsweise: soll es wiederum dorthin gehen, wo der «Urfaust» geendet hat? Bestimmt war dies nicht Goethes Ansicht, da «Vorspiel» und «Prolog im Himmel» in derselben Schaffensepoche, um 1800, entstanden sind. Dürfen wir vielmehr nicht auch hier ein Gleichnis vermuten und sagen: würden die Intentionen dieses «Direktors» allein wirksam werden, und würden in sie nicht die Impulse des «Dichters» und der «Lustigen Person» einfließen können, dann müßte der Weg des Dramas dort enden, wo er schon einmal sein Ende fand: «Vom Himmel durch die Welt – zur Hölle.»

Prolog im Himmel

Dieser Prolog setzt die kosmischen Perspektiven und gibt dem Drama jenen universell-menschheitlichen Rahmen, in den das ganze kommende Geschehen gestellt sein wird. Sprach in der «Zueignung» die Menschenbrust und öffnete uns die verborgenen Kammern ihres Herzens, standen wir im «Vorspiel» auf der Bühne des «Schönen Scheines», so führt uns der «Prolog» unmittelbar in die geistige Welt.

Sie gilt es als Realität, nicht bloß bildhaft zu verstehen. Die üblichen Auslegungen erschöpfen sich meist in solch wesenloser Symbolik. Rudolf Steiner hat jedoch mit Nachdruck darauf verwiesen, daß wir diese Szene nicht im Sinne eines überlieferten Symbolismus verstehen dürfen. Nicht Menschenworte sprechen aus allegorischen Erzengel-Gestalten zu uns, sondern die Sprache der Engel tönt wesenhaft an unser Ohr.

Dies mag wie eine Behauptung anmuten. Doch kann uns Verständnis dafür aus jenem künstlerischen Gestaltungselement erwachsen, das Schiller die «Vertilgung des Stoffes durch die Form» genannt hat. Denn aller Stoff – d. h. alles philosophische Gedankengut gleichermaßen, wie jede überlieferte Glaubenssymbolik, ist in diesen Versen «vertilgt». Die Worte dieser feierlich klingenden, vierhebigen Metrik sind in ihrer Vokalik und Konsonantik so gesetzt, daß wir sie als Spiegelbilder von Tierkreis- und Planetenwirksamkeiten erleben können. Und in diese, die Weltenlaute widerspiegelnde Formung ergießt sich der Seins-Charakter der geistigen Welt. So ist es göttliches Denken, Fühlen und Wollen, das sich uns in dieser Sprache offenbart; und wir dürfen die drei Erzengel als Repräsentanten des ganzen hierarchischen Sphärenraumes verstehen.

In Goethes Regie-Anweisung heißt es: «Die drei Erzengel treten vor.» Damit wird ein Geistig-Sphärisches in irdischer Dimension vergegenwärtigt. Denn «dahinter» ist der Herr – hier das väterliche Prinzip der Trinität. Sein Wort ertönt aus dem «Unoffenbaren», und er ist demnach dem Zuschauer nicht sichtbar.

Die Preisung der Erzengel beinhaltet das Schöpfungswerk des «Vaters», vom alten Saturnzustand der Erde bis zu ihrer jetzigen Inkarnationsform:

«Die Sonne tönt nach alter Weise
In Brudersphären Wettgesang,
Und ihre vorgeschriebne Reise
Vollendet sie mit Donnergang.»

Die Sonne, – erstes Wort dieses Urbeginnes des Dramas und astraler Sphärenraum als Offenbarung göttlichen Wollens.

Raphael ist der hierarchische Träger dieses Schöpferwillens, und indem er diese sonnen-durchtönte Weltenharmonik ausspricht, spricht der göttliche Wille selbst zu uns. Auch der zweite Teil des Dramas wird das machtvolle Getöse ihres Lichtes an den Anfang des neuen Werdens stellen. Die Eindringlichkeit, mit der Goethe dieses Tönen des Lichtes jedesmal an den Beginn der beiden Dramenteile setzt, läßt Tieferes erahnen, denn eine bloß äußere Bezugnahme auf die pythagoreische Sphärenharmonie, oder ein *«kosmisch-pansophisches Weltbild»* (E. Trunz).

Die Sonne tönt nach alter Weise, heißt es, und ihre Bahn, die sie im Verein mit ihren Bruderspähren zieht, ist eine vorgeschriebne Reise. Beides deutet eine kosmische Gesetzlichkeit an, die seit Urbeginnen besteht. Einmal aus dem Unoffenbaren in die Offenbarung getreten, bewegt sich der Sphärenlauf der Gestirne nach diesem Gesetz, und wird nach seiner Ordnung auch die künftigen Äonen durchtönen.

Durch ein wundervolles Bild gelang es dem Dichter auszusprechen, was Begriff und Vorstellung kaum zu fassen vermögen. Hier wird deutlich, daß diese Sternenbahnen selbst der «Wettgesang» sind, daß die «Intervallik» und «Rhythmik» ihres abgezirkten Bewegungslaufes – eben die «vorgeschriebene Reise» – bereits jener weltenharmonikale Zusammenklang ist, der dem geistigen Hören als Sphärenharmonie ertönt. Die Sterne machen nicht Musik, sie sind Musik in ihren Sphärenbahnen.

Doch spricht der Erzengel noch tiefere Geheimnisse aus:

«Ihr Anblick gibt den Engeln Stärke,
Wenn keiner sie ergründen mag...»

Es ist der Anblick der Sonne, der den Engeln «Stärke» verleiht. Im Wortlaut Rudolf Steiners:

«Stärke des übermoralischen Lebens jenseits der Schwelle, die man auch als Güte bezeichnen kann.» (1)

Da es Engel-Worte sind, dürfen wir diese Stärke nicht nur im Sinne einer irdisch-kreatürlichen Lebenskraft verstehen, wie sie das Sonnenlicht der Natur verleiht. Wie aber ist dieser Kraftquell in seiner Spiritualität zu begreifen?

Schon diese ersten Verse bergen eine Kosmogonie in sich, deren hohe Esoterik einigermaßen zu erahnen, uns erst durch die Darstellungen Rudolf Steiners möglich wird. Wir halten daher fest: die Sonne, im Chore ihrer Bruderspähren, mit ihrem tönenden Licht ein Kraftquell der Engel – dies sind die Grundlagen, die uns der Dichter gibt.

Wir lesen in der «Geheimwissenschaft», daß unser Erdenplanet, ehe er zur jetzigen Erde erwuchs, andere Form-, Lebens- und Bewußtseinszustände durchgemacht hatte. Den zweiten der vorangegangenen Inkarnationszustände nennen wir den alten Sonnen-Zustand. Auf ihm vollzogen sich entscheidende Ereignisse:

«Wenn wir uns zurückwenden zur Sonnenzeit, dann tritt uns die Sonne selbst noch auf als ein Planet unter den sieben anderen Planeten.» (2)

Gemeint ist hier das Geistig-Wesenhafte der jeweiligen planetarischen Sphäre; jede dieser Sphären hatte ein hohes Geistwesen zu ihrem «Herrn» und «Herrscher».

«So beschreiten wir gleichsam ein Feld, durch das wir kennenlernen ein hochgeartetes Kollegium von sieben planetarischen Geistern, die sich in voller Brüderlichkeit zueinander verhalten.» (2)

Die «Brudersphären» treten uns somit als Ur-Welten-Realitäten entgegen.

Zwei Geistwesen sind es, auf die wir unseren Blick zu richten haben. Als Herrscher der Sonnensphäre erkennen wir die Christus-Wesenheit; Herr der Venus ist Luzifer. Beide erscheinen uns wie «Brüder» verbunden.

Nun dürfen wir uns den Kosmos zu diesem Sonnen-Äon nicht so vorstellen, wie er sich heute dem Sinnes-Auge darbietet. Noch war der Raum nicht von äußerem Licht erfüllt. Es gab nur ein *«unoffenbares Licht»;* ein Licht, das nicht äußerlich schien, *«sondern in sich selber die große, starke Kraft hat.« (2)* Und Luzifer haben wir als eine *«außerordentlich lichtvolle*

Gestalt» zu verstehen, wobei es sich jedoch um eine innerlich-unoffenbare Lichtkraft handelt. Damit berühren wir gleichzeitig den tiefgreifenden Wesensunterschied zwischen Luzifer und Christus. Luzifer erscheint uns von einer stolzen Selbstbezogenheit, zu der ihn seine eigene Licht-Natur verführte. Während Luzifer somit *«nur auf sich selbst bedacht ist»*, schaut das Initiaten-Bewußtsein den Christus *«hingegeben an dasjenige, was ihn in dem weiten, weiten Weltall umgibt.»* Beide empfingen sie aus der dunklen Grenzenlosigkeit des Raumes das göttliche «Weltenwort», den Ur-Weisheitsgehalt dieser Schöpfung, der ihnen als ein zwölfstimmiger Chor vom Umkreis entgegentönte.

«Und während Luzifer einzig und allein in sich den Drang hatte, mit dem in ihm vorhandenen Lichte alles zu bestrahlen und es dadurch zu erkennen, gab sich der Christus dem Eindruck dieses Weltenwortes unaussprechlicher Art hin und nahm es ganz, ganz in sich auf.» (2)

Dies ist das gewaltige und entscheidende Opfergeschehen auf der alten Sonne, das zu beschreiben *«unaussprechlich»*, in seiner Größe zu begreifen, dem menschlichen Denken unmöglich ist: die restlose Selbst-Entäußerung der Christuswesenheit und ihre Hingabe an den Logosgehalt der Welt. Seit jener Sternenstunde haben wir Christus vereint mit dem «Logos», dem «principium filii» zu erkennen.

Diese kosmische Communio, welche die Christuswesenheit durch ihre Hingabe an das «Weltenwort» vollzog, machte die Sonne zum Mittelpunkt des ganzen Planetensystems. Von ihrem Planeten-Dasein stieg sie zur Fixstern-Sphäre auf, wodurch *«die anderen Planeten in Abhängigkeit von der Sonne kamen, auch in bezug auf ihren geistigen Herrscher.» (2)*

Jetzt offenbart sich uns der spirituelle Kraftquell, und wir verstehen, welcher Art die «Stärke» ist, die der Anblick der Sonne den Engeln verleiht. Es ist die Logoskraft des Christus, die ihrem, in der Dauer verwobenen Sein stets gegenwärtig ist.

Und Luzifer? Der Venusgeist verschloß sich diesem Logosgehalt der Welt. Ihn drängte es, *«mit dem in ihm vorhandenen Lichte alles zu betrachten, und zu ergründen.» (2)*

Welch ein Licht fällt jetzt auf das Engelswort: «Wenn keiner sie ergründen mag.» Die klare Scheidung der «echten Göttersöhne» von Luzifers Intentionen spricht sich deutlich aus.

Nun bezieht sich dieses «Nicht-Ergründen» auf die «hohen Werke», die «herrlich» sind, «wie am ersten Tag.» Machen wir uns zuerst den Standort der Engel bewußt, ehe wir in unserer geisteswissenschaftlichen Betrachtung fortfahren.

Die Engel stehen dem Schöpfungswerk anschauend gegenüber. Ihr Blick ist somit ein die Evolutions-Geschehnisse von «außen» umgreifender. Dieses «von außen» ist jedoch nicht im irdisch-räumlichen Sinne zu verstehen, da die Engel ja nicht mit Sinnes-Augen auf ihre Umwelt blikken. «Von außen» meint, daß sie diese erschaute Welt als eine von ihrer eigenen Wesenheit geschiedene betrachten. Die Frage, wie es zu dieser Scheidung kommen konnte, da das ursprüngliche Heraustreten aus dem Unoffenbaren in die Offenbarung ja eine allumfassende Emanation göttlicher Weisheits- und Willenskräfte bedeutete, beantwortet sich ebenfalls aus der Geisteswissenschaft.

Auch die Tat Luzifers hatte Folgen; für ihn und für den Kosmos. Seine Selbstbezogenheit, die Konzentration auf sein eigenes Wesen, strebte danach, das ihm verliehene «unoffenbare Licht» zum Eigenlicht zu machen. Dies hatte einen «Verdichtungsprozeß» zur Folge – jede Konzentration bedeutet Verdichtung –, der zu dem Verlust seiner Sphäre führte. Das «Venus-Reich» ging Luzifer verloren.

«Der Planet Venus mußte sich fortan ohne einen eigentlichen Herrscher behelfen und konnte daher nur eine nach abwärts gehende Entwicklung durchmachen.» (2)

In dieser Abwärtsentwicklung liegt ein neuerlicher Verdichtungsprozeß, von dem die ganze kosmische Sphäre ergriffen wird. Ihn müssen wir im Verein mit Luzifers Absicht, sein Eigenlicht erhellend, ergründend auf seine Umwelt strahlen zu lassen, zusammenschauen. Dieses «Bestrahlen» seiner kosmischen Umwelt machte sichtbar, was bisher die Dunkelheit barg. Verdichtung und Sichtbarmachung sind die zwei luziferischen Intentionen, aus denen sich jene Stofflichkeit formte, die wir gewöhnlich Materie nennen.

Jetzt wird uns auch der Sinngehalt des letzten Engel-Verses klar:

> «Die unbegreiflich hohen Werke
> Sind herrlich wie am ersten Tag.»

Rudolf Steiner führt in seinen Faust-Vorträgen aus, daß diese «Herrlichkeit des ersten Tages» eine luziferische ist:

«Luziferisch wie am ersten Tag leuchten die Sterne. Sie sind nicht fortgeschritten; sie behalten ihren ursprünglichen Charakter.» (1)

Dieser Hinweis meint jedoch bereits die Folge einer vorangegangenen Luzifer-Tat; eben der Sichtbarmachung des bisher nicht in Erscheinung Getretenen. Damit klärt sich auch das Verständnis für den «von außen» anschauenden Blick der Engel. Indem sie nämlich diese Welt als eine von ihrer eigenen Wesenheit geschiedene erleben, schauen sie diese in ihrer luziferischen Daseins-Natur. Denn durch Luzifer ist nicht nur die Scheidung von Welt und göttlicher Wesenhaftigkeit vollzogen worden; durch ihn leuchtet diese Schöpfung auch im Schönheitsglanz ihrer «Oberfläche» auf. Diese luziferische Einwirkung steht hinter dem «Anschauen von außen.»

Es kann uns mit Freude erfüllen, daß wir mit der Heranziehung dieser esoterischen Zusammenhänge nicht nur ein tiefschürfenderes Verständnis für das Dichterwort gewonnen haben, sondern auch die Gewißheit hegen dürfen, uns in keiner Weise aus dem Weltbild Goethes entfernt zu haben. Denn wir finden seine Kosmogonie, wie sie dem Erzengel-Hymnus einverwoben ist, in nicht so verborgener Darstellung am Ende des achten Buches von «Dichtung und Wahrheit» wieder. Und hier wird deutlich, daß die Initiationserkenntnis Rudolf Steiners im Grunde den ahnend-empfundenen Ideengehalt Goethes zu einem realen, lebendig-wesenhaften Geschehen formt.

An jener Stelle spricht Goethe von der ewigen Schöpferkraft der Gottheit, die sich *«seit Ewigkeit her selbst produziert»*. Dieser Schöpferwille läßt sich jedoch ohne *«Mannigfaltigkeit»* nicht denken. Daher mußte sich die Gottheit *«sogleich als ein Zweites erscheinen, welches wir unter dem Namen des Sohnes anerkennen.»*

«Vater» und «Sohn» schaffen ein «Drittes», den «Geist», der als Wesen Gottes *«nun ebenso bestehend lebendig und ewig als Ganzes war.»*

Mit der Trinität war *«der Kreis der Gottheit geschlossen»*. Aber die permanente Schöpfertätigkeit, der «Produktionstrieb», blieb als Wesenselement Gottes lebendig. So erschuf sich die trinitarische Gottheit ein *«Viertes»*. Dieses Vierte aber trug schon einen Widerspruch in sich, da es einerseits unbedingt, wie die Gottheit selbst auftrat, andererseits aber in der Gottheit enthalten war und von ihr begrenzt sein sollte:

«Dieses war nun Luzifer, welchen von nun an die ganze Schöpfungskraft übertragen war und von dem alles übrige Sein ausgehen sollte.»

Luzifer schuf die Engel *«nach seinem Gleichnis»*, d. h. wiederum unbedingt und gleichzeitig von ihm begrenzt.

«Umgeben von einer solchen Glorie, vergaß er seines höhern Ursprungs und glaubte ihn in sich selbst zu finden, und aus diesem ersten Undank entsprang alles, was uns nicht mit dem Sinne und den Absichten der Gottheit übereinzustimmen scheint.»

Es folgt der Abfall Luzifers und eines Teiles der Engel von Gott. Indem sich Luzifer immer mehr *«in sich selbst konzentrierte»*, verdichtete er jenen Teil der Welt, der sich seinen Intentionen anschloß:

«Aus dieser Konzentration der ganzen Schöpfung, denn sie war von Luzifer ausgegangen und mußte ihm folgen, entsprang nun alles das, was wir unter der Gestalt der Materie gewahr werden, was wir uns als schwer, fest und finster vorstellen.»

Die Intentionen Luzifers, wie wir sie in unseren esoterischen Zusammenhängen erfahren haben, sein Sich-selbst-Gefallen, der damit verbundene Verdichtungsprozeß und schließlich das aus ihm erfließende Resultat: die Materie – alles das ersteht uns in der Ideenwelt Goethes wieder.

Durch Luzifers Wirken hat die Schöpfung eine einseitige Richtung erhalten: die zur Konzentration. Es fehlte die *«bessere Hälfte, alles was durch Expansion allein bewirkt werden kann»*. Die ganze Schöpfung hätte sich somit selbst durch immerwährende Konzentration vernichten müssen, wenn die göttlichen Schöpfermächte – Goethe spricht in Anlehnung an die Genesis von den Elohim – nicht eingegriffen hätten und *«dem Mangel nach Unendlichkeit nicht zu Hilfe gekommen wären.»* Diese Hilfe lag in der Fähigkeit der Expansionskraft:

«Sie gaben dem unendlichen Sein die Möglichkeit sich auszudehnen, sich gegen sie zu bewegen; der eigentliche Puls des Lebens war wiederhergestellt, und Luzifer selbst konnte sich dieser Einwirkung nicht entziehen. Dieses ist die Epoche, wo dasjenige hervortrat, was wir als Licht kennen, und wo dasjenige begann, was wir mit dem Worte Schöpfung zu bezeichnen pflegen.»

Durch dieses «Licht» wird dem Evolutionsprozeß die umgekehrte Richtung gewiesen: die Möglichkeit der Herauslösung aus der Verfestigung der «Konzentration», Rückkehr zur Peripherie: «Expansion».

Expansion aber bedeutet Hingabe, Selbst-Entäußerung. Dieser, so nüchtern klingende Begriff, birgt jedoch ebenso eine kosmische Qualität in sich, wie sie der entgegengesetzte Begriff der Konzentration erkennen ließ. War es bei letzterem die Wirksamkeit Luzifers, so wirkt hinter jeder, als Rückkehr zur geistigen Peripherie zu verstehenden Expansion, jene «Communio», die Christus auf der alten Sonne vollzogen hat. Und es kann kein Zweifel bestehen, daß Goethe mit dem «Licht» jenes Weltenlicht im Auge hatte, das uns zu Beginn des Johannes-Evangeliums als der Logos genannt wird, aus dem alles Entstandene geworden ist.

So künden uns die Worte Raphaels ein Zweifaches: das Aufleuchten der Schöpfung im luziferischen Schönheitsglanz, und inmitten des In-Erscheinung-Tretens der «unbegreiflich hohen Werke» die Sonne, deren Anblick den Engeln die Hingabe des Christus an den Weltenlogos zu einem, ihnen stets gegenwärtigen Quell der Stärke macht. –

Gabriel spricht die göttliche Schöpfung nicht nur aus; er verweist gleichzeitig auf die Schönheit des Geschaffenen und den lebendigen Pulsschlag seines Erscheinungsbildes:

«Und schnell und unbegreiflich schnelle
Dreht sich umher der Erde Pracht;
Es wechselt Paradieses-Helle
Mit tiefer, schauervoller Nacht.»

Unbegreiflich ist auch für Gabriel diese wechselnde Zweiheit von Tag und Nacht. Während der «Tag» als paradiesische Helle noch verständlich erscheint, wird den Engeln die «Nacht» zu einem schauervollen Erlebnis. Für die im Lichte-Lebenden, deren Bewußtsein das Wechselspiel der «Entzweiung» nicht erfahren hat, muß dies wohl so sein. Hat diese scharfe Trennung von Tag und Nacht, von «Expansion» und «Konzentration», doch die noch viel entschiedenere von Leben und Tod zur Folge. Und dies ist den Lichtsöhnen «unbegreiflich».

Gabriel spricht weiter von der Evolution, vom Werden und Vergehen, vom Entstehen und Fortgerissen-Werden im «ewig schnellen Sphärenlauf». Indem er aber die Sphäre der Elemente noch außerhalb des Irdischen schaut, wird er zum «Gottverkünder», in dessen Worten sich die Schönheit des göttlichen Werkes zum Bewußtsein bringt. (1)

Michael schließlich spricht von dem Sinn des Geschaffenen, insoferne er die «Kette tiefster Wirkungen» erschaut, die von der Erde hinausstrahlen in das Weltall:

«Und Stürme brausen um die Wette,
Vom Meer aufs Land, vom Land aufs Meer,
Und bilden wütend eine Kette
Der tiefsten Wirkung ringsumher.»

Das Brausen der Elemente zeigt sich von der Warte des Engels als Ungewitter. Aber Michael, der «Gottschauer», erlebt Donner und Blitz in ihrer außer-irdischen Bedeutung. Da offenbaren sich ihm Geschehnisse der Welten-Astralität. Die Wirkungen, die von der Erde in dieser Art aufblitzen, sind *«Gewitterstürme der Menschenseele» (1)*, die in dem Astralbereich des Kosmos ein «blitzendes Verheeren» verursachen. Mit dieser kosmischen Empfindungsqualität erfühlt Michael die Weisheit des göttlichen Weltentages.

«Und wie dasjenige, was in uns Seelenstürme sind, harmonisiert, gemildert ist, wenn wir es übergießen mit unseren höheren Seelenkräften, so wird für die Welt draußen dasjenige, das hier in unserer Atmosphäre stürmt und donnert und unregelmäßig ist in der Meteorologie, nach dem Weltenall hinaus regelmäßig, harmonisch. So wie wir, wenn wir uns entwickeln, nicht bei den Ungewittern bleiben, sondern zum Harmonischen des Seelenlebens vorschreiten.» (1)

Je höher diese Warte liegt, je inniger dieses Engelbewußtsein dem «Herrn» nahe steht, desto mehr beruhigen sich Sturm, Donner und Blitz, bis zum «sanften Wandeln» des göttlichen Schöpfertages. In der Gott-Nähe hat sich alles harmonisiert.

In diesem wesenhaft wollenden, denkenden und fühlenden Anschauen der Schöpfung bleibt die Engelwelt beschlossen:

«Der Anblick gibt den Engeln Stärke,
Da keiner dich ergründen mag,

Und alle deine hohen Werke
Sind herrlich wie am ersten Tag.»

Das «Ergründen» ist nicht Aufgabe der Söhne des Lichtes. Und wir erkannten darin die Scheidewand zwischen den «echten Göttersöhnen» und den gestürzten Scharen Luzifers.

Hier aber muß sich uns erneut und mit Eindringlichkeit eine Frage stellen: Ist das «Ergründen» notwendig und für immer mit Luzifers Wirkensbereich verbunden? Heißt ergründen nicht, den Dingen auf den Grund gehen, das Unterste, Verborgenste, also den Ur-Grund aufzusuchen? Und muß in diesem Ur-Grund nicht der Anfang, der Ur-Impuls alles Geschaffenen zu finden sein; damit aber gleichzeitig der Sinn des ganzen Schöpfungswerkes?

Der Fragen ist kein Ende! Kann es tatsächlich kein Wesen geben, das ergründet, was die Engel schauen, ohne daß es deshalb seine «echte Gottessohnschaft» verlieren muß? Noch eindringlicher gestellt: Muß der Schöpfung nicht solch ein «Ergründender» erstehen, der durch Verselbstung seines Wesens den Schritt in die luziferische «Konzentration» vollzieht, um dort, durch «Entselbstigung seines Ichs» der Materie wieder die Richtung nach «oben», zur göttlichen «Peripherie» zu verleihen, und solcherart «die ursprüngliche Verbindung mit der Gottheit» wieder herstellt? (Dichtung und Wahrheit)

Nach einer alten hebräischen Überlieferung war es Adam, der allein imstande war, das Geschaffene mit Namen zu nennen, und damit das Wesen der Dinge zu ergründen. Auch Goethe sieht im Menschen den «Ergründer» und damit den Mittler zwischen Geist und Materie:

«Und so wurde der Mensch hervorgebracht, der in allem der Gottheit ähnlich, ja gleich sein sollte, sich aber freilich dadurch abermals in dem Falle Luzifers befand, zugleich unbedingt und beschränkt zu sein, und da dieser Widerspruch durch alle Kategorien des Daseins sich an ihm manifestieren und ein vollkommenes Bewußtsein sowie ein entschiedener Wille seine Zustände begleiten sollte, so war vorauszusehen, daß er zugleich das vollkommenste und unvollkommenste, das glücklichste und unglücklichste Geschöpf werden müsse.»

Der ganze Evolutionsweg der Schöpfung ist somit ein Abfallen und Zurückkehren zum Ursprünglichen. In diese Zweiheit ist der Mensch hineingestellt. Der erwähnte Prozeß des «Sich-Verselbsten» und des «Sich-Entselbstigen», wie ihn Goethe als den großen Atemstrom unseres Menschseins erkannt hat, liegt demnach der evolutionären Grundstruktur der Schöpfung selbst zugrunde. Und indem wir als Mensch diesen Atem leben, erfüllen wir die Absichten der Gottheit.

Nun wurde die Harmonie dieses geistigen Ein- und Ausatmens aber insoferne gestört, daß der Mensch vorerst völlig *«in die Rolle Luzifers»* gedrängt wurde:

«Die Absonderung vom Wohltäter ist der eigentliche Undank, und so ward jener Abfall zum zweitenmal eminent.» (Dichtung und Wahrheit)

Dieser «Abfall» des Menschen, sein Herausfallen aus der göttlichen Seins-Sphäre, wird bereits durch die Komposition des «Prologes» fühlbar. Denn der Mensch wird aus Engelsmund nicht genannt. Es ist, als würden die «Stürme» mit ihrer «wütenden Kette» ihnen den Blick verdecken. *Vor dem Geheimnis der Menschwerdung verhüllten sie ihr Angesicht.» (1)*

Mephistopheles ist es vielmehr, der vom Menschen spricht. Auch ihm «naht» sich der Herr, und zeigt damit, daß Mephisto seinen Platz zwar nicht unter den «himmlischen Heerscharen», aber doch im weiten Rund des Universums hat. Seine Worte sind eine einzige Anklage wider das Schöpfungswerk. Sich selbst des «Pathos» bezichtigend, verspottet er damit in Wahrheit die «hohen Worte» der Erzengel. Ihr regelmäßiges, von vier Hebungen getragenes Versmaß weicht einem fünfhebigen, das sich durch den anfänglichen Kreuzreim noch der Engelsprache anzupassen bemüht, sich jedoch bald verliert und als reiner Madrigalvers Mephistopheles eigene Sprache dokumentiert.

«Von Sonn' und Welten weiß ich nichts zu sagen...»

Natürlich wüßte auch Mephisto darüber manches zu sagen, da er den Evolutionsprozeß, wenn auch in retardierender Weise, mitgemacht hat. Und Faust gegenüber wird er einiges über «Licht» und «Finsternis» aus seiner Sicht zu sagen haben. Das Wesentliche freilich weiß er nicht: das Sonnen-Geheimnis, das Mysterium des «tönenden Lichtes» ist ihm unbekannt.

Sein ganzes Interesse gilt dem Menschen, denn nur in ihm, und um ihn kann dieses zurückgebliebene Geistwesen wirken. Aus seiner geistig-seelischen Sphäre in die irdische Welt gestürzt, muß er sich dort einen ihm gemäßen Wirkensbereich suchen; und den findet er in der Seele des Menschen, wie in der Äther- und Astralregion der Erde.

In diesem Zusammenhang darf prinzipiell gesagt werden, daß sich in Goethes Mephisto-Gestalt beide widergöttlichen Prinzipe, das luziferische wie das ahrimanische, durchdringen, wobei das ahrimanische stärkere Betonung erfährt. *«Goethes Faust ist die erste Morgendämmerung des noch nicht aufgestiegenen Wissens von Ahriman und Luzifer.» (3)* Im «Prolog», wie auch im zweiten Teil des Dramas haben wir in Mephisto vorwiegend ahrimanische Wesensmerkmale zu sehen. Im Verlauf des Dramas wird dies noch ausführlicher darzustellen sein. Vorläufig möge diese kurze Andeutung genügen.

Als Hohn wider den Herrn muß uns auch sein teuflisches Mitleid erscheinen, das er mit dem Menschen hegt:

«Ich sehe nur, wie sich die Menschen plagen.
Der kleine Gott der Welt bleibt stets von gleichem Schlag
Und ist so wunderlich als wie am ersten Tag.»

Muß es uns nicht aufhorchen lassen, daß Mephisto dieselben Worte wie die Erzengel gebraucht, nur daß es jetzt der Mensch ist, der ihm wunderlich erscheint, «als wie am ersten Tag»? Was ist es, was ihn so wunderlich macht?

«Ein wenig besser würd' er leben,
Hätt'st du ihm nicht den Schein des Himmelslichts gegeben.»

Im Augenschein Mephistos ist es das vergebliche Bemühen des Menschen, sich ständig über sich selbst erheben zu wollen, mit dem Ergebnis, stürzend, sich immer wieder an derselben Stelle zu finden. Die Quelle aber dieses »wunderlichen Dranges» ist jenes «Himmelslicht», von dem, nach Mephistos Worten, dem Menschen allerdings nur «der Schein» gegeben ist. Was er jedoch indirekt zugeben muß, mag es auch nicht in seiner Absicht liegen, ist die Tatsache, daß seit dem «ersten Tag» dem Menschen dieses «Wunderlich-Sein» nicht auszutreiben war; daß er seit Urbeginn dieses «Scheinen» nicht zum Erlöschen bringen konnte. Ein Eingeständnis, das seine diesbezügliche Ohnmacht offenkundig macht. Darin liegt auch der wahre Grund, warum er es auf Erden «wie immer herzlich schlecht» finden muß. Dieser, nicht auszutretende, die Seele immer aufs neue beflügelnde Lichtfunke ist es, der ihn ärgert. In ihm muß er das «Schlechteste» erblicken, was es auf Erden zu erspähen gibt. Und sein geheucheltes Mitleid, als höhnende Anklage vorgebracht, ist in Wahrheit das geheime Wüten über die eigene Ohnmacht.

Wie aber verhält es sich nun mit diesem Lichtes-Schein, der dem Widersacher solches Ärgernis erregt? Die Geist- und Erdennatur des Menschen müßte tatsächlich ein hoffnungsloses Nebeneinander bedeuten, wenn nicht ein Mittler zwischen beiden Welten gegeben wäre. Diesen Mittler finden wir in unserem Bewußtsein, das sich in einer entscheidenden Weise von jenem des Tieres abhebt: das Tier hat Bewußtsein, der Mensch weiß, daß er Bewußtsein hat. Und diese Vernunft-Begabung befähigt ihn, die Inhalte seines Bewußtseins selbst zu betrachten und sie zu erfassen. Wir nennen dies: erkennen. Eben diese Erkenntnisfähigkeit sagt uns, daß aus zwei Welten verschiedene, gegensätzliche Intentionen in unser Bewußtsein hereinschlagen. So kommt es zu der inneren Erfahrung von den zwei Seelen in unserer Brust, an der sich die faustische Tragik entzünden wird.

Die Kraft zu dieser inneren Erfahrung aber erfließt aus jenem «Tropfen» göttlicher Wesenssubstanz, den wir als «Ich» eingehaucht bekamen. In der Sprache des Herrn wäre es der «Urquell», der uns zum Ebenbild der Gottheit befähigen könnte, – eben jenes «Himmelslicht» in uns. Allerdings, wie es unsere Seele vorerst durchströmt, bedeutet es bloß Anlage und Möglichkeit einer göttlichen Ebenbildschaft. Die Realisierung ist in unsere Hand gegeben. Denn was wir gegenwärtig von diesem «Ich» in unserem Bewußtsein tragen, ist nur sein Spiegelbild – tatsächlich nur Schein jenes Lichtes. Und insoferne hat Mephisto recht. Sein Irrtum liegt jedoch darin, daß er dieses «Himmelslicht» nur als geist-durchleuchtete Astralität, eben als Schein in der Seele des Menschen verstehen kann, und ihn als das endgültig Verliehene ansehen muß. Von der Geistnatur des Menschen, von der Realität seiner gott-gleichen Ich-Substanz weiß dieses zurückgebliebene Geistwesen nichts. Klammert man diese Unwissenheit aus, sind Mephistos Worte keineswegs falsch:

«Er nennts Vernunft und brauchts allein,
Nur tierischer als jedes Tier zu sein.»

Der Vorwurf ist berechtigt. Denn ohne Vernunft könnte der Mensch nicht unter das Tier herabsinken. Er wäre von der Geborgenheit des rein kreatürlichen Daseins umschlossen, würde von seiner Instinkt- und Triebnatur gelenkt werden, und wäre seinem Wesen nach, wie alle Natur, a-moralisch. Durch die Vernunftbegabung jedoch trägt er Egoismus als ethische Qualität in das Natur-Dasein hinein, und kann dadurch unter das Tier hinabsinken.

Nun wäre diesem mephistophelischen Vorwurf freilich mit dem Einwand zu begegnen, daß es dem Widersacher doch sehr gelegen kommen müßte, wenn der Mensch sein Dasein tierischer als jedes Tier verlebte. Wird es doch auch Mephistos ganzes Bestreben ein, Faust auf diese Ebene hinabzuziehen. Daher kann dieser Vorwurf in der Maske des Mitleids nur Hohn und Lüge in höchster Potenz sein. Wie überhaupt Mephisto vor dem Herrn als Lügengeist seinem Namen alle Ehre macht. Denn von seiner anfänglichen unterspielten Bescheidenheit, von Sonn' und Welten nichts zu wissen, bis zu seinem teuflischen Bedauern, die Vernunft sei dem Menschen nur zu dessen eigener Qual gegeben, ist alles Verstellung und Lüge. Dies festzuhalten ist deshalb wichtig, weil derselbe «Lügengeist» Faust gegenüber sehr offen und unmaskiert seine widergöttlichen Ambitionen aussprechen wird. Dem Herrn gegenüber will Mephisto jedoch anders scheinen, als er ist. Nur auf diese Art glaubt er seine versteckten Absichten verwirklichen zu können. Weiß er doch nur zu genau, daß «Vernunft und Wissenschaft» des Menschen «allerhöchste Kraft» bedeuten. Er selbst wird es mit diesen Worten eingestehen. Auf diesen «Schein des Himmelslichts» konzentriert sich daher sein verneinender, widergöttlicher Wille. Denn er fühlt darin den Punkt, von dem aus die göttliche Schöpfung aus den Angeln zu heben wäre. Um dem Menschen jedoch diesen «Schein» vollständig austreten zu können, müßte er unbeschränkte Möglichkeit haben, sich an den Menschen heranzumachen. Dazu aber bedarf es der Vollmacht des Herrn. Ihn dafür zu gewinnen, dazu dient Mephisto die Lüge. Durch sie hofft er sich die Erlaubnis zu erschleichen, den Menschen zur Gänze von dieser Lichtquelle abziehen zu können.

Es kann also kein Zweifel bestehen, daß der wahre Dorn im Auge des Widersachers eben jene Vernunft-Begabung des Menschen ist. Mag sich durch sie auch die Möglichkeit eröffnen, in ein unter-tierisches Bereich hinabzusinken, so erfließt doch aus ihr die Kraft des Sich-Erhebens über alles rein kreatürliche Dasein. Und gerade diese Möglichkeit des Über-sich-selbst-Hinauswachsens – ein wesentlichstes Kriterium aller menschlichen Entwicklung – will Mephisto negiert wissen. Der Geist des Retardierens und Zurückbleibens will keine Steigerung; er will Beharrung. So ist sein Menschenbild ein unfruchtbares Auf-und-Ab, das sich in sich selber aufhebt und jegliche Entwicklung unmöglich macht:

«Er scheint mir, mit Verlaub von Euer Gnaden,
Wie eine der langbeinigen Zikaden,
Die immer fliegt und fliegend springt
Und gleich im Gras ihr altes Liedchen singt.»

Gerade dieser retardierenden Tendenz aber steht jene himmlische Lichtkraft entgegen. Und der Herr, in seiner «Allwissenheit» macht dies offenbar, indem er den Namen jenes nennt, der ihren «Schein» in hervorragendster Weise besitzt:

«Kennst du den Faust?»

Mephistos kurze Gegenfrage: «Den Doktor?» – bedeutet nicht Vergewisserung, ob er und der Herr dieselbe Person meinen. Wie genau er Faust kennt, merkt man an der Charakteristik, die er gleich anschließend von ihm geben wird. Es liegt in dieser Frage aber auch mehr als bloßes Erstaunen, daß in diesem entscheidenden Augenblick nicht der Name eines Muster-Menschen, wenn nicht eines «Heiligen» fällt. Unmut und Ärger schwingt in ihr, weil mit der Nennung dieses Namens der Herr gerade jene Wirkenskraft apostrophiert, die zu entwerten Mephisto sich mit aller Verstellungskunst eben so sehr mühte. Denn diesem «Doktor» ist er am allerwenigsten hold. Muß er den «Schein des Himmelslichts» doch gerade bei ihm in höchster Intensität gewahren:

«Fürwahr, er dient Euch auf besondre Weise!
Nicht irdisch ist des Toren Trank noch Speise!

Ihn treibt die Gärung in die Ferne;
Er ist sich seiner Tollheit halb bewußt:
Vom Himmel fordert er die schönsten Sterne
Und von der Erde jede höchste Lust.»

Und alles Erreichte, alle «Näh'» und alle «Ferne» kann diese Brust nicht befrieden.

Der Herr, wie sein Widerpart, wissen, daß Faust sich seiner selbst noch nicht bewußt ist. Mephisto hofft, ihm seine «halb-bewußte Tollheit» auszutreiben, den Schein des Himmelslichtes damit zum Erlöschen zu bringen; der Herr aber spricht von der Klarheit, zu welcher er seinen ihm jetzt noch «verworren dienenden Knecht» führen wird. Und er gebraucht dafür das Bild einer sprießenden Lebenskraft, das alle mephistophelische Negation der «Steigerung» aufhebt und widerlegt:

«Weiß doch der Gärtner, wenn das Bäumchen grünt,
Daß Blüt und Frucht die künftgen Jahre zieren.»

Wie fügt sich das Bild eines jungen, alles Hoffnungsgrün der Zukunft in sich bergenden Pflanzen-Sprosses, zu dem in seiner moderigen, nächtigen Studierstube hoffnungslos nach Wahrheit ringenden Faust? Für den Verstand scheint das Erscheinungsbild Faustens mit dem Symbol eines jungen, sprießenden Bäumchens nicht in Harmonie zu stehen. Aber der Herr denkt in anderen Dimensionen. Und es ist das Überwältigende an dem Genius Goethes, daß er diese Dimensionen ahnt:

«Gott hat sich nach den bekannten imaginierten sechs Schöpfungstagen keineswegs zur Ruhe begeben, vielmehr ist er noch fortwährend wirksam wie am ersten. Diese plumpe Welt aus einfachen Elementen zusammenzusetzen und sie jahraus jahrein in den Strahlen der Sonne rollen zu lassen, hätte ihm sicher wenig Spaß gemacht, wenn er nicht den Plan gehabt hätte, sich auf dieser materiellen Unterlage eine Pflanzschule für eine Welt von Geistern zu gründen.»

Diese später zu Eckermann ausgesprochene Erkenntnis, ließ Goethe wohl mit jenem Vers dem Bibelwort seine positive Umwandlung geben: *«Darum, welcher Baum nicht gute Frucht bringet, der wird abgehauen und ins Feuer geworfen.»* Nicht der rodende, richtende Gott, sondern der liebend-hegende, in Zuversicht hoffende Gärtner spricht in diesem Prolog zu uns.

Aus all dem aber wird ersichtlich, daß es allein um dieses «Himmelslicht» geht.

«Was wettet Ihr? den sollt Ihr noch verlieren,
Wenn Ihr mir die Erlaubnis gebt,
Ihn meine Straße sacht zu führen!»

Daß der Herr mit dem Widersacher keine «Wette» um die Güte des Menschen und der Schöpfung eingeht, versteht sich von selbst. Zwar spricht Mephisto in diesem Sinne und hält daran fest, der Herr jedoch übergeht jede diesbezügliche Anspielung. Wie könnte auch der, dem die große Überschau gegeben ist, der mit seinem Wesen «Anfang» und «Ende» umgreift, mit einem Prinzip, das nur Teilwahrheiten kennt, eine gleichberechtigte Wette schließen? Doch wird Mephisto gewährt, worum er sich so heuchlerisch müht:

«Solang er auf der Erde lebt,
Solange sei dirs nicht verboten:
Es irrt der Mensch, solang er strebt.»

Das Wort begrenzt, und gibt doch zugleich unbeschränkte Erlaubnis. Denn es räumt dem Widersacher für seine Wirkenstätigkeit lediglich die irdische Daseinsform des Menschen ein, überläßt ihm diese jedoch in ihrer vollen Zeitspanne.

Wieder unterspielt Mephisto durch gelogene Verharmlosung die folgenschwere Gewichtigkeit dieser Worte:

«Da dank ich Euch; denn mit den Toten
Hab ich mich niemals gern befangen.
Am meisten lieb ich mir die vollen, frischen Wangen,
Für einen Leichnam bin ich nicht zu Haus:
Mir geht es wie der Katze mit der Maus.»

In Wahrheit geht es Mephisto keineswegs «wie der Katze mit der Maus». Wird er um den Leichnam Faustens doch die ganze Schar seiner Höllengeister postieren, um der Seele – «Psyche mit den Flügeln» – habhaft zu werden. Und in dem Pakt, den er mit Faust eingehen wird, verpflichtet er sich nur deshalb zu allen Erdendiensten, damit er von ihm Gleiches fordern kann, wenn sie sich «drüben wieder finden». In diesem Sinne muß Mephisto für den Leichnam sehr wohl «zu Hause sein», denn er bringt ihm ja erst die Beute ein, nach der er jagt. Dieses höchste Interesse an dem «Drüben» will er dem Herrn jedoch verbergen.

Doch ist mit dessen dezidierter Erlaubnis: «solang er auf der Erde lebt» bereits ausgesprochen, daß Mephisto den Menschen wohl «hier» in seine Netze locken darf, daß er jedoch auf das «Drüben» keinen Anspruch hat. Das heißt, daß er nachtodlich an den Menschen nicht heran kann, soferne dessen Erden-Dasein ein «Strebendes-Sich-Mühen» war.

So ist gerade das Bild von der Katze mit der Maus angetan, Mephistos wahre Intentionen zu verharmlosen. Doch dürfen wir uns nicht beirren lassen, wenn der Dichter der Mephistopheles-Gestalt immer wieder Züge eines, uns mitunter sogar sympathisch berührenden, sarkastischen Witzes verleiht, und ihm durch den Herrn selbst den Stempel eines «Schalks» aufprägt. Die bedrohliche Hintergründigkeit seines Wesens blitzt oft genug durch.

Man muß dafür auch die zeitgeistliche Denkungsart in Erwägung ziehen. Für das ganze Mittelalter und zum Teil auch noch für Goethes eigene Gegenwart, galt das «Böse» als ein absolut zu meidendes Prinzip. Wer sich mit ihm verband, mußte als unwiderruflich verdammt gelten. Im «Urfaust» findet diese Denkungsart noch ihren dramatischen Niederschlag. Das Widersacher-Prinzip als ein notwendiges Welten-Prinzip zu erkennen und darzustellen, war etwas völlig Neues und erforderte Mut und Kühnheit, von deren Größe wir uns heute kaum mehr eine Vorstellung machen können. Das «Böse» in diesem Sinne, in seiner ganzen Reichweite unverhüllt hinzustellen, dafür war es im Jahrhundert Goethes noch nicht an der Zeit. Und so griff der Dichter, dessen Genius von diesem Problem bestimmt mehr wußte, als er sagen konnte, wie so oft, wenn es galt Schwerstes, der Seele kaum Aufzubürdendes darzustellen, auch hier zum Humor.

Doch kehren wir zu dem Wort des Herrn zurück: «Solang er auf der Erde lebt, / Solange sei dirs nicht verboten.» Die darin ausgesprochene Gewährung des mephistophelischen Ansinnens, gibt dem Erdenleben des

Menschen entscheidende Bedeutung. Doch nicht nur den Inhalt dieser Verse haben wir zu werten, auch die Tatsache, daß sie in diesem Augenblick, unmittelbar vor Beginn der eigentlichen Dramen-Handlung, gesprochen werden, ist wesentlich. Müßte man doch denken, Mephisto hätte sein Begehren längst zur Tat werden lassen. Denn ist ihm nicht seit dem Fall des ersten Menschenpaares die Erlaubnis zuteil geworden, den Menschen seine mephistophelische Straße «sacht zu führen»? Die neuerliche Bekräftigung durch den Herrn, scheint dafür nur eine nochmalige Bestätigung:

«Nun gut, es sei dir überlassen!
Zieh diesen Geist von seinem Urquell ab
Und führ ihn, kannst du ihn erfassen,
Auf deinem Wege mit herab –«

Allein der Umstand, daß durch die Formulierung: «es sei dir überlassen» – die mephistophelische Intention, und nicht der bestimmte Mensch angesprochen wird (sonst müßte es heißen: er sei dir überlassen), hebt den Inhalt dieses Dialoges über eine zeitlich-subjektive Begrenzung hinaus. Wenn aber der Mensch seit dem Paradiesessturz bereits dem Widersacher überlassen war, was will dann die Formulierung besagen, die dieses Geschehen zu einem jetzt, im gegenwärtigen Zeitpunkt sich vollziehenden Ereignis macht? Offenbar verdeutlicht sie, daß der sogenannte Sündenfall kein einmaliges, im Zeitenlauf abgeschlossenes Ereignis gewesen sein konnte, sondern ein prozessuales, lange Zeiträume durchdauerndes Geschehen ist. Und sie besagt ferner, daß jetzt, unmittelbar vor Beginn des Faust-Dramas der Zeitpunkt gekommen ist, in dem die Gottheit zur Gänze ihre schützende Hand von dem auf Erden weilenden Menschen abzieht. Erst in diesem Zeitpunkt der erwachenden Bewußtseinsseele ist dem Widersacher völlig freie Hand gewährt, und es stehen ihm dadurch ganz andere Möglichkeiten offen, sich an den Menschen heranzumachen, als vorher.

So zeitigt der Sündenfall erst in diesem Zeitraum seine eigentliche Konsequenz. Dafür wird aber auch jetzt erst Ereignis, wofür er Voraussetzung ist: die menschliche Freiheit.

In dem Gottes-Wort: «Nun gut, es sei dir überlassen», liegt die Ur-

Möglichkeit unserer Freiheit. Und der «Prolog im Himmel» ist um dieses Ursprungs willen geschrieben.

Damit muß uns aber auch klar werden, daß die Tragödie des faustischen Menschen nicht mit dem Ansinnen Mephistos anheben kann: «Was wettet ihr? den sollt ihr noch verlieren.» Der wahre Ursprung liegt vor diesem Verlangen; er liegt in der Frage des Herrn: «Kennst du den Faust?» Genau wie in der Paradieseslegende der Genesis der Herr selbst als derjenige erscheint, der in Adam das Bewußtsein von einer «verbotenen Frucht» weckt, und Luzifer nur das ausführende Werkzeug dieser göttlichen «Nemesis» ist, so liegt auch in diesem «Prolog» die völlige Loslösung des Menschen von Gott im Ratschluß des Herrn, und Mephisto spielt mit seiner einseitigen Wette – ohne es zu wissen – bereits die Rolle, die ihm in diesem Evolutionsprozeß des menschlichen Bewußtseins von der Gottheit zugedacht ist.

So treten uns zwei Kriterien entgegen, die für die Erringung der Freiheit zwar nicht die einzigen, doch notwendige Voraussetzungen sind: die völlige Entlassung des Menschen aus der göttlichen Hut und das dadurch ermöglichte, ungehinderte Eingreifen widergöttlicher Wirkenskräfte in die Sphäre des Menschen, und zweitens dessen Leben auf dieser Erde. Dies erfährt durch die grundlegenden Worte des Herrn seine Bestätigung, auf denen sich das ganze Faust-Schicksal aufbauen wird:

> «Es irrt der Mensch, solang er strebt.»

Man könnte versucht sein zu glauben, es müßte heißen: Es irrt der Mensch, solang er lebt; eben auf dieser Erde lebt, wo er dem Zugriff des Widersachers preisgegeben ist. Ausdrücklich ist jedoch vom Streben die Rede. Dadurch wird dem Leben auf der Erde eine Aufgabe gesetzt. Denn dieses Streben hat jene Tätigkeit im Auge, die der Engelsphäre verschlossen bleibt: den Dingen auf den Grund zu gehen. Die Güte der Schöpfung zu ergründen, und damit das Leben als einen Reifungs- und Läuterungsprozeß zu verstehen, nichts Geringeres liegt in dem geforderten: «Immer-strebend-sich-Mühen». Doch ist diese uns aufgetragene Mission mit ständigem Irren verbunden. Das bedeutet, daß Mephisto mit seiner Bedrohung Erfolg haben kann und daß es ihm gelingen kann, Faust mitunter auf «seine Straße hinabzuziehen». Wir erinnern uns der Worte der «Lustigen Person»: Nach einem selbstgesteckten Ziel mit «holdem Irren» hinzuschweifen.

Wir können jetzt ergänzend hinzufügen: der strebende Mensch, er ist diesem «holden Irren» hingegeben.

Doch wie ist es mit jenem, der nur lebt und jedem Streben abhold ist? Der das Leben nicht als einen kathartischen Reifungsprozeß erkennt, und dessen Dasein in einem bloßen Darleben seiner kreatürlichen Bedürfnisse gipfelt? Wohl wird auch er Irrtum auf Irrtum häufen – teils unbewußt, teils bewußt; und seine rein kreatürliche Lebensauffassung mag eines der größten Irrtümer darstellen. Da er ein «selbstgestecktes Ziel» aber nie vor sich hat, dürfen wir dieses Irren dann auch als «hold» bezeichnen?

So scheint es gewiß: nicht auf die Preisgabe an Irrtum und mephistophelische Einflüsterung kommt es an; einzig darauf, ob Faust sich trotz dieser drohenden Finsternisse seines «rechten Weges» bewußt bleiben und das «selbstgesteckte Ziel» seiner Ideale nicht aus dem Auge verlieren wird:

> «Und steh beschämt, wenn du bekennen mußt:
> Ein guter Mensch, in seinem dunklen Drange,
> Ist sich des rechten Weges wohl bewußt.»

Das Vertrauen, das die Gottheit in den Menschen setzt, überstrahlt alle Wagnisse menschlicher Freiheit. Gewiß wirft dieses Wort eine Fülle von Fragen auf. Gibt es auch der gegenteiligen Möglichkeit eines «bösen Menschen» Raum, oder will es den «Einzelfall» Faust auch in diesem Belang zur «allgemeinen Weihe» erheben und den Menschen als gut verobjektivieren? Und überdies: prädestiniert es nicht das kommende Schicksal Fausts im positiven Sinn? Wir werden im Verlauf des Dramas auf diese Fragen Antwort finden müssen, da sie sich durch die Handlung selbst immer wieder stellen werden.

Mit dem für Mephisto «beschämenden Bekenntnis» verbindet sich jedoch noch ein Kriterium, das wir nicht übersehen wollen. Die Tatsache nämlich, daß auch dem negierenden Prinzip im Welten-Werden ein Reifungs- und Erkenntnisprozeß zugedacht ist, und es nicht bloß als dumpfes Werkzeug dem Ratschluß der Gottheit zu dienen hat. Auch diesen Aspekt werden wir das ganze Drama hindurch im Auge behalten müssen.

Daß Mephisto an den fundamentalen Kern dieser Worte und ihrer Konsequenz nicht heranreicht, oder sich scheut daran zu rühren, zeigt die scheinbar sorglose Unbekümmertheit, mit der er die Prophetie des Herrn unterspielt:

«Schon gut! nur dauert es nicht lange.
Mir ist für meine Wette gar nicht bange.»

Mit diesem: «Schon gut! nur dauert es nicht lange», knüpft er nämlich unmittelbar an das vorangegangene Gotteswort an: «Nun gut, es sei dir überlassen», und übergeht bewußt, was die Möglichkeit einer Niederlage ahnen läßt.

Doch droht hinter dieser Verharmlosung ein dämonischer Wille:

«Staub soll er fressen, und mit Lust,
Wie meine Muhme, die berühmte Schlange!»

Dieses Bild ist voll entscheidender Dramatik. Als Luzifer einst den Menschen verführt hatte, wurde er zur kriechenden Schlange:

«Da sprach der Herr zu der Schlange: Weil du solches getan hast, seist du verflucht vor allem Vieh und vor allen Tieren auf dem Felde. Auf deinem Bauche sollst du gehen und Erde essen dein Leben lang.» (1. Buch Mose, III/14)

Vor der Verführung wird uns Luzifer in der Paradieseslegende als ein aufrechtes *«wunderschönes Wesen»* geschildert. (4) Auch auf zahlreichen Gemälden blickt uns Luzifer als aufrechtes, sich um den Paradiesesbaum schlingendes Tier mit Menschen- bzw. Engelantlitz entgegen.

In Mephistos Worten: «Staub soll er fressen», spiegelt sich somit der «Sündenfall» wider. Wenn Faust sein «Himmelslicht» verlieren würde, hätte er subjektiv den Sündenfall erneuert. Denn der Paradiesessturz des ersten Menschenpaares war ein kosmisch-objektives Geschehen; der Mensch hat ihn als «Erbe» zu tragen, ohne dafür subjektiv verantwortlich zu sein. Doch kann jeder einzelne Mensch diesen Sündenfall wiederholen. Dies ist seiner Freiheit impliziert.

Auch darin wird Mephisto freies Belieben gewährt:

«Du darfst auch da nur frei erscheinen
Ich habe deinesgleichen nie gehaßt;
Von allen Geistern, die verneinen,
Ist mir der Schalk am wenigsten zur Last.»

Daß der Herr den ewigen Ankläger und Verneiner «Schalk» nennt, unterstreicht seine wissende Zuversicht. Zwar entbehrt diese Bezeichnung nicht einer bedrohlichen Hintergründigkeit. Denn ihre ursprüngliche Sinngebung weist auf den «Schalksknecht», der ähnlich dem Schelm, ein schlechter Geselle ist und auf das Un-Gute, Un-Wahre und damit auf das Böse zielt. Dessen ungeachtet liegt in diesem Wort aber eine humorvolle Qualität, die uns zuraunt, diesen Gesellen doch nicht zu schwer, nicht zu ernst zu nehmen.

In dieser doppelten Blickrichtung hat Goethe offenbar das Wort verstanden. *«Wer aus Charakter oder Maxime beharrlich verneint,»* so heißt es in seiner Novelle «Die guten Weiber», *«hat eine größere Gewalt als man denkt»*. Und diesen «Verneiner» bezeichnet Goethe als «Schalk». Er belächelt ihn, weil gerade dieses ewige Negieren das Gegenteil auf den Plan ruft, den Willen zur Bejahung. In seinen «Maximen und Reflexionen» spricht er es aus:

«Läßliche Hypothese nenn' ich eine solche, die man gleichsam schalkhaft aufstellt, um sich von der ernsthaften Natur widerlegen zu lassen.»

Diese Sentenz liegt auch in den Worten des Herrn:

«Des Menschen Tätigkeit kann allzu leicht erschlaffen,
Er liebt sich bald die unbedingte Ruh:
Drum geb ich gern ihm den Gesellen zu,
Der reizt und wirkt und muß als Teufel schaffen. –»

Auch Mephistos verneinender Geist ist in diesem schalkhaften Sinne zu verstehen, denn er fordert dazu auf, ihn durch die «ernsthafte Natur» zu widerlegen. Mit des Herrn Wort gesprochen: Er «reizt und wirkt und muß als Teufel schaffen.» Deshalb ist dieses negierende Wesen der Gottheit am wenigsten zur Last, da er durch sein Eingreifen genau das fördert, was er untergraben will: nämlich Faustens Streben, und gerade das verhindert, was herbeizuführen er sich teuflisch müht: Fausts Gefallen am Genuß und sein Genüge-Finden am Gegebenen.

Doch ist Mephisto nicht das einzige negierende Geistwesen. Er steht vielmehr als Repräsentant einer Welt der göttlichen Negation vor uns, der auch Wesenheiten angehören müssen, die für die göttliche Weltenführung eine nicht so «geringe Last» bedeuten, wie Mephisto. Diese «Spottgeburt aus Dreck und Feuer», wie Faust ihn bezeichnen wird, scheint mit seinem Zynismus und Sarkasmus noch nicht die gefährlichste Spitze der Negation darzustellen. Woraus ersichtlich wird, daß wir Mephisto in der Hauptsache wohl als ein ahrimanisches Wesen zu erkennen haben, ihn jedoch nicht mit Ahriman gleichsetzen dürfen. Dazu Rudolf Steiner:

«Wenn man gar zu sehr scheut eine gewisse Ironie und einen gewissen Humor der Welt gegenüber, dann verfällt man zu leicht dem größten Humoristen, der ein Genosse ist desjenigen, der uns in Goethes Mephistopheles gegenübertritt, der dem Herrn mehr zur Last ist als der Schalk, der ein etwas gefährlicherer Geist von der Sorte derer ist, die da verneinen können.» (5)

Wenn wir – ganz allgemein – den Sinn dieser Negation verstehen wollen, haben wir an alle auf einer bestimmten Entwicklungsstufe «zurückgebliebenen» Wesen zu denken. Wobei sich die Frage stellt, wie es denn überhaupt zu einem «Zurückbleiben» kommen kann? Der erste Schritt dazu liegt immer in einem Verweilen. (Daß diesem «Verweilen» von höchster Ebene aus gesehen im tiefsten Kern ein «Opfer», ein «Verzicht» zugrunde liegt, dies wollen wir hier nicht einbeziehen.) Das Agens zu diesem «Verweilen» ist der Selbstgenuß des Augenblicks. Die Freude sich selbst zu gefallen und daher bei sich selbst und in sich selbst zu verweilen. *«Umgeben von einer solchen Glorie, vergaß er seines höhern Ursprungs und glaubte ihn in sich selbst zu finden»*, so lasen wir über Luzifer in Goethes «Dichtung und Wahrheit». Mit diesem Verweilen bei sich selbst aber fällt man heraus aus dem «ewig-schnellen Sphärenlauf». Man retardiert den Strom der Zeit und – bleibt zurück. Bei sich selbst verharrend, hat man das «Werdende, das ewig wirkt und lebt» verloren. Und man hat damit auch das einende Band verloren, das dieses Werdende zusammenhält: die Liebe. Die Schöpfung des Herrn ist eine Schöpfung der Liebe. Der Zurückbleibende wird dieser Liebe verlustig.

Der Herr spricht es zu den in rechter Weise fortschreitenden Geistern:

«Doch ihr, die echten Göttersöhne,
Erfreut euch der lebendig-reichen Schöne!
Das Werdende, das ewig wirkt und lebt,
Umfaß euch mit der Liebe holden Schranken,
Und was in schwankender Erscheinung schwebt,
Befestiget mit dauernden Gedanken!»

Mit dem entschiedenen «Doch» des Herrn, kehrt der «Prolog» wieder zu seinem Anfang zurück, und läßt den ganzen Dialog mit Mephisto, trotz seiner Folgenschwere letztlich doch nur wie eine Episode innerhalb der göttlichen «Dauer» erscheinen. Sich an der «lebendig-reichen Schöne» zu erfreuen, ist die Mahnung an die Engel.

Die Freude der Himmlischen aber erlebt das Schöpfungswerk nicht in seiner irdischen Wirklichkeitsform. Die Engel tragen keine irdischen Wirklichkeits-Vorstellungen in ihrem Bewußtsein. Die Freude an der «lebendig-reichen Schöne» steht im Gleichklang zu den Anfangs-Hymnen, in denen alles «blitzende Verheeren» als das «sanfte Wandeln» des göttlichen Tages erlebt wurde. Ihnen zeigt sich das «Werdende, das ewig wirkt und lebt», als das eigentlich Göttliche; das sich immer neu Entwickelnde, vom Nicht-Sein zum Sein Fortschreitende. So steht diese Permanenz einer göttlichen «Schöpfung aus dem Nichts» der widergöttlichen Negation und Retardierung gegenüber. Deren Ziel ist die Auslöschung alles Werdenden, der Weg vom Sein ins Nichts.

In dieser Welt ewigen Werdens, in der Sphäre einer «lebendig-reichen Schöne» sind die Engel jedoch «umfangen»; umfangen von «der Liebe holden Schranken».

Zum erstenmal erklingt am Ende des «Prologes» vernehmlich jenes Wort, das mächtiger und mächtiger aufklingen wird, je weiter die Dichtung voranschreitet, um schließlich das Ende, Faustens Aufstieg in die himmlischen Sphären, ganz zu beherrschen.

Das Wesen der Welt ist Liebe; sie ist ihre Grundsubstanz:

«Beseelte Gott den Vogel nicht mit diesem allmächtigen Trieb gegen seine Jungen, und ginge das gleiche nicht durch alles Lebendige der ganzen Natur, die Welt würde nicht bestehen können. So aber ist die göttliche

Kraft überall verbreitet und die ewige Liebe überall wirksam.» (Zu Eckermann, 21. V. 1831)

Aber die Liebe hat «Schranken», weil sie selbst nicht erkennen kann. Luzifer war es, der das Erkenntnis-Licht der Liebe einverwob:

«Dadurch, daß die luziferischen Wesenheiten Licht in die Liebe einverleiben, durchsetzen sie die Liebe mit Weisheit und gestalten sie zur eigentlichen Ichkraft, in die das luziferische Element hineinverwoben wird. Ohne die Weisheit wäre sonst die Liebe eine selbstverständliche Kraft, für die der Mensch nicht verantwortlich sein könnte.» (6)

Innerhalb ihrer «Schranken» ist das «Werdende, das ewig wirkt und lebt» – außerhalb, so müßten wir ergänzen, ist das Fertige, nicht mehr Veränderbare, die luziferische Schöpfung, «die herrlich ist, wie am ersten Tag.»

Der Mensch aber ist es nun wieder, der beide Welten verbinden muß. Denn das Element der Liebe soll auf unserer Erde durch ihn zur höchsten Entfaltung kommen. *«Die Erde ist der planetarische Zustand für die Entwicklung der Liebe» (7).* In einer fertigen, gewordenen Welt existierend, muß er aus sich heraus das Ewig-Werdende, Umwandelbare bilden; denn nur in diesem göttergleichen Schaffensprozeß lebt der Mensch. Dadurch aber hebt er auch die «holden Schranken» der Liebe auf, die für die Engel Unergründbarkeit und Unbegreiflichkeit der hohen Liebeswerke Gottes bedeuten.

Fausts ganzes Sinnen wird auf dieses Ewig-Werdende gerichtet sein, und wird damit bezeugen, wie auch er – zwar in der Unvollkommenheit der Menschenstufe – zu den «echten Göttersöhnen» gehört. Mit dieser «Gottes-Sohnschaft» hineingeworfen in das Weltengewitter einer Erdenwirklichkeit, verlustig der «holden Liebesschranken», an den zynischen Widergott gebunden, ist er, der Mensch, berufen, ein Göttliches zu vollbringen. Wie die Engel, mit ihrem Wesen Liebe leben, nicht ergründen und dem «Ewig-Werdenden» ihre «dauernden Gedanken» einverweben, die selbst wesenhaftes Sein bedeuten, so ist der Mensch berufen durch seinen Geist, der Vergänglichkeit dieser Erdensphäre, diesem «schwankenden Erscheinungsbild» Dauer zu verleihen.

Wahrlich, kein leichtes Los! Doch er vermag es, indem sein Geist das vielfältig verwirrte Leben auf diesem Erdenplan, zur Einheit des Bildes, zur künstlerischen Wirklichkeit zusammenfügt und den Einzelerscheinungen ihren Wert zu geben weiß: indem er alles «Vergängliche» als «Gleichnis» dieses Ewig-Geistigen erkennt; er vermag es, indem er zum Dichter wird.

Hier schließt sich der Bogen, der sich über die drei Tore dieser «Prologe» wölbt. Denn wir stehen mit den letzten Worten des Herrn vor den Anfangsversen der «Zueignung»:

> «Ihr naht euch wieder, schwankende Gestalten,
> Die früh sich einst dem trüben Blick gezeigt.
> Versuch' ich wohl, euch diesmal festzuhalten?»

Und wir stehen gleichzeitig im Kernstück des «Vorspiels auf dem Theater», wo der Dichter «das Einzelne zur allgemeinen Weihe» erhob:

> «Wer sichert den Olymp? vereinet Götter?
> Des Menschen Kraft, im Dichter offenbart!»

So wird durch diese drei Prologe die Schöpferkraft des Menschengeistes, die allein imstande ist, «dem Augenblick Dauer zu verleihen», bis zu ihrem göttlichen Ursprung geführt, ehe uns der Träger dieses Geistes, Faust, von finsterer Nacht umhüllt, selbst entgegentritt.

Der Tragödie erster Teil

Nacht

Das Drama des «strebenden Menschen» beginnt in hoffnungsloser Ausweglosigkeit. Faust muß sich mit allem, was seine Vernunft zu erfassen suchte, am Ende sehen. Zwar ist er die Stufenleiter der Fakultäten emporgestiegen bis zur Theologie, der damaligen Königin der Wissenschaften, in seiner Erkenntnis sieht er sich jedoch um keinen Schritt weiter gebracht:

> «Da steh ich nun, ich armer Tor,
> Und bin so klug als wie zuvor!»

Die letzte Erkenntnis seines universellen Wissens erschöpft sich in dem Eingeständnis, zur Ohnmacht gegenüber allem wahren Wissen verurteilt zu sein:

> «Und sehe, daß wir nichts wissen können!»

Denn Faust muß sich mit seiner «scientia universalis» fern aller Welt des wahren Seins erkennen. Immer ist es nur Reflexion, Spiegelbild, Schein, das ihm zuteil wird. Daraus aber erfließt kein Aufschluß über das Wesen der Dinge, keine Antwort auf die Grundfragen unseres Menschseins: über unser Woher? – Wohin? – und Wozu? Die Quellen des Lebens werden dadurch nicht erschlossen.

So ist diese «Nacht» nicht allein die kurze Zeitspanne zwischen Sonnenuntergang und Sonnenaufgang; sie ist eine Bewußtseins-Nacht, die in ihrer undurchdringlichen Finsternis dem Mephisto-Wort vom Zikaden-Dasein des Menschen recht zu geben scheint.

Zwar weiß Faust, daß er sich zu einer geistigen Freiheit durchgerungen hat, die keine abergläubischen Bedenken kennt:

«Mich plagen keine Skrupel noch Zweifel,
Fürchte mich weder vor Hölle noch Teufel.»

Auch fühlt er seine Überlegenheit gegenüber allen, die gleich ihm nach Wissen streben, und weiß sich gescheiter «als alle die Laffen, Doktoren, Magister, Schreiber und Pfaffen», doch all das bedeutet ihm nichts. Denn für sich selbst, was hat er für sein irdisches Dasein gewonnen? Weder brachte es ihm seelische Werte, durch die man hätte die Menschen «bessern und bekehren» können, noch hat es seinem Leben irdische Schätze gegeben:

«Auch hab ich weder Gut noch Geld,
Noch Ehr und Herrlichkeit der Welt.»

So ist Faust ein «Armer»; ein Bettler um «Geist» und ein Darbender, was irdische Güter betrifft:

«Es möchte kein Hund so länger leben!»

Wenn man vorausschauend erwägt, daß sich Mephisto in Hundsgestalt Faust nähern wird, dann zeigt sich, was hinter diesem Erlebnis, sich «auf den Hund gebracht zu sehen», in Wahrheit steckt: jene absolute Geist-Verlassenheit, in der sich die Worte des Herrn realisieren:

«Zieh diesen Geist von seinem Urquell ab.»

Doch nicht nur sein Denken muß Faust als matten Abglanz wesenhaften Seins erkennen; und nicht nur sein irdisches Menschsein entbehrt des Reichtums. Auch seine Sinne täuschen ihn, indem sie ihm das wahre Wesen der Natur verbergen. So ist ihm denn auch «alle Freud entrissen»; die Freude an der «lebendig-reichen Schöne», die immer wieder neu ersprießt im Einswerden von Ich und Welt, wenn das Herz den Einklang spürt mit der Schöpfung. Faust findet diesen Einklang nicht mehr:

«Das will mir schier das Herz verbrennen».

Man unterziehe sich der Mühe festzustellen, wie oft in den großen Monologen, bis zum Pakt mit Mephisto, das Wort «Herz» aus Faustens Munde tönt, und man wird erkennen, wie ihn dieses Ausgeschlossensein von der Harmonie des Universums bis ins Mark rührt. Denn tief in der Brust trägt der Mensch das Empfinden, daß er zur Welt gehört:

«Aber niemals verlieren wir das Gefühl, daß wir doch zur Welt gehören, daß ein Band besteht, das uns mit ihr verbindet, daß wir nicht ein Wesen außerhalb, sondern innerhalb des Universums sind. Dieses Gefühl erzeugt das Streben, den Gegensatz zu überbrücken. Und in der Überbrückung dieses Gegensatzes besteht im letzten Grunde das ganze geistige Streben der Menschheit.» (1)

Aber ist überhaupt ein Weg von der Enge dieses «dumpfen Mauerloches», in dem er vergebens nach Erkenntnis schmachtet, hin zu jener «lebendigen Natur», in die einst der Mensch hineingestellt wurde von der Gottheit? Faust hofft ihn gefunden zu haben:

«Drum hab ich mich der Magie ergeben,
Ob mir durch Geistes Kraft und Mund
Nicht manch Geheimnis würde kund,
Daß ich nicht mehr mit sauerm Schweiß
Zu sagen brauche, was ich nicht weiß.«

Welche Ehrlichkeit und Selbsteinschätzung liegt nicht in diesen letzten Worten. Was aber ist es, das Faust nicht weiß, und doch fühlt, daß man es wissen könnte?

«Daß ich erkenne, was die Welt
Im Innersten zusammenhält,
Schau alle Wirkenskraft und Samen
Und tu nicht mehr in Worten kramen.»

Der occult-magische Erkenntnisweg soll ihn zum Schauen dessen führen, was die Welt «im Innersten zusammenhält». Das Erschütternde in Faustens Selbstbekenntnis ist, daß er sein «Ignoramus, Ignorabimus» nicht als Postulat einer unumstößlichen Erkenntnisgrenze ausspricht. Dem menschlichen Bewußtseinshorizont a priori feste Grenzen zu ziehen, wie es Mephistopheles dem Herrn gegenüber argumentierte, liegt Faust völlig fern. Auch fehlt ihm der intellektuelle Hochmut, der nur als real und existent anspricht, was mit irdischen Maßen wägbar und zählbar ist.

Eben das Gegenteil müssen wir gewahren. Aus der Verzweiflung, alles zu kennen, was innerhalb seiner Bewußtseins-Mauern liegt, und doch keine Antwort auf die entscheidenden Fragen erhalten zu haben, wurde sein Entschluß zur Magie geboren. Nicht um einer egoistischen, schwarzen Zauberkunst willen, hat Faust diesen Weg beschritten.

«Er will nicht praktischen Nutzen und Vermehrung des Wissens von der Natur, sondern Vertiefung des Wissens um den göttlichen Charakter der Natur, nicht Vielwisserei, Poly-Historie, sondern Ganzheitserkenntnis, Pan-Sophie.» (E. Trunz)

Nicht darum geht es ihm, der äußeren Natur mit verstärkten Sinnes-Organen, mit «Hebeln und mit Schrauben» ihr Geheimnis zu entlocken. Den Weg in das nur Physisch-Mineralische hat er längst als aussichtslos erkannt. Zu erfahren, was hinter diesem physischen Schleier west, danach trachtet sein Sinn: «Schau alle Wirkenskraft und Samen». In das Wesen der auf dem ätherischen Plane wirkenden Lebenskräfte einzudringen, ist sein Bemühen. Von dieser «natura naturans» war der Mensch ja einst selbst umgriffen, ehe sein Bewußtsein in das Reich des Todes stürzte:

«Statt der lebendigen Natur,
Da Gott die Menschen schuf hinein,
Umgibt in Rauch und Moder nur
Dich Tiergeripp und Totenbein!»

So ist es inbrünstiges Erkenntnisstreben, das diesem Entschluß zur Magie zugrunde liegt. Und damit gleichzeitig das Wollen, die in die Menschenseele gelegten Bewußtseinskräfte in vollem Maße zur Entfaltung zu bringen. Denn «Klarheit», die der Herr als das Ziel nannte, heißt ja, daß für dieses Menschenbewußtsein die «Aussicht» einst «frei» werden wird. Und das «Strebend-sich-Bemühen» birgt als tiefstes Anliegen jene Tat in sich, die der Engel nicht vollziehen kann und will: zu ergründen, «was die Welt im Innersten zusammenhält». Auf dieses höchste Ziel ist das Streben Faustens gerichtet.

Wie ein Aufschrei klingt es: «Flieh! auf! hinaus ins weite Land!» Aber furchtbar gähnt der Abgrund zwischen der Welt des Todes, die ihn umgibt, und jenem «vollen Mondenschein», der aus unerreichbarer Ferne durch die trübe Scheibe blickt:

«Ach! könnt ich doch auf Bergeshöhn
In deinem lieben Lichte gehn.»

Das «Himmelslicht», das Faustens Herz durchglüht, kann nur Schmerz empfinden ob der Enge dieses «Kerkers», in den es sich auf seinem Erdenweg geworfen sieht. Jede «Verengung», jedes zusammenziehende Element verursacht Schmerz. Immer ist Schmerz die Folge eines «Verdichtungsprozesses». Und Verdichtung – an ihr Ende getrieben bedeutet Verhärtung, Erkaltung – Tod. Mit ihm stehen wir vor der ahrimanischen Folge, die Luzifers Tat der «Konzentration» nach sich gezogen hat.

«Das ist deine Welt! das heißt eine Welt!
Und fragst du noch, warum dein Herz
Sich bang in deinem Busen klemmt?
Warum ein unerklärter Schmerz
Dir alle Lebensregung hemmt?»

Alles hat Faust verloren. Die Wahrheit ist ihm verschlossen, keine Herrlichkeit der Welt umgibt ihn; aber ein Unschätzbares ist ihm geblieben: die tiefe Erlebniskraft seines innersten Gemütes, der nie erlahmende Pulsschlag seines Herzens. Sie geben ihm die Gewißheit, daß es ein «Draußen» geben muß.

Das Bühnenbild selbst wird zum Gleichnis der faustischen Seele. «Hochgewölbt» und «eng» ist der Raum, in dem diese Seele den Weg ins «Freie» sucht. Die Metapher der Enge wurde bereits genügend betont. Der gotische Spitzbogen jedoch trägt Faustens Unendlichkeitssehnsucht sichtbar in seiner Architektur.

Wie der Phönix aus der Asche steigt, sich immer wieder erneuernd, so breitet aus schwerster Hoffnungslosigkeit immer wieder die Sehnsucht seines Herzens ihre Schwingen aus, den Sinn zu ergründen, der hinter den Dingen west. Und wir erinnern uns der Worte Goethes: *«... So war vorauszusehen, daß er zugleich das vollkommenste und unvollkommenste, das glücklichste und unglücklichste Geschöpf werden müsse.»*

Voll glühender Begeisterung fällt Faustens Blick auf das occulte Zeichen des «Makrokosmos», wie es Nostradamus einst mit eigener Hand seinen Schülern anvertraute:

«Ha! welche Wonne fließt in diesem Blick
Auf einmal mir durch alle meine Sinnen!
Ich fühle junges, heilges Lebensglück
Neuglühend mir durch Nerv' und Adern rinnen!»

Durch das «geheime Wissen» dieses großen Astrologen und Naturforschers, dessen Name hier jedoch allgemein, als Repräsentant eines magisch-occulten Weisheitsgutes zu verstehen ist, glaubt Faust das Tor nach «Draußen» geöffnet zu bekommen:

«Erkennest dann der Sterne Lauf,
Und wenn Natur dich unterweist,
Dann geht die Seelenkraft dir auf,
Wie spricht ein Geist zum andern Geist.»

Die Erkenntnis des Sternenlaufes, die Faust meint, steht weit über allem astronomischen Wissen; sie sucht die «Harmonia mundi», die geheimnisvollen magischen Beziehungen, die zwischen Sternenwelt und Menschensein, zwischen Himmel und Erde weben:

«Wie sich der verborgene Gott aus sich selber durch sein Aushauchen der Kraft habe offenbaret; was Himmel und Hölle, Welt, Engel, Teufel und alle Kreaturen samt allem Wesen und Weben sind, wovon Böses und Gutes, Licht und Finsternis, Leben und Tod, Freund und Feind, Härte und Weiche urständen.»

Diese umfassende Schau kosmischer Zusammenhänge, wie sie Jakob Böhme – dessen Worte wir eben zitierten – in seinen «Tafeln der drei Prinzipien», der meditativen Versenkung zum Erlebnis brachte, sucht Faust in diesem Siegel des Makrokosmos.

«War es ein Gott, der diese Zeichen schrieb?» so muß Faust fragen, da sich ihm die Kräfte der Natur tatsächlich zu enthüllen scheinen. Und ihr Wesensgehalt mag wie ein Widerklang der Erzengelworte seine Seele durchtönen und ihm seine Ebenbildschaft erahnen lassen: «Bin ich ein Gott?»

Nun scheint es, daß sich ihm die Sinne öffnen, daß sich das göttliche All-Eine, das *«Omnia ex uno, omnia ad unum»* als «Morgenrot» der Seele offenbart:

«Wie alles sich zum Ganzen webt,
Eins in dem andern wirkt und lebt!
Wie Himmelskräfte auf- und niedersteigen
Und sich die goldnen Eimer reichen!»

Die Harmonie der Sphären scheint sich seinem schauenden Lauschen zu erschließen:

«Vom Himmel durch die Erde dringen,
Harmonisch all das All durchklingen!»

«Welch Schauspiel!» – Doch nur zu bald muß Faust erkennen, daß auch dieses Erlebnis nur «Schein» war: «Aber ach! ein Schauspiel nur!» Warum muß das so intensiv Erfühlte für ihn nur «Schauspiel» sein? Die Geisteswissenschaft lehrt uns, daß die Erreichung dessen, was Faust erstrebt, nur einem Bewußtsein möglich ist, das sich von seiner leiblichen Grundlage, seiner Gehirn-Gebundenheit, gelöst hat. Wenn dies der Fall ist, wird das ganze physische Erleben für den Menschen «Seelenorgan»:

«Das physische Erleben wird gleichsam Auge oder Ohr, der ganze Mensch wird ein Sinnesorgan, ein geistiges Sinnesorgan, ein Organ, könnte man sagen, nunmehr der ganzen Erde, die hinausschaut in den Weltenraum.» (2)

So wie unsere irdischen Sinnesorgane in ihrer leiblichen Abgeschlossenheit, eingebettet in Höhlungen, Knochenwandungen, eine relative Selbständigkeit erhalten mußten, um wahrnehmen zu können, so muß im leibfreien Bewußtseinszustand *«das ganze physische Erleben des Menschen eine Art Sinnesorgan werden, eine Art Auge oder Ohr, durch das der Mensch dann, der außerhalb dessen ist, was sein physisches Erleben ist, hineinschaut in den weiten Weltenraum.» (2)*

Indem sich die Seele in diese neue Welt einlebt, verlöscht, was ihr bisher anschaubar war:

«Die Seele lebt sich ein in eine elementare Welt, so daß sie nunmehr mit dem Luftmeer webt, mit der in der Welt wallenden Wärme selbst mitwallt, mit dem Lichte hinausstrahlt, und da die Seele mit dem Lichte hinausstrahlt, kann sie nicht durch das Licht die äußeren Gegenstände sehen. Deshalb verlöschen Sonne und Sterne, und der Mond erlischt mit seinem

Lichte vor der Seele. Es ist nicht ein äußeres Anschauen, in dem man dann ist, es ist ein Miterleben der elementaren Welt.» (2)

Die Geisteswissenschaft nennt diese Stufe eines planetarischen Bewußtseins die imaginative. Sie bringt uns in Verbindung mit anderen Wesenheiten der planetarischen Welt.

In ihrer weiteren meditativen Entwicklung kann sich die Seele zu höheren Erkenntnisstufen emporringen. Da wird nicht bloß das eigene Erleben zu einem geistig-seelischen Sinnesorgan, die ganze Erde wird dann zu einem solchen Organ:

«Der Mensch ist jetzt etwas, in dem eingesetzt ist die ganze Erdkugel, wie sonst das Auge oder Ohr eingesetzt sind unserem Leibe, und wie wir sonst mit den Augen sehen, mit den Ohren hören, so nehmen wir mit der ganzen Erde und ihrem Erleben wahr den Weltenraum.» (2)

Dies ist die Inspirations-Stufe unseres Bewußtseins. Ein tönendes Bewußtsein, welches zur Wahrnehmung alles Geistig-Wesenhaften unseres Sonnensystems führt. In ihm wird die «Harmonia mundi» zum geistigen Erlebnis. Faust empfindet dies zwar nach, doch ist er nicht in der Lage, sich mit seiner Seele wirklich *«hinauszuleben in Welten, wo die Wesenheiten im Weltenraum ihr großes Geschehen entwickeln. Er sieht nur das Zeichen, das einer hingeschrieben hat, der da hinausgelangt ist, das Zeichen des Makrokosmos. Aber ein Traum, eine Ahnung wird hervorgerufen, daß dieses Zeichen etwas bedeutet.»* (2)

Faust träumt sich mit einer geradezu magischen Intensität seiner Phantasie in diese Welten hinein. Aber das geträumte Phantasiebild schlägt zurück und läßt ihm die Wahrheit erkennen: «Aber ach! ein Schauspiel nur!» Das Zeichen hat ihn zu nichts geführt; im Gegenteil, es hat ihn zurückgeworfen und ihm die Erkenntnis gebracht, wie sehr verschlossen ihm die wahre Welt des Seins ist. Und der Zwiespalt von Ich und Welt, von Transzendenz und Existenz schlägt erneut über ihn zusammen:

«Wo faß ich dich, unendliche Natur?
Euch Brüste, wo? Ihr Quellen alles Lebens,
An denen Himmel und Erde hängt,
Dahin die welke Brust sich drängt –
Ihr quellt, ihr tränkt, und schmacht ich so vergebens?»

Doch währt die Enttäuschung über den mißglückten Höhenflug nur einen Augenblick. Sich von dem magischen Symbol des Makrokosmos abwendend, fällt sein Blick auf das occulte Zeichen des Erdgeistes. Ihm fühlt er sich wesensverwandt, und die Verbitterung, sich nicht gleich mit dem Ganzen des Universums verbinden zu können, weicht einer inneren Begeisterung für diese, in der Zeit webende Elementarwelt. Ahnend fühlt er sein Wesen mit dem ihren schon verbunden:

«Wie anders wirkt dies Zeichen auf mich ein!
Du, Geist der Erde, bist mir näher.»

Schon fühlt er sich von dieser Welt durchströmt, spürt ihre Feuer-Kraft wie das «Glühen von neuem Wein», trägt der Erde «Glück und Weh», erlebt sich im Brausen der Stürme und kennt kein Zagen vor den Wasser-Fluten, in die «des Schiffbruchs Knirschen» ihn wirft.

Und wie er sich wesend in den Elementen erlebt, bewegt er sich wesenhaft auch im Strömen des Lichtes:

«Es wölkt sich über mir –
Der Mond verbirgt sein Licht –
Die Lampe schwindet –»

Kein Zweifel ist möglich: diesmal ist es ein reales Erlebnis, was Faust zuteil wird. Er bewegt sich in den Elementen, das Erdenleben *«wird ihm zum Sinnesorgan»;* d. h. sein Bewußtsein löst sich von seiner Leibgebundenheit und ringt sich empor zur imaginativen Erkenntnisstufe:

«Ich fühle ganz mein Herz dir hingegeben!
Du mußt! du mußt! und kostet' es mein Leben!»

Indem er geheimnisvoll das Zeichen ausspricht, erscheint im flammenden Feuer das Antlitz des Geistes, *»des Anführers jener Wesen, in deren Bereich wir eintreten, wenn wir die elementarische Welt betreten.»(2)*

Die Szene ist weit davon entfernt, eine mittelalterliche Geisterbeschwörung zu schildern, und damit ein *«letzter, uns befremdender Rest der alten Faustsage»* zu sein. (R. Buchwald) Was Goethe darstellt ist das exakte Erleben einer Bewußtseinserweiterung, die sich in Faustens Seele vollzieht. Die Kraft, die aus seinem Innersten dringt, aus seinem warmen Herzen, die hebt ihn heraus aus seiner Leibesnatur:

«Du hast mich mächtig angezogen,
An meiner Sphäre lang gesogen...»

Mit allen Kräften seines übersinnlichen Wesens hat sich Faust an diese «natura naturans» gedrängt, war stark genug, diese objektive Weltensphäre zu bewegen:

«Mich neigt dein mächtig Seelenflehen.»

Doch ist er nicht stark genug, die Objektivität dieses Erlebnisses zu ertragen:

«Schreckliches Gesicht!
– – –
Weh! ich ertrag dich nicht!»

Ein Grauen faßt ihn vor dieser Geistwelt. Der Mensch ist dieser Welt zu unähnlich geworden. Das «Verwesliche» an ihm krümmt sich in Furcht vor der Übermacht des Erlebten. Und die Frage des Geistes: «Wo bist du, Faust, des Stimme mir erklang», sie ist gleichzeitig die Frage der eigenen Selbsterkenntnis. Das unbändige Sehnen seines höheren Wesens hat sich diese Welt erschlossen, seine vergängliche, vom Widersacher korrumpierte Erdennatur muß in allen «Lebenstiefen» erbeben.

«Wo bist du, Faust, des Stimme mir erklang,
Der sich an mich mit allen Kräften drang?
Bist du es, der, von meinem Hauch umwittert,
In allen Lebenstiefen zittert,
Ein furchtsam weggekrümmter Wurm?»

Da erwacht der Trotz in ihm, und er will erzwingen, wofür er nicht reif ist:

«Soll ich dir, Flammenbildung weichen?
Ich bins, bin Faust, bin deinesgleichen!»

An das Geheimnis des Werdens hat Faust sein Geistes-Ohr gelegt, der

«Welt- und Tatengenius», wie Goethe selbst in seinem Paralipomenon 1 den Erdgeist bezeichnet, offenbart sich seiner Seele:

«In Lebensfluten, im Tatensturm
Wall ich auf und ab,
Wehe hin und her!
. . .
So schaff ich am sausenden Webstuhl der Zeit
Und wirke der Gottheit lebendiges Kleid.»

Er kann hören, wie die Geister der Elementarwelt mit dem Menschenwerden leben, wie sie «Geburt und Grab», das Werden und Vergehen aller Rassen, Völker und Kulturen durchwirken. Aber so sehr nahe er dem Gehörten sich fühlt, so fern ist er dem Verstehen dessen, was sich ihm offenbart. Ein «Donnerwort» wirft ihn zurück in die Sinneswelt:

«Du gleichst dem Geist, den du begreifst,
Nicht mir!»

Wieder hat sich der hohe Geistesflug als ohnmächtiger Zikadensprung erwiesen und vernichtet stürzt Faust nieder:

«Nicht dir?
Wem denn?
Ich Ebenbild der Gottheit!
Und nicht einmal dir!»

Auch diesen Zusammenbruch wollen wir in seiner inneren Notwendigkeit zu verstehen versuchen. Woran ermangelt es seiner Seele, daß sie sich in dieser Elementarwelt nicht halten kann? Wir stellen diese Frage ganz konkret an die Geisteswissenschaft.

Es ist sehr aufschlußreich, sich dafür das parallele Geschehen in der zweiten Szene von Rudolf Steiners Mysteriendrama «Die Pforte der Einweihung» ins Bewußtsein zu rufen. Dort betritt Johannes Thomasius diese Welt der Elemente, die ihn gleichermaßen zur Selbsterkenntnis aufruft, wie es Faust durch den Erdgeist erfährt. Wie aber betritt Johannes Thomasius diese Welt? Auch ihn erfaßt Grauen: «Es wird im Innern mir lebendig fürchterlich.» Doch die Unterschiedlichkeit zum Erlebnis Faustens wird uns bald deutlich: «Es raubt mich jetzt mir selbst» – und in diesem Selbstverlust fühlt er sich ausgegossen in die Elemente, folgt der «Erde in ihrer Weltenbahn», «wechselt mit des Tages Stundenlauf»; d. h. auch er erlebt sich in «Lebensfluten und Tatensturm», auch er spricht von dem «sausenden Webstuhl der Zeit». Aber dieses Erleben ist verbunden mit jenem der Selbstentfremdung:

«O schon entschwunden
Dem eignen Wesen fühl' ich mich.
Ich sehe meine Leibeshülle;
Sie ist ein fremdes Wesen außer mir.»

Von diesem Erlebnis sprach Faust nicht. Im Gegenteil: «Schon glüh ich wie von neuem Wein, – ich fühle Mut, mich in die Welt zu wagen», so sprach er, überwältigt von dem Höhenflug seines Bewußtseins. Und: «Soll ich dir, Flammenbildung, weichen? Ich bins, bin Faust, bin deinesgleichen!» So sprach sein Trotz und seine Vermessenheit, mit denen er sein Erden-Ich in diese ätherische Welt hineinzutragen versuchte. Und darin liegt seine Unzulänglichkeit.

«Johannes geht als Sich-selbst-Erkennender in allen äußeren Wesen unter. Er lebt in Luft und Wasser, in Felsen und Quellen, aber nicht in sich selber.» (3)

Faust lebt nur in sich selbst. Johannes Thomasius empfindet sein Ich in dieser Welt als ein fremdes Wesen. Faust will diese Welt zu seinem Ich machen. In dieser Art aber kann man in der Elementarwelt nicht bestehen:

«Das muß man für die elementarische Welt als eine Eigentümlichkeit seiner Seele haben: Verwandlungsfähigkeit des eigenen Wesens in fremde Wesenheiten. Die Möglichkeit der Metamorphosierung muß man haben. Man muß gleichsam untertauchen können und zu den Wesen selber werden und man muß verlieren können dieses Bewußtsein, das man in der Sinneswelt immer haben muß: du bist der und der. In der elementarischen Welt lernt man ein Wesen nur kennen, wenn man es in gewisser Weise innerlich mit seinem Seelenleben ‹wird›.» (4)

Diese Proteus-Fähigkeit einer ständigen Metamorphose, diese Entfremdung vom eigenen Selbst darf jedoch nicht zu dessen Verlust führen. Die Seele muß die Kraft aufbringen, sich trotz des Untertauchens in alles, was um sie ist, sich nicht zu verlieren. Diese Kraft aber erwirbt man nicht durch Trotz und Ungeduld: «Du mußt! du mußt! und kostet' es mein Leben!» Demut, Geduld und stilles Reifen öffnen vielmehr das Tor zu diesen Sphären.

Dies möge genügen, um uns Faustens Größe und Unzulänglichkeit, seinen hoch-mütigen – nicht de-mütigen – Willen verständlich zu machen, mit dem er glaubt, sich Einlaß ertrotzen zu können.

Der Augenblick, wo ihm diese Unzulänglichkeit bewußt wird, bedeutet den Nullpunkt seines Strebens. Und wir müssen zutiefst die Tragik der Zwienatur des Menschen empfinden. Hier das übermächtige Seelenflehen, das uns hin zum «ernsten Geisterreich» drängt, dort das Unvermögen unserer Geschöpfnatur, dem Erstrebten standzuhalten. Wird das Mephisto-Wort nicht leidvoll bestätigt: «Ein wenig besser würd er leben, / Hättst du ihm nicht den Schein des Himmelslichts gegeben.»?

Unser eigenes Jahrhundert scheint die Konsequenz aus dieser Erkenntnis gezogen zu haben. Denn allerorts offenbart sich uns das Bestreben, den Menschen ein unbeschwertes Dasein zu schaffen, indem man sie von der Qual ihrer Herzen, dem Erkenntnisdrang und Streben nach geistigen Werten, zu befreien sucht. So daß kein Zweifel herrschen kann, wer zu uns spricht, wenn unsere irdische Leibesnatur als das einzig Existente angesehen, und ihr Wohlergehen zum alleinigen Ideal erhoben wird.

Wo aber liegt der wahre Sinn jener bitteren Erkenntnis, die Faust aus dem Munde des Erdgeistes erfahren muß? Denn es ist wirklich so! Der Mensch ist dem gleich, dessen Wesen er begreifen kann und ergründet hat. Nicht darum geht es, die Geisteswelten herbeizuziehen und zu erschauen; sie neu zu begreifen tut not. Nur so kann der Mensch teilhaftig werden dem Schöpfungsgeheimnis des Herrn. Selbsterkenntnis und Geistesoffenbarung sind Wirkenskräfte eines gleichzeitigen Geschehens. Denn wir sind immer nur das, was wir begriffen haben. Und wo uns Geistesoffenbarung zurückstößt, weil wir sie nicht verstehen, müssen wir einen Schritt in der Selbsteinschätzung unseres Wesens vorwärts tun.

Auch Faust erfährt dies. Und er erfährt es in völliger Einsamkeit. Die Geistwelt hat sich ihm mehr denn je verschlossen. Die hohe Weisheit der alten Alchimie und Mystik ist verdämmert. Kein «Nostradamus» mehr, kein «Meister» ist ihm zur Seite gestellt, in dessen Hut er sich, wie einst der Neophyt, geborgen wissen könnte. Ganz in sich selbst sieht er sich zurückgeworfen. Auch für die «Geisteswissenschaft» dunkelt das «Kali Yuga» in seiner letzten Konsequenz. Was einem Johannes Thomasius nach Michaels Sieg über die Geister der Finsternis zu erreichen bereits möglich ist, blieb Faust noch verwehrt. Und wenn im selben Augenblick sein Famulus an die Pforte klopft, da wird ihm die ganze Unbarmherzigkeit des Geisteswortes nur zu bewußt:

«O Tod! ich kenn's – das ist mein Famulus!
Es wird mein schönstes Glück zunichte!»

Ist das der Geist, den er begreift? Rudolf Steiner bejaht diese Frage, und sagt, daß Wagners erste Worte die Selbsterkenntnis aussprechen, die Faust in diesem Augenblick gewinnen muß:

«Verzeiht! ich hör Euch deklamieren;
Ihr last gewiß ein griechisch Trauerspiel?»

«Das ist eine Wahrheit: er hat nur deklamiert. Und es ist ein Stück Selbstbesinnung, einzusehen, daß man sich so nicht dem Geist der Welt nähert, sondern höchstens ein griechisches Trauerspiel liest... Wenn Faust nur so weit gehen würde, als er mit seinem Verständnis dabei ist, so müßte er die Worte sagen, die Wagner spricht, sein Spiegelbild. Aber er geht mit seiner Leidenschaft hinaus, eben mit dem, was luziferisch ist, hinaus, nicht mit dem echten, vollen, menschlichen Seelenleben, sondern mit dem luziferischen Kern.» (2)

Verstehen wir Wagner als Gestalt der äußeren Dramen-Handlung, müssen wir sagen: ein Dutzend solcher Wagner-Naturen hat Faust längst und restlos begriffen. Aber dieser Wagner lebt ja auch gleichzeitig in ihm. Der an das Verwesliche gebundene Teil der Faust-Seele, ist genau so ein «Ärmlichster von allen Erdensöhnen», wie dieser Famulus. Durch diese Projektion der Wagner-Gestalt in die Seele Faustens, wie es der innere Vorgang des Dramas zu tun durchaus erlaubt, zeigt der Dichter auf, wie arm der Mensch in Wahrheit geworden ist. Denn allein der «Wagner» in uns ist es, den wir wirklich begreifen.

Doch dieser Wagner in uns – er begreift nicht jenen anderen Seelenteil, der weit hinausreicht über ihn und sein beschränktes Denken. Aus demselben Nicht-Verstehen, aus dem Mephisto die Erzengelworte als Pathos bezeichnet, muß er das Zwiegespräch Faustens mit dem Erdgeist für Deklamation halten. Als «Spiegelbild» Faustens jedoch auch in dessen Seele sprechend, macht er uns deutlich, daß Faustens ganzes Menschsein diese Welt des Geistes noch nicht begriffen hat.

Um dieses Begreifen und Ergründen geht es aber. Und hier bekommt die Wagner-Gestalt plötzlich positive Bedeutung. Denn der Ausgangspunkt für alles Ergründen ist das reflektierende Denken unserer Sinnes-Natur. Von dieser Leib-Gebundenheit führt der Weg über das reine Denken, das sich zu seiner Operation keiner, aus der Sinneswelt gewonnenen Vorstellungen mehr bedient, zur völlig leibfreien, erkennenden Anschauung der «Weltgedanken» in der Imagination. Damit vollzieht sich auf einer höheren Bewußtseinsebene erneut eine Gegenüberstellung unseres erkennenden Ichs und der sich uns eröffnenden Geistwelt. Und nur wo eine solche Konfrontation zwischen Ich und Umwelt stattfindet, die ein Getrenntsein beider Wesenssphären bedeutet, ist ein Begreifen möglich. So wie wir heute unsere physisch-mineralische Umwelt durchforschen können, weil wir bewußtseinsmäßig von ihr geschieden sind und ihr gegenüberstehen, so wird Faust die Welt des Erdgeistes erst begreifen, wenn er sich nicht nur in ihr selbst darin wesend erlebt, sondern auch ihr im freien Erkennen gegenübersteht. Das Wagner-Bewußtsein aber ist für diese «Himmelsleiter» des Erkennens die unterste Sprosse.

Faust selbst gibt sich in dem Dialog mit Wagner die Bestätigung, daß nicht wirklich Begriffenes zu einem Deklamieren führen muß:

> «Das Pergament, ist das der heilge Bronnen,
> Woraus ein Trunk den Durst auf ewig stillt?
> Erquickung hast du nicht gewonnen,
> Wenn sie dir nicht aus eigner Seele quillt.»

Was man nicht selbst verstanden und durch-ergründet hat, kann der Seele niemals Nahrung sein. Und wenn Faust dieses angelernte, aus zahllosen Meinungen zusammengekleisterte Wissen anprangert:

> «Sitzt ihr nur immer! leimt zusammen,
> Braut ein Ragout von andrer Schmaus», –

wenn er sich angewidert von jenen Maximen wendet, die Wahrheitsgehalte aus ihrem Zusammenhang reißen und sie zu blinkenden, hohlen Phrasen ummodeln, um damit die Menschen zu betören:

> «Ja, eure Reden, die so blinkend sind,
> In denen ihr der Menschheit Schnitzel kräuselt,
> Sind unerquicklich wie der Nebelwind,
> Der herbstlich durch die dürren Blätter säuselt!»,

dann ersteht uns in neuer Form das hohe Streben des «Dichters» aus dem «Vorspiel», der mit gleichem Unmut den Intentionen des «Direktors» den Rücken kehrte. Um Wahrheit ging es dem Dichter, die Menschen zu verwirren, erstrebte der Direktor. Durch «Ernst» und «rechten Sinn» Herz mit Herzen zu verbinden, ist das Anliegen Fausts; die Menschen durch «Überredung» zu leiten das Bestreben Wagners. So wird uns die ganze Spannweite unseres Menschseins in dieser Szene noch einmal vor Augen gestellt. Von dem Ringen um höchste Geisterkenntnis, in dem sich unsere göttliche Ebenbildschaft zum Ausdruck bringt, bis hin zu jenem, an die verwesliche Leibesnatur gebundenen Wagner-Teil unserer Seele, der mit seinem «kalten, wissenschaftlichen Streben» sich wie ein furchtsamer Wurm krümmen muß, wenn ihn der Blitzstrahl der geistigen Welt trifft.

Statt nüchterner Selbsteinschätzung sehen wir Faust, nach Wagners Abgang, fast wollüstige Selbstvernichtung üben:

> «Den Göttern gleich' ich nicht! zu tief ist es gefühlt!
> Dem Wurme gleich' ich, der den Staub durchwühlt,
> Den, wie er sich im Staube nährend lebt,
> Des Wandrers Tritt vernichtet und begräbt!»

So nahe dem «Spiegel ewiger Wahrheit» wähnte er sich, meinte «schaffend Götterleben» – das wahre Sein zu «genießen». Wir wissen es bereits aus dem «Prolog»: das Wesen der Gottheit ist Schaffen. Daher ist es auch die Sehnsucht aller Gott ähnlichen Geister: schaffen zu können. Erinnert man sich an die Worte des Herrn von «des Menschen Sinn», der allzuleicht zu «erschlaffen drohe», dann kann einem klar werden, wie intensiv Faust seine Ebenbildschaft im Augenblick der Erdgeist-Erscheinung empfunden haben muß:

«Ich, Ebenbild der Gottheit, das sich schon
Ganz nah gedünkt dem Spiegel ew'ger Wahrheit,
...Ich, mehr als Cherub, dessen freie Kraft
Schon durch die Adern der Natur zu fließen
Und, schaffend, Götterleben zu genießen
Sich ahnungsvoll vermaß, wie muß ichs büßen!»

Wieder steht Faust vor der Unmöglichkeit, Welt und Schöpfung mit sich selbst in Einklang zu bringen. Und wieder steht er allein und einsam:

«Wer lehret mich? was soll ich meiden?
Soll ich gehorchen jenem Drang?»

Leidvollst muß er erneut die Macht des «Verweslichen» an sich erleben, das ihm einen wahren Höhenflug verwehrt.

«Dem Herrlichsten, was auch der Geist empfangen,
Drängt immer fremd und fremder Stoff sich an...»

Der «Stoff», der unsere physische Leiblichkeit mit seiner mineralischen Substanz ausfüllt, er ist uns durch die widergöttliche Korrumpierung fremd und fremder geworden. In seiner Dichte und Undurchdringlichkeit lähmt er jeden Geistesflug des an ihn gefesselten «Himmelslichtes» in uns. Und nicht nur dies. Er verkehrt den Glauben an unser, immer auf höhere Werte gerichtetes Streben ins Gegenteil, stürzt ihn in Mißtraun und Zweifel:

«Wenn wir zum Guten dieser Welt gelangen,
Dann heißt das Bessre Trug und Wahn.»

Paul Stöcklein hat dieses leidvolle Erlebnis Fausts in seiner Schrift «Wege zum späten Goethe» nachempfunden:

«Faust, abstürzend aus dem Hochgefühl der inneren Begegnung mit dem ‹Welt- und Taten-Genius›, von vernichtender Verzweiflung erfaßt, entwickelt mit dem psychologischen Scharfblick der Schwermut eine dunkle Lebensphilosophie. In ihr verdeutlicht sich allmählich, gewissermaßen komplementärfarben zum Erdgeist, eine antagonistische Figur dieses Genius: die Sorge... Selbst die ‹herrlichsten› Erkenntnisse, Empfindun-

gen, Lebenskeime, die der Seele in tiefen Stunden (als Vorgeschmack ihrer Selbstvollendung) geschenkt worden sind, ermatten schnell und büßen ihre gestaltende Kraft ein im Strudel der alltäglichen notwendigen Beschäftigungen, Eindrücke, Besorgtheiten... um uns aber vor unserem besseren Selbst zu entschuldigen (dessen leise mahnende Stimme in stillen Stunden aus der Tiefe tönt), greifen wir zu einer niedrigen List: Wir erklären das ‹Bessere› für ‹Trug und Wahn›; wir vernichten die höheren Ideale und Ziele, um nicht mehr unter ihrer lästigen Forderung zu stehen.»

Mit Faustens Worten:

> «Die uns das Leben gaben, herrliche Gefühle
> Erstarren in dem irdischen Gewühle.»

Wenn uns die Welt und unser eigener Leib nur noch als feindliche Stofflichkeit umgeben, «erstarren» die herrlichsten Gefühle unserer Seele. Statt sie an den Maßstäben unserer höchsten und eigensten Empfindungen zu messen, richten wir uns auf die Maßstäbe der Welt ein. Dabei erstirbt die Kraft unserer Phantasie nicht im gleichen Maße wie das hohe Streben der Seele. Sie kehrt sich nur anderen, irdischen und kleinmütigeren Dingen zu:

> «Wenn Phantasie sich sonst mit kühnem Flug
> Und hoffnungsvoll zum Ewigen erweitert,
> So ist ein kleiner Raum ihr nun genug,
> Wenn Glück auf Glück im Zeitenstrudel scheitert.»

Und da ist es die Sorge, die sich in unser Herz schleicht und eben dort «nistet», wo ehedem sich «Phantasie zum Ewigen erweitern» konnte.

> «Dort wirket sie geheime Schmerzen,
> Unruhig wiegt sie sich und störet Lust und Ruh.»

Hinter immer neuen Masken weiß sie sich zu tarnen, wenn sie uns um das Wohl unserer irdischen Güter, um das Leben der uns in Liebe Verbundenen, oder um das eigene Leben erzittern macht:

> «Sie mag als Haus und Hof, als Weib und Kind erscheinen,
> Als Feuer, Wasser, Dolch und Gift:

Du bebst vor allem, was nicht trifft,
Und was du nie verlierst, das mußt du stets beweinen.»

Dazu Paul Stöcklein:

«Der naive Mensch erkennt ja nicht, daß all die Gegenstände, Situationen, Möglichkeiten, die in ihm fortwährend Sorge, Unruhe, Beängstigung erregen, gar nicht immer an sich so quälenden Charakter haben, sondern daß er ihnen diesen Charakter erst aus dem Schatze seiner Phantasie leiht... Sorge steigt ins Auge als Sehfehler.»

Dieser Seelenhaltung des «naiven Menschen» steht jene gegenüber, die sich der um «Erkenntnis höherer Welten» Ringende erwirbt: sie ist erfüllt von Mut, Furchtlosigkeit, innerer Gelassenheit.

«Einer Gefahr ruhig ins Auge schauen, Schwierigkeiten ohne Zagen überwinden wollen: solches muß der Geheimschüler können. Er muß zum Beispiel einer Gefahr gegenüber sich sofort zu der Empfindung aufraffen: meine Angst nützt nach gar keiner Seite; ich darf sie gar nicht haben; ich muß nur an das denken, was zu tun ist. Und er muß es soweit bringen, daß für Gelegenheiten, in denen er vorher ängstlich war, ‹Angsthaben›, ‹Mutloswerden› für ihn wenigstens im eigentlichen innersten Empfinden unmögliche Dinge werden.» (5)

Mit dieser furchtlosen Gelassenheit hat der die Einweihung Erstrebende, die «Sorge» in seinem Herzen überwunden. All ihren unzähligen «Masken» tritt er mit jenem Initiaten-Wort entgegen, das Rudolf Steiner in seinem Mysteriendrama der Strader-Gestalt in den Mund legt: *«Es wird geschehen, was geschehen muß!» (6)*

Durch diese innere Herzhaftigkeit bahnt der Mensch seiner eigenen Geistnatur den Weg in die physische Welt. Und *«der Mensch soll ja alles höhere Geistige eben auf die physische Welt beziehen und durch sich in die letztere hereinwirken lassen. Das Herzorgan ist gerade dasjenige, durch welches das höhere Ich das sinnliche Selbst zu seinem Werkzeug macht, und von dem aus dies letztere gehandhabt wird.» (5)*

Faustens Worte jedoch sprechen uns vom Gegenteil. Wenn die Sorge sich in dieses Herzorgan einnistet, dann überwältigt sie gerade jenen Schauplatz, der Tor für das Geistige sein sollte. Kann dies tatsächlich nur durch die Kraft der eigenen Phantasie geschehen, die sich von ihrem Flug zur «Ewigkeit» mit der Enge des irdischen Raumes begnügt? Stöcklein spricht von einer *«antagonistischen Figur zum Erdgeist»*. Seine Worte greifen ein Bild, so wie auch Faustens düsteres Sinnen bildhaft die Wirkenskraft dieser Sorge zu fassen sucht. Aber am Ende seines Lebens, im Herannahen des Todes, da wird er dieser Sorge als Wesen ansichtig werden. Und da wird es sich zeigen, daß diese Sorge tatsächlich einen Antagonismus, aber einen wesenhaften Antagonismus zum Erdgeist darstellt. Denn sie ist ein *«von Mephistopheles-Ahriman herangebrachtes Wesen.»* *(7)* Faust wird dann freilich kein «Bettler» mehr sein, kein Darbender. Als «Reicher» wird er ihr gegenüberstehen und ihr die Gewalt seines Herzens entgegensetzen:

«Doch deine Macht, o Sorge, schleichend-groß,
Ich werde sie nicht anerkennen!»

Im gegenwärtigen Augenblick jedoch siegt diese schleichende, in unserer verweslichen Leiblichkeit nistende Macht über den Höhenflug von Faustens Seele. Und dieser Sieg ist um so schmerzvoller, da er sich eben noch jenen Lebensquellen nahe fühlte, die weit über allem sorgenden Bangen liegen, wo ihm selbst «des Schiffbruchs Knirschen» kein Zagen erwecken konnte. In dieser einen Stunde hat Faust Höchstes und Tiefstes erlebt und durchlitten. Und er gibt sich keinen Illusionen hin: der Mensch vermag mit seinen Kräften die Geistwelt vielleicht herbeizuflehen für einen seligen Augenblick, sie zu «halten» jedoch ermangelt er der Kraft.

Doch ist es bestimmt zu einseitig geurteilt, wenn man sagt, daß die Vernichtungsstimmung, die ihn durchwühlt, nur Trotz und Überheblichkeit gebiert. Gewiß schwingen diese Emotionen mit in den Worten:

«Hier ist es Zeit, durch Taten zu beweisen,
Daß Manneswürde nicht der Götterhöhe weicht.»

Und wenn Faust den scheinbaren Zufall befragt: «Doch warum heftet sich mein Blick auf jene Stelle?», so liegt die Antwort eben in diesem neuerlichen, trotzig-mutvollen Aufschwung, zu dem sich seine Seele bereits durchgerungen hat. Nur daß diesem neuerlichen Phönix-Flug ein negatives Element anhaftet. Denn indem sich Faust die Gottesnähe dadurch zu ertrotzen hofft, daß er sein Selbst mit Gewalt von seiner verweslichen Erdenhülle losreißen möchte, negiert er den Inkarnations-Willen seines Ichs.

«Wir fühlen, wie schon ahrimanisches Wesen an der Seite der Faust-Seele waltet, und wie dieses ahrimanische Wesen verknüpft ist mit dem, was Erdentod ist. Ist es uns nicht, wie wenn diese mit ahrimanischem Wesen angefüllte Menschenseele das Ergebnis ihrer ahrimanischen Erkenntnisse zöge? Und dieses Erkenntnisergebnis, das Ahriman den Menschen geben kann, das ist es, was sich zusammenfaßt in die Worte (8):

«Ich grüße dich, du einzige Phiole,
Die ich mit Andacht nun herunterhole!
In dir verehr' ich Menschenwitz und Kunst.»

Es gibt viele Auslegungen, die in diesem Entschluß Faustens eine «Inspiration Mephistos» sehen, und wir wollen ihnen keinesfalls widersprechen.

Alles möge Geltung haben, was dieses Geschehen von der widergöttlichen Negation her versteht. Wenn Faust die Giftphiole als den «Inbegriff der holden Schlummersäfte» bezeichnet, als «Auszug aller tödlich-feinen Kräfte», dann spricht er damit den Extrakt aller einschläfernden und vernichtenden Erdenwirksamkeiten an, die sich der Mensch am Gipfel seiner Meisterschaft in dieser «Studierstube» bereitet hat:

«Erweise deinem Meister deine Gunst!»

Die Schale, die Faust an seine Lippen hebt, birgt alle verneinenden Gedanken, Gefühle, Willensimpulse und Taten, wodurch die geschichtliche Menschheit sich selbst quält, wodurch sie nicht müde wird, ihr wahres Menschsein zu töten. In dieser Schale wirken die materialistischen, naturwissenschaftlichen Theorien ebenso, wie alle nihilistischen, geistzerstörenden Ideologien auf dem politischen, sozialen, pädagogischen Sektor, bis hin zu jenem grauenhaften Destillat militärischen Irrsinns, das den globalen Selbstmord der Menschheit als Verteidigung für Leben und Freiheit postuliert.

Doch kann uns gerade diese Konfrontation Faustens mit den Todeskräften die Einseitigkeit bewußt machen, der wir erliegen müssen, würden wir die Szene nur von der mephistophelischen Seite her verstehen. Einseitig deshalb, weil wir damit die Strebenskraft des «Himmelslichtes» in Faustens Seele außer acht lassen. Faust ist durch den Sturz aus der eben erlebten Geist-Nähe zwar in Zerknirschung und Ohnmacht gestoßen, der Drang aber nach dem «Urquell» seines wahren Wesens, ist damit keineswegs eliminiert. Dies bestätigt uns Rudolf Steiner:

«Und schon hat diese Seele die Vision, daß sie zum andern Ufer kommt, wo sie vielleicht dasjenige wird finden können, was sie glauben muß, durch ihre ahrimanische Verstrickung auf dieser Erde nicht finden zu können. Schon hat sie die Vision des Hinübergehens zu dem andern Ufer (8):

«Ein Feuerwagen schwebt auf leichten Schwingen
An mich heran! Ich fühle mich bereit,
Auf neuer Bahn den Äther zu durchdringen
Zu neuen Sphären reiner Tätigkeit.»

Angesichts der Todeswelt, in die er sich erneut geworfen sieht – was bliebe Faust denn für ein anderer Weg, als diese Todespforten aufzureißen? D. h. mit vollem Bewußtsein diesen Weg zu Ende zu gehen, zu dem man ihn scheinbar verurteilt hat als Mensch, und hindurchzuschreiten durch diesen absoluten Nullpunkt des Daseins «zu neuen Sphären reiner Tätigkeit»? Und selbst die Gefahr «ins Nichts dahinzufließen», wäre immer noch Gewinn; denn auch sie würde Entgrenzung des Ich, «Ent-Selbstung» bedeuten, ein kosmisches Ausatmen, welches die bresthafte «Konzentration» irdischer Leibgebundenheit aufhebt.

Doch Faust glaubt nicht an diese Gefahr. Er schließt sie als Risiko nur ein. Sein Glaube richtet sich vielmehr darauf, daß es Sphären geben müsse, wo sich das Selbst so darleben könnte, wie es seiner Veranlagung nach wesensgemäß ist. Das Heranwachsen zu diesen Sphären ist jedoch ein Prozeß; man wird allmählich, was man in Wahrheit ist. Nicht durch ein vermessenes «Aufreißen der Pforten, vor denen jeder gern vorüberschleicht», nicht im Sprung, läßt sich dieser Prozeß erzwingen. Das Begreifen und Ergründen, wie es unserem Menschsein einverwoben wurde, ist vielmehr dieser Prozeß; durch unsere Bewußtseinsreifung werden wir dem zu begreifenden Ding immer ähnlicher, um uns durch restloses Erkennen mit ihm ganz zu vereinen.

Faust müßte – um den «Erdgeist» zu begreifen, diesem in seiner ganzen

Wesensstruktur «ähnlich» werden. Denn immer kann Gleiches nur von Gleichem begriffen werden. Dieser alchimistischen Wesens-Assimilation steht jedoch die Korrumpierung entgegen, die unsere dreifache Hüllennatur durch den Widersacher erfahren hat. In ihr west der mephistophelische Geist in seiner luziferisch-ahrimanischen Wirkenskraft. Und sie verhindert gerade jene Bewußtseins-Reifung, durch die allein diese Wandlung zu den «Sphären reiner Tätigkeit» bewirkt werden kann. Ein Teufelskreis, aus dem es scheinbar kein Entrinnen gibt. Fragen wir uns daher, was Faust in dieser denkwürdigen Nacht denn nun tatsächlich erkennen mußte? Das Ende dieser irdischen Hüllennatur mußte er erkennen, wie sie sich vom alten Saturnzustand der Erde her entwickelt hat. Unser Ich – von ihr gefesselt, ist nicht mehr imstande Lebendiges zu begreifen; und alle Hoffnung es je zu vermögen, scheint Illusion. So furchtbar endgültig ist es an die Verweslichkeit gebunden, daß auch die Kraft der Magie letztlich ohnmächtig in sich selbst zusammenstürzt.

Daß der Mensch als Ganzes in einer ausweglosen Todessphäre steht – das ist die Erkenntnis, die Faust aus dieser «Nacht» gewinnen muß. Und um sie ganz zu ergründen, will er mit Empedokleischer Kühnheit jene dunkle Alchimie vollziehen, die seine verdorbene Hüllen-Natur diesem Todesreich ganz angleichen wird. Für sein Ich aber erhofft er sich dadurch Entbindung und Aufstieg zu einem neuen Werden:

> «Ins hohe Meer werd' ich hinausgewiesen,
> Die Spiegelflut erglänzt zu meinen Füßen,
> Zu neuen Ufern lockt ein neuer Tag.»

Von dieser Hoffnung sprach ahnungsvoll auch Goethe in einem Brief an Zelter:

«Wirken wir fort, bis wir, vor- oder nacheinander, vom Weltgeist berufen in den Äther zurückkehren! Möge dann der ewig Lebendige uns neue Tätigkeiten, denen analog, in welchen wir uns schon erprobt, nicht versagen! Fügt er sodann Erinnerung und Nachgefühl des Rechten und Guten, was wir hier schon gewollt und geleistet, väterlich hinzu, so würden wir gewiß nur desto rascher in die Kämme des Weltgetriebes eingreifen...» (19. III. 1827)

Man kann einwenden: eben darin liegt ja Faustens Irrtum, daß er meint, durch den Freitod diese «neuen Ufer reiner Tätigkeit» gewinnen zu können. Sein hohes Ethos – so könnte man sagen – sei nicht in Abrede gestellt, aber mit seinem Wollen stünde er doch bereits in der Gewalt Mephistos.

Dieser Einwand muß sein Gewicht verlieren, wenn wir ihm das Wort des Herrn entgegenstellen: «Es irrt der Mensch, solang' er strebt». Gewiß irrt Faust. Aber nicht so sehr deshalb, weil er mephistophelischen Intentionen zu unterliegen droht, sondern deshalb, weil er den wahren Weg des Heiles noch nicht erkennen kann. Die mephistophelische Intention dient auch hier dem Heilsweg des Menschen. Die Einseitigkeit einer nur negativen Sicht kann uns dabei völlig klar werden.

Wir sagten eingangs: diese Nacht sei nicht allein die kurze Zeitspanne vom Abend zum Morgen, sie sei eine Bewußtseinsnacht. Aber sie ist noch mehr: sie ist Osternacht. Nicht irgendeine im Kalender, sie ist für Faust *die* Osternacht:

«Christ ist erstanden!
Freude dem Sterblichen,
Den die verderblichen,
Schleichenden, erblichen
Mängel umwanden!»

Es ist die Nacht, die Faust – den «Sterblichen», von den «schleichenden Mängeln» der Erbsünde «umwundenen» Menschen – zum Tode führte, die ihm aber gleichzeitig den Weg aus diesen Finsternissen weisen will. Dieser Osterchor, der aufklingt, als Faust den «letzten Trunk, als festlich-hohen Gruß dem Morgen darbringt», darf nicht als ein plötzliches, wie zufälliges Hereindringen verstanden werden, ein «deus ex machina», der ihn von dem «letzten, ernsten Schritt» zurückhält. Diese Nacht hat metaphorische Bedeutung. Und der Osterchor erklingt in ihr mit eben der Gnadenwirksamkeit, wie das Mysterium von Golgatha im Mittelpunkt jener Welten-Nacht steht, in die der Mensch durch den Sündenfall geraten ist. Golgatha ist der Gnaden-Ausgleich für den Paradiesessturz, dem schuldlos-schuldigen Erbe, das der Mensch auf sich nehmen mußte. Denn *«dieses Verstricktwerden in die Materie war nicht eine menschliche Tat, sondern eine Gottestat, die geschehen ist, bevor die Menschen mittun konnten an ihrem Schicksal.» (9)*

Aber die Kräfte, die von Golgatha ausstrahlen, ermöglichen die Erneuerung unserer verdorbenen Hüllen-Natur:

«Durch das Mysterium von Golgatha wurde die korrumpierende Kraft der Seele, die den Tod für den physischen Leib gebracht hat, aufgehoben. Das Mysterium von Golgatha hat die ‹Seelen› dem Tode entrissen, der ihnen drohte – der unsterbliche Geist bedurfte dessen nicht.» (10)

Als Folge des Ineinanderwirkens von Selbsterkenntnis und Geistesoffenbarung, wird Stück für Stück unserer Leiblichkeit mit den Christuskräften neu belebt. Indem wir erkennen, finden wir den *«Geistkeim»* unserer physischen Leiblichkeit, werden teilhaftig jenes *«Ausgleiches»*, der uns die Lebenskraft des Auferstehungsleibes zuteil werden läßt.

Deshalb: «Freude dem Sterblichen!» Denn die «erblichen Mängel», an die der «fremde Stoff» gebunden ist, können wieder getilgt werden. So ist, im Sinne des inneren Vorganges des Dramas, der Osterchor das Geschehen, das ein Weiterführen der Handlung überhaupt erst ermöglicht. Erklänge er nicht, wäre der Ausgang besiegelt, und wir stünden mit dieser Szene bereits dort, wo der «Urfaust» endete.

Daher muß dieser Osterchor mit dem «Prolog im Himmel» als untrennbare Einheit verstanden werden. Die Worte des Herrn: «Zieh diesen Geist von seinem Urquell ab», und das: «Christ ist erstanden», bedingen einander. Denn die Worte des Herrn bedeuten für den Menschen wohl ein Frei-Werden von der schützenden Hand einer göttlichen Welt, nicht aber geben sie uns – würden sie für sich alleine stehen – die wahre Freiheit, da wir das «Los-von-Gott» mit «Knechtschaft unter dem Widersacher» eintauschen, in die wir zwangsweise geraten.

Von einer wahren Freiheit könnten wir erst sprechen, wenn der, bis in seine Leiblichkeit von der widergöttlichen Korrumpierung ergriffene Mensch, aus sich heraus, aus eigener Erkenntnis, ein «Hin-zu-Gott» postulieren würde. Dann würde er sein Denken, Fühlen und Wollen aus seiner wahren Wesenheit heraus bestimmen, und dies allein heißt: frei sein. Die Geschehnisse dieser «Nacht» aber ließen erkennen, daß der Mensch, trotz heißen Bemühens, aus eigener Kraft dieses «Zurückkehren zu Gott» gar nicht verwirklichen könnte, würde ihm nicht jene Hilfe zuteil, von der uns der Osterchor kündet.

Werfen wir in diesem Zusammenhang noch einmal einen Blick in das achte Buch von Goethes «Dichtung und Wahrheit». Wir lasen zuletzt von jener widergöttlichen Gefangenschaft, in die der Mensch geraten mußte, und deren letzte Konsequenz wir eben erlebten:

«... So war vorauszusehen, daß er zugleich das vollkommenste und unvollkommenste, das glücklichste und unglücklichste Geschöpf werden müsse. Es währte nicht lange, so spielte er auch völlig die Rolle des Luzifer. Die Absonderung vom Wohltäter ist der eigentliche Undank, und so ward jener Abfall zum zweitenmal eminent, obgleich die ganze Schöpfung nichts ist und nichts war als ein Abfallen und Zurückkehren zum Ursprünglichen.»

Gerade diese Ausweglosigkeit aber läßt Goethe erkennen, daß Erlösung eine Notwendigkeit ist, die von Urbeginn dem Schöpfungsplan immanent sein mußte:

«Man sieht leicht, wie hier die Erlösung nicht allein von Ewigkeit her beschlossen, sondern als ewig notwendig gedacht wird, ja daß sie durch die ganze Zeit des Werdens und Seins sich immer wieder erneuern muß. Nichts ist in diesem Sinne natürlicher, als daß die Gottheit selbst die Gestalt des Menschen annimmt, die sie sich zu einer Hülle schon vorbereitet hatte, und daß sie die Schicksale desselben auf kurze Zeit teilt, um durch diese Verähnlichung das Erfreuliche zu erhöhen und das Schmerzliche zu mildern.»

Diese «Menschwerdung des Himmelslichtes» – sie ist das Fundament, auf das der Herr Zuversicht und Vertrauen gründet, und die Mephisto in seine «Wette» nicht miteinbezogen hat.

«Christ ist erstanden!
Selig der Liebende,
Der die betrübende,
Heilsam' und übende
Prüfung bestanden!»

Faust, der gestürzte Mensch, er lag in dieser Osternacht, wie Christus, im Grabe. Der in seinem Erkenntnisstreben ganz dem lebendigen Geiste Hingegebene, ist diesen Weg bis zu Ende gegangen und hat diese «übende Prüfung» bestanden. Als der «Liebende» darf er mit Christus aus dem Grabe erstehen.

Auf den Wesensgehalt der Dichtung bezogen, sind auch diese Verse Engelworte. Nur der Wirklichkeitsbezug der äußeren Handlung sagt uns, daß von der nahen Kirche der Gottesdienst beginnt mit jenen alten Gesängen, die eine Art chorisches Spiel darstellen. Für den inneren Vorgang jedoch ertönen diese Worte aus Engelmund in Faustens Seele.

Und diese Botschaft ist tief in seinem Innern Erlebnis geworden, wenn er es auch noch nicht in sein Bewußtsein heben kann. Die Gewißheit eines neuen Bundes zwischen Gott und Mensch hat sich diesem Bewußtsein noch nicht erschlossen. Noch hält er für Kindheits-Erinnerung, was «mächtig» und «gelind» ihn in seiner tiefsten Verzweiflung heimsucht. Noch wagt er jene Sphäre nicht zu erstreben, «woher die holde Nachricht tönt». Wieder ist Faust von ganzer Ehrlichkeit erfüllt. An das Mysterium des Auferstandenen wagt sich sein Erkenntnisstreben nicht heran. Auch in diesem Christus-Erlebnis ist er gleichsam noch unwissend darinnen; so kann er es nicht begreifen. Doch schlagen die Erinnerungen mächtig herauf, lassen ihn dieses kindliche Darin-geborgen-Sein neuerlich als «unbegreiflich-holdes Sehnen» erleben. Und lassen ihn diese schwere Stunde bestehen:

«Erinnrung hält mich nun mit kindlichem Gefühle
Vom letzten, ernsten Schritt zurück.
O tönet fort, ihr süßen Himmelslieder!
Die Träne quillt, die Erde hat mich wieder!»

Die «Himmelslieder» in seiner Seele aber künden, was sein Bewußtsein noch nicht fassen kann:

«Christ ist erstanden
Aus der Verwesung Schoß!
Reißet von Banden
Freudig euch los!»

Es wird noch lange währen, und leidvollen Irrens bedürfen, bis ihm die «Sphäre», aus der die «holde Nachricht tönt», begreiflich wird. Aber unzerstörbar trägt er ihre Christussubstanz fortan in sich.

Denn drei sind der Wege zu Christus – so erfahren wir durch Rudolf Steiner. Die erste Erkenntnisquelle bilden die Evangelien und was sich an

Tradition mit ihnen verbindet. Nach ihr wird Faust greifen, wenn er erfüllt von dem Auferstehungs-Erlebnis heimkehren wird in die Enge seiner Stube. Doch wird ihm diese Quelle nicht mehr fließen.

Die zweite lebte in den Initiierten, *«die durch ihre eigene Erkenntnis die Tatsache des Christusmysteriums heruntertrugen als ein gleichsam immerwährendes Evangelium» (9).* Auch dieser Quell, für den «des Nostradamus eigene Hand» Repräsentant war, ist für Faust versiegt.

Der dritte Weg schließlich, ist der Weg der Zukunft, der uns die unmittelbare Christus-Erkenntnis bescheren wird, wie sie Paulus vor Damaskus zuteil wurde. Dieser Weg ist schwer und leidvoll. Er führt über Stolz und Hochmut, durch Ohnmacht und Verzweiflung:

«Und das ist die Vorbereitung für den Christus, der vom zwanzigsten Jahrhundert ab für alle Menschen sichtbar sein wird, der als der Heiler für Stolz und Verzweiflung in jeder Menschenbrust auferstehen wird, der nur eben früher nicht in derselben Art gefühlt werden konnte.» (9)

Den Grundstein für diesen dritten Weg legte ihm diese Osternacht.

Dieses Hineinversenken des Christus-Keimes in Faustens Seele, kann diese Szene wie einen vierten Prolog erscheinen lassen. Denn in tiefstem Grunde erfaßt, kann jetzt erst das Faust-Drama anheben, da es – als Spiegel menschheitlichen Schicksals –, noch der Erlösertat des Christus bedurfte. Denn «Sündenfall» und «Golgatha» bilden die Spannungs-Polarität von «Verselbstung» und «Entselbstung», innerhalb derer sich das menschliche Schicksal erformt.

Daß Goethe das gleiche Bühnenbild, das er später, zwei Szenen hindurch mit «Studierzimmer» überschreibt, hier als «Nacht» anspricht, muß uns die Akzentsetzung anschaulich machen, die er den Geschehnissen dieser Nacht verleiht. Es ist wirklich die Nacht, die – ohne diesen Gnadenakt der Menschwerdung Gottes – nurmehr Finsternis, Tod, absolutes Nichts bedeuten würde. Golgatha aber hat dieser entscheidenden Menschheits-Nacht die Richtung zum Licht, dem in der «Verwesung Schoß» schmachtenden Ich den Weg zu seinem wahren Selbst gewiesen:

«Euch ist der Meister nah,
Euch ist er da!»

Vor dem Tor

Wie einst in Kindheitstagen, so drängt es Faust auch nach dieser durchlittenen Osternacht «durch Wald und Wiesen hinzugehn.»

Vor dem Tore der Stadt wogt buntes Leben: Handwerksburschen, Studenten, Bürgermädchen, Soldaten, Bettler und wohlsituierte Bürger, geborgen in ihrer noch unangezweifelten Tradition und philisterhaften Engstirnigkeit. Als bloße Typen treten sie uns entgegen, Vertreter aller Schichten des Volkes, die uns wohl ihre soziale Wertung, nicht aber ihr persönliches Wesen zeigen. Neid und Eifersucht, spießerisches Räsonieren über Frieden und Kriegsgeschrei, Hunger nach Brot und der Durst heimlicher Begierden geben uns ein lebendiges Panorama kreatürlichen Daseins, das uns in seiner Mannigfaltigkeit den ewigen Kreislauf irdischer Freuden und Kümmernisse malt.

Doch das faustische Sehnen nach den wahren Lebensquellen hebt auch dieses Kreatur- und Naturhafte auf eine höhere Ebene:

«Vom Eise befreit sind Strom und Bäche
Durch des Frühlings holden, belebenden Blick;
Im Tale grünet Hoffnungsglück;
Der alte Winter, in seiner Schwäche,
Zog sich in rauhe Berge zurück.»

Etwas in Faustens Seele scheint selbst seit dieser Nacht «vom Eise befreit» zu sein. Ein Hauch kosmischer Weltenliebe hat ihn berührt, die in Worte auszusprechen uns Rudolf Steiner ermöglicht hat: *«Nur wer die Welt geistig-körperlich überall begreift, der begreift sie wirklich. Das muß bis in die Natur hinein mit Bezug auf solche Mächte wie die göttlich-geistigen in Liebe wirkenden und die in Haß wirkenden ahrimanischen beachtet werden. Man muß in der naturhaften Weltenwärme, die mit dem Frühling einsetzt und gegen den Sommer zu wirkt, die naturhafte Liebe der göttlich-geistigen Wesen wahrnehmen; man muß in dem wehenden Froste des Winters die Wirkung Ahrimans gewahr werden.» (1)*

«Kehre dich um, von diesen Höhen
Nach der Stadt zurück zu sehen.
Aus dem hohlen, finstern Tor
Dringt ein buntes Gewimmel hervor.»

Für Faust ist dieses «bunte Gewimmel geputzter Menschen» mehr als bloßer Feiertagsbrauch. Herausgehoben aus ihrem Alltagstrott, erfühlen sie alle in dumpfer Empfindungsfreude, was ihm durch das Todeserlebnis dieser Nacht Ahnung und Gegenwart wurde: daß Leben und Tod, Welt und Jenseits nun in einem anderen Bezug zueinander stehen:

«Sie feiern die Auferstehung des Herrn,
Denn sie sind selber auferstanden.»

Diese Worte sind nicht symbolisch gesprochen. Erlebt, dringen sie aus seinen Seelengründen, obwohl sein Denken ihren tiefsten Sinngehalt noch nicht umgreifen kann. Jedes Bild wird zum Gleichnis. Die «niedrigen Häuser» mit ihren «dumpfen Gemächern», der «Druck von Giebeln und Dächern», die «quetschende Enge der Straßen», ja selbst «der Kirchen ehrwürdige Nacht», – alles weist uns auf das ersterbende Leben unserer irdischen Leibesnatur. Aber aus dieser Todesnähe «sind sie alle ans Licht gebracht.»

Wie wäre dies möglich, wenn zwischen jener «Nacht» und diesem Auferstehungsmorgen nicht ein reales Geschehen stünde, das sich mit Erde und Menschheit vollzogen hat? War uns die «Nacht» doch metaphorisches Bild einer düsteren Menschheits-Epoche, ein «Kali-Yuga«, das ohne den Gnadenakt von Golgatha, im Tode, im absoluten Nichts sein Ende hätte finden müssen. Mit Golgatha jedoch hat diese entscheidende Menschheits-Nacht die Richtung zum Licht empfangen. So verstanden wir die Osterbotschaft der vorangegangenen Szene.

Jetzt stehen wir vor dem Tor, im Vorhof eines neuen Weltentages, mit dem sich die Finsternis zu erhellen beginnt. Und wieder darf uns der Wirklichkeitsbezug des Dramas ein Abbild menschheitlich-spiritueller Geschehnisse sein. Denn seit Golgatha ist in die Erde ein Hauch von Licht und Sonnenglanz gelegt:

«In demselben Maße, als das Blut aus den Wunden auf Golgatha floß,

geschah etwas Geistiges. Es geschah in diesem Moment, daß zum ersten Male Strahlen von der Erde nach dem Weltenraum hinausgingen, die früher nicht hinausgegangen waren; so daß wir, in diesem Zeitpunkt geschaffen, von der Erde Strahlen nach dem Weltenraum uns denken. – Immer finsterer und finsterer war die Erde geworden mit dem Fortgange der Zeit – bis zu dem Ereignis von Golgatha. Jetzt fließt das Blut auf Golgatha, und zu leuchten beginnt die Erde!» (2)

Diesem Geschehen wäre ein mit hellsichtiger Kraft begabtes Bewußtsein ansichtig geworden, hätte es vom kosmischen Umkreis zur Erde herabgeblickt:

«Es hätte gesehen, wie die Erden-Aura nach und nach verglomm und am dunkelsten wurde in der Zeit, die dem Ereignis von Golgatha voranging. Dann aber hätte es gesehen, wie die Erden-Aura aufleuchtete in neuen Farben. Die Tat auf Golgatha hat die Erde mit einem astralischen Licht durchdrungen, das nach und nach zum ätherischen und dann zum physischen Licht werden wird.» (2)

Man besinne sich, wie oft Goethe in diesem Frühlings-Monolog die Farben aufleuchten läßt. Überschaut man diese herrlichen Verse, entdeckt man nur zu bald, daß sie, die Farben, das eigentliche Anliegen dieses Hymnus darstellen.

«Aber die Sonne duldet kein Weißes,
Überall regt sich Bildung und Streben,
Alles will sie mit Farben beleben.»

Doch nicht nur die Erde, auch der Mensch wurde durchstrahlt von dieser Lichtkraft des Gottesopfers.

«Es wurde der erste Anstoß zum Ausstrahlen der Christus-Kraft in den ätherischen Menschenleib gegeben. Dadurch konnte dieser ätherische Menschenleib beginnen neue Lebenskräfte in sich aufzunehmen, wie er sie braucht für die spätere Zukunft... In die Ätherleiber der Menschen fließt das Christus-Licht ein.» (2)

Gewiß ist dieser intime Vorgang dem «bunten Gewimmel», das da aus der engen Stadt herausquillt, völlig unbewußt. Und auch Faust ist von dem Wissen darum noch weit entfernt. Daß er jedoch dem Farbenwunder dieses Ostertages so ganz hingegeben ist, und es in einzig dafür passenden

Bildern auszudrücken vermag, zeigt, wie seine Seele innerlichst von diesem Mysterium berührt und ergriffen ist. Denn die Sonne wird zur Vermittlerin der Frohbotschaft dieses Ostermorgens:

«Jeder sonnt sich heute so gern.
Sie feiern die Auferstehung des Herrn...»

So wird Natur und Frühlingsschimmer dieser Stunde, das Bild der bunt-geputzten Menge, transparent für einen tieferen, intimeren Sinngehalt. Ist es doch, als ob das Sonnenlicht und die finstere Enge der Stadt in diesem «bunten Gewimmel» ihre *«Taten und Leiden»* schüfen, einen lebendigen Farbenbogen, an dessen «Abglanz» man das Leben ergreift; gewoben aus Licht und «dunklem Drang» ist der Mensch selbst dieser Farbenbogen. Immer wieder taucht dieses Bild auf, durchzieht das ganze Werk, ist mit Faustens Lebensweg innigst verknüpft.

Welch schwerer, an Stürzen und hohen Geistesflügen reicher Schicksalsweg erstreckt sich von dem farbenfrohen Erscheinungsbild dieses Osterspazierganges, bis hin zu jener Imagination, in der sich des «bunten Bogens Wechseldauer» vor Faustens Seelenauge wölben wird. Wird ihm dann der letzte Sinn dieses «neuen Tages» offenbar geworden sein? Wie auch immer; seit dieser Osternacht liegen jene Christus-Kräfte, für die der Seher auf Patmos das Gleichnis des Regenbogens geprägt hat, unverlierbar in seinen Seelentiefen.

Dem «Volke» jedoch ist dies alles bloß dumpfe Empfindung. Des «Dorfs Getümmel», in dem es seinen «wahren Himmel» erblickt, überlärmt den Ich-Funken des Auferstandenen. Wie ein letzter Abglanz einer zu Ende gehenden «Vaterwelt» muß es uns erscheinen, in dem sich noch ein un-individuelles, dem Blute verbundenes, kreatürliches Dasein darlebt. Und doch liegt ein zarter Schimmer jenes «höchsten Rechtes» auch in ihm, von dem der Dichter im «Vorspiel» sprach; ein Ahnen um das Recht, das uns «Natur vergönnte»:

«Zufrieden jauchzet groß und klein:
‹Hier bin ich Mensch, hier darf ich's sein!›»

Wie blaß erscheint neben der Kraft dieses, die Fülle des Lebens umfassenden Auges, dagegen der Blick Wagners, dem ein trockenes Reflektieren die Sicht auf alles Lebendige verdeckt. Feind allem Natürlich-Kreatürlichen, lebt Wagner weder nach außen noch nach innen sein eigenes Selbst:

«Welch ein Gefühl mußt du, o großer Mann,
Bei der Verehrung dieser Menge haben!»

Erst die Spiegelung durch die Umwelt würde ihm dieses Selbst-Erlebnis geben. Für Faust sind jedoch alle diese Devotionsbezeugungen des Volkes nur Anlaß zu neuer Selbsterkenntnis:

«O könntest du in meinem Innern lesen,
Wie wenig Vater und Sohn
Solch eines Ruhmes wert gewesen!»

Die Dankesworte des alten Bauern erwecken nur quälende Erinnerungsbilder:

«So haben wir mit höllischen Latwergen
In diesen Tälern, diesen Bergen,
Weit schlimmer als die Pest getobt.»

Mit ungewöhnlich scharfen Worten geht Faust mit der alten Heilkunst und denen, die sie ausgeübt haben – Vater und Sohn – ins Gericht.

«Ich habe selbst den Gift an Tausende gegeben,
Sie welkten hin, ich muß erleben,
Daß man die frechen Mörder lobt.»

Es ist Goethes eigenes Urteil über die Alchimie, das er hier durch Faust fällen läßt:

«Alchimie – ein Mißbrauch des Echten und Wahren, ein Sprung von der Idee, vom Möglichen zur Wirklichkeit, eine falsche Anwendung echter Gefühle, ein lügenhaftes Zusagen, wodurch unsern liebsten Hoffnungen und Wünschen geschmeichelt wird.» (3)

Goethes unablässiges Streben war es, Geisterkenntnis (Idee) und Stoffeswelt (Wirklichkeit) so ineinander zu verweben, mit sich zu transsubstantiieren, daß alles Irdisch-Stoffliche zum Gleichnis geistiger Urbildlichkeit werden konnte. Nur ein wahrhaft phänomenologischer Blick vermag die richtigen Bilder zu finden; nur ein Wissen vom Geiste kann die Verwandlung vollziehen. Goethe war alles Abrupte, Sprunghafte im Sinne von Ungereimtem, verhaßt. So mußte ihm die überkommene Alchimie als Lüge erscheinen, weil sie den organisch-nahtlosen Übergang vom Geist zum Stoff bewußtseinsmäßig nicht mehr erfassen konnte.

Die alte, ursprüngliche Alchimie hatte noch jene Weistümer, die es ihr ermöglichten, den Stoff als geronnenen Geist zu begreifen. Der «rote Leu», die «weiße Lilie», die «junge Königin im Glas», das waren Kunstausdrücke für gewisse Substanzen und ihrer jeweiligen chemischen Zustände. Wenn man sie in der Retorte miteinander verband, sprach man von ihrer «Vermählung». Denn jeder chemische Prozeß wurde von der geistigen Seite her verstanden; Destillierung, Sublimation, Entschlackung der Stoffe, war Reinigung im Sinne läuternder Katharsis und von moralischer Wertung nicht zu trennen.

Das vom Nachklang eines einst imaginativen Bewußtseins erfüllte Denken griff zu bildhaft-allegorischen Vorstellungen und verband die chemischen Stoffe in ihrer Wirksamkeit mit dem Wesen von Löwe, Drache, König oder Königin.

Goethe wußte um dieses alte Weisheitsgut und um seinen Verfall.

«Aber er kannte es nicht mit dem Verstande allein, er kannte es mit dem Herzen, er kannte es mit allen Seelenkräften, die an dem Wohl und Heil der Menschheit hängen und die für das Heil der Menschheit besonders in Betracht kommen.» (4)

Und weil er sah, wie diese wahre Alchimie und Heilkunst immer mehr und mehr mißbraucht wurde, wie die esoterischen Zusammenhänge zwischen geistig-seelischem und leiblichem Organismus nicht mehr verstanden wurden, deshalb mußte er sie verwerfen.

Und Faust? Nur zu bitter hat auch er erfahren müssen, daß die wahre Weisheit der alten Magie bereits verglommen war.

«Auf allen Gebieten aber mußte diese Weisheit zugrunde gehen, damit der Mensch gewissermaßen von vorne anfangen müsse, aber so, daß er mit dem Wissen und mit dem Handeln zugleich zur Freiheit streben konnte.» (4)

Wagners Antwort dagegen läßt uns erkennen, daß einer so gearteten Wesenheit diese überlieferte Form eines bereits dekadent gewordenen Erbes vollauf genügt:

«Wie könnt Ihr Euch darum betrüben!
Tut nicht ein braver Mann genug,
Die Kunst, die man ihm übertrug,
Gewissenhaft und pünktlich auszuüben?»

Erneut zeigt sich, wie einfach der reflektierende Verstand sich die Welt einzurichten vermag. Als würde es genügen, ein tradiertes Vatererbe «gewissenhaft und pünktlich auszuüben». Faust weiß nur zu gut, daß alles, was man nicht begriffen und für sich selbst neu erarbeitet hat, unweigerlich an ein Ende führen muß. Nichts von allem ererbten Vätergut kann Früchte zeitigen, wenn es nicht wieder in sich neu erschaffen wird.

Man könnte bei Wagners Worten an den «braven Knaben» der «Lustigen Person» im «Vorspiel» erinnert werden. Doch ist die Parallelität nur eine äußere. Dort war ein immer strebend sich mühender Dichtergeist gemeint, für den das Ringen um letzte Erkenntnis und Vollendung für die tatsächliche Erreichung des Erstrebten stehen mußte. Wagners «braver Mann» ist jedoch kein Ringender; er ist ein Verharrender. Jedes Verharren aber bedeutet Retardierung und damit Rückschritt. Auch liegt ein unheilvoller Irrtum in dem Glauben, man könne «die Kunst gewissenhaft und pünktlich ausüben», wenn die Quellen, aus denen sie erfloß, nicht mehr zugänglich sind. Wo bloß noch unverstandenes Brauchtum waltet, ist alle Lebens- und Wirkenskraft erloschen. Daher ist Wagner im Wahn befangen, wenn er glaubt:

«Wenn du als Jüngling deinen Vater ehrst,
So wirst du gern von ihm empfangen;
Wenn du als Mann die Wissenschaft vermehrst,
So kann dein Sohn zu höhrem Ziel gelangen.»

Dieser Glaube wird immer nur die Schale, nie den Kern der Dinge treffen. Faust hat dieses «Meer des Irrtums» längst durchschaut und erkannt:

«Was man nicht weiß, das eben brauchte man,
Und was man weiß, kann man nicht brauchen.»

Seine bittere Resignation gemahnt uns an die letzten Verse der «Zueignung»:

«Was ich besitze, seh' ich wie im Weiten,
Und was verschwand, wird mir zu Wirklichkeiten.»

Noch hat Faust diesen Prozeß des «Verschwindens» nicht zur Gänze durchschritten. Das längst Entschwundene ist ihm noch nicht zu neuer «Wirklichkeit» auferstanden. Doch weiß er um sein Nicht-Wissen und um die Notwendigkeit, es sich neu zur Erkenntnis bringen zu müssen.

Wieder ist es ein Naturgeschehen, die scheidende Sonne, das Faustens Seele aus seiner Trübnis befreit:

«Sie rückt und weicht, der Tag ist überlebt,
Dort eilt sie hin und fördert neues Leben.»

In Abendsonnenglut ist alles getaucht, was den Tag über von Farben belebt war. Der «überlebte» Tag hat sein Licht verhaucht.

«O, daß kein Flügel mich vom Boden hebt,
Ihr nach und immer nach zu streben!»

Die Sehnsucht nach dem Licht ist die Folge der durchlittenen Unzulänglichkeit alles menschlichen Wissens. Aber sie urständet in seinem Innern. Die scheidende Sonne und die herannahende Dunkelheit haben sie neu entfacht.

So ist das Naturgeschehen nur der Anstoß; es weitet sich zum Seelenerlebnis. «Die stille Welt» zu Füßen, das «zur Ruhe gekommene Tal», die «dunklen Schluchten der Berge», das «Meer» – und was sich noch alles dem «erstaunten Auge» offenbaren mag, sind Gleichnisse unseres Lebens, die sich vor uns gestalten, wenn wir uns des Abends herausgehoben fühlen aus den «Schluchten» unserer täglichen Mühsal, sinnend die Welt zu unseren Füßen schauen, schwebend zwischen «Himmel» und «Erde»; wenn wir Freuden und Leiden des Tages noch einmal im Geiste zurückerleben, um sie zu verobjektivieren.

Da stehen wir an jenem Punkt, wo nichts mehr «den göttergleichen Lauf» zu hemmen vermag, wo unsere Seele, befreit von aller irdischen Schwere, ihre Flügel weitet und dem «Kranich» gleich, nach ihrer wahren Heimat strebt.

Die tief empfundene Weihe dieses Tages, die Sonne in ihrer letzten Abendglut, ihr Scheiden und die hereinbrechenden Schatten der Nacht, haben Faustens Seele herausgelöst aus einem nur an die Sinne gebundenen Welterleben:

«Allein der neue Trieb erwacht,
Ich eile fort, ihr ew'ges Licht zu trinken,
Vor mir den Tag und hinter mir die Nacht,
Den Himmel über mir und unter mir die Wellen.»

Es ist die dem Menschen tief eingeborene Ikarus-Sehnsucht, die in Faust erwacht:

«Ach! zu des Geistes Flügeln wird so leicht
Kein körperlicher Flügel sich gesellen.»

Leidvoll empfindet er auch jenen anderen Seelenteil, der durch sein Gebundensein an die irdische Stofflichkeit die Flügel des Geistes stets hemmen und beschweren muß. Doch wie war es mit jenen Schwingen des Ikarus bestellt? *«Flieg immer, lieber Sohn in der Mitte»*, sprach Dädalos, der Vater, *«damit nicht, wenn du den Flug zu sehr nach unten senkst, die Fittiche ans Meerwasser streifen und von Feuchtigkeit schwer dich in die Tiefe ziehen, oder, wenn du zu hoch in die Lüfte steigst, dein Gefieder den Sonnenstrahlen zu nahe kommt und plötzlich Feuer fängt. Zwischen Wasser und Sonne fliege dahin und folge immer nur meinem Pfade durch die Luft.» (5)*

Zwischen Himmel und Erde muß die Menschenseele schweben, die Mitte haltend zwischen den Sphären. Es ist wahrlich eine Abend-Meditation, die mit immer neuen Bildern von unsagbarer Schönheit und Frömmigkeit, Faust emporträgt zu echtem, imaginativem Leben.

«Doch ist es jedem eingeboren,
Daß sein Gefühl hinauf und vorwärts dringt,
Wenn über uns, im blauen Raum verloren,
Ihr schmetternd Lied die Lerche singt.»

Im blauen Ätherraum das Lied der Lerche, über «schroffen Fichtenhöhen» die ausgebreiteten Adlerschwingen, und der über die Wasser zur

Heimat strebende Kranich – tief erfühlte Impressionen für den Flug der Seele zu ihrem göttlichen Urquell.

Rudolf Steiner spricht von diesem spirituellen Naturerlebnis, in dem *«alle äußeren Eindrücke, alle Erinnerungen, alle Sorgen des Lebens, alle Bekümmernisse des Lebens für einen Augenblick vergessen sind»*, und die Seele ganz der Himmelsbläue hingegeben ist. Er spricht davon als einen Weg der Seele zu einem tieferen Welterleben, als es die Sinne uns verleihen können. Wenn wir in meditativer Versenkung hinauf blicken zu dem Ätherblau des Himmels, und uns ganz seinem Anblick hingeben, dann tritt ein Moment ein, wo dieses Blau verschwindet, *«wo das Blau aufhört für uns blau zu sein ... Eine Unendlichkeit tut sich vor uns auf, und in diese Unendlichkeit hinein will eine ganz bestimmte Stimmung unserer Seele, ein ganz bestimmtes Gefühl, eine ganz bestimmte Empfindung unserer Seele sich ergießen ... Und wollen wir diese Seelenempfindung, wollen wir das, was da hinaus will in alle unendlichen Fernen, wollen wir das benennen, dann haben wir dafür nur ein Wort: fromm fühlt unsere Seele, fromm gegenüber einer Unendlichkeit, hingegeben fromm.» (6)*

Und doch! Schwingt in diesen Seelenerlebnissen nicht auch ein Ton aus anderen Sphären mit? Kaum hörbar, und doch da? Muß es nicht auffallen, daß Faust bereits hier jenes Wort spricht, dessen ganze Folgenschwere sich uns gleich enthüllen wird, und das wir nur schwer mit der inneren Freiheit unseres höheren Selbstes vereinen können, dessen Höhenflug wir eben erlebten: das Wort Trieb? Und weiter: «Vor mir den Tag und hinter mir die Nacht!» Haben wir Ähnliches aus Faustens Mund nicht schon vernommen? Es war der Augenblick, da er die Giftschale an die Lippen setzte: «Zu neuen Ufern lockt ein neuer Tag.»

Wenn Faust nach schweren Schicksalsstürzen jenem «Farbenbogen» mit ganz anderem Bewußtseinsreichtum erneut begegnen wird, da wird es ihn nicht drängen, der Sonne «nach und immer nach zu streben». In Besinnung auf sein Menschsein, dem einzig der Farbenbogen ziemt, wird er Erfüllung in ihm suchen: «So bleibe denn die Sonne mir im Rücken!» Dem Menschen ist es nicht gegeben «das ewige Licht» zu trinken. Wir müßten uns in ihm selbst vergessen und würden unseres Menschseins verlustig gehen; denn in der *«Mitte zwischen Wasser und Sonne»* geht unser Flug.

So wollen wir diese luziferische Überhellung in Faustens Seele nicht übersehen, mag sie vorerst im Leuchten dieses Ostertages auch kaum bemerkbar sein. Doch wie alles Physisch-Sichtbare durch Luzifers Einwirken zur sinnlichen Erscheinung wurde, indem er sich gegen die göttliche Licht-Weisheit auflehnte, sie für sich behielt und als Eigen-Licht in Anspruch nahm, so ist es auch mit dem physischen Sonnenlicht. Zurückgreifend auf die alt-hebräische Geheimlehre, sagt Rudolf Steiner:

«In der Sonne wirken die unsichtbaren Geister der Weisheit, die nur für den geistigen Blick sichtbar sind, nicht aber für den physischen Blick. Für diesen strahlt herunter das Prinzip des Luzifer. Was äußerlich zu sehen ist an dem Sonnenprinzip ist Luzifer; darinnen aber wirkt geheimnisvoll, unsichtbar für den physischen Blick, alles das was erreichbar ist durch die Geister der Weisheit, die das Tor dazu bilden.» (6)

Damit wird uns die Doppelschichtigkeit jenes Sehnsuchtsdranges deutlich. Daß die letzte und tiefste Wurzel seiner Licht-Sehnsucht in jenem, dem Menschen eingeborenen «Himmelslicht» ruht, steht außer Zweifel. Indem die scheidende Abendsonne für Faust jedoch mehr und mehr ihren gleichnishaft-imaginativen Erlebnischarakter verliert, und er sich einen «körperlichen Flügel» ersehnt, um dieser physischen Sonne nachzustreben, wird die luziferische Licht-Verlockung intensiver, die darauf abzielt, ihn seinen der Erde verbundenen Wesensteil vergessen zu machen; damit würde er sich aber selbst verlieren.

Durch Wagners lebensfernes Geistesmühen wird Faust jäh aus dieser Unendlichkeits-Nähe in die Wirklichkeit zurückgeführt:

«Ich hatte selbst oft grillenhafte Stunden,
Doch solchen Trieb hab' ich noch nie empfunden.
Man sieht sich leicht an Wald und Feldern satt,
Des Vogels Fittich werd' ich nie beneiden.»

Die «Geistesfreuden» Wagners sind ganz anderer Art. Ihn erfüllt das ins Buch gebannte Wort, das kalte, finstere Winternächte zu holder Lieblichkeit zu erhellen weiß:

«Ein selig Leben wärmet alle Glieder,
Und ach! entrollst du gar ein würdig Pergamen,
So steigt der ganze Himmel zu dir nieder.»

Wir sprachen bereits von Wagners reflektierender Verstandeskraft; von seinem *«hellen, kalten wissenschaftlichen Streben»*, wie Goethe selbst ihn charakterisiert. Was hat es mit diesem Bewußtseinselement für Bewandtnis? Wagner spricht von «Geistesfreuden», die ihm den «ganzen Himmel» hernieder tragen; dennoch muß uns dieses Denken, verglichen mit Faustens Höhenflug, eingeengt und einseitig erscheinen. Es ist ein Denken, wie Faust es qualvoll in der Osternacht erlebte: «Weh! steck' ich in dem Kerker noch?»

Vergessen wir auch nicht: die Erkenntnisse, die für Wagner den «ganzen Himmel» bedeuten, hat Faust nach dem nächtlichen Besuch seines Famulus ganz anders charakterisiert:

«Wie nur dem Kopf nicht alle Hoffnung schwindet,
Der immerfort an schalem Zeuge klebt,
Mit gier'ger Hand nach Schätzen gräbt
Und froh ist, wenn er Regenwürmer findet!«

Trotzdem akzeptiert Faust die Worte Wagners, insofern er dessen Streben nach geistigen Werten mit dem eigenen Sehnen gleichsetzt. Denn dies liegt in seiner Erwiderung:

«Du bist dir nur des einen Triebs bewußt;
O lerne nie den andern kennen!
Zwei Seelen wohnen, ach! in meiner Brust,
Die eine will sich von der andern trennen.»

Wir wollen versuchen diese so häufig zitierten Worte in ihrer ganzen Konsequenz zu verstehen. Von zwei Seelen spricht Faust, die sich als Triebe äußern; wobei sich Wagner nur des einen von beiden bewußt ist, und daher von keinem Zwiespalt der Seele weiß. Daß Faust bei Wagner offenbar jenen Trieb im Auge hat, der von diesem Erdendust «zu den Gefilden hoher Ahnen» strebt, ergibt sich aus Wagners Abneigung gegen die Natur, gegen «Wald und Feld», die er eben unmißverständlich ausgesprochen hat. «Des Dorfs Getümmel», der Menschen harmlose Freuden, sind ihm «ein gar verhaßter Klang.»

Faust jedoch kennt diesen Trieb, der sich «mit Lust» an die Erde klammert. Beide stehen sich gegensätzlich, einander ausschließend, gegenüber.

Am Beispiel Wagners haben wir erlebt, wie sehr die eine Triebgewalt die andere völlig vergessen und negieren kann.

Nun spricht auch Friedrich Schiller in seinen «Briefen über die ästhetische Erziehung des Menschen» von zwei Trieben, die die Menschenseele beherrschen, und gewöhnlich sieht man in diesem Faust-Wort die poetische Einkleidung des Schiller'schen Begriffspaares:

«Der erste dieser Triebe, den ich den Sachtrieb (Naturtrieb) nennen will, geht aus von dem physischen Dasein des Menschen oder von seiner sinnlichen Natur, und ist beschäftigt, ihn in die Schranken der Zeit zu setzen und zur Materie zu machen.» (7)

Es ist der Seelenteil, der sich «an die Welt, mit klammernden Organen hält.»

«Der zweite jener Triebe, den man den Formtrieb nennen kann, geht aus von dem absoluten Dasein des Menschen oder von seiner vernünftigen Natur, und ist bestrebt, ihn in Freiheit zu setzen...» (7)

Dieses «absolute Dasein» spiegelt der andere Seelenteil wieder, der sich vom Erdendust «mit Gewalt zu den Gefilden hoher Ahnen» erheben möchte.

Die Seele bildet die Mitte und Brücke zwischen unserem «physischen» und unserem «absoluten» Dasein. Indem Schiller die beiden Triebe von diesen zwei Daseins-Sphären ausgehen läßt, umfassen sie den ganzen Seelenbereich des Menschen:

«Beim ersten Anblick scheint nichts einander mehr entgegengesetzt zu sein, als die Tendenzen dieser beiden Triebe, indem der eine auf Veränderung, der andere auf Unveränderlichkeit dringt. Und doch sind es diese beiden Triebe, die den Begriff der Menschheit erschöpfen...» (7)

Im gleichen Sinne haben wir auch das Faust-Wort zu verstehen. Triebe haben etwas Zwingendes, etwas mit einer gewissen Notwedigkeit Ablaufendes. Ein aus Trieb Handelnder ist unfrei. Ihn überwältigt bis ins Physische hinein die in eine bestimmte Richtung wirkende Triebenergie.

Bei dem «Naturtrieb» läßt sich die Gleichsetzung von Trieb und jenem, dem physischen Dasein verbundenen Seelenteil ohne größere Widersprüchlichkeit einsehen. Denn unsere Sinnes-Natur ist in ihren Regungen, Gefühls- und Willens-Emotionen begehrend und verlangend. Faust hat uns diesen Trieb bereits wiederholt charakterisiert. So etwa in seinem großen Anfangsmonolog, als der «volle Mondenschein» trüb durch die matte Scheibe schien:

> «Ach! könnt' ich doch auf Bergeshöhn
> In deinem lieben Lichte gehn.»

Dieser Trieb zeigte sich auch in der Erinnerung an «der Jugend muntre Spiele»; er lag schließlich in dem bis zur Andacht sich durchlichtenden Naturerlebnis dieses Ostertages. Denn es ist ja die Freude an der sinnlichen Erscheinungswelt, die diesen Trieb kennzeichnet.

Doch erschöpft er sich nicht in diesem Erleben der Umwelt. Zu ihm gehört auch alles, was in uns wirkt, und uns mit dieser Natur verbindet. Es ist die irdische Daseinssphäre als solche, der wir mit einem Teil unseres Wesens, mit unserer «Geschöpf-Natur», angehören. Hinter diesem, unserem kreatürlichen Dasein, west aber das ganze Evolutionsgeschehen von der Saturn-Entwicklung bis zu dem jetzigen Inkarnationszustand unseres Planeten, seinem Erde-Sein. Die Gegebenheiten dieser Evolution berühren den Menschen gleichermaßen wie unsere natürliche und kosmische Umwelt. Denn unser Leib in seiner dreifachen Hüllenstruktur hat sich Hand in Hand mit dem uns umgebenden Universum gestaltet. Höchste Schöpfermächte waren wirksam und haben ihr Wesen hineinergossen in dieses Welten- und Menschheitswerden. Rudolf Steiner schildert in seiner «Geheimwissenschaft im Umriß» ausführlich diese Emanation hierarchischer Wesen, die schließlich zur Bildung des jetzigen Erden-Zustandes geführt hat. Das alles ist mit eingeschlossen in dieser Welt, an die sich der Mensch «mit klammernden Organen hält». Gewiß, es ist unsere «verwesliche» Natur; aber gerade aus ihr erfließt unser Wollen, unser Tatendrang. Die Freuden und Leiden, die uns aus ihr quellen, sie lassen uns mit höchster Intensität unser Eigensein auf dieser Erde erleben. Wie sollten wir uns nicht an diese Sinnesnatur klammern? Ist sie doch auch die ältere von beiden Wesenssphären. Denn erst in der vierten Erdeninkarnation ist dieser Geschöpf-Natur das «Himmelslicht» eingehaucht worden.

Mit diesem «Himmelslicht» aber scheint uns der andere der beiden Triebe verbunden; denn es ist die Grundlage unseres «absoluten Daseins». Hier aber kann nicht Zwang, hier kann nur Freiheit walten. Die Gleichsetzung jener, nach den «Gefilden hoher Ahnen» strebenden Seelenneigung mit der unfreien Triebgewalt, ist hier viel schwerer einsehbar. Zwar spricht Faust davon, wie dieses Streben sich «gewaltsam» vom Erdendust erhebt. Darin macht sich ohne Zweifel die Triebkraft geltend. Wie aber konnte es zu jener Triebwirksamkeit kommen, da dieser Seelenteil doch die reinste und unmittelbarste «Hülle» der ewigen Geist-Natur des Menschen darstellt, und sie daher wesensgleich ist mit jener Lichtsphäre, die sie jetzt triebhaft erstrebt?

«Kein Äußeres hat Zugang zu jenem Teile der menschlichen Seele, der hiermit ins Auge gefaßt ist. Hier ist das ‹verborgene Heiligtum› der Seele. Nur ein Wesen kann da Einlaß gewinnen, mit dem die Seele gleicher Art ist. ‹Der Gott, der im Menschen wohnt, spricht, wenn die Seele sich als Ich erkennt›.» (8)

Dieses «wahre Ich», der «Manas-Funke» in uns, über den wir bei der Betrachtung des «Prologes im Himmel» bereits ausführlicher gesprochen haben, ist es ja erst, der uns über unser rein kreatürliches Dasein erhebt und uns zum Menschen macht in diesem Erden-Dasein. Er ist mit dem Göttlichen in gleicher Weise *«einerlei Art und Wesenheit»*, wie *«der Tropfen Wasser, der dem Meere entnommen ist»:*

«Wie der Tropfen sich zu dem Meere verhält, so verhält sich das ‹Ich› zum Göttlichen. Der Mensch kann in sich ein Göttliches finden, weil sein ureigenstes Wesen dem Göttlichen entnommen ist. So also erlangt der Mensch durch dieses sein drittes Seelenglied (Bewußtseinsseele!) ein inneres Wissen von sich selbst, wie er durch den Astralleib ein Wissen von der Außenwelt erhält.» (8)

Aus diesem Empfinden heraus wird Faust auch diesen Seelenteil als die «bessre Seele in uns» bezeichnen. Es ist offensichtlich, daß in dieser Sphäre kein Trieb, kein Zwingendes walten kann. Daß sich die Verbundenheit der Seele mit dem Geiste dennoch als Trieb äußert, muß daher eine spezifische Ursache haben, die nicht in der Seele selbst liegt, sondern in sie hineingetragen wurde. Diese Ursache ist keine andere als jene, die auch unsere Erden-Natur triebhaft werden ließ: sie liegt in der Folge des «Sündenfalles». Woraus uns die Erkenntnis wird, daß der Seele in ihrer Urbildlichkeit – mag sie sich nun der Geschöpf- oder der Geist-Natur verbunden sehen – alles Triebhaft-Begehrende fremd ist. Denn ihrer Ursubstanz nach ist sie göttliche Liebe; d. h. sie ist selbstlos. *«Jede Regung seelischer Art, wo sie auch immer auftritt, ist in irgendeiner Weise modifizierte Liebe.» (9)* Diese Ureigenschaft blieb ihr im Laufe der Erdenevolution jedoch nicht erhalten. Der Mensch sollte ein erkennendes und seiner-selbst-bewußtes Wesen werden; daher mußte die Liebe den Charakter reiner Hingebung an die Welt verlieren.

Mit der «Sonderung» aus dem Paradies, hat Selbstsucht die Seele ergriffen. Der Mensch *«liebte, weil er verlangte, und er dachte, weil er ebenfalls verlangte.» (10)*

Damit hatte die Seele ihre ursprüngliche Fähigkeit ohne Verlangen zu lieben, verloren, und wir verstehen nun, warum Faut von seinen beiden Seelen als von Trieben sprechen muß. Denn so wie die Liebe zur Sinneswelt ein Begehren ist, so zwingt es auch die «bessere Seele» in ihm, nach dem ihr so verwandten Lichte. Das gleiche meint Schiller, wenn er sagt, die beiden Triebe *«gingen aus»* von unserem *«physischen»*, bzw. *«absoluten Dasein»*. Wie diese Ver-Egoisierung der Seele durch den Widersacher konkreter vorzustellen ist, soll anschließend gleich zur Darstellung gebracht werden.

Dazu ist die Erkenntnis von Wichtigkeit, daß nicht nur der Mensch, sondern der Kosmos selbst diese polare Struktur aufweist. Als Geist und Natur, als Leben und Tod, als Licht und Schwere und in vielen anderen Differenzierungen tritt uns die Polarität der Welt entgegen. In ihr lebt der Mensch:

«Schlafend lebt die Seele im Licht, lebt daher in der Leichtigkeit. Wachend lebt die Seele in der Schwere. Der Leib ist schwer. Diese Kraft überträgt sich auf die Seele. Die Seele lebt in der Schwere.» (11)

Diese Empfindung sprach aus Faust: «Ach! zu des Geistes Flügeln wird so leicht/Kein körperlicher Flügel sich gesellen.» Aber dadurch, daß die Seele Schwere fühlt, wird der Wille in uns regsam.

«Dieses Zusammenleben der Seele mit der Schwere, die sie durch den Leib fühlt, das gibt im irdischen Menschen die Tatsache des Willens. Und das Aufhören des Willens vom Menschen selber, es tritt ein, wenn der Mensch im Lichte ist.« (22)

Gerade auf diesem Hintergrund werden uns jene Worte ganz verständlich, mit denen sich Faust den Fängen des Widersachers überantworten wird:

«Aus dieser Erde quillen meine Freuden,
Und diese Sonne scheinet meinen Leiden.»

Licht (Geist, Leichte) und Schwere (Wille, Finsternis, Materie), in dieser Zweiheit offenbart sich die polare Struktur des Kosmos. *«In der Tat, Licht und Schwere sind kosmische Gegensätze... Die Schwere zieht zum Mittelpunkt des Planeten, das Licht weist vom Mittelpunkt hinweg in das Weltenall hinaus... Beim Einschlafen begibt sich der Mensch aus dem Felde der Schwere heraus in das Feld des Lichtes. Indem er in dem Felde des Lichtes lebt, bekommt er, wenn er lange genug ohne Schwere gelebt hat, wiederum eine lebhafte Sehnsucht, von der Schwere sich umfangen zu lassen, und er kehrt zu der Schwere wiederum zurück, er wacht auf.» (11)*

Was für Schlafen und Wachen gilt, gilt natürlich im umfassenderen Maße für Geburt und Tod. In diesen polaren Gegensatz von zentrifugaler (Licht) und zentripetaler (Schwere) Wirkenskraft, von Exkarnations- und Inkarnationsverlangen ist der Mensch hineingestellt. *«Sie kommen ihm zum Bewußtsein, diese Gegensätze, als die Ordnung der Natur und die Ordnung der sittlichen Welt... Der Natur ist der Mensch zweifellos hingegeben; er ist gewissermaßen in Abhängigkeit von der Naturordnung mit Bezug auf sein Seelisches, also auch sein moralisches Wesen. Er ist aber auch darauf angewiesen, wenn er sich als wirklicher Mensch fühlen will, sich aus der bloßen Naturordnung herauszuheben, sich zu fühlen als in einer Weltenordnung stehend, die nicht in der Natur aufgeht.» (11)* Die «bessre Seele», die in der «Vernunft» und «sittlichen Weltordnung» urständet und dort ihre eigentliche Heimat hat, sie ist es, die uns allein über Sinn und Wesen unseres Menschseins Aufschluß geben kann. Die Naturordnung, so reich auch die Vielfalt ihrer Erscheinungen ist, sie weiß über unser wahres Wesen nichts zu sagen. Denn wir finden dieses unser ureigenstes Wesen nicht in der Natur. Und doch gehören wir ihr an, und empfangen durch sie am eindringlichsten das Erlebnis unseres Eigen-Seins. Wir sagen «Ich» zu diesem Erden-Selbst, obwohl alles, was die Natur uns geben kann, unserem wahren Selbst fremd und feindlich ist. Das ist der tiefe Riß, der Faustens Inneres in zwei einander entgegengesetzte Sphären aufspaltet. Beiden Welten sich verbunden fühlend, findet er doch nirgends den Ort, wo er, mit voller Erkenntnis seines eigenen Wesens, sagen kann: «Hier bin ich Mensch, hier darf ich's sein.»

Wo wäre dieser Ort? Allein dort, wo die Seele ihre Begehrung überwunden hätte, und sich in ihrer Polarität nicht in der Ent-Zweiung, sondern in der Zwei-Einigkeit fühlen könnte. Mit Schiller: Wo der Mensch die doppelte Erfahrung seiner zweifachen Wesensnatur nicht im Nacheinander, eine auf Kosten der anderen, sondern *«zugleich machte, wo er sich zugleich seiner Freiheit bewußt würde, und sein Dasein empfände, wo er sich zugleich als Materie fühlte, und als Geist kennen lernte; so hätte er in diesen Fällen, und schlechterdings nur in diesen, eine vollständige Anschauung seiner Menschheit.» (7)*

Die Stunde, in der in Faustens Seele diese Harmonie erklingen wird, ist noch fern und weit. Das Heute läßt ihn nur schmerzvoll den Zwiespalt beider Triebkräfte erleben. Ihre Ursache haben wir bereits erwähnt. Versuchen wir sie konkreter zu fassen, wobei uns das Wort des Herrn im «Prolog» den Weg dazu weisen kann:

> «Des Menschen Tätigkeit kann allzuleicht erschlaffen,
> Er liebt sich bald die unbedingte Ruh'...»

Denn dieses Wort gilt für beide Sphären der Seele. So wie die Kreatur «unter» uns, mit ihrem kreatürlichen Dasein vollauf Genüge findet und keine Sehnsucht in sich hegt, sich über ihre natürlich-somatische Existenz zu erheben, so würde auch die «Geschöpf-Natur» des Menschen volle Befriedigung innerhalb ihres kreatürlichen Daseins fühlen. Umgekehrt hätte unser geistiger Wesensteil nicht die geringste Neigung sich eine materielle Existenz zu suchen und die göttliche Seins-Sphäre je zu verlassen. Beide Naturen fänden in sich ihre «unbedingte Ruh». Wie wir bereits bei den Betrachtungen des «Prologes» sagten, wäre solcherart die Geist- und Erdennatur des Menschen ein hoffnungsloses Nebeneinander, wenn es zwischen beiden nicht einen Mittler gäbe. Und diesen Mittler fanden wir in dem Bewußtsein, das uns erkennen läßt, wie aus zwei Weltensphären verschiedene, einander entgegengesetzte Impulse in unsere Seele hereinschlagen, und diese Seele zum Kampfplatz ihrer diametralen Intentionen machen. An dieser Erfahrung, so sagten wir, würde sich die faustische Tragik entzünden. (S. 45)

Jetzt stehen wir an dem Punkt völliger Bewußtwerdung dieses Zwiespaltes. Die Sinneswelt allein kann die wissende Seele niemals zur Gänze erfüllen, da sich diese Seele auch dem Geiste verbunden weiß. Aber auch das «ewige Licht» der geistigen Welt, vermag sie auf die Dauer nicht zu halten. Denn auch in seinem transzendenten Sein weiß der verselbstete Geist des Menschen um sein gewesenes Erdendasein, und trägt dessen Intentionen als Karma-Notwendigkeit mit sich. So wirkt in uns ständig ein *«sich nicht ausleben könnender Wille» (12)*, der als Sehnsucht unsere Seele erfüllt: immer dort sein zu wollen, wo wir nicht sind.

Dieser unbefriedete Wille der Sehnsucht, ist hineinversenkt in das Evolutionsgeschehen als eine kosmische Wirkenskraft. Es gab Götter-Hierarchien, die einst ihr eigenes Wesen höheren, über ihnen stehenden Götterwesen hinopfern wollten, doch wie Kain, erleben mußten, daß ihr Opfer nicht angenommen wurde. So wurden diese Opferwilligen gleichsam in ihre eigene Wesenssubstanz zurückgestoßen, sie mußten in sich, und bei sich bleiben, obwohl ihr ursprünglicher Wille darauf gerichtet war, in dem Wesen höherer Sphären aufzugehen. Hier blitzt uns im Werden des Kosmos zum erstenmal etwas auf, *«was man Egoität nennen kann.»*

«In dieser Weise ins Auge gefaßt, muß man fühlen, was – später sozusagen in die Entwickelung hineingegossen – als ein Erbstück nachlebt in den Wesen. Als die Sehnsucht sehen wir den Egoismus in der schwächsten Gestalt, aber wir sehen ihn sich hineinschleichen in die Weltentwickelung. Und so sehen wir, wie die Wesen, die sich selbst ihrer Egoität hingegeben werden, in einer gewissen Beziehung verdammt werden zur Einseitigkeit, zum bloßen Leben nur in sich selber...» (12)

Durch diese Nichtannahme hingeopferter Wesenssubstanz hat die Götterwelt selbst die Möglichkeit und Tendenz einer Gegen-Welt geschaffen. Aus dieser, in sich selbst zurückgestoßenen Kraft ist letztlich die Widersachermacht erstanden, die «reizt und wirkt und muß als Teufel schaffen.» Der mit ihr verbundene *«verborgene Egoismus»*, der jeder Sehnsuchtsempfindung bis zu einem gewissen Grad innewohnt, ist das Agens, welches den Rhythmus von Wachen und Schlafen, von Geburt und Tod bewirkt. Denn in jedem Inkarnationsprozeß, in jedem wie immer gearteten Hinabstieg in die «Schwere», ist das ahrimanische Wirkensprinzip beteiligt, bei jedem Exkarnationsgeschehen das luziferische. Diese beiden Mächte verleihen der menschlichen Entelechie einfach die dynamische Kraft, die nötig ist, die eine Sphäre mit der anderen zu vertauschen.

So ist der Ort, von dem der *«Sach- oder Naturtrieb»* ausgeht, unser physisches Dasein, immer von der «Schwere» der ahrimanischen Kräfte durchsetzt, während das Wesenselement unseres *«absoluten Daseins»*, aus dem der *«Formtrieb»* erfließt, von der nach Entendlichung, nach «Leichte» strebenden luziferischen Macht berührt wird.

Von hier aus überschauen wir noch eindringlicher, auf welch messerscharfem Grad Faust in seiner Sonnen- und Licht-Sehnsucht wandelte. Und die ganze Schwere des Menschenloses, das ständige Umdrohtsein dem unser «Strebend-sich-Bemühen» ausgesetzt ist, kann uns in erschütternder Deutlichkeit bewußt werden. Wie die Gravitation ein Gesetz der Natur ist, so ist es ein Gesetz der geistigen Sphäre, daß ein Sich-Losreißen und Sich-Erheben vom «Erdendust» nur mit Hilfe Luzifers möglich ist. Wie naheliegend aber für jenen, der diesen Aufschwung der Seele vollzogen hat, der Kraft weiter zu folgen, die ihn dieses «Fliegen» lehrte.

Und umgekehrt: ohne daß uns Ahriman Schwere verleiht, würden wir nie nach diesem Erden-Dasein verlangen. Kann es aber wundernehmen, daß wir, einmal «seine Straße sacht geführt», an dieser Erdenwelt hängen «mit klammernden Organen»?

Mit all dem aber hat sich die Frage von selbst beantwortet, warum die beiden Seelen in unserer Brust als Triebe wirken. Denn was in ihnen wirkt, ist die Zwangsgewalt des luziferisch-ahrimanischen Prinzipes. Trotzdem würde es nicht zu jener ausweglosen Entzweiung mit uns selbst kommen, wenn diese Gegenmächte sich mit der ihnen zugewiesenen Sphäre begnügen würden. Das Wirken Ahrimans in unserer Erdennatur und im Willenspol der Seele, ist ein von der kosmischen Ordnung her zu Recht bestehendes, wie andererseits Luzifer, als der einstige Erkenntnis-Bringer, seinen rechtmäßigen Platz in der Hauptessphäre, im Gedankenpol unserer Seele findet. Nun folgt das «Böse», einmal in die Evolution getreten, aber seinen eigenen Intentionen und bemächtigt sich widerrechtlich der ihm nicht zukommenden Seelensphäre. So sitzt Ahriman auch in unserem Denken, das durch ihn infiziert, glaubt, die «Spiegelung» und reine «Gedanken-Reflexion» als das «Absolute» erkennen zu müssen, und anstatt von reinen Phantasiekräften beflügelt, «zu den Gefilden hoher Ahnen» zu streben, sich in kalte, dem Leben abholde Abstraktionen verliert, die es dann mit Hilfe der in der Hauptesregion zu Recht wesenden luziferischen Tendenzen, zu reinen »Geistesfreuden» glorifiziert. Wie verständlich ist uns nunmehr Wagners Wesensart geworden.

Steigt andererseits Luzifer in den erdverbundenen Seelenpol hinab, so stellt er den nach Phantasie und Imagination drängenden Willensstrom in den Dienst der Egoität, peitscht ihn zu Genuß und Leidenschaften auf, und macht ihn mit Hilfe der dort verwurzelten ahrimanischen Wirksamkeiten zu einem Trieb, der sich als reine Lust «an die Welt mit klammernden Organen hält». In drastischer Weise wird uns Goethe dies in «Auerbachs Keller» vor Augen führen.

In beiden Fällen aber wird die läuternde Mitte, das Herz von diesen Triebkräften der Egoität überschäumt und seine Wirkenskraft eliminiert. Doch ist allein hier der Ort, wo sich der Zwiespalt harmonisieren kann. Diesen Quellpunkt des «Himmelslichtes» aber trachten die Wider-Mächte zu beseitigen.

Faust, seiner Zwienatur bewußt, will beide Triebe in ihrer Realität erleben, will ihnen auf den Grund blicken; d. h. er will ergründen, was in Wahrheit, unverzerrt und unverdorben dahintersteht. Das kann er nur, wenn er kennenlernt, was sich vor die wahre Seins-Natur dieser beiden Seelen gestellt hat, wer die aus ihrem Wesen fließenden Neigungen zu egoistischen Trieben verfälscht und verkompliziert hat. Eine Korrumpierung, die Täuschung und Irrtum nach sich ziehen muß. Auch aus dieser Sicht zeigt sich uns die Notwendigkeit einer Konfrontation Fausts mit Mephistopheles.

Nach diesem weitausholenden Versuch, uns den Seelenzwiespalt Fausts eindringlich und in seiner ganzen Umfänglichkeit bewußt zu machen, kehren wir zu den, die Szene abschließenden Geschehnissen zurück. Es scheint, als würde Faust diesen Zwiespalt gewaltsam ergreifen und ihn zur ersehnten Harmonie zwingen wollen:

«O gibt es Geister in der Luft,
Die zwischen Erd' und Himmel herrschend weben,
So steiget nieder aus dem goldnen Duft
Und führt mich weg zu neuem, buntem Leben.»

Die Abend-Meditations-Stimmung ist vorbei. Was erhofft sich Faust von diesem «neuen, bunten Leben»? Hat er vergessen, daß dieses bunte Leben aus Licht und Finsternis errungen und durchlitten werden muß, daß man es nicht geschenkt erhält? Es ist nicht zu überhören, daß der von uns bereits erfühlte luziferische Unterton sich intensiviert. Faust beschwört die Geisterschar, die ihm gewähren soll, was ihm aus eigener Kraft zu erreichen, nicht möglich ist.

Den Osterfrieden dieses Tages hat er sich selbst errungen. Jetzt wird der «Flügel», der ihn seinem «Urquell» nahebringen sollte, zum «Zaubermantel», das vordem wie ein Gnadenakt empfundene Sich-empor-gehoben-Fühlen, wird mit Preisen bewertet, als wäre es irdischen Schätzen käuflich:

> «Ja, wäre nur ein Zaubermantel mein!
> Und trüg' er mich in fremde Länder,
> Mir sollt' er um die köstlichsten Gewänder,
> Nicht feil um einen Königsmantel sein.»

Man muß sich nur an die vielen Märchen erinnern, in denen der «Prinz» nach zahllosen Irrwegen und überstandenen Prüfungen, die «Prinzessin» freit und den «Königsmantel» gewinnt, um den tieferen Sinngehalt zu fühlen, der diesen Worten innewohnt. Es ist der Weg einer langsamen, doch in der richtigen Weise reifenden Initiation, auf dem sich der Mensch seine Königswürde erringt. Sie will Faust für einen «Zaubermantel» tauschen. Deutlich erkennen wir, wie er in der Sehnsucht die Schwelle zu überschreiten, nach einem Übermenschentum greift, für das ihm die Reife fehlt und er dadurch erneut in eine dunkle Magie verstrickt wird. Wieder gewahren wir «des Messers Schneide»: Das Verlangen nach einem Zaubermantel, das Anrufen der zwischen Erde und Himmel wesenden Geisterschar, hilft der luziferischen Intention zum Durchbruch. Darin liegt das Entscheidende. Ob wir, durch Luzifer emporgehoben, wie der «Kranich nach der Heimat streben», oder ob uns die «Lust» am Fliegen zu «neuem, buntem Leben» drängt. Faust bedient sich der luziferischen Kraft nicht mehr allein, er beginnt ihr zu verfallen.

Wieder ist es Wagner, der sich in Furcht und Abwehr diesem faustischen Streben entgegenstellt:

«Berufe nicht die wohlbekannte Schar,
Die strömend sich im Dunstkreis überbreitet,
Dem Menschen tausendfältige Gefahr,
Von allen Enden her, bereitet.»

Diese «wohlbekannte Schar», die aus den vier Himmelsrichtungen herandringt an den Menschen, sind luziferisch-ahrimanische Elementarwesen, die hinter der gewordenen Natur wirken und «tausendfältige Gefahren» bringen. Wagner weiß darum. Doch er weiß nur in der Theorie um diese Geisterwelt, die in Wahrheit immer um den Menschen ist. Seine Furcht aber hält ihn davor zurück «die Pforten aufzureißen», die sie uns verdecken. Der Mensch jedoch, Faust, muß sie kennen lernen. Der Augenblick ist reif zu erschauen, wer die Zwietracht sät zwischen Geist und Leib.

Bislang war der Mensch beschützt vor diesem Anblick. Der «Schwellen-Hüter» verhüllte ihm, was sein Bewußtsein noch nicht hätte ertragen können. Aber der Abgrund hat sich im fünften nachatlantischen Zeitraum aufgetan. Jetzt muß der Mensch diese Welt kennenlernen, sonst gliche er einem, der mit verbundenen Augen vor dem Abgrund stünde, gewärtig, jeden Augenblick hinabzustürzen. Und Faust will in diesen Abgrund blicken, er selbst öffnet dem Wider-Geist das Tor, durch das er schlüpfen kann:

«Siehst du den schwarzen Hund durch Saat
und Stoppel streifen?»

In magischen Schlingen, ihn immer enger umkreisend, naht sich der «Pudel», den Faustens Seelenauge längst bemerkt hat. Auch bleibt ihm die Geist-Natur dieses Tieres nicht verborgen:

«Bemerkst du, wie in weitem Schneckenkreise
Er um uns her und immer näher jagt?
Und irr' ich nicht, so zieht ein Feuerstrudel
Auf seinen Pfaden hinterdrein.»

Für Wagner freilich bleibt dies alles unsichtbar. Er sieht nur einen schwarzen Pudel, der knurrt und wedelt, aufwartet und apportiert. Fausts resignierende Beipflichtung läßt die Bezogenheit seiner Worte zweideutig erscheinen:

«Du hast wohl recht; ich finde nicht die Spur
Von einem Geist, und alles ist Dressur.»

Doch warum gibt Goethe dem Mephisto im Wirklichkeitsbezug des Dramas die Gestalt des schwarzen Hundes? Es ist gewiß dahinter Tieferes zu vermuten. In zahlreichen Sagen und Legenden gilt der Hund als metaphorisches Bild der ätherischen Wesensschicht des Menschen. Man denke etwa an das Märchen von den Bremer Stadtmusikanten, in dem sich uns in der Tiersymbolik von Esel, Hund, Katze und Hahn der ganze viergliedrige Mensch in seiner irdischen Leibesgebundenheit darstellt.

Eindringlich tritt uns diese Verwandtschaft des Hundes mit dem menschlichen Ätherleib auch in vielen mythischen Überlieferungen aus dem Osten Europas entgegen. Wir greifen zusammenfassend eine Darstellung aus dem weißrussischen Volkstum heraus: (13)

Es wird uns von der Erschaffung des Menschen berichtet, wie Gott aus Ton einen wunderschönen Leib bildete, ihn dann eine bestimmte Zeit ruhen ließ, *«damit er fähig werde, die Seele aufzunehmen.»* An die Pforte des Paradieses aber stellte er als Wächter den Hund:

«Dieser war so rein, daß er im ganzen Paradiese umhergehen durfte. Gott befahl ihm, den Bösen nicht hereinzulassen, damit er Adam nicht verunreinige.»

Aber der Teufel kam, und als er den schön abgebildeten Menschenleib erblickte, setzte er alles daran, ihn zu zerstören. Doch keine Lockungen noch Drohungen konnten den Hund in seiner Wachsamkeit irre machen. *«Da ließ der Teufel eine gewaltige Kälte kommen, die der Hund, der damals noch unbehaart war, nicht imstande war, zu ertragen.»* Mit dem Beding, ihm Adam einen Augenblick zu überlassen, bot der Teufel dem Hund einen Pelz an. Der Hund nahm den Pelz, der Teufel aber bespie Adams Körper *«und legte dadurch den Grund zu allen menschlichen Krankheiten.»*

Der Herr, der sein Werk verunreinigt sah, stellte den Teufel zur Rede. *«Wozu hast du ihn so schön geschaffen, entgegnete der Teufel. Wenn er so bliebe, würde er von meiner Existenz nichts ahnen.»* Der Herr konnte den Menschen jedoch nicht in dem verunreinigten Zustande lassen und *«kehrte die bespieene Seite nach innen. Und jetzt ist unser Körper umgedreht. Was draußen war, ist drinnen, mit alledem, was der Teufel bespieen hat, und alle Krankheiten fangen innen an.»*

Ein anschauliches Bild für die Korrumpierung der ätherisch-astralen Innerlichkeit des Menschen durch den Widersacher. Der Hund aber hatte sich seine Strafe selbst gesprochen: *«Du warst ein reines Tier und gingst im ganzen Paradiese umher. Jetzt wirst du unrein sein und keine Kirche betreten.»*

Das Fell, durch welches das bisher unbehaarte Tier sich mit einer dunklen Hülle umkleidete, und die innere Unreinheit des Menschen gehen Hand in Hand; der nun mit einem Fell bekleidete Hund ist gleichzeitig der dunkel gewordene, zu stark mit der undurchsichtigen Materie verbundene Ätherleib des Menschen. Die Urbeziehung zwischen Hund und Mensch, ihre ursprüngliche ätherische Reinheit und die durch den Widersacher verursachte Korrumpierung ihres Wesens, – der Sündenfall –, zeigt sich in diesem volkshaft-naivem Weisheitsgut in lebendiger Anschaulichkeit.

Der Schluß der Szene offenbart uns damit seinen tieferen Sinngehalt. Die «Spirale» haben wir, nach den Darstellungen Rudolf Steiners, als eine kosmische Gebärde zu erkennen, mit der Übersinnliches in unsere irdische Leibeshülle hereinzieht und sich hinauslöst. Wenn nun der «Pudel» sich in «magischen Schneckenkreisen» und «Schlingen» Faust nähert, ist uns damit ein exaktes Bild gegeben, wie eine widergöttlich-ätherische Wesenssphäre an Faust herandringt, die ihm deshalb spürbar werden kann, weil er ihre Wirkenskraft auch in seinem eigenen Innern ahnend empfindet. Die Wechselbeziehung zwischen «Innen» und «Außen» wird deutlich, und wir erkennen, daß wir das Wesen dieses «Pudels» sowohl im Umkreis, als auch im eigenen Seeleninnern zu suchen haben.

So ist die Begleitung des Hundes zurück in die «Studierstube» kein launischer Zufall. Der Pudel folgt Faust vielmehr mit innerer Notwendigkeit. Denn seine Seele ist reif, den Geist aus seiner Verborgenheit zu rufen, den sie längst in sich trug.

Studierzimmer I

Ein ungetrübtes Glücksgefühl beseligt Faust, da er zurückkehrt in die Enge seiner Stube. Der Widerhall der nächtlichen Osterbotschaft, der so menschlich-verstehende Blick in die Seele des Volkes, die ernste Rückschau in sein Leben und seine gewonnene Selbsterkenntnis, haben ein mildes Licht in ihm entzündet:

«Verlassen hab' ich Feld und Auen,
Die eine tiefe Nacht bedeckt,
Mit ahnungsvollem, heil'gem Grauen
In uns die bessre Seele weckt.»

Welch Unterschied der Stimmung zu jener «Nacht» der ersten Szene. Dort war es Nacht auch in ihm. Heute ist über seine Seele ein Glanz inneren Friedens gebreitet:

«Entschlafen sind nun wilde Triebe,
Mit jedem ungestümen Tun;
Es reget sich die Menschenliebe,
Die Liebe Gottes regt sich nun.»

Sein leidenschaftliches Erkenntnisstreben ist einer beseligenden Frömmigkeit gewichen. Liebe zu den Menschen, Liebe zu Gott erfüllt sein Herz. Gleich der vorangegangenen, spiegelt auch diese «Nacht» die kosmischen Geschehnisse des «Prologes im Himmel» wider; nur daß diesmal die mephistophelischen Kräfte gebannt erscheinen:

«Vernunft fängt wieder an zu sprechen,
Und Hoffnung wieder an zu blühn;
Man sehnt sich nach des Lebens Bächen,
Ach! nach des Lebens Quelle hin.»

Vernunft – der «Schein des Himmelslichts» –, im nächtlichen Dunkel ist sie ihm jetzt Sonne und gibt dem Herzen das Wissen seines wahren Menschenwertes:

«Dann wird's in unserm Busen helle,
Im Herzen, das sich selber kennt.»

Wieder ist es das Herz, das zu ihm spricht. Indem die göttliche Welt im kosmischen Werden selbst die Gegenmacht aufrief, wie wir erkannt haben, und dem Widersacher die «Erlaubnis» gab, in das Evolutionsgeschehen einzugreifen, indem Luzifer im «Licht», Ahriman in der «Schwere» wirksam wurden, hat Gott seine Allweisheit und seine Allmacht selbst beschränkt. Den göttlichen Weltgedanken stehen die luziferischen, dem göttlichen Weltenwollen die ahrimanischen Intentionen entgegen. Die Mitte zwischen beiden Sphären aber blieb ungeteilt: die Liebe, unteilbar und unbeschränkbar, ist allein göttlichen Wesens. Im Herzen, dem Quell der Liebe, ist der Mensch bewahrt vor dem Zugriff Mephistos. Es ist der einzige Ort, an dem der Mensch sich selbst in seiner wahren Wesenheit erleben kann, da in ihm sein «Himmelslicht» urständet. Wie oft hat Faust in jener ersten Nacht nicht dieses Herz beschworen. Nun aber sprießt Hoffnung aus seiner Liebeskraft, und läßt die Sehnsucht nach «des Lebens Quelle» in ihm ergrünen.

Wir müssen diesen Empfindungsgehalt in seinem Wesen richtig verstehen. Was Faust in diesem Augenblick erlebt, ist nicht die Harmonie der beiden Seelen in seiner Brust, nicht jene *«Wechselwirkung»* zwischen beiden *«Trieben»*, in der, wie Schiller erkannte, *«die Wirksamkeit des einen die Wirksamkeit des andern zugleich begründet und begrenzt, und wo jeder einzelne für sich gerade dadurch zu seiner höchsten Verkündigung gelangt, daß der andere tätig ist.» (1)*

So ist es nicht. Es heißt ja: «entschlafen sind die wilden Triebe». Für einen kurzen, unsagbaren Augenblick ist Faustens Seele wie erlöst von allem Begehren und Verlangen, und aus dem Herzen spricht rein und ungetrübt sein wahres, unvergängliches Ich. Für dieses Verweilen zwischen zwei Schlägen seines Herzens fühlt er den «Manas-Funken» aufleuchten, den Geist, der sich in seiner Seele verselbstet hat. Das Wort wird ihm Erlebnis, das wir in der vorangegangenen Szene aus der «Geheimwissenschaft» Rudolf Steiners anführten: *«Der Gott, der im Menschen wohnt, spricht, wenn die Seele sich als Ich erkennt.»* Faust ist in das *«verborgene Heiligtum»* seines Wesens getreten.

Doch dieses reine Glück läßt sich mit irdischem Zeitmaß nicht halten. Wo uns Ewigkeit anweht in der Vergänglichkeit, ist sie immer nur ein Augenblick.

«Aber ach! schon fühl ich, bei dem besten Willen,
Befriedigung nicht mehr aus dem Busen quillen.
Aber warum muß der Strom so bald versiegen,
Und wir wieder im Durste liegen?»

Die Frage birgt erneute Selbsterkenntnis. Um nichts Geringeres geht es, als die Tatsache durchschauen zu lernen, daß der Geist, der ihn immer wieder von seinem «Urquell» abzieht, in ihm selbst west. Menschenliebe und Gottesliebe stehen einem Unbefriedigtsein, einer Öde gegenüber, die gleichermaßen aus seiner Brust quellen. Die «entschlafenen Triebe» erwachen zu neuer Regsamkeit und träufeln Zweifel und Begehrungen in sein Herz. Daß dies so ist, hat Faust nur zu oft erfahren müssen. Das Warum soll ihm nunmehr offenbar werden.

Vorerst freilich bleibt es noch im Unterschwelligen verhaftet. Oder dem dramatischen Geschehen gemäß ausgedrückt: der Pudel beknurrt die «heiligen Töne», die Faust erfüllen. Die Dissonanz, die durch die «Triebgewalt» in die milde Frömmigkeit seines Sehnens hineingetragen wird, offenbart sich bis in die Unterschiedlichkeit der Metrik. Die an den Pudel gerichteten Worte mit ihrer stark akzentuierten Rhythmik bringen Unruhe, Zwiespältigkeit in das von ruhigem Atem getragene Versmaß und bereiten solcherart bereits das Schwinden jenes Glücksgefühles vor, noch ehe Faust es bewußt ausspricht.

«Wir sind gewohnt, daß die Menschen verhöhnen,
Was sie nicht verstehn,
Daß sie vor dem Guten und Schönen,
Das ihnen oft beschwerlich ist, murren;
Will es der Hund, wie sie, beknurren?»

Man kann daraus die Erkenntnis ziehen, daß jede Rückschau, jedes kontemplative Gestimmtsein der Seele, jede wahre Meditation, begleitet ist von dem Geknurre des Pudels. Ja, daß er gerade da am intensivsten lauert. Und in der Befreiung von ihm, bzw. im Überwältigt-Werden von seinen «tierischen Lauten», liegt der Erfolg oder Mißerfolg unseres Seelenstrebens. Denn dieser Pudel steckt tief in uns darinnen.

Dem Dahinschwinden und Versiegen dieses «Stromes» sucht Faust dadurch zu begegnen, daß er zu dem kostbarsten Zeugnis dieses Lebensstromes greift:

> «Doch dieser Mangel läßt sich ersetzen,
> Wir lernen das Überirdische schätzen,
> Wir sehnen uns nach Offenbarung,
> Die nirgends würd'ger und schöner brennt
> Als in dem Neuen Testament.»

Nun läßt der Dichter Faust nicht im bloßen Lesen der Schrift sein Genüge finden. Es drängt Faust vielmehr, das «heilige Original» in die eigene Muttersprache zu übersetzen. Das aber bedeutet viel Folgenschwereres, als eine bloße *«Luther-Nähe»*, wie es manche Kommentare begründen.

Ein kurzes Besinnen auf das mythologische Bild des «Turmbaues zu Babel» und der damit verbundenen Sprachenverwirrung macht uns anschaulich, welche Gefahren an Mißverstehen und Umdeutungen mit jedem Versuch verbunden sein müssen, wenn Weistümer aus einer Sprache in eine andere übertragen werden. Den «Geistern der Verwirrung» ist hier breiter Raum gewährt; d. h. die Möglichkeit eines Irrtums, eines Abgleitens in eine völlig andere Geistigkeit ist mit jeder Übersetzung gegeben.

Und neben Faust steht ein ganz gefährlicher Geist der Verwirrung. Hat er sich gegen das Regsamwerden von Liebe, Hoffnung und Vernunft in Faustens Brust bereits knurrend aufgebäumt, so ist leicht einzusehen, daß er Faustens Bibelübersetzung nicht minder zu trüben und zu verfälschen bemüht sein wird. Wie er draußen auf dem Felde seine Kreise immer enger und enger um ihn zog, so zieht er auch jetzt seine magischen Schlingen dichter und dichter um Faustens Bewußtsein.

Hier ist der Zeitpunkt im Dramenverlauf gekommen, der als kosmische Realität bereits im «Prolog» eingetreten war: der Zeitpunkt, wo die Gottheit zur Gänze ihre schützende Hand von dem auf Erden weilenden Menschen abzieht, und ihn dem «Bösen» überläßt. Was sich bis zum Erwachen der «Bewußtseinsseele» im Evolutionsverlauf immer noch für den Menschen im Unbewußten hielt und in Schranken gewiesen wurde durch lebendige Glaubenskräfte und moralische Werte, bricht nunmehr ungehindert ein in das menschliche Denken, Fühlen und Wollen. Auch Faust war einst «an Hoffnung reich» und «im Glauben fest». Aber diese Kräfte tragen die Seele nicht mehr und die ethischen Werte erfuhren eine Umwertung. In diesem Sinne ist das Sichtbarwerden des «Pudels» als Beginn der unmittelbaren Konfrontation des Menschen mit dem «Bösen» zu verstehen.

Der Preis, den dieses «Böse» jedoch für die Erlaubnis, «ihn seine Straße sacht zu führen», entrichten muß, ist der Verlust seiner Verborgenheit, durch die es sich bisher dem Zugriff des menschlichen Erkennens entziehen konnte. Denn die Kraft dieses Bewußtseins erstreckt nunmehr ihr «Ergründen» auch auf das widergöttliche Prinzip.

Es gehört zu den bedauerlichsten Irrtümern mancher Auslegungen, zu meinen, daß sich in Faustens Bibelübersetzung Goethes Ethos der Tat offenbaren würde und dieser Tat-Begriff daher eine Steigerung darstelle, die alle anderen ethischen Wertungen: «Wort», «Sinn», «Kraft» übersteigen würde. Das dramatische Bild der Szene selbst weist uns schon auf ein Gegenteiliges hin: hier Faust, der sich den bereits wieder versiegenden Urquell seiner Seele durch die Bibelübersetzung neu erschließen will, und neben ihm der Lügengeist in Hundesgestalt, der sich dagegen aufbäumt, da es ja sein ganzes Trachten ist, Faust eben von diesem Quell abzuziehen.

Vereinzelt ist dies von manchen Interpreten auch empfunden worden. So etwa von E. Beutler in seiner Schrift «Besinnung»: *«Nicht, daß Faust die Bibel übersetzt, sondern daß er sie so verhängnisvoll verfälscht, ist das Wesentliche an dieser Szene, die so zu einer Achse des ganzen Stückes wird, gleichzeitig neben Fausts Fluch auf Wissenschaft und Glauben.»*

Zum erstenmal, mit zwingender Klarheit diesen Verlust der Spiritualität in der Bibelübersetzung dargestellt zu haben, ist jedoch das Verdienst Rudolf Steiners.

«Geschrieben steht: Im Anfang war das Wort!»

In dem Begriff «Logos» erkannte die antike Philosophie den göttlichen Weltengeist, die Weltvernunft. Die christliche Esoterik spricht in dem Logos das demiurgische Sohnesprinzip der göttlichen Trinität an und erkennt in ihm Christus, den Mensch-gewordenen Gott. In diesem demiurgischen Weltenwort aber ist zu Urbeginn der Mensch selbst umgriffen. Denn seine Entstehung ist ursprünglich veranlagt. Höchste Spitze der Tierwelt, im darwinistischen Sinne, ist der Mensch bloß seines In-Erscheinung-Tretens auf diesem Erdenplan nach; in Wahrheit ist er der Erstling der Schöpfung. So ist es denn auch das Wort, das den Menschen zum Menschen macht. Wenn Faust jedoch bereits bei diesem ersten Satz stockend innehält und meint:

> «Ich kann das Wort so hoch unmöglich schätzen,
> Ich muß es anders übersetzen,
> Wenn ich vom Geiste recht erleuchtet bin» –,

so offenbart sich bereits darin das Wesen des Geistes, der ihn in diesem Augenblick erleuchtet. Denn Mephisto ist die Ursache, warum er das Wort so hoch unmöglich schätzen kann. Damit aber hat Faust sein eigenes Fundament bereits verloren. Alles Folgende ist ein stufenweises Absinken zu immer tieferen Daseins-Ebenen. Was er als «Erleuchtung durch den Geist» zu erkennen glaubt, ist in Wahrheit Verfinsterung seines Geistes:

> «Geschrieben steht: Im Anfang war der Sinn.»

Das Wort hat nur der Mensch. Steigen wir jedoch hinab zum Tierreich, finden wir das Wort nicht mehr. Doch Sinn waltet auch in der reinen Animalität.

Auch hier kommen Faust Zweifel:

> «Ist es der Sinn, der alles wirkt und schafft?
> Es sollte stehn: Im Anfang war die Kraft!»

Der Schritt vom Tierreich zur Pflanzenwelt ist damit vollzogen. Denn um das Wesen der Pflanzenwelt zu charakterisieren, müßte man nicht einmal den Sinn suchen, der natürlich der ganzen Schöpfung innewohnt. Doch genügt es hier zu erkennen, daß sich die Pflanze vom toten Mineral durch die ihr innewohnende Wachstums-Fortpflanzungs- und Lebens-Kraft unterscheidet.

Das Mineralreich aber bedarf auch dieser Kraft nicht mehr, um uns sein Wesen begreifbar zu machen:

«Doch auch indem ich dieses niederschreibe,
Schon warnt mich was, daß ich dabei nicht bleibe.
Mir hilft der Geist! Auf einmal seh' ich Rat
Und schreibe getrost: Im Anfang war die Tat!»

«Und jetzt ist er beim völligen Materialismus angekommen, jetzt ist er beim physischen Leib, durch den die äußere Tat sich vollzieht.» (2)

Mit der Stufenfolge: Wort-Sinn-Kraft-Tat, hat Faust den Anhauch des «Urquells» wieder verlassen, und ist zum toten Verstandesdenken seiner «Studierstube» zurückgekehrt. Denn sie bedeutet ein Durchschreiten seiner eigenen Wesenheit vom Ich, über Astral- und Ätherleib zu dem rein physischen Leibesdasein. Er vergißt, daß Wort und Tat zusammengehören, wie es auf Golgatha sein höchstes Zeugnis fand.

Faust übersetzt die Bibel falsch, *«weil die verschiedenen Glieder der menschlichen Wesenheit... in ihm in chaotischer Weise durch den mephistophelischen Geist zusammenwirken. Jetzt zeigt sich auch, wie diese Triebe walten, denn das äußere Bellen des Pudels ist dasjenige, was sich in ihm gegen die Wahrheit aufbäumt.» (2)*

Dennoch dürfen wir nicht übersehen: wenn Faust in seinem Tun auch von Irrtum umfangen ist und sich von seinem Ursprung entfernt, so erfließt es doch einem ehrlichen Streben, den Urgrund der Welt zu begreifen. Und: «es irrt der Mensch, solang er strebt!» Dieser Urgrund, er muß einmal vom menschlichen Denken umfaßt und begriffen werden, ehe er sich erneut einem kontemplativ-schauenden Erlebnis offenbaren kann. Trotz seines Irrtums, steht doch die ganze faustische Kraft des Ergründens hinter dieser Bibelübersetzung. Was ihm der mephistophelische Geist dabei verdunkelt, ist die Erkenntnis *«der Weisheit des Christentums.»* Sie vermag Faust nicht zu erfassen. *«Aber in ihm lebt schon der Drang, der Trieb zum Christentum. Indem er das, was als Christus in ihm lebt, lebendig macht, besiegt er den Gegengeist.» (2)*

Tatsächlich hat der Geist, der Faust letztlich schreiben hieß: «Im Anfang war die Tat», nicht mehr Hundesgestalt:

«Aber, was muß ich sehen!
Kann das natürlich geschehen?
Ist es Schatten? Ist's Wirklichkeit?

Wie wird mein Pudel lang und breit!
Er hebt sich mit Gewalt,
Das ist nicht eines Hundes Gestalt!
Welch ein Gespenst bracht' ich ins Haus!»

Mephisto muß sein Geistwesen deklarieren. Daß dies tatsächlich ein Müssen ist, bestätigt uns der Chor der Geister «auf dem Gange»:

«Drinnen gefangen ist einer!
Bleibet haußen, folg' ihm keiner!
Wie im Eisen der Fuchs,
Zagt ein alter Höllenluchs.»

Diese Geister sind wohl in Beziehung zu Mephistopheles zu verstehen. Sie spotten zwar, doch wollen sie ihm helfen:

«Könnt ihr ihm nützen,
Laßt ihn nicht sitzen!
Denn er tat uns allen
Schon viel zu Gefallen.»

Zwei Fragen müssen sich stellen. Die erste wird sich mit der Bedeutung des «Außen» und «Innen» zu beschäftigen haben, die Goethe ganz eindringlich sowohl durch die Regie-Anmerkung zum Geisterchor: «auf dem Gange», als auch durch die ersten Chor-Verse: «Drinnen gefangen ist einer», betont. Wir haben diese Frage bereits am Ende der vorangegangenen Betrachtung berührt, indem wir Mephisto, bzw. den Pudel als ein Wesen erkennen mußten, das sowohl im Innern der Seele, als auch im «Umkreis» zu suchen ist. Diese Wechselbeziehung von «Innen» und «Außen» ist von Goethe wiederholt dargestellt worden. Am eindringlichsten in den mit «Epirrhema» überschriebenen Versen:

«Müsset im Naturbetrachten
Immer eins wie alles achten;
Nichts ist drinnen, nichts ist draußen:
Denn was innen, das ist außen.
So ergreifet ohne Säumnis
Heilig öffentlich Geheimnis.»

Auf die Geist-Natur des Menschen bezogen bedeutet dies, daß alles, was die menschliche Astralität und den menschlichen Ätherleib an geistiger Wesenssubstanz erfüllt, gleichermaßen auch in der Welten-Astralität und Ätherizität wirkt.

Der Weltenäther weist vier kosmische Qualitäten auf: den Wärme-, Licht-, Klang- und Lebensäther. In den beiden erst genannten Ätherarten wirkt vornehmlich das luziferische Prinzip mit all seinen berechtigten und unrechtmäßigen Intentionen, im Klang- und Lebensäther in gleicher Weise das ahrimanische.

Der Ätherleib des Menschen ist das Einfallstor für die kosmische Ätherizität. Mephisto findet im menschlichen Ätherleib die ihm verwandte Sphäre für seine Tätigkeit auf Erden. Die bisherige «Unbewußtheit» des Menschen ließ ihn – um das vorliegende Bild aufzugreifen – ungehindert dieses «Innere» betreten und wieder verlassen. Der Wechselbeziehung zwischen «Innen» und «Außen» stand keine menschliche Erkenntnis im Wege.

Damit kommen wir zur zweiten Frage.

Welche Kraft ist es, die Mephisto nun tatsächlich in dieser «engen Zelle» – sie bedeutet ja selbst eine Metapher für Faustens Leiblichkeit – festzuhalten vermag? Rudolf Steiner hat uns bereits darauf verwiesen: *«Indem er das, was als der Christus in ihm lebt, lebendig macht, besiegt er den Gegengeist.» (2)*

Vorerst versucht Faust mit den Mitteln der alten, überkommenen Magie dem Geist beizukommen:

> «Erst zu begegnen dem Tiere,
> Brauch' ich den Spruch der Viere…»

Doch die Beschwörung bleibt wirkungslos. Der Geist, der sich in diesem Pudel verbirgt, ist kein Elementarwesen, und die «clavicula Salomonis», der «Schlüssel Salomons», ein Zauberbuch, das angeblich auf Salomo zurückgehen soll und im 16., 17. und 18. Jahrhundert handschriftlich, wie gedruckt weit verbreitet war, versagt. Kein Wesen aus dem Bereich der vier Elemente «steckt in dem Tiere».

Doch als Faust nunmehr die Christusgestalt anruft, muß der Pudel sein Wesen offenbaren:

> «Bist du Geselle
> Ein Flüchtling der Hölle?
> So sieh dies Zeichen!
> Dem sie sich beugen
> Die schwarzen Scharen.»

Allein schon diesen Worten ist zu entnehmen, daß Faust ahnt, in welcher Wirkensregion er diesen Geist zu suchen hat.

> «Verworf'nes Wesen!
> Kannst du ihn lesen?
> Den nie Entspross'nen,
> Unausgesprochnen,
> Durch alle Himmel Gegoss'nen,
> Freventlich Durchstochnen?»

Dem «Crucifixus» muß sich Mephisto beugen. Nun könnte man allerdings den Einwand erheben, ob nicht auch die Anrufung Christi auf tradiertem Glaubensgut beruhe? Soweit es die bloße Demaskierung Mephistos betrifft, könnte dies durchaus der Fall sein. Doch geht es nicht allein um ein Sich-Deklarieren-Müssen, sondern um das Festhalten Mephistos durch Faust. Mephisto ist sein Gefangener. Und dies bewirkt nicht allein das Vorhalten des Kreuzes. Dies bewirken die Christuskräfte, die in seiner Seele, ohne daß er es weiß, seit dieser Osternacht keimen. Der Schluß der Szene wird uns dies noch deutlicher erkennen lassen.

Wer aber steht nun vor Faust, da die bergende Hülle fällt?

> «Das also war des Pudels Kern!
> Ein fahrender Skolast? Der Casus macht mich lachen.»

Aus dem Pudel, dem «trefflichen Skolaren» der Studenten, ist nun selbst ein Student geworden. Der Humor dieses Geschehens soll uns über seinen Ernst nicht hinwegtäuschen. Das nunmehrige Erscheinungsbild Mephistos spricht uns erneut von Selbsterkenntnis Faustens.

«Erst haben in der Pudelgestalt die wilden Triebe, die sich gegen die Wahrheit aufgelehnt haben, gewirkt, und jetzt gewissermaßen wird er sich klar, klar-unklar! Der fahrende Scholast steht vor ihm. Es ist aber nur das

andere Ich des Faust. Er ist selber nicht viel mehr geworden als ein fahrender Scholast mit all den Irrtümlichkeiten, die im fahrenden Scholasten sind: nur eben derber und gründlicher tritt ihm jetzt, wo er durch seinen Zusammenschluß mit der geistigen Welt die Triebe genauer kennenlernt, der fahrende Scholast, das heißt sein eigenes Selbst, wie er es sich bisher angeeignet hat, entgegen.» (2)

Ähnliches gilt, wie wir von Wagner sagten: «Ein Dutzend solcher Wagner-Naturen hat Faust längst und restlos begriffen.» So auch hier. Der «fahrende Schüler» ist auch ein Teil von Faust. Der Faust, der seine Schüler «zehn Jahre an der Nase herumzog», der mit «sauerm Schweiß» lehren mußte, wovon er nichts wußte, der «mit höllischen Latwergen» als Arzt «weit schlimmer als die Pest gehaust hat», der war jener «fahrende Skolast», dem eben dieser Mephisto ein Wissen eingab, von dem Faust einsehen mußte, daß «man es nicht brauchen kann.»

Doch zeigte uns bereits der «Prolog», daß Mephisto eine objektive, von Faust unabhängige Wirkenskraft ist, ein kosmisches Wesen, das seine eigenen Intentionen hat. Die Dichtung hat nun die schwierige Aufgabe, beide Aspekte an dieser Gestalt aufscheinen zu lassen. Einerseits will sie ersichtlich machen, wie Faust das «Böse» Schritt für Schritt erkennt und ergründet, andererseits muß sie dieser Gestalt aber auch ihr eigenes dichterisches Leben verleihen, das den Gesetzen des Dramas folgen muß und uns die mephistophelischen Zielsetzungen aufzuzeigen hat.

Mit der dreifachen Anrede zeigt Faust, daß er das Wesen seines nächtlichen Gastes sehr genau erspürt hat. Denn sie ist eine sinngemäße Übersetzung des Namens «Mephistopheles»:

> «Bei euch, ihr Herrn, kann man das Wesen
> Gewöhnlich aus dem Namen lesen,
> Wo es sich allzudeutlich weist,
> Wenn man euch Fliegengott, Verderber, Lügner heißt.»

Mephisto verschweigt nicht, wer er ist:

> «Ein Teil von jener Kraft,
> Die stets das Böse will und stets das Gute schafft.»

Er sagt es *«mit der Klarheit seiner Rationalität und mit der Einseitigkeit seines Nihilismus.»* (3) Gerade diese Offenheit hat vielfach Erstaunen bei den Auslegern erregt. So fragt Th. Vischer: *«Kann Mephistopheles ein so ausgesprochenes Bewußtsein davon haben, daß das Böse schließlich der sittlichen Weltordnung dienen muß, und wenn er es hat, wird er bei Faust damit herausplatzen?»*

Oder Minor: *«Es fällt auf, daß der Lügengeist seine Krallen hier gar nicht versteckt, sondern Faust seine teuflische Natur höchst aufrichtig enthüllt.»*

Auch Marbach sei erwähnt, der in dieser Antwort ebenfalls keine Lüge, sondern Wahrheit erblickt. Allerdings sieht er in ihr doch eine echt teuflische Entgegnung, da der Teufel, *«wenn er von sich sagt, daß er stets das Gute schafft, dies für die ärgste Lüge halten muß, die er auszusprechen vermag.»* (3)

Auf Vischers berechtigte Frage, ob Mephisto ein so ausgesprochenes Bewußtsein davon haben kann, daß das Böse schließlich der sittlichen Weltordnung dienen muß, wird uns umgehend Antwort werden.

Was wir jedoch allein aus diesen ersten Worten Mephistos zweifelsfrei heraushören können, ist die Bedingtheit, mit der er sich in einen größeren Zusammenhang eingegliedert sieht. Denn er nennt sich einen Teil einer bestimmten Kraft. Aus dieser Bedingtheit folgt jedoch zwangsläufig das «Wirken-Müssen» nach einer bestimmten Richtung. Sie weist uns in die Negation und Zerstörung. In diese Richtung wirkt die mephistophelische Macht mit der Zwangsläufigkeit eines Naturgesetzes. Wie der Blitz nicht anders kann, als sich den kürzesten Weg zu suchen, so wird Mephisto immer zerstören und vernichten, weil dies sein Wesen ist, dem er folgen muß. Er spricht es auch vorbehaltslos aus:

> «Ich bin der Geist, der stets verneint!
> Und das mit Recht; denn alles, was entsteht,
> Ist wert, daß es zugrunde geht;
> Drum besser wär's, daß nichts entstünde.»

Nun wissen wir, daß Mephisto in dieser Negation letztlich dem Guten dient. Wir wissen es aus dem «Prolog». Es zeigte sich uns, daß das Böse von Gott gewollt und gesetzt ist. Und nicht nur, um den Menschen aus seiner «unbedingten Ruh» aufzureizen. Steigerung erfordert Polarität.

Gott setzt den Widersacher daher dem Leben zur Belebung. So schreibt M. Kommerell in «Geist und Buchstabe der Dichtung»:

«Es erinnert an Leibniz, wenn das Böse im großen Haushalt gerechtfertigt wird. Damit Farbe sei, bedarf es der Mithilfe des Finsteren. Immer neu muß Mephisto den für ihn, nicht im höheren Plan sinnlosen Ansturm gegen die Baugewalten der Natur beginnen. Im ganzen umsonst.»

Von diesem kosmischen Aspekt her gesehen ist es müßig, dieser Wirkenskraft eine menschlich-ethische Wertung zu geben. Denn wie die Natur a-moralisch ist, so ist die geistig-kosmische Welt über-moralisch zu verstehen. Sie kennt nur geistige Wesen, die Träger und Vollstrecker des göttlichen Willens sind, die «echten Göttersöhne», und solche, die diesen göttlichen Willen negieren; sei es mit luziferischer oder ahrimanischer Tingierung. Erst im Bereich des Menschen wird diese widergöttliche Wirkenskraft zum «Bösen» im ethischen Sinne. Mephisto spricht es aus:

«So ist denn alles, was Ihr Sünde,
Zerstörung, kurz das Böse nennt,
Mein eigentliches Element.»

Mephisto hat im Zusammenleben mit dem Menschen die Erfahrung gewonnen, was wir als «gut» und «bös» bezeichnen. Für ihn jedoch ist das Böse nicht bös, das Gute nicht gut. Denn wenn er auch nicht zu den «echten Göttersöhnen» gehört, so ist er in seiner Bedingtheit doch auch Träger bestimmter geistig-kosmischer Impulse. Bereits der «Prolog» hat uns in den drei Erzengel-Gestalten erkennen lassen, wie in der geistigen Welt alles Seelisch-Geistige wesenhaft gedacht werden muß.

«Während wir in der physischen Welt wirken durch unsere drei Seelenkräfte, wirken die Wesen der höheren Hierarchien durch Wesenheiten selber. Indem wir wirken durch Vorstellen, Fühlen und Wollen, wirkt ein Gott durch Michael, Gabriel und Raphael. Und das bedeutet für einen Gott dasselbe: Ich wirke durch Michael, Gabriel, Raphael – was für unsere Seele bedeutet: Ich wirke durch Denken, Fühlen und Wollen.» (4)

Nun ist aber sowohl dem Luziferischen, als auch dem Ahrimanischen die Sphäre des Fühlens unbekannt, da ihr Wirkensfeld, wie wir bereits erwähnten, der Bewußtseins- und Willensbereich ist. Das will sagen, daß in ihnen eine, den göttlichen Zielen entgegenwirkende kosmische Gedanken- und Willenskraft wesenhaft geworden ist. Den Maßstab aber, ob ein Wollen, ob ein Denken moralisch ist oder nicht, verleiht allein die Sphäre des Fühlens, das Herz, jene Sphäre der Liebe, die Gott mit keinem Widersacher geteilt hat.

Welche Wertschätzung verbindet demnach Mephisto mit diesen moralischen Begriffen, da ihm aus den eben genannten Gründen eine wirklich moralische Wertung nicht möglich ist? Spricht er, wenn er sich die Kraft nennt, «die stets das Böse will und stets das Gute schafft», in menschlicher Perspektive, oder verwendet er die Begriffe in der eigenen Einschätzung der Dinge?

Indem für ihn ein Gutes, bzw. Böses nicht existiert, indem er nur den Gegensatz von Leben und Vernichtung kennt, kann er gar nicht anders, als aus der menschlichen Sicht sprechen. Denn für ihn müßte «gut» die Vernichtung alles Lebendigen bedeuten, «bös» dagegen die Lebenskraft selbst. Dies angewendet auf seine Selbstcharakteristik ergäbe eine sinnlose Verkehrung seiner eigenen Intentionen.

Die ethischen Wertmaße aus seinem Munde können nur im Sinne menschlicher Einschätzung gemeint sein. Doch bleibt die Frage Th. Vischers nach wie vor offen: *«Kann Mephisto ein so ausgesprochenes Bewußtsein davon haben, daß das Böse schließlich der sittlichen Weltordnung dienen muß?»* Die Frage dürfte kaum bejahend zu beantworten sein.

Auch die Geisteswissenschaft führt uns zu einer Verneinung der Frage. Wenn in Rudolf Steiners Mysteriendramen Luzifer seinen Willen bekundet, gegen die göttliche Schicksals- und Weltenführung «kämpfen» zu wollen, und aus dem Munde des Eingeweihten den übergeordneten Zusammenhang erfahren muß, in welchen er als Geistwesen hineingestellt ist: «Und kämpfend Göttern dienen» –, so steht dieses Wort zwar als objektive Realität im Kosmos, vom Widersacher jedoch wird es als solche nicht erkannt und anerkannt.

Worin mag Mephisto aber nun das Gute erblicken, das er zu schaffen vermeint, ohne es zu wollen, wenn er von der ihm zugedachten «Rolle» nichts weiß? Machen wir uns vorerst mit der mephistophelischen Weltsicht in vollem Umfange vertraut, ehe wir eine Antwort suchen. Auf die Frage Faustens: «Du nennst dich einen Teil, und stehst doch ganz vor mir?», entwickelt er uns seine Kosmogonie:

«Bescheidne Wahrheit sprech' ich dir.
Wenn sich der Mensch, die kleine Narrenwelt,
Gewöhnlich für ein Ganzes hält;
Ich bin ein Teil des Teils, der anfangs alles war,
Ein Teil der Finsternis, die sich das Licht gebar,
Das stolze Licht, das nun der Mutter Nacht
Den alten Rang, den Raum ihr streitig macht.»

Wiederum spricht sich Mephisto als Teil eines Ganzen an, während er den «Mikrokosmos» Mensch – «die kleine Narrenwelt» – in seiner vermeintlichen Ganzheit verhöhnt. Der Mensch jedoch ist ein Mikrokosmos, denn er ist seiner Leib-Seelen- und Geist-Natur nach trinitarisch geschaffen. Durch diese Trichotomie trägt jede menschliche Individualität die Ganzheit in sich.

Mephistos Weltentstehungsmythos ist eine Verzerrung der Goetheschen Darstellung aus dem achten Buch von «Dichtung und Wahrheit», der wir in der Szene «Prolog im Himmel» (Seite 38/39) breiten Raum gewidmet haben. Wenn Mephisto von sich sagt, er sei «ein Teil des Teils, der anfangs alles war», dann spricht er sich im Sinne der Goetheschen Darstellung als ein Geschöpf Luzifers an. Denn von diesem ging alle weitere Schöpfung aus. Luzifer aber ist bei Goethe ursprünglich als eine Emanation der göttlichen Trinität gedacht. Diese Bedingtheit Luzifers von Gott wird von Mephisto nicht erwähnt; er spricht ihn vielmehr als das ursprünglich Ganze und All-Eine an. Das bedeutet, daß er die Welt mit Luzifers Abfall von Gott beginnen läßt. Wir wollen dies jedoch keineswegs im Sinne eines bewußten Verschweigens werten. Bei Goethe heißt es diesbezüglich: *«Umgeben von einer solchen Glorie, vergaß er seines höhern Ursprungs und glaubte ihn in sich selbst zu finden...»* Dieses Vergessen seines höheren Ursprungs ist auch nicht im menschlich-irdischem Sinne zu verstehen. Der Mensch als Erdenwesen kann wohl «vergessen» und dabei sehr wohl wissen, daß er vergaß. Weiß er aber auch, was er sich als kosmisches Wesen in seinem vorgeburtlichen Sein für dieses Erdenleben für Ziele gesetzt hat? Indem er durch die Geburt die kosmische Sphäre verläßt und sie durch eine andere Daseinsform vertauscht, vergißt er, was vordem war. Dieses Vergessen aber ist effektiv. Auch der Sturz Luzifers bedeutet eine Vertauschung kosmischer Sphären. Luzifer hat seinen Ursprung wirklich vergessen.

Für Mephisto steht somit die Folge von Luzifers Abfall am Anfang. Von diesem Zustand aber lesen wir bei Goethe, daß sich die Schöpfung durch Luzifers *«immerwährende Konzentration selbst hätte aufreiben, und sich mit ihrem Vater Luzifer hätte vernichten müssen»*, wenn nicht ein Eingriff der göttlichen Schöpfermächte erfolgt wäre.

Diesem Zustand ständiger Konzentration zu einer immer dichteren Körperlichkeit, entspricht durchaus Mephistos Selbst-Charakteristik, wenn er von «Zerstörung», «Finsternis» und immer wieder von den «Körpern» redet. Mephistophelische Verkehrung aber liegt in den Worten von der Finsternis, «die sich das Licht gebar». Denn nicht ist das Licht, im Sinne der Goetheschen Kosmogonie, aus der Finsternis geboren worden; vielmehr war es die freie Schöpfertat der Elohim, die es bewirkte, wodurch *«der eigentliche Puls des Lebens»* – die Möglichkeit zur Expansion – *«wiederhergestellt war.»* Erich Trunz zieht aus dieser mephistophelischen Verkehrung des Schöpfungswerkes den Schluß, daß Mephisto *«seiner Natur nach seine Bedingtheit im Gesamtzusammenhang nicht erkennen und anerkennen kann.»* *(3)* Ein Urteil, das wir bereits vorhin auszusprechen hatten. Deshalb sieht Mephisto das Licht auch als einen Ausfluß der Finsternis und als eine Eigenschaft der Körper an. Doch vergeblich müht es sich, «der Mutter Nacht» den «Raum» streitig zu machen:

«Und doch gelingt's ihm nicht, da es, so viel es strebt,
Verhaftet an den Körpern klebt.
Von Körpern strömt's, die Körper macht es schön,
Ein Körper hemmt's auf seinem Gange,
So, hoff' ich, dauert es nicht lange,
Und mit den Körpern wird's zugrunde gehn.»

Diese Worte sind ganz aus der Einseitigkeit der Konzentrations- und Vernichtungskräfte heraus gesprochen, wie sie der luziferischen Wirkensweise wesensgemäß sind und für Mephisto Ausschließlichkeit besitzen.

Es mag uns in diesem Zusammenhang der Hinweis erlaubt sein, daß die

Newton'sche Auffassung von der Beschaffenheit des Lichtes genau dieser luziferischen Verdichtungs-Tendenz entspricht:

Denn «*Luzifer setzt aus dem, was in vielfältigen aurischen Farben aus dem Weltenall zu uns hereinglänzt, das eine, einheitliche weiße Licht zusammen, das die Welt durchstrahlt, dieses luziferische einheitliche Licht, gegen das sich Goethe in seiner Farbenlehre gewendet hat, indem er dagegen opponierte, daß in ihm enthalten sein sollen die Farben, die ausgebreitet sich über die geheimnisvollen Taten des ganzen Weltenalls... ergießen*». (5)

Aus dem Unvermögen, seine Bedingtheit von Gott einzusehen, erklärt sich aber auch Mephistos ständiger, verbissener, doch immer vergeblicher Ansturm gegen die Erde:

«Was sich dem Nichts entgegenstellt,
Das Etwas, diese plumpe Welt,
Soviel als ich schon unternommen,
Ich wußte nicht ihr beizukommen.»

Seine völlige Ohnmacht aber muß Mephisto gegenüber dem Leben selbst eingestehen:

«Und dem verdammten Zeug, der Tier- und Menschenbrut,
Dem ist nun gar nichts anzuhaben:
Wie viele hab' ich schon begraben!
Und immer zirkuliert ein neues frisches Blut.»

Mit diesem Eingeständnis hat uns Mephisto die Antwort auf die vorhin aufgeworfene Frage selbst gegeben. Das Gute, das er zu schaffen meint, erfließt aus dem Erleben der eigenen Ohnmacht. Indem er sich, um das für menschliche Begriffe «Böse» bemüht, muß er immer wieder sehen, daß er durch sein Zerstörungswerk Platz für neues Leben und Werden – also für das «Gute» – schafft. So sieht er zwar das Resultat seines Wirkens, kann aber die Bedingtheit dieses Wirkens im Weltganzen nicht erkennen. Und so wird er sich stets aufs neue um die Zerstörung dieser Schöpfung mühen, mit der trügerischen Verbissenheit, daß es ihm einmal doch gelingen werde.

Nun liegt in dieser mephistophelischen Weltsicht jedoch noch ein weiterer Zug verborgen, den wir nicht übergehen wollen. Goethe bezeichnet die Schaffung des Lichtes durch die Elohim als jenen Zeitpunkt, *«wo dasjenige begann, was wir mit dem Wort Schöpfung zu bezeichnen pflegen»*. Erst jetzt steht Goethe in seiner Kosmogonie am Beginn der Schöpfungsgeschichte der Genesis, wo Gott sprach: «Es werde Licht!» Dies vollzog sich gemäß Goethes Darstellung nach der Auflehnung Luzifers (S. 39), und steht in völliger Übereinstimmung zur Evolutions-Darstellung Rudolf Steiners, nach der sich der Abfall der Engel während des Monden-Zustandes der Erde ereignete, die Genesis jedoch mit der eigentlichen Erden-Inkarnation anhebt.

Demnach ist erst mit der Erschaffung des Lichtes der Augenblick gekommen, wo die Schöpfung in die Sichtbarkeit des «Tages» trat. Was vorher – im Sinne Goethes – durch Luzifer, vor seinem Abfall geschaffen wurde, ist in diesem Sinne noch nicht ins Licht getreten, ist tatsächlich noch umhüllt «von der Mutter Nacht». Und in diesem Zustand, in dem Luzifer noch in Harmonie zur trinitarischen Gottheit stand, war die Schöpfung tatsächlich eine Allheit, ein Ganzes. Daß Mephisto davon nichts weiß, wurde bereits betont. Was hier in den Goetheschen Weltentstehungs-Mythos hereinschimmert, erinnert an die Zarathustrische Kosmogonie von Ormuzd und Ahriman. Die Lehre Zarathustras spricht uns auch von einer Dunkelheit, die «anfangs alles war»: «Zeruane Akarene», die unerschaffene Zeit. Aus ihr sind die zwei Prinzipien entstanden: Licht und Finsternis, Ahura Mazdao und Ahriman. – Gutes und Böses.

Die beiden Prinzipe entstehen, indem sich die Gottheit ausspricht. Genauer: indem sie ihr zweites Wesensprinzip zum Demiurg erhebt. Honover, das Weltenwort, wird Licht und Leben und tritt als Ormuzd in die Offenbarung. Dadurch aber verlor der in der Dunkelheit verbleibende Teil notwendig seine göttliche Qualität. Denn durch das Sich-Aussprechen der Gottheit soll nunmehr Licht sein, nicht Dunkelheit. Daher ist Dunkelheit jetzt nicht mehr unoffenbares Wesen Gottes, sondern Finsternis, das Gegenteil des göttlichen Licht-Willens: Ahriman.

Demzufolge lesen wir bei Rudolf Steiner hinsichtlich der Entstehung jener zwei Prinzipe aus der in der Dunkelheit wesenden Zeruane Akarene:

«Das Böse ist dadurch entstanden, daß ein ursprünglich Gutes, anstatt fortzuschreiten, sich seine Gestalt in einem späteren Zeitraum bewahrt

hat, welche einem früheren Zeitpunkt angemessen war. Alles Schlimme, alles Finstere und Böse leitet die urpersische Anschauung einfach davon ab, daß die Gestalt eines Wesens, welches in einem früheren Zeitpunkt ein gutes war, in eine spätere Zeit hinein so geblieben ist, anstatt sich gehörig zu verändern.» (6)

Ahriman will sich die «Dunkelheit» bewahren und wird dadurch zum Widerpart des Lichtes, zum Herrn der Finsternis. In Mephistos Worten: er sei «ein Teil des Teils, der anfangs alles war», klingt etwas von diesen Geschehnissen an, allerdings auch hier in völliger Verzerrung. Denn es war nicht die Finsternis, die sich das Licht gebar, sondern die Dunkelheit des Göttlich-Unoffenbaren. Und wenn Mephisto behauptet, daß dieses Licht nunmehr «der Mutter Nacht» den «alten Rang», den «Raum» ihr streitig macht, so zeigen diese Worte erneut, daß er die Ur-Beginne tatsächlich vergessen hat. Denn jener Zustand der «Zeruane Akarene» kennt den «Raum» noch nicht; er entstand erst nach der Erschaffung der Zeit.

Mephisto weiß daher auch nichts vom wahren Wesen des Lichtes; er sieht es räumlich, wie es an den Körpern «klebt» und denkt, wenn die Körper zugrunde gehen, dann wäre auch das Licht zum Verschwinden gebracht, und alles würde in die eine «Mutter Nacht» zurückkehren. Freilich hieße diese «Mutter Nacht» nicht Zeruane Akarene; sie hieße Finsternis, und wäre nicht das All sondern das Nichts; wäre nicht Kosmos sondern Chaos. So sehen wir tragische Zwiespältigkeit in dieser mephistophelisch-nichtenden Wirkenskraft, die stets zu zerstören strebt, was sie selbst durch ihren Konzentrations-Willen zu harter Stofflichkeit verdichtet hat.

Die Problematik abschließend, sei nochmals auf die Frage verwiesen, warum Mephisto sich Faust gegenüber mit solcher Offenheit zu erkennen gibt. Die Antwort muß von den zwei, für die Mephisto-Gestalt bereits aufgezeigten Kriterien ausgehen. Das erste stellt den Akt der Selbsterkenntnis dar, der sich in Faust vollzieht. Das heißt, Mephisto muß soweit die Wahrheit sagen, als sein Wesen von Faust erkannt wird.

Die Lockerung, die sich durch das ganze Ostergeschehen in dieser Beziehung in Faust vollzogen hat, konnten wir eindringlich verfolgen. All die aufgestauten, ausweglosen Fragen: «Aber warum muß der Strom so bald versiegen, / Und wir wieder im Durste liegen?», alle niederziehenden

Resignationen, wie etwa die Erkenntnis, daß «dem Herrlichsten, was auch der Geist empfangen», immer «fremd und fremder Stoff» sich andrängen muß, all das kulminiert in der plötzlichen Einsicht, daß es ein Wesen geben muß, das immer verneint, eine Wirkenskraft, deren Wesenssubstanz die ständige, absolute Negation des ganzen Weltenlaufes ist. Negation als Prinzip.

Nun zeigt Goethe aber deutlich auf, wie sich diese Einsicht in einem prozessiven Fortschreiten vollzieht. Denn nach der ersten Deklarierung Mephistos, antwortet Faust: «Was ist mit diesem Rätselwort gemeint?» Offensichtlich sagt Mephisto hier mehr über sich aus, als Faust im Augenblick begreifen kann. Wir stehen wieder vor dem gleichen Problem, das den zahlreichen Auslegern so rätselhaft erscheinen mußte: warum deklariert sich Mephisto in einer Weise, die Faustens Erkenntnisgrenzen scheinbar übersteigt? Muß er es tun? Wenn ja – wer könnte ihn dazu zwingen?

Mephisto ist Fausts Gefangener. Was ihn jedoch in Wahrheit in Bann hält, ist die Christus-Kraft in Faustens Seele. Sie zwingt ihn, sich zu deklarieren. Ist es diese Konfrontation, die Mephistos Antwort zu einem: «Du mußt es sagen» macht? Waren es nicht die Dämonen, die den Herrn als erste erkannten?

«Und es war in ihrer Schule ein Mensch, besessen mit einem unsaubern Geist; der schrie und sprach: Halt, was haben wir mit dir zu schaffen, Jesus von Nazareth? Du bist gekommen, uns zu verderben. Ich weiß wer du bist: der Heilige Gottes.» (Mark. I, 23/24)

Die Frage bleibe unbeantwortet, solange uns das Drama dafür nicht selbst einen Fingerzeig gibt. Kehren wir daher zum Handlungsverlauf zurück. In einzigartiger Furchtlosigkeit steht Faust, der große Liebende der Schöpfung, diesem «Zerstörungsherd» der Welt gegenüber:

«So setzest du der ewig regen,
Der heilsam schaffenden Gewalt
Die kalte Teufelsfaust entgegen,
Die sich vergebens tückisch ballt!
Was anders suche zu beginnen,
Des Chaos wunderlicher Sohn!»

Fausts Seelenstärke ist mächtiger, als er selbst es ahnt. Der Teufel muß ihn, den «armen Erdensohn» um seine Entlassung bitten: «Dürft' ich wohl diesmal mich entfernen?» Es ist der «Drudenfuß» an Faustens Schwelle, der ihm den Ausgang wehrt:

«Beschaut es recht! es ist nicht gut gezogen;
Der eine Winkel, der nach außen zu,
Ist, wie du siehst, ein wenig offen:»

Wieder greift der Dichter zu einem äußeren Geschehen, ähnlich wie es das Herannahen des Pudels war, um einen Vorgang in Faustens Seele zu versinnbilden. Das «Pentagramm» ist ein occultes Symbol mit vielschichtiger Bedeutung. Sein Fünfstern zeichnet den Kräftestrom nach, der den Ätherleib des Menschen durchzieht. In diesem Sinne ist das Pentagramm das occulte Siegel für die «anima vegetabilis» des Menschen. Darüber hinaus gilt es als Symbol der menschlichen Individualität schlechthin, und in seiner tiefsten Bedeutung als heiliges Zeichen des Namens Christi.

An dieser Bedeutung des Pentagramms ist der innere Vorgang leicht abzulesen:

«Der Pudel merkte nichts, als er hereingesprungen,
Die Sache sieht jetzt anders aus:
Der Teufel kann nicht aus dem Haus.»

Das Pentagramm wird der Knoten, der den Schluß der vorangegangenen Szene mit dieser verbindet. Der Ätherleib Faustens war «offen», er ließ Faust die «Geistnatur» des Pudels erkennen, und so nahm ihn dieser mit über die «Schwelle» seines «Hauses». In diesem so «offenen» Ätherleib aber wirkt die Christuskraft, von deren Vorhandensein Mephisto «draußen» nichts wahrnahm. Für beides, so hörten wir eben, ist das Pentagramm Symbol.

Faust wird sich der Gefangenschaft Mephistos zwar bewußt, nicht aber kennt er die Macht, die ihn dazu befähigt. Er spricht vom «Zufall»:

«Das hat der Zufall gut getroffen!
Und mein Gefangner wär'st denn du?
Das ist von ungefähr gelungen!»

Die Erfahrung, daß auch «die Hölle» ihre Rechte und Gesetze hat –, Mephisto kann durch kein anderes Tor dieses «Haus» verlassen als durch jenes, durch das er es betrat –, läßt in Faust zum erstenmal den Gedanken an einen Pakt aufkommen. Daß der Widersacher jedoch in dieser «Zwangslage» mit Faust keinen Pakt eingehen will, bedarf kaum einer näheren Begründung. Sein Sinnen kann im Augenblick allein darauf gerichtet sein, sich aus dem Bann zu lösen, unter dem er in Wahrheit steht. Und nur Faust kann dies vollziehen. So muß das Ende der Szene die Entscheidung darüber bringen, ob sich die Christuskräfte oder Mephisto in Faustens Seele als die stärkeren erweisen.

Und wieder ist es Faust selbst, der dem Widersacher die Möglichkeit eröffnet, seine Magie ins Spiel zu bringen. Unwissend der Macht, durch die er den Teufel in Wahrheit festhält, läßt Faust es zu, und «sieht es gern», daß ihm Mephisto mit seinen Künsten «die Zeit würdig zu vertreiben» sucht. Den Geistern, die der Teufel zu Hilfe ruft, um Faustens Bewußtsein zu lähmen, ist der Mensch nicht gewachsen. Doch die Vision, welche ihm die Geisterstimmen suggerieren, ist keineswegs teuflisch-düster. Im Gegenteil! *«Licht, arkadisch, dionysisch in antiker Daseinslust»*, *(3)* mutet sie uns an.

Ihr Beginn folgt ganz einem echten, abendlichen Meditations-Erlebnis, in dem wir bewußt *«das Reich unserer Daseinshüllen»* verlassen und die Seele sich emporschwingt in das *«Wogenmeer des Geistes»*. *(7)*

«Schwindet, ihr dunkeln
Wölbungen droben!
Reizender schaue
Freundlich der blaue
Äther herein!...»

Goethe schreibt in einem Brief an Zelter von einem ähnlichen Erleben: *«Man bedenke, daß mit jedem Atemzug ein ätherischer Lebensstrom unser ganzes Wesen durchdringt, so daß wir uns der Freuden nur mäßig, der Leiden kaum erinnern.»*

«Wären die dunkeln
Wolken zerronnen!

Sternelein funkeln,
Mildere Sonnen
Scheinen darein.»

Es sind Kurzverse, von denen immer zwei von fünf Silben Reimsilben sind. Dadurch erhält das Klanglich-Sinnliche eine starke Akzentuierung. Und die Parallelität zu einer wirklich emportragenden Meditation ist nur eine scheinbare. Denn Mephisto hat ein ganz anderes Ziel im Auge. Nicht nur der Laut ist stark sinnes-betont. Zu den Sinnen spricht auch die inhaltliche Gestaltung. Die Bilder gehen ganz eigenartig ineinander über, werden seltsam miteinander verwoben, wobei sie von einer aufreizenden Sinnen-Freude erfüllt sind. Sehen, Geruch, Geschmack, alle Sinnesempfindungen scheinen von einem bacchantischen Taumel erfüllt zu sein, als würden sie sich aus den «ruhenden Bezirken» ihres Organismus herauslösen und zu «Lebensprozessen» werden wollen.

Aber trotz der raffinierten Kunstform im Versbau, trotz des scheinbar antiken Geistes, der hier weht, steigt eine berauschende Schwüle aus allen Bildern auf, durch die Mephisto bewußt Faustens Sinne affiziert.

Es ist gar nicht anders denkbar, als daß Faust durch diese Magie das Bewußtsein nicht wach halten kann. Mephisto triumphiert! Noch ist Faust «nicht der Mann, den Teufel festzuhalten!»

Das Goethe-Wort an Zelter vom «ätherischen Lebensstrom» fordert uns geradezu auf, das Geschehen auch mit den Erkenntnissen der Geisteswissenschaft zu durchleuchten. Durch sie wird die affizierende Kraft dieser mephistophelischen «Kunst» in einer noch viel eindringlicheren Konkretheit anschaulich.

Wir besinnen uns der vier Wesensschichten des Menschen und stellen ihnen die entsprechende physiologische Struktur unserer irdischen Leiblichkeit an die Seite. Im Sinne dieser Aufgliederung haben wir neben dem rein physisch-mineralischen Organismus auch einen Flüssigkeits-, Luft- und Wärmeorganismus ins Auge zu fassen, die gleichermaßen unsere Leiblichkeit aufbauen.

Jeder dieser drei Organismen zeigt zu einer der Wesensschichten eine besondere Verwandtschaft. So lebt im Flüssigkeitsorganismus vor allem der ätherische Leib, im Luftorganismus der Astralleib, während das Ich seinen Ansatzpunkt im Wärmeorganismus findet. Nun stehen die drei erwähnten Organismen aber auch zusätzlich mit je einer der vier Ätherqualitäten im spezifischen Zusammenhang. Der Klang- oder chemische Äther erscheint im besonderen dem Flüssigkeitsorganismus verbunden, so daß in diesem, neben der Wirksamkeit des eigenen Ätherleibes zusätzlich all das rege wird, was *«von allen Seiten in ihn eindringt und dem Tonäther zugrunde liegt.» (5)* In entsprechender Weise zeigt sich der Luftorganismus dem Lichtäther, der Wärmeorganismus dem Wärmeäther zugeordnet.

Am Hintergrund dieser Wesensstruktur des Menschen gewinnt nun der Schlaf besondere Bedeutung. Während des Schlafes entziehen sich Ich und Astralleib ja der «Schwere»; sie verlassen den Körper. Damit aber gehen dem Luft- und Wärmeorganismus die in ihnen wirkenden geistig-seelischen Kräfte verloren. Der Astralleib kommt vielmehr dadurch *«in diejenige Welt hinein, mit der er zunächst in Beziehung steht durch den Lichtäther. Der Mensch lebt vom Einschlafen bis zum Aufwachen in demjenigen drinnen, direkt drinnen, das ihm in bezug auf den astralischen Leib im Wachzustand durch den Luftorganismus vermittelt wird. In einer ähnlichen Weise ist es für das Ich und den Wärmeorganismus der Fall.» (5)*

Ich und Astralleib bewegen sich während des Schlafes also zur Gänze in der ihnen gemäßen Äthersphäre. Wie ist es aber mit den beiden Organismen des Luft- und Wärmeelementes, die ja in der physischen Körperlichkeit zurückbleiben. Wer ist während dieser Zeit die organisierende Kraft, wenn Ich und Astralleib in ihnen nicht wirksam sind?

«Wir haben eben in unserem Schlafzustande statt unseres Ich, das draußen ist, den Geist in uns, der sonst die Welt durchsetzt und den wir im Wachen vertrieben haben durch unser Ich, das ein Teil von ihm ist. Wir haben unseren Wärmeleib durchzogen von dem Weltengeiste, wir haben unseren Luftorganismus durchzogen von dem, was wir Weltenseele, Weltenastralität nennen können, die wir sonst vertreiben, wenn wir wachen.» (5)

In dieser Weltenastralität, wie im Licht- und Wärmeäther wirkt aber auch Luzifer, während wir in dem, dem ätherischen Leib verbundenen Klangäther, ein Kraftfeld Ahrimans haben.

Man betrachte nun auch von dieser Warte aus die Bilder, die Faust im Traume vorgegaukelt werden, die «schäumenden Weine» – der Wein galt schon bei der Beschwörung des Erdgeistes als Gleichnis für das feurige Element, – das «Geflügel», das sich im Luftraum «Wonne schlürft», die Sehnsucht nach dem Licht in den Versen: «Flieget der Sonne, / Flieget den hellen / Inseln entgegen», und schließlich die «Seen» und die «gaukelnden Wellen» um «grünende Hügel» sich «breitend», also um Irdenes, Festes, – man verstehe diese Bilder von dieser occulten Warte, und man wird leicht erkennen, wie stark diese verluziferisierte Weltenastralität Faustens Empfindungssphäre infiziert.

Doch liegt auch in diesem Traumerlebnis ein Moment der Selbsterkenntnis:

«An der Welterkenntnis wird Selbsterkenntnis geübt. Aber das alles ist nicht in klarer Geist-Erkenntnis jetzt bei Faust; das alles ist in unklarer, dumpfer, man möchte sagen, doch noch von alter atavistischer Hellseherkunst beeinträchtigter Geist-Seherkraft in Faust enthalten. Es ist nicht geklärt. Es ist nicht helle Erkenntnis, es ist traumhafte Erkenntnis. Das wird uns dargestellt, wie die Traumgeister, die eigentlich Gruppenseelen von all denjenigen Wesen sind, die Mephistopheles begleiten, Faust umgaukeln...» (2)

So ist es gar nicht anders denkbar, als daß Faust diesen in ihm wirkenden luziferischen Weltenkräften erliegen muß, sich ihnen gegenüber nicht wach halten kann.

Allein die Christus-Kraft – sie war es ja, die Mephisto in Wahrheit festhielt, hat sie ihre Macht verloren? Plötzlich gewinnt der scheinbar so belanglose und humoristische Abgang Mephistos Bedeutung und Ernst. Er selbst spricht es aus, daß auch der schlafende Faust ihm den Weg nicht freigeben kann:

> «Doch dieser Schwelle Zauber zu zerspalten
> Bedarf ich eines Rattenzahns.»

Die Macht, die Mephisto in Bann hält, und der gegenüber Faust ja immer unwissend war, wirkt also nach wie vor. Die Beschwörung der Ratte und Mephistos seltsames Gebaren müssen daher den Versuch darstellen, diese Macht wirkungslos zu machen.

«Der Herr der Ratten und der Mäuse,
Der Fliegen, Frösche, Wanzen, Läuse,
Befiehlt dir, dich hervorzuwagen
Und diese Schwelle zu benagen,
So wie er sie mit Öl betupft –
Da kommst du schon hervorgehupft!»

Der Symbolgehalt des Pentagramms ist uns bereits bekannt. Wäre Faust nicht eingeschlafen, d. h. entbehrte sein physischer und ätherischer Leib nicht der Kraft von Ich und Astralleib, würde Mephisto die Flucht nicht glücken. Aber Faustens Ätherleib ist ohnmächtig, indem er sich mit luziferischer Astralität erfüllt sieht, wie wir eben erkannten. Daher kann ihn jetzt die Ratte benagen. Ein schauriges Bild! In «Auerbachs Keller» werden wir der «Ratte» neuerlich begegnen; dort wird Altmayer von einem seiner Zechgenossen sagen:

«Er sieht in der geschwollnen Ratte
Sein ganz natürlich Ebenbild.»

Es würde hier zu weit führen, dieses «natürliche Ebenbild» durch all die Phänomene zu unterbauen, die uns die moderne Forschung diesbezüglich an die Hand gibt. Doch darf zusammenfassend gesagt werden, daß die Ratte, gleich dem Menschen, ihre Weltwanderung vollzogen hat. Auf den ödesten und einsamsten Inseln, den entlegensten Gehöften der Gebirge ist sie ebenso zu finden, wie in den modernsten Großstädten. Die Ratte folgt dem Menschen wie sein eigener Schatten.

«Fünf Jahrhunderte schon dauert der Krieg, den die Menschen der ganzen Erde gegen das langschwänzige Wesen führen, gegen ein intelligentes, verschlagenes Nagetier. Nur wenige Schlachten wurden bisher gewonnen; unerschöpflich ist das Reservoir dieser zahlreichsten Säugetiere der Welt.» (8)

Ohnmächtig steht der Mensch in einem hoffnungslosen Vertilgungskampf der Ratte gegenüber. Mehr jedoch als diese physischen Gegebenheiten muß uns das mythologische Bild der Ratte interessieren. Da erscheint sie in zahlreichen Sintflut-Sagen als jenes Tier, das als einziges imstande ist, aus der scheinbar unendlichen Tiefe der Gewässer ein

«Sandkorn» vom Meeresgrund heraufzutragen auf das *«Floß»*, auf dem alle Tiere schwimmen und verzweifelt nach Land Ausschau halten. Kein Biber, keine Fischotter vermochten es, dem *«großen Hasen»*, dem Anführer der Tiere, dieses Sandkorn zu bringen. Aus ihm wollte der Hase eine Erde entstehen lassen, *«die groß genug sei, alle Tiere zu fassen und zu ernähren.»* Die Ratte wagte den Versuch, nachdem man ihr versprach, *«daß sie die Erde beherrschen dürfe, wenn es ihr gelänge». (9)*

Aus dieser Darstellung läßt sich anschaulich ablesen, daß die Ratte die größte Beziehung zum erdigen Element, zur physisch-mineralischen Welt hat. Diese Kraft also benagt das Pentagramm. Eh dies jedoch geschieht, läßt der Dichter Mephisto eine merkwürdige Handlung vollziehen: das Betupfen des Pentagramms, bzw. der Schwelle mit Öl. Was mag dies bedeuten?

Auch der Ölbaum ist fest mit der Erde verbunden. *«Im Öl fühlt man pulsieren das Durchdringende des Irdischen.» (10)* Aber der Ölbaum ist gleichzeitig eine Pflanze, auf der man einen anderen Sprößling aufpfropfen kann.

«Und fühlt man das die Pflanze charakteristisch durchdringende Öl im Ölbaum wirklich so, daß man die elementarischen Kräfte aus der eigenen Seele angeregt fühlt davon, daß der Ölbaum eine Pflanze ist, auf die man aufpfropfen kann einen anderen Sprößling, der am besten an dieser Pflanze gedeiht, dann fühlt man das innige Durchdrungensein des Ölbaumes von dem Öl der Erde.» (10)

Der Ölbaum wird damit zum Gleichnis eines Irdischen, das prädestiniert erscheint, Träger eines neuen Reises, eines neuen Lebens zu sein. In der Sphäre des Ölbaumes entfaltete sich die Wirksamkeit des Apostel Paulus. Er ist es, der das neue Reis des Christentums dem «wilden», «heidnischen» Ölbaum aufpfropft: *«Ob aber nun etliche von den Zweigen zerbrochen sind, und du, da du ein wilder Ölbaum warest, bist unter sie gepfropfet und teilhaftig worden der Wurzel und des Saftes im Ölbaum.» (Römer, XI, 17)*

So ist der Ölbaum gleichermaßen Symbol für das Irdische wie für die Christus-Kraft, die diesem Irdischen als Ausgleich für den Sündenfall gegeben wurde. Aber dieses neue Reis ist keine zwingende Kraft. Nur wo es bewußt ergriffen wird, offenbart es sich in voller Wirksamkeit.

Das Betupfen des Pentagramms mit Öl haben wir daher nach diesen zwei Richtungen hin zu verstehen. Einerseits ist es Zeugnis dafür, daß Mephisto wohl weiß, welche Macht ihn in diesem Ätherleib im Banne hält. Er kann sie auch nicht eliminieren. Aber da die menschliche Bewußtseinskraft, das Ich, diesen Ätherleib verlassen hat, kann er die Wirksamkeit dieser Macht unterbinden. In diesem Sinne wird andererseits das Öl zum reinen Erdensymbol und im Verein mit der Ratte zum Ausdruck der von Ahriman beherrschten irdischen Stofflichkeit.

«Nur frisch ans Werk! Die Spitze, die mich bannte,
Sie sitzt ganz vornen an der Kante.»

Das Geschehen birgt transzendente Vorgänge ungeahnten Maßes in sich.

«Noch einen Biß, so ist's geschehn. –»

Die «Schwelle» zum physischen Leib ist «durchbissen», d. h. es tritt eine losere Verbindung zum Ätherleib ein. Der ätherische Leib löst sich stärker vom physischen ab, und durch diese, nunmehr etwas geöffnete »Spitze«, in der beide Leibeshüllen nicht mehr in voller Kongruenz stehen, schlüpft Mephisto hinaus.

Es handelt sich also um eine, durch Mephisto gewaltsam herbeigeführte «Öffnung» zwischen ätherischem und physischem Leib. Nun hat sich im Evolutionsverlauf zweimal eine Veränderung zwischen diesen beiden Leibesgliedern vollzogen. Für die Zeit vor dem Mysterium von Golgatha spricht die Geisteswissenschaft von einem immer stärkeren «Hineinsteigen» des ätherischen Leibes in den physischen Leib. Die Fähigkeit des alten Hellsehens, das vergangene imaginative Bewußtsein, rührte davon her, *«daß der Ätherleib noch nicht ganz im physischen Leibe drinnen war in bezug auf den Kopf, und daß von allen Seiten Ströme hineingingen in den Kopf und diesem Ätherleib die Fähigkeit des Hellsehens gaben.» (11)*

Aber es kam die Zeit, in der sich der Ätherleib abkapselte von diesen kosmischen Strömen, wo «Ätherhaupt» und «Kopf» sich zur Deckung brachten. Das Bilderbewußtsein verglomm, der Mensch wurde ganz auf seine Sinne und sein leibgebundenes Denken gestellt. Die ätherische

«Wegzehrung» jenes alten, imaginativen Weisheitsgutes war aufgebraucht.

Die Ursache dieser allmählichen Aufzehrung des von der *«Vater-Schöpfung»* mitgegebenen *«Weisheitskapitals»* ist darin zu sehen, daß der Mensch durch den Sündenfall *«zwei Arten von geistigen Wesenheiten in sich aufgenommen hatte: zuerst die ‹luziferischen Wesenheiten›, und dann infolge der luziferischen Wesenheiten die ‹ahrimanischen› oder ‹mephistophelischen Wesenheiten›. Die hinderten ihn daran, zu der alten Weisheit etwas hinzuzuerwerben. Denn die wirkten in seiner Wesenheit in der Art»*, daß die Geister Luzifers *«mehr die Leidenschaften, die Gefühle verdarben»*, während die ahrimanischen die *«Anschauung über die Welt»*, die Sinnes-Beobachtung verdunkelten und korrumpierten.

Um die Zeit des Mysteriums von Golgatha ist die Abkapselung des Ätherleibes vollständig, die *«Deckung»* mit dem physischen Leib restlos vollzogen. Mit Golgatha aber setzt auch hier die Wende ein.

«In dem Moment, wo der Christus erschien, da fing der Ätherleib wieder an zurückzugehen, und heute ist er schon bereits weniger mit dem physischen Leibe verbunden als zur Zeit der Anwesenheit des Christus. Der physische Leib ist dadurch noch gröber geworden.» (11)

Die Lockerung mußte wieder eintreten, damit der Ätherleib erneut unmittelbarer Spiegel einer realen Geistwelt werden kann, und der Mensch von der zu starken Fesselung an seine physische Körperlichkeit befreit wird. Eine notwendige Folge dieser Lockerung war allerdings das Ausgesetztsein des physischen Leibes an eine noch stärkere Verhärtung und Vergröberung.

Nun hat der Mensch diesen physischen Leib, der schon während der Saturnentwickelung als erstes Wesensglied veranlagt wurde, bekommen, um darin einmal sein Ich aufnehmen zu können. Und die Transsubstantiation dieses physischen Leibes durch das Ich wird dem Menschenwesen jenes Sein verleihen, das sein eigentliches Ziel darstellt: ein Sein als Geistesmensch. Er ist der eigentliche Sinn dieses ganzen Erdendaseins. Erreicht wird es werden, indem das Ich die Erfahrungen und Erkenntnisse, die es in diesem physischen Leib tätigen konnte, als Früchte des Erdendaseins jenem entelechischen Wesenskern einverleibt, der sich in ferner Zukunft zum Geistesmenschen heranbilden wird.

Dieser physische Leib aber ist der verwesliche Wesensteil. Ihm hat sich «fremd und fremder Stoff» angedrängt, wie wir im «Sorge-Monolog» Fausts hörten. Und dieser «fremde Stoff», eben die luziferisch-ahrimanischen Einwirkungen, verhinderte durch die völlige Bindung des Ätherleibes an den physischen Leib, daß letzterer noch weiterhin aus der ätherischen Kräftewelt genährt wurde. Dem Ätherleib selbst floß kein Nährstrom mehr aus dem Kosmos zu. Die alten Brunnen waren versiegt, und der physische Leib somit seiner völligen Vertrocknung und Verdurstung ausgeliefert.

Andererseits hätte auch der Ätherleib bei seiner Lockerung von der physischen Leiblichkeit nichts aus ihr mitnehmen können, wenn nichts anderes als eben nur diese Lockerung eingetreten wäre. Als Folge davon hätte sich dem Menschen eine Zukunft eröffnen müssen, *«in welcher sein ätherischer Leib zwar ihm gehört, aber gar nichts von Weisheit, gar nichts von Wissen hätte. Und während der physische Leib völlig vertrocknet, würde der Ätherleib auch nichts haben, denn er kann ja von dem vertrocknenden physischen Leib nichts gewinnen.» (11)*

Durch das Mysterium von Golgatha aber sind dem Ätherleib neue Lebens- und Weisheitskräfte zugeflossen. Christus wies darauf hin, als er am Jakobs-Brunnen zur Samariterin sprach:

«Wer von diesem Wasser trinkt, den wird wieder dürsten; wer aber von dem Wasser trinken wird, das ich ihm gebe, den wird ewiglich nicht dürsten; sondern das Wasser, das ich ihm geben werde, das wird in ihm ein Brunnen des Wassers werden, das in das ewige Leben quillt.» (Joh. IV., 13/14)

Zwei Wege eröffnen sich nun:

«Die eine Möglichkeit ist diese: Der Mensch entwickelt sich ohne Christus. In diesem Falle könnte der Ätherleib nichts mitbringen aus dem physischen Leib, denn er hat dort nichts erhalten. Da aber der Ätherleib nichts hat, kann er auch nicht den physischen Leib beleben, er kann ihn nicht vor seiner Zermürbung, nicht vor seiner Vertrocknung bewahren.» (11)

Der andere Weg ist die Aufnahme der Christus-Kraft, wodurch dem Ätherleib neues Leben eingepflanzt wird, und dem physischen Leib in seiner Verweslichkeit die Möglichkeit erwächst, das Unverwesliche in sich aufzunehmen.

Doch wies Golgatha nur die Möglichkeit dieses Weges. Erst das bewußte Ergreifen in innerer Freiheit, gibt ihm die Wirklichkeit. Wiederum geht es um die Frage der Zukunft: was wird aus dem Christus-Keim, der mit Golgatha in die Menschenseele gepflanzt worden ist. Wird ihn der Mensch in sich bewußt machen, und damit den «Geistkeim» seines physischen Leibes retten können?

Auf diesem geistigen Hintergrund vollzieht sich die durch Mephisto gewaltsam herbeigeführte und intensivere Lockerung von Faustens Ätherleib. Auch sie muß in zweifacher Richtung ihre Wirkung zeigen.

Ohne Zweifel ist der physische Leib dadurch einer großen Gefahr ausgesetzt, da sich die luziferisch-ahrimanischen Einflüsse durch seine relative Selbständigkeit ungehinderter geltend machen können. Dem mephistophelischen «Rattenzahn» begegnen wir heute ja in der mannigfaltigsten Weise in zahllosen falschen Okkultismen, Drogen, usw. auf Schritt und Tritt. Durch ihn erfährt der Mensch unberechtigt und unvorbereitet eine zu starke Lockerung seiner Wesensglieder. Gewinnt er dabei aber nichts in seinem physischen Leibe, *«geht sein Ätherleib heraus aus dem physischen Leibe, ohne daß er etwas Neues mitnehmen kann, so ist es um die Erden-Mission geschehen.» (11)* Womit Mephisto sein «Glaubensbekenntnis» verwirklicht hätte: «Denn alles, was entsteht, / Ist wert, daß es zugrunde geht!»

Doch auch in diesem Falle sehen wir ihn zwar *«kämpfen»*, aber *«kämpfend, Göttern dienen.»* Denn diese Lockerung des Ätherleibes zieht notwendig die Möglichkeit nach sich, tiefer und realer in die geistige Welt eindringen zu können. Eine Folge, die sich uns bald daran zu erkennen geben wird, daß sich Faust immer intensiver des Zusammenhanges seiner Wesensschichten und des Wirkens Mephistos in ihnen bewußt werden wird, und ihm darüber hinaus das Aufsprießen jenes neuen, durch Golgatha gepflanzten Keimes zum Erlebnis werden wird.

Bilder, wie jene vom Benagen der Schwelle durch die Ratte, können uns ganz besonders deutlich machen, wie tatsächlich in jeder Zeile, in jedem Wort einer solchen Dichtung ungeahnte Weisheiten verborgen sind, die wir ohne die Geisteswissenschaft Rudolf Steiners lediglich in ihrem «Wirklichkeitsbezug» zur Kenntnis nehmen, in ihrer «Verwesentlichung» jedoch nie durchschauen könnten. Mephistos Abgang bliebe eine heitere

Episode; daß darin das Wohl und Wehe unseres Menschseins verborgen liegt –, wer könnte es auch nur ahnen?

Mit all dem dürfte wohl auch jener Gedanke seine Rechtfertigung erfahren haben, den wir vorhin aufwarfen, als wir nach dem Beweggrund forschten, der Mephisto veranlaßte, so offen sein Wesen zu deklarieren: im Gegenüberstehen der Christus-Kraft muß Mephisto die Wahrheit bekennen.

Die unmittelbare Folge dieses augenblicklichen mephistophelischen Triumphierens: «Du bist noch nicht der Mann, den Teufel festzuhalten!», werden wir gleich in der nächsten Szene gewahr, wenn Mephisto mit ganz anderen Voraussetzungen zu Faust zurückkehrt.

Beide Szenen überschreibt Goethe mit «Studierzimmer». Doch unterscheiden sie sich grundlegend voneinander. In der ersten Studierzimmer-Szene steht nicht allein der Mensch dem Bösen gegenüber; wenn auch nicht mehr in der gleichen Unmittelbarkeit, so ist auch sie im gewissen Sinne noch ein kosmischer Dialog zwischen dem Göttlichen und dem Wider-Gott, wie ihn der «Prolog» und die «Osternacht» zeigten. Erst die zweite Studierzimmer-Szene zeigt uns den völlig auf sich gestellten Menschen. Mit dem Erwachen Fausts wäre demnach die Exposition zu Ende, die eigentliche Auseinandersetzung mit dem «Bösen» hebt an.

Faust sieht sich in die düstersten Tiefen seiner zikadenhaften Ohnmächtigkeit geworfen. Der ganze Aufwand seiner Magie muß ihm nutzlos erscheinen; auch den Teufel festzuhalten, reichte ihre Kraft nicht aus:

«Bin ich denn abermals betrogen?
Verschwindet so der geisterreiche Drang,
Daß mir ein Traum den Teufel vorgelogen,
Und daß ein Pudel mir entsprang?»

Studierzimmer II

Frei betritt Mephisto erneut das Studierzimmer Faustens. Schon die Aufforderung, Faust müsse sein «Herein» dreimal sagen, zeigt, – abgesehen von der occulten Bedeutung der Zahl Drei – daß sich Mephisto nunmehr als der Bestimmende fühlt. Und die Kostümierung nach Art eines modischen Junkers weist ganz auf Sinnesfreude und Genuß.

«In rotem, goldverbrämtem Kleide,
Das Mäntelchen von starrer Seide,
Die Hahnenfeder auf dem Hut,
Mit einem langen spitzen Degen...»

Die Bekleidung des Menschen war nicht immer einer modischen Zufallslaune unterworfen, wie dies heute der Fall ist. Ihr spiritueller Sinngehalt weist uns auf das vorgeburtliche Leben des Menschen.

«In den alten Bekleidungen hatte man dasjenige, was die Menschen aus dem vorirdischen Dasein an Vorliebe für Farbiges, für Zusammenstimmendes aus der geistigen Welt hereintragen.» (1)

In den Farben und Schnitten der Bekleidung sucht sich das *«astralische Menschenwesen»* die Umhüllung zu schaffen, die ihm eigen war, *«ehe es in das irdische Dasein heruntergestiegen ist.» (1)* Die großen Maler hatten dafür noch eine Empfindung. Man denke etwa an die Unterschiedlichkeit einer Raffaelischen Madonnen- und Magdalenen-Kleidung. Raffael behält sie für alle seine Marien- bzw. Magdalenen-Gestalten im wesentlichen bei, weil er noch ein lebendiges Empfinden dafür hatte, *«daß man das Geistig-Seelische, das man vom Himmel auf die Erde herunterbringt, in der Bekleidung zum Ausdruck bringt.» (1)*

Auf diesem spirituellen Hintergrund spricht die selbstgefällige Beschreibung der mephistophelischen Kostümierung eine deutliche Sprache. Ohne die Dinge schematisieren zu wollen, könnte man an die vier Wesensschichten des Menschen in ihrer verluziferisierten Egoisierung denken. Friedel Lenz sieht in dem Hut, aber auch in der Kappe, den Ausdruck des Kopfdenkens: *«So wie der Hut uns nach oben hin abschließt, so schließt uns Gehirndenken ab von einer allgemeinen geistigen Welt.»* (2) Die «Hahnenfeder auf dem Hut» könnte man daher schlechthin als Emblem der Egoität verstehen. Nicht nur in Sagen und Märchen, auch im Evangelium ist der Hahn ein Symbol des niederen Ich. Man denke an die Verleugnung des Herrn durch Petrus im Zeichen des krähenden Hahnes.

In Korrespondenz damit steht der «lange spitze Degen», der hier vielleicht nicht so sehr, wie das «Schwert», auf die «Wortgewalt» deutet, als vielmehr auf die irdische Tatsetzung, durch die sich das Ego, verwundend und tötend, die Erfüllung seiner Begierden verschafft.

Die seelische Trieb- und Begierdenwelt selbst zeigen Kleid und Mantel auf, wobei das «rote, goldverbrämte Kleid» in seiner scharlachfarbenen Aufdringlichkeit uns auf ein verschwenderisch, leidenschaftliches Genießen-Wollen weisen könnte, die «starre Seide» des kurzen, von den Schultern wallenden «Mäntelchens», auf die in Selbstsucht verhärtete Ätherhülle.

Auch dieses «Konterfei» spiegelt eine in Faust wesende Kraft wider, und wenn Mephisto ihn auffordert, er möge «dergleichen gleichfalls anlegen», so kann man darin erneut einen Schritt zur Selbsterkenntnis sehen.

In diesem Kleide soll Faust «losgebunden, frei», erfahren, «was das Leben sei.» Frei – wovon? Offenbar frei von allem, was dem Menschen durch seinen Ätherleib hereingetragen wird an Wissen über sein höheres Selbst. Davon soll nichts mehr bleiben. Dies entspricht ganz der negativen Möglichkeit, die sich aus der «Lockerung» durch den «Rattenzahn» ergibt.

Wohl weiß Mephisto um die Bindung des Menschen an den «Herrn»; aber gerade davon will er ihn losreißen. Nichts soll bleiben von der «Wegzehrung», die der Mensch einst mitbekommen hatte. Daß er jedoch gleichzeitig mit dieser Befreiung vom Göttlichen den Menschen an «seine Straße» ketten und ihn dadurch unfreier machen möchte als er je gewesen, wird von ihm wohlweislich verschwiegen.

Aber auch diese Absicht gilt es zu erkennen. Und es scheint, als ob Faust dieses «neue Gewand» zur Genüge durchschauen würde, da er sich bewußt ist, daß es darauf nicht ankommt. Ob geschenkte göttliche Hüllen, oder gleißende Gewande des Widersachers, egal:

«In jedem Kleide werd' ich wohl die Pein
Des engen Erdelebens fühlen...»

Alles zielt hier bereits folgerichtig auf den Fluch; denn alles was er umgreifen wird, ist wie ein erweitertes Gewand, das der Mensch abwerfen muß, um zu sich selbst zu kommen.

«Entbehren sollst du! sollst entbehren!
Das ist der ewige Gesang,
Der jedem an die Ohren klingt,
Den, unser ganzes Leben lang,
Uns heiser jede Stunde singt.»

So stark sind die leben-abtötenden Kräfte im Menschen geworden, die «eigensinnigen Krittel» und «tausendfältigen Fratzen», daß kein Raum mehr bleibt zu existieren.

Über diese «tausend Lebensfratzen», durch welche die tiefe und schöne Natur der Dinge entstellt wird, beklagte sich Goethe wiederholt zu Eckermann. So sagte er am 11. März 1828: *«Jetzt am zweiten Teil meines ‹Faust› kann ich nur in den frühen Stunden des Tages arbeiten, wo ich mich vom Schlaf erquickt und gestärkt fühle und die Fratzen des täglichen Lebens mich noch nicht verwirrt haben.»*

Wenn Faust durch seinen Fluch sich aller «Hüllen» entledigt haben und von allem befreit sehen wird, wenn er alles entbehren wird, dann wird er auch restlos durchschauen, daß Entbehrung schon immer sein Los war. Der Mensch des fünften Zeitraumes muß entbehren, denn Entbehrung ist das Wesen der erwachenden Bewußtseinsseele.

Wir stellten die «Heimkehr» Faustens am Beginn der vorigen Szene unter ein Wort aus der «Geheimwissenschaft» Rudolf Steiners: *«Der Gott, der im Menschen wohnt, spricht, wenn die Seele sich als Ich erkennt.»* So erlebte es Faust, als die «Liebe Gottes» sein Herz erfüllte. Jetzt glaubt er erkennen zu müssen, daß «der Gott», der ihm «im Busen wohnt» zwar «tief sein Innerstes» zu erregen vermag, daß ihm jedoch ein Wirken in der Welt, eine ihm gemäße Tätigkeit auf dieser Erde, versagt ist.

«Der über allen meinen Kräften thront,
Er kann nach außen nichts bewegen.»

Dieses Geistige in sich zu finden und sich von allem entledigen zu müssen, was nicht dieser innerste Kern ist, – das ist das Todeserlebnis der Bewußtseinsseele, in dessen ausweglose Finsternis sie den ersten Akt ihres Neubeginnes hineinstellt. Deshalb erscheint uns ihr Wesen meist so kalt. Wie tief muß Faust es empfinden, da er es so eindringlich auszusprechen vermag.

Noch weiß er nicht, wie in dieser kalten Öde überhaupt zu leben wäre:

«Und so ist mir das Dasein eine Last,
Der Tod erwünscht, das Leben mir verhaßt.»

Leicht ist man versucht zu sagen, daß der faustische Höhenflug nun abermals in düsteres Todessehnen mündet wie vordem in der Osternacht, nur daß jetzt an Stelle des einstigen kühnen Erzwingen-Wollens, völliger Lebensüberdruß steht. Aber der faustische Erkenntnisweg dreht sich nicht im Kreise; und wenn er an einem Punkt angekommen scheint, den er schon einmal durchlitten hat, so liegt dieser nicht auf derselben Ebene. Die Wiederkehr des Gleichen ist nur eine scheinbare, denn in Wahrheit ist dieser Weg eine Spirale, die nach aufwärts weist.

So auch hier. Schon dieser völlige Lebensüberdruß ist ein neues Kriterium; sein aus absoluter Resignation erfließendes Todes-Verlangen ist ohne die Erlebnisse seit der Osternacht, nicht zu verstehen. Daher wird es auch zu ganz anderen Konsequenzen führen als der damalige, empedokleische Todes-Entschluß.

Für einen Augenblick scheint es, als würde Faust diesen Konsequenzen seiner Erkenntnis entfliehen wollen:

«O selig der, dem er im Siegesglanze
Die blut'gen Lorbeern um die Schläfe windet,
Den er, nach rasch durchrastem Tanze,
In eines Mädchens Armen findet!
O, wär' ich vor des hohen Geistes Kraft
Entzückt, entseelt dahingesunken!»

Doch tief im Innern fühlt er, daß darin nicht die Lösung liegt. Im Zeitalter der «Bewußtseinsseele» kann man nicht mehr «entzückt, entseelt dahinsinken». Es fordert Verzicht auf jegliches Genießen, und sei es selbst der Genuß der Todes-Euphorie. Nur durch die selbstlose Hingabe der Seele, durch die «Entbehrung» zur Entsagung wird, kann der Geist neu geboren werden. Dies ist ja das eigentliche Wesen der Bewußtseinsseele.

Dieser verborgenste Teil seiner Seele ist es im letzten Grunde, der Faust zu jener Konsequenz drängt, die gezogen werden muß: zum Fluch, der ihn von allem scheidet, was bisher seine innere Welt war. Der letzte Anstoß dazu wird durch Mephisto gegeben. Wie wenig versteht er doch diese menschliche Empfindungswelt, da er über Faustens Rührung, in jener denkwürdigen Nacht «vom letzten, ernsten Schritt» zurückgehalten worden zu sein, nur zu spotten weiß. Dieser Spott aber ist der Stachel, der Faustens Lebensüberdruß zum Äußersten reizt und ihn erbarmungslos diese Konsequenz ziehen läßt:

«Wenn aus dem schrecklichen Gewühle
Ein süß bekannter Ton mich zog,
Den Rest von kindlichem Gefühle
Mit Anklang froher Zeit betrog;
So fluch' ich allem, was die Seele
Mit Lock- und Gaukelwerk umspannt,...»

Faust flucht der «hohen Meinung, / Womit der Geist sich selbst umfängt», er flucht der ganzen Erscheinungswelt mit ihrem Blendwerk an Ruhm, Weib und Kind, an Geld und Reichtum:

«Fluch sei dem Balsamsaft der Trauben!
Fluch jener höchsten Liebeshuld!
Fluch sei der Hoffnung! Fluch dem Glauben,
Und Fluch vor allen der Geduld!»

Die Gottesferne ist vollständig geworden. Faust flucht allem, nach dem er je gestrebt hat, allem Großen und Wahren; es hat den Anschein, als fluche er der Totalität des Lebens.

Welchen Lebens? In diesem Fluch ist ja alles eingeschlossen, was der Mensch durch seine Geburt, seine Erziehung, durch Tradition, Studium, Glaubensdogmen usw. übernommen hat. Aber auch die ideellen Empfindungswerte, wie Liebeshuld, Glaube, Hoffnung, Geduld werden von ihm erfaßt; jene Empfindungswerte, die der Seele mit «Blend- und Schmeichelkräften» nur einen eingebildeten Höhenflug vorgaukeln. Wohl klingt das alles nach furchtbarer Zerstörung. Doch fassen wir die Frage ungeschminkt an ihrer Wurzel: ist unser Leben in dieser Menschheitsepoche nicht wirklich unecht geworden? Faust fühlt mit Abscheu, was uns allen heute bewußt werden muß: in allen Dingen letztlich ein unfreies, vom Widersacher gelenktes, wie ein Spielball herumgeworfenes Geschöpf zu sein. Wo sind wir denn selbst die Bewegenden? – Das ist der Verzweiflungsschrei, der im tiefsten Grund dieses Fluches liegt. Das ist aber auch der Wahrheitsdrang der Bewußtseinsseele.

Letztlich sind es die «zwei Seelen» in seiner Brust, die ihn in ihrer Trieb-Natur zu ewiger Unfreiheit verdammen, denen Faust flucht. Die Welt, wie er sie erlebt hat, alle Weisheit, alle Magie, der Erdgeist –, alles ist an ein Ende gekommen. Wir erinnern uns der Worte Rudolf Steiners, die wir im Zusammenhang mit der alten Alchimie zitierten: *«Auf allen Gebieten aber mußte diese Weisheit zugrunde gehen, damit der Mensch gewissermaßen von vorne anfangen müsse, aber so, daß er mit dem Wissen und mit dem Handeln zugleich zur Freiheit streben konnte.» (3)* Wenn überhaupt eine Hoffnung bestehen kann, je aus «diesem Meer des Irrtums aufzutauchen», dann nur durch eine radikale Absage an alle bisher geltenden Werte.

Aus diesem Motiv heraus ist der Fluch zu verstehen. Geboren aus restloser Verzweiflung, gesprochen mit einem bewundernswerten Mut der Ehrlichkeit, ist er erfüllt von dem Wahrheitsstreben der Bewußtseinsseele, das Wesen der Dinge in seiner ungetrübten Ursprünglichkeit zu fassen.

Wenn es einmal soweit gekommen ist – und der Mensch im fünften Kulturzeitraum ist soweit gekommen – daß «der Gott», der «tief das Innerste erregt», unser unvergänglicher Teil, nach außen sich ohnmächtig erweist, dann muß «das Leben verhaßt», das Dasein eine nicht mehr zu bewältigende «Last» erscheinen.

Faust hat seine geschenkten Hüllen abgelegt, die mephistophelischen durchschaut. Er zerstört nicht, weil er Lust daran empfindet wie Mephisto, für den alles Daseiende auf Grund seines bloß Entstanden-Seins wert ist, «daß es zugrunde geht»; Faust zerstört, weil sich alles als große Illusion erwiesen hat und in Wahrheit gar nicht mehr ist.

Was er vollzieht, ist absolut folgerichtig. Sein Irrtum liegt allein in dem

Dafürhalten, daß ihn in gleicher Weise auch dieser «süß bekannte Ton» betrog. Auch die Botschaft, die er in Kindheitstagen empfangen hatte, scheint ihm Trug. Wie könnte es auch anders sein? Keine Botschaft kann uns mehr Gewißheit geben über das Mysterium des Auferstandenen, sondern nur die, in innerer Freiheit selbsterrungene Erkenntnis erschließt uns die ihm innewohnende Wirkenskraft.

Dies ist aber ein langer Weg. Als der Mensch einst aus dem Paradiese trat, war er mit einer reichen «Wegzehrung» begabt. Der Weg durch die Jahrtausende hat sie aufgebraucht. Mit Golgatha ist ihm ein kleines Licht in die Seele gelegt worden, das sich jedoch nur durch ihn vergrößern kann und zum Leuchten gebracht werden muß. Erst die erwachende Bewußtseinsseele in ihrer absoluten Einsamkeit und Bloßheit bringt die Voraussetzungen mit für ein wirkliches Verstehen des Christus-Mysteriums.

Gerade dieses im Unbewußten der Seele drängende Sehnen, dieses verborgene Begreifen-Wollen ist es auch, das Faust «vor allen der Geduld» fluchen läßt. War es ja gerade sie, die ihn immer mit falscher Hoffnung einschläferte und die «Entbehrung» ertragen ließ.

So ist dieser Zerstörungstat gleichzeitig der Wille eines Neu-Beginnes immanent, unbeschwert von der drückenden Last alles Überkommenen. Wie sehr in diesem Sterbeprozeß neues Erkenntnisstreben liegt, zeigt allein der nächste Augenblick, in welchem Faust Mephistos prahlerisches Pathos: «Ich gebe dir, was noch kein Mensch gesehn», mit einer geringschätzigen Handbewegung verwirft: «Was willst du armer Teufel geben?»

Rätselhaft jedoch muß uns der «Geister-Chor» anmuten, der seine Wehklage erhebt, als Faust durch seinen Fluch die Welt in Trümmer schlägt. Sind es Stimmen aus der widergöttlichen Sphäre, die verführend zu einer luziferisch-ahrimanischen Welt aufrufen, sind es gute Geister? Für beide Auffassungen haben sich Begründungen gefunden, und dieser Chor gehört zu den viel-diskutierten Stellen in der erklärenden Faust-Literatur. Wobei Übereinstimmung herrscht, daß man Mephistos Worte: «Dies sind die kleinen von den Meinen», nicht als Bewertungsmesser heranziehen darf, da er den Chor sichtlich falsch interpretiert.

Tatsächlich mahnen diese Geister-Stimmen zu einer Neu-Erbauung der zerschlagenen Welt, und zwar als einer Schöpfung im Innern, einer Welt aus dem Ich:

«In deinem Busen baue sie auf!»

Mephisto kehrt den Sinngehalt jedoch um:

«In die Welt weit,
Aus der Einsamkeit,
Wo Sinnen und Säfte stocken,
Wollen sie dich locken.»

Versuchen wir uns mit geisteswissenschaftlichen Überlegungen an die Problematik dieses Chores heranzutasten. Jede seiner Verszeilen ist zu prüfen und abzuwägen:

«Weh! weh!
Du hast sie zerstört,
Die schöne Welt,...
Ein Halbgott hat sie zerschlagen!»

In den Augen Luzifers ist der Mensch ein «Halbgott» – und er ist es seiner göttlichen Ebenbildlichkeit nach auch wirklich. Nur muß er erst werden, wozu er veranlagt ist, während Luzifer, und mit ihm jener Geister-Chor, Faust in dieser Halb-Gottheit erhalten wollen. Auch spricht Luzifer, genau wie dieser Chor, von der «schönen Welt», die Faust zerschlagen hat.

Damit wird das Motiv negiert, das ihn dazu trieb: nämlich die Tatsache, daß sich ihm diese «schöne Welt» als große Illusion erwiesen hat; aber gerade auch in dem Gefallen an dieser illusionären Schönheit wollen sie ihn halten.

Weiters darf nicht unbeachtet bleiben, daß in der «Hexenküche» der Meerkater ebenfalls von dieser Welt sprechen wird, doch nicht von ihrer illusionären Schönheit, sondern von ihrer desillusionierenden Hohlheit:

«Das ist die Welt;
Sie steigt und fällt
Und rollt beständig;
Sie klingt wie Glas;
Wie bald bricht das!
Ist hohl inwendig.»

Hohl ist die Welt für jeden geworden, der ihren innersten Kern nicht erfaßt hat. Faust sucht diesen innersten Kern. Er hat ihn noch nicht gefunden. Aber die Hohlheit hat er erkannt. Und sie zerschlägt er mit seinem Fluch.

Würde der «Mächtige der Erdensöhne» die Zerschlagene wieder so aufbauen, wie sie war, und nicht von Grund auf neu, müßte auch für die Wieder-Auferbaute der Fluch am Ende stehen.

So haben wir wohl den Schluß zu ziehen, daß es sich bei diesem Chor doch um den Gesang luziferischer Wesen handelt, deren Intentionen sich allerdings nicht mit den ahrimanischen decken, wie sie Mephisto in diesem Augenblick verfolgt. Denn die folgenden Verse zeigen sein Bestreben, Faust von seiner halbgott-gleichen Ich-Bezogenheit gerade abzubringen und ihn diese in der Sinneswelt vergessen zu machen. Das aber ist ahrimanische Absicht. Es ist Ahriman, der bewirkt, *«daß der Mensch nicht die geistige Grundlage der Welt sieht, sondern die Außenwelt nur als ein Materielles betrachtet.» (4)* Die Anmahnung der Geisterstimmen und deren Auslegung durch Mephisto gehören demnach zwei verschiedenen widergöttlichen Sphären an, und Mephisto muß daher die Worte in seinem Sinne umbiegen.

Was ist nun die Absicht Mephistos und was hat er Faust zu bieten? Es geht ihm darum, mit Faust einen einfachen Pakt zu schließen, dessen Kern wir in den Worten finden:

> «Ich will mich hier zu deinem Dienst verbinden,
> Auf deinen Wink nicht rasten und nicht ruhn;
> Wenn wir uns drüben wiederfinden,
> So sollst du mir das Gleiche tun.»

Es ist ein Pakt, wie ihn der Teufel in den meisten mittelalterlichen Sagen anbietet. Damit würde sich für Faust bewußt vollziehen, was sich unbewußt bereits immer vollzogen hat: die Tatsache, daß er mit Mephisto vereint «seine Schritte durchs Leben» genommen hat. Jetzt soll dies zu einem bewußten, gegenseitigen Verhältnis führen. Gleichzeitig aber spricht Mephisto mit diesem Pakt-Angebot seine eigene Bestimmung aus: er will «nicht rasten und nicht ruhn» –, d. h. er wird «reizen» und «wirken» und «als Teufel schaffen.»

Wie wachsam Faust bei diesem Handel ist, zeigt uns die Folgerichtigkeit, mit der er Schritt um Schritt den angebotenen Pakt zu etwas ganz anderem führt, als es Mephistos anfängliche Absicht war.

«Sprich die Bedingung deutlich aus;
Ein solcher Diener bringt Gefahr ins Haus.»

Wir haben sie eben vernommen. Mephisto bietet, was ihm der Herr zugesagt hatte:

«So lang' er auf der Erde lebt,
So lange sei dir's nicht verboten.»

Mit Mephistos Worten: Hier, auf dieser Erde, will er «nicht rasten und nicht ruhn».

Doch schon muß er seine erste Demütigung erfahren:

«Was willst du armer Teufel geben?
Ward eines Menschen Geist in seinem hohen Streben
Von deinesgleichen je gefaßt?»

Auch seine Speise wird sättigen und überdrüssig machen, auch sein Gold wird in der Hand zerrinnen. All das aber befriedigt Faustens Streben nicht. Was ist es, das er begehrt? Eine Speise, die den Hunger nicht stillt, ein Spiel, bei dem man nie gewinnt, eine Frucht, die fault, eh man sie bricht –, lauter Widersprüche sind es, in denen Faust *«den Genuß zugleich begehrt und verwirft; begehrt, weil er das Göttliche im Irdischen erleben will, verwirft, weil Irdisches nicht göttlich sein kann.» (5)*

Es sind Widersprüche, die sich aus dem Zwiespalt von Geist und Materie ergeben, aus der Entzweiung von Endlichkeit und Unendlichkeit. Und er begehrt sie, weil der große Widerspruch als solcher damit aufgehoben wäre. Sein Streben verlangt demnach das Absolute, die «coincidentia oppositorum», den Zusammenklang der Gegensätze, durch den die All-Einheit wieder errungen wäre. Auf dieser Welt ist jenes Begehren jedoch nicht zu erreichen, da es die Aufhebung aller Naturgesetzlichkeit bedeuten würde. Die faustische «coincidentia oppositorum» wäre dort zu suchen, wo Zeit und Raum überwunden sind.

Doch wie dorthin gelangen? Von dieser Erde aus will Faust und muß er den Weg suchen; aber er kann das Unendliche in ihr nicht finden. So flucht er dieser Welt, will sie in Trümmer schlagen. Wie er bisher die Ganzheit durch Magie erstrebt hat, fordert er sie jetzt von Mephisto:

«Das Drüben kann mich wenig kümmern;
Schlägst du erst diese Welt zu Trümmern,
Die andre mag darnach entstehn.
Aus dieser Erde quillen meine Freuden,
Und diese Sonne scheinet meinen Leiden;...»

Aber er weiß nur zu gut, daß ihm auch der Teufel das Begehrte nicht geben kann. Deshalb muß ihm der angebotene Pakt sinnlos und nutzlos erscheinen.

Daß sich Ganzheit auf Erden nur aus der Polarität selbst heraus gewinnen läßt, wird Faust erst in ferner Zukunft erfahren.

Scheinbar unbekümmert täuscht Mephisto die Erfüllung von Faustens Forderung vor:

«Ein solcher Auftrag schreckt mich nicht,
Mit solchen Schätzen kann ich dienen.»

Der Teufel denkt an Trug von Zauberkünsteleien; doch Faust sucht die Idee. Wie deutlich zeigt sich, daß er das «hohe Streben» des Menschen-Geistes wirklich nicht fassen kann. Daß er jedoch bei diesem Dialog mit Faust auf nicht sehr sicherem Boden steht, scheint er zu fühlen, denn er trachtet danach, sein Gegenüber so rasch wie möglich von allem Ideellen abzubringen:

«Doch, guter Freund, die Zeit kommt auch heran,
Wo wir was Guts in Ruhe schmausen mögen.»

Gerade dieser Versuch aber führt zur völligen Verkehrung der mephistophelischen Absichten: nicht Pakt, sondern Wette! Immer tiefer dringt Faust in den Kern, immer präziser wird seine Formulierung.

Um sie in ihrer ganzen Größe zu verstehen, erinnern wir uns der Überlegung, die wir im «Osterspaziergang» angestellt haben, in der sich uns zeigte, daß die beiden Seelensphären ursprünglich ohne triebhaftes Begehren gedacht werden müssen, und beide in sich «ihre unbedingte Ruh» finden würden. Dieses In-sich-Ruhe-Finden wird durch den Widersacher, der «reizt und wirkt», unterbunden. Die luziferischen und ahrimanischen Wirkenskräfte möchten jedoch in Wahrheit den Menschen selbst in einer, d. h. jeweils in ihrer Sphäre festhalten. Indem sie dadurch aber die jeweilige Triebkraft hypertrophieren, bewirken sie Überdruß, und der Mensch bricht gewissermaßen aus, wirft sich in das gegenteilige Verlangen. Von der «Schwere» ins «Licht», vom reinen geistdurchdrungenen Gedankenleben in die Willenstiefen des Irdischen.

Dieses ständige, im Gegenpol seine Erfüllung suchen wollen, ist die ewige Sehnsucht der Menschenseele, die sich bis in die karmische Gesetzmäßigkeit der wiederholten Erdenleben ausprägt. Wir haben also klar zu unterscheiden: den Entschluß, den Wechsel zwischen beiden Sphären zu vollziehen, setzt das Ich. Die aufreizende Kraft dazu ist der Widersacher.

Je stärker er reizt, desto intensiver sucht der Mensch den Wechsel. Darin aber liegt die Dynamik seiner Entwicklung. Bliebe er nur einer der beiden Welten verhaftet, hieße dies: Verweilen. Das «Faulbett» kann sowohl seinem «Formtrieb» durch Luzifer im Geistigen, als auch dem «Sachtrieb» durch Ahriman im Irdischen bereitet werden.

«Werd' ich beruhigt je mich auf ein Faulbett legen,
So sei es gleich um mich getan!
Kannst du mich schmeichelnd je belügen,
Daß ich mir selbst gefallen mag,
Kannst du mich mit Genuß betrügen;
Das sei für mich der letzte Tag!
Die Wette biet' ich!»

Faust fühlt diese drohende, doppelte Knechtschaft sehr genau. Daher seine Absage an beide «Triebe»; an das luziferische «Sich-selbst-Belügen» und an den ahrimanischen Trug des «Genießens».

Und noch eindringlicher, präziser, faßt er, was er Mephisto entgegenzustellen hat:

«Werd' ich zum Augenblicke sagen:
Verweile doch! du bist so schön!

Dann magst du mich in Fesseln schlagen,
Dann will ich gern zugrunde gehn!»

Ein Augenblick ist ein Mysterium. Denn er ist jener metaphysische Punkt, in dem Vergangenheit wird, was eben noch Zukunft war. Die «Lustige Person» im «Vorspiel» hat ihn uns bereits erkennen lassen. (S. 23) Gerade das Nicht-zu-Greifende des Augenblicks aber macht es möglich, daß sich in ihm das Wesen der Zeit offenbaren kann. Zeit, die keine Aneinanderreihung von Augenblicken ist, sondern den Atem des Ewigen in sich trägt, der den Augenblick zur Tiefe weitet und ihm göttliche Dauer verleiht.

Unsere Erden-Natur jedoch weiß von der Zeit nur als einem unendlichen Nacheinander von Augenblicken. Der gegenwärtige ist die Wiederholung des vorangegangenen; was dieser gewährte, kann der nachfolgende genießen, indem er rückblickend bei dem Gewesenen verweilt.

Zwischen diesen beiden Extremen zeitlicher Dimensionen verläuft das menschliche Dasein. Das «Verweilen» führt zum «Genießen»; und jedes Genießen bedeutet Stillstand, Retardierung, ein Herausfallen aus dem Werde-Prozeß. Im kosmischen Werden war dies die Tat Luzifers.

Die luziferische Auflehnung bestand ja darin, daß der «Lichtträger» das ihm von Gott verliehene Licht für sich behielt; daß er es in sich zum Eigenlicht staute und dadurch die «Oberfläche» der Dinge zum Scheinen brachte. Die «unbegreiflich hohen Werke», sie erglänzten in sinnlicher Schönheit.

So liegt im «Verweilen», in dem «Sich-selbst-Genießen» das Wesen der luziferischen Schönheit. Und diese Lust, sich im Augenblick zu genießen, sich als «schön» zu gefallen, ist so stark, daß sie ein Vergessen des eigenen Ursprungs nach sich zieht. *«Umgeben von einer solchen Glorie, vergaß er seines höhern Ursprungs und glaubte ihn in sich selbst zu finden»*, lasen wir in Goethes «Dichtung und Wahrheit».

Der Mensch, so sagten wir, kann in beiden Bereichen verweilen: durch Genuß im Irdischen und durch ein Sich-Erleben im Geistigen. Im ersten Fall würde er zum Tier-Dasein herabsinken, der zweite macht ihn zu einem unvollkommenen Engel. In beiden Fällen hätte er seine Menschen-Mission vergessen. Und kein Irrtum, kein Fehlschlagen einer Tat, kein negativer Ausgang einer Handlung, nichts wäre so unwiederbringlich wie dieses.

Streben und Verweilen sind Antipoden. Daß Faust die Wette zu dieser exakten Präzisierung führt, zeigt, daß er das in die Zukunft gerichtete, schöpferische Prinzip und das retardierende, vergangenheitsgekehrte, sehr wohl kennt.

Mit Souveränität steht Faust dem Widersacher gegenüber, trotz seiner radikalen Absage an alle ihn bisher tragenden Lebensgrundlagen. Noch weiß er nicht, wie es weitergehen wird. Der Ausgang ist offen, der Einsatz auf beiden Seiten hoch. Sein höheres Menschentum hat Faust zum Pfand gesetzt; Mephisto riskiert ein «Umsonst» seiner angebotenen und versprochenen Dienste. Allerdings, wenn er diese Wette gewänne, wäre nicht nur das Spiel mit dem Menschen sein; auch «Triumph aus voller Brust» gegenüber dem «Herrn» brächte es ihm ein.

Es ist nicht frevelnde Vermessenheit die Faust zu dieser Wette bewog. Denn der «letzte Tag», den er sich setzt, an dem er «gern zugrunde» gehen wird, ist ja kein bestimmter Tag im Kalender seines Erdendaseins; ist nicht Prädestination der Dauer seines Lebens. Es ist ein Tag nicht mit historischer, sondern moralischer Qualität. Der Tag, der Mephisto als Gewinner der Wette sieht, wäre gleichzeitig jener Tag, an dem Faust sein Mensch-Sein verloren hätte. Er selbst spricht es aus:

> «Ich habe mich nicht freventlich vermessen.
> Wie ich beharre, bin ich Knecht,
> Ob dein, was frag' ich, oder wessen.»

Noch einmal ist es präzisiert: nur wo der Mensch sich aus der Beharrung einer ihn beherrschenden Kraft befreien kann, wo er selbst der Bewegende ist, nur dort lohnt es sich zu leben. Denn nur in dieser inneren Freiheit ist er wirklich Mensch. Faust ist überzeugt, daß er dieser inneren Wertung niemals untreu werden kann. So liegt nicht luziferische Vermessenheit in diesem Einsatz; es scheint vielmehr irdisches Echo der Worte des Herrn zu sein:

> «Und steh' beschämt, wenn du bekennen mußt:
> Ein guter Mensch in seinem dunklen Drange
> Ist sich des rechten Weges wohl bewußt.»

Aus dieser Gesinnung heraus wird auch die Empörung Faustens verständlich, wenn sich Mephisto «ein paar Zeilen» über das Versprochene ausbittet: «Auch was Geschriebnes forderst du, Pedant?«

Dem geschriebenen Wort wohnt eo ipso ein retardierendes Element inne:

«Ist's nicht genug, daß mein gesprochnes Wort
Auf ewig soll mit meinen Tagen schalten?
Rast nicht die Welt in allen Strömen fort,
Und mich soll ein Versprechen halten?»

Die ewig lebendige Welt rast in Strömen dahin; sie kennt keinen Stillstand. Nur was aus ihr herausfällt, das Beharrende, ist tot. Die Fessel des geschriebenen Wortes, von Faust mit Recht als solche empfunden, ist hintergründiger, als man gemeinhin denken mag. Denn jedes durch die Schrift fixierte Wort enthält etwas von der Absicht Ahrimans, die Dinge, und wären es die unbedeutendsten, für alle Ewigkeit zu konservieren.

«Ahriman hat die Aufgabe, den Augenblick der Ewigkeit wieder zurückzugeben: das ist, er hat die Kraft, das, was als Erlebnisse wertvoll ist in der Sinnenwelt, in die Ewigkeiten hinaufzutragen. Er ist aber immer bestrebt (damit beginnt das Gefährliche seines Wirkens), alles, was sich auf Erden abspielt, zu Anteilen der höheren Welt zu machen und dort für sich, für seine Wirkungsgenossen in Anspruch zu nehmen. Auch das Wertlose will er in die übersinnliche Welt tragen, denn das ist für ihn wertvoll.» (6)

Und durch die Schrift, *«die den Gedanken der Vernichtung entreißt, ihn dauerhaft macht»*, wirkt Ahriman *«in die menschliche Kultur hinein. Man muß sich klar sein, daß für die äußere materielle Kultur der Mensch schon einmal die Schrift haben muß, und daß die Schrift etwas ist, wodurch Ahriman, wie es ja seine Aufgabe ist, das Denken herauslösen will aus dem Strom der Vernichtung. Er will es nicht einströmen lassen in die Todesströmung. Da haben wir in der Schrift die beste Gelegenheit zurückzuhalten das Denken auf dem physischen Plan.» (7)*

Diese beherrschende Gewalt, mit der das geschriebene Wort den Menschen bedroht, indem es ihn an ein «Heute», bzw. im Fluß der Zeit an ein «Gestern» bindet und jede Entwicklung, Korrektur und Metamorphose unmöglich macht, spürt Faust nur zu genau:

«Allein, ein Pergament, beschrieben und beprägt,
Ist ein Gespenst, vor dem sich alle scheuen...
...Was willst du böser Geist von mir?
Erz, Marmor, Pergament, Papier?»

Allein Mephisto geht es gar nicht so sehr um die Fixierung des Wortlautes dieser Wette. Von ihm sagt er ja mit allem Nachdruck: «Bedenk es wohl, wir werden's nicht vergessen.» Dafür ist ihm «jedes Blättchen gut». Es geht ihm vielmehr um den «blutbeschrieb'nen Titel»!

«Du unterzeichnest dich mit einem Tröpfchen Blut.»

Denn: «Blut – ist ein ganz besondrer Saft.» Worin liegt seine Besonderheit? Die Konsistenz des Blutes hätte sich ohne luziferischen Eingriff nur bis zur Grenze der materiellen Stofflichkeit verdichtet:

«So wie es materiell da ist, ist das Blut luziferische Schöpfung, und indem der Mensch mit dem Blute zugleich den physischen Ausdruck seines Ich hat, ist der Mensch mit seinem Ich verknüpft hier auf dieser Erde mit der Schöpfung des Luzifer. Und da wiederum Ahriman an den Menschen herangekommen ist dadurch, daß Luzifer vorher da war, so können wir sagen: Das Blut ist das, was Luzifer hingeworfen hat, daß es Ahriman auffangen konnte, so daß beide nun an den Menschen herankommen können. Brauchen wir uns nun noch zu wundern, daß im Sinne einer uralten Empfindung Luzifer-Ahriman das Blut als sein irdisches Eigentum betrachtet? Wundern wir uns noch, daß er mit dem Blute seine Verträge schreiben läßt und daß er Wert darauf legt, daß ihm Faust mit seinem Blute den Vertrag unterschreibt?» (8)

Diese kosmischen Zusammenhänge zeigen uns aber gleichzeitig auf, daß Faust durch sein Blut etwas verpfändet, was in der Evolution ohnehin dem Widersacher verpfändet ist. Hat er damit aber tatsächlich sein Ich preisgegeben, jenes «Himmelslicht», von dem wir schon im «Prolog» sagten, daß Mephisto als «zurückgebliebenes Geistwesen» es nie ganz begreifen kann?

Tatsächlich trachtet der Widersacher nach der Herrschaft über das Blut, weil es der physische Träger des menschlichen Ich ist. Allerdings war es diesbezüglich nur so lange von Bedeutung, als das Ich-Bewußtsein des

Menschen selbst noch an das Blut gebunden war; d. h. solange der Mensch sein Ich gruppenhaft, im Blutstrom der Sippe, der Familie erlebte. Mit dem Mysterium von Golgatha hat das Blut jedoch seine Bedeutung für das Ich-Erleben verloren.

Der «Gott im Innern», der individuelle Wesenskern, ist ein geistig-seelisches Erlebnis, kein blutsgebundenes. Deshalb das Christus-Wort:

«So jemand zu mir kommt und hasset nicht seinen Vater, Mutter, Weib, Kinder, Brüder, Schwestern, auch dazu sein eigen Leben, der kann nicht mein Jünger sein.» (Lukas 14,26)

Nicht mit dem Gruppen-Ich, sondern mit seinem Ursprung, dem geistigen Vatergrunde, sollte der Mensch sich eins fühlen. Hat aber nicht gerade dieses Verlangen Faust zum Fluch getrieben? Haßt er nicht sein eigenes Leben? Es liegt in dem «dunkeln Drang» dieser Negation doch auch ein positives Element – ein «rechter Weg» – und die Hintergründigkeit dieses Fluches erweist sich als vielschichtiger, als man es gewöhnlich wahrhaben will.

Etwa zu dem Zeitpunkt, da Christus jene Worte sprach, hat sich die luziferische Macht das Blut tatsächlich erobert; doch war es von diesem Augenblick an für das menschliche Ich-Erlebnis bedeutungslos. In bezug auf das Ich-Bewußtsein ist das Blut seit Golgatha nicht mehr Träger des Ich. Wohl ist es dieses im physiologischen Sinne.

Allerdings nur so lange, als es in seiner physischen Leiblichkeit zirkuliert und tatsächlich von der geistigen Kraft des Ich durchdrungen wird. In dem Augenblick, in dem das Blut den Körper verläßt, ist es nicht mehr lebendiger Ich-Träger, sondern tote, mineralische Substanz.

Die Unterzeichnung Faustens mit einem «Tröpfchen Blut», gibt dem Widersacher somit nicht mehr, als er immer schon besaß. Eine tatsächliche Verpfändung des Ich kann sich weder im geistigen noch im physischen Sinne dadurch vollziehen.

Die Schluß-Kadenz der «Gelehrten-Tragödie» erklingt aus Faustens Mund:

«Des Denkens Faden ist zerrissen,
Mir ekelt lange vor allem Wissen.»

Die Worte wiederholen nur, was durch den Fluch bereits vollzogen wurde. Faustens völlige Abkehr von jenem Denken, das nur ein totes, unbrauchbares Wissen liefern kann, durch das man «dem Unendlichen nicht um ein Haar breit näher» kommen kann. Und als Schlußakkord die Selbsterkenntnis:

«Ich habe mich zu hoch gebläht;
In deinen Rang gehör' ich nur.»

Mephisto wird nach Faustens Abgang diese Gesinnung mit den Worten kommentieren:

«Verachte nur Vernunft und Wissenschaft,
Des Menschen allerhöchste Kraft.»

Wir wollen gleich an dieser Stelle festhalten, daß es ein Fehlschluß ist, den Mephisto hier zieht. Das «Wissen», vor dem Faust sich ekelt, der «Wissensdrang», von dem sein «Busen geheilt ist», die «Schätze des Menschengeistes», die er «vergebens» auf sich «herbeigerafft» hat –, sie alle reichen nicht an jenen «Schein des Himmelslichtes» heran, den wir Vernunft nennen. Von Verachtung der Vernunft hat Faust nie gesprochen. Vom «Denken» und «Wissen» sich abwendend, kehrt er sich der Sinneswelt zu, dem Wunder des Lebens. Von ihm erwartet er, was er durch das gehirngebundene Denken nicht finden konnte. Und dieselbe Rastlosigkeit, die ihn als Denkend-Strebenden erfüllte, wird ihn auch als «Fühlenden» und «Wollenden» beseelen:

«Dem Taumel weih' ich mich, dem schmerzlichsten Genuß,
Verliebtem Haß, erquickendem Verdruß.»

Aber auch hier wird Vernunft für ihn walten, auch hier wird Faust nach dem Ganzen streben, wie uns die sich widersprechenden Begriffspaare erneut erkennen lassen.

Goethe war noch kein halbes Jahr in Weimar, da schrieb er an seinen Freund Lavater:

«In meinem jetzigen Leben weichen alle entfernte Freunde in Nebel, es mag so lang währen, als es will, so hab ich doch ein Musterstückchen des bunten Treibens der Welt recht herrlich mitgenossen. Verdruß, Hoffnung, Liebe, Arbeit, Not, Abenteuer, Langeweile, Haß, Albernheiten,

Torheit, Freude, Erwartetes und Unversehenes, Flaches und Tiefes, wie die Würfel fallen, mit Festen, Tänzen, Schellen, Seide und Flitter ausstaffiert, es ist eine treffliche Wirtschaft.»

Das gleiche Verlangen nach der bunten Vielfalt des Lebens erfüllt auch Faust. Und wir sehen hier, wie sich das Streben nach Totalität im Zeitalter der erwachenden Bewußtseinsseele gegenüber den vorangegangenen Jahrhunderten gewandelt und zum Individuellen gekehrt hat. Nicht mehr die Ganzheit der Welt, der Makrokosmos, sondern die Ganzheit des Menschen, der Mikrokosmos, wird sein Ausgangspunkt. Auch Faust geht diesen Weg; vom occulten Siegel des Universums in Nostradamus Buch, das ihm nur noch ein «Schauspiel» in seiner Vorstellung bieten kann, über den Erdgeist, der ihn zurückgestoßen hat, hin zum eigenen Ich:

«Und was der ganzen Menschheit zugeteilt ist,
Will ich in meinem innern Selbst genießen,
Mit meinem Geist das Höchst' und Tiefste greifen,
Ihr Wohl und Weh auf meinen Busen häufen,
Und so mein eigen Selbst zu ihrem Selbst erweitern
Und, wie sie selbst, am End' auch ich zerscheitern.»

In diesem Verlangen, das eigene Selbst zur Selbstheit aller Menschen auszuweiten, liegt ebenso der Wille, die Schranken über die Erde hinaus zu durchbrechen, wie Faust es bisher mit seinem Denken erstrebte.

«Nur alle Menschen machen die Menschheit aus, nur alle Kräfte zusammengenommen die Welt», heißt es im achten Buch von «Wilhelm Meisters Lehrjahre».

Zu diesem Ganzen der Welt will sich Fausts Ich erweitern, indem ihm kein Schmerz, keine Freude, kein Wohl und Weh unbekannt bleiben soll, die ein Menschenherz je empfinden und durchleiden kann. Versteht man dieses Begehren in seiner vollen spirituellen Tiefe, dann muß man darin bereits eine erste Frucht jener «Lockerung» des Ätherleibes erkennen, die sich in Faust vollzogen hat. Denn restlos durchgeführt, würde es jenes Aufgehen in der Umwelt, jene Verwandlungsfähigkeit des eigenen Wesens in fremde Wesenheiten bedeuten, wie wir es bei Faustens Erdgeist-Beschwörung dargestellt haben und durch Johannes Thomasius in Rudolf Steiners «Pforte der Einweihung» verwirklicht sahen. (S. 72) Wie nahe wir in diesem Augenblick tatsächlich der Welt des Erdgeistes stehen, zeigen uns Faustens Worte:

«Stürzen wir uns in das Rauschen der Zeit,
Ins Rollen der Begebenheit!»

Von der Sinnenseite dieser Erscheinungswelt her will Faust durchstoßen zu jenem «sausenden Webstuhl der Zeit», an dem der Erdgeist wirkt.

Was bedeutet dies aber in letzter Konsequenz: «Mein Busen, der vom Wissensdrang geheilt ist, / Soll keinen Schmerzen künftig sich verschließen»? Es bedeutet ein Mitleiden im effektiven Sinne, nicht ein bloßes Hineindenken in die Schmerzen des anderen. Ein Ausweiten der eigenen Gefühls- und Empfindungswelt durch Einbezug von einer immer größeren Anzahl fremder Seelenemotionen, bis letztlich die ganze Menschheit darin eingeschlossen ist. Dann ist aus Egoismus Liebe geworden; Liebe zur Menschheit, Liebe zur Welt.

Es ist nur zu selbstverständlich, daß Mephisto auch in dieser Sphäre Faust von allen hohen, altruistischen Idealen abziehen will.

«Euch ist kein Maß und Ziel gesetzt.»

Aber Faust soll dabei an sich, nicht an die Menschheit denken:

«Nur greift mir zu und seid nicht blöde!»

In diesem Versuch, Faust auch hier von einem hohen Streben abzuziehen, spricht Mephisto Worte, die, befreit von dem negierenden Element mit dem sie gesprochen sind, eine große Wahrheit enthalten:

«Glaub' unsereinem, dieses Ganze
Ist nur für einen Gott gemacht!
Er findet sich in einem ew'gen Glanze,
Uns hat er in die Finsternis gebracht,
Und Euch taugt einzig Tag und Nacht.»

Im «Westöstlichen Diwan» findet sich im Buch der Sprüche ein Verspaar gleichen Inhaltes, frei von mephistophelischer Negation:

«Dunkel ist die Nacht, bei Gott ist Licht.
Warum hat er uns nicht auch so zugericht?»

Daß sich die widergöttlichen Wesen durch ihr «Zurückbleiben» selbst in die «Finsternis» gebracht haben, wurde im vorigen Kapitel bereits dargestellt. Auch daß der Urquell des Lichtes in Gott ist, bedarf keiner Ausführung mehr. Daß für den Menschen «einzig Tag und Nacht taugt», die Frage: warum ist der Mensch nicht auch bloß nach einer Richtung hin *«zugericht?»*, greift den Zwiespalt der «zwei Seelen in der Brust» wieder auf, läßt vor uns aber auch das Bild des «Farbenbogens» neu erstehen, der nur aus Licht und Finsteris gewoben werden kann. Und wir sahen es bereits: die ganze Erde ist auf dieses Ziel der «Steigerung» aus der Polarität durch den Menschen hin veranlagt:

«Es wechselt Paradieses-Helle
Mit tiefer, schauervoller Nacht.»

Wie oft hat dieser Zwiespalt nicht als Frage die Seelen der Menschen, die Herzen der Dichter bewegt: ist diese Welt nicht zu schwer, ist das Ganze letztlich nicht doch nur «für einen Gott gemacht»? Die Ironie Mephistos ist umgeben von viel ehrlicher Verzweiflung auf Erden:

«O glaube mir, der manche tausend Jahre
An dieser harten Speise kaut,
Daß von der Wiege bis zur Bahre
Kein Mensch den alten Sauerteig verdaut!»

Mephisto weiß nicht, daß er damit ein Gleichnis für sein eigenes Wirken in der Welt ausspricht. Was hat es an sich mit dem «Sauerteig»? Er ist ein alter Brotteig, ein Zurückgebliebenes, das im neuen Brot Gärung hervorruft; der «reizt» und «wirkt» und dadurch den neuen Teig «lockert». Als Rest eines «Gestern», ist der Sauerteig unverdaulich, als Würze dem «Morgen» einverleibt, erregt er Entwicklung und Bewegung. Nichts in der Evolution bleibt zurück, das nicht später gebraucht würde. Der Widersacher selbst ist wie der Sauerteig, der die Evolution durchzieht.

Mephisto freilich meint das Gleichnis im negativen Sinn. Er parodiert darin die von ihm so gehaßte lebenerfüllte Welt, und will damit Faustens

Streben nach diesen «Quellen alles Lebens» ironisieren und sie für Faust ebenso «unverdaulich» machen, wie sie für ihn ungenießbar sind. Faust müßte erkennen, wie das Böse mit seinen Intentionen als Nahrung ungenießbar, als Ferment unentbehrlich ist.

Davon spricht Christus zu seinen Jüngern:

«Sehet zu und hütet euch vor dem Sauerteig der Pharisäer und Sadduzäer.»

Die Jünger bezogen diese Mahnung auf ihre Nachlässigkeit, keine Brote mitgenommen zu haben:

«Wie, versteht ihr denn nicht, daß ich euch nicht sage vom Brot, wenn ich sage: Hütet euch vor dem Sauerteig der Pharisäer und Sadduzäer?

Da verstanden sie, daß er nicht gesagt hatte, daß sie sich hüten sollten vor dem Sauerteig des Brots, sondern vor der Lehre der Pharisäer und Sadduzäer.» (Matth. XVI,6,11/12)

Auch Faust muß sich vor dieser Lehre Mephistos hüten, die er eben empfing. Denn ihre Befolgung hieße Kapitulation vor sich selbst, Preisgabe aller hohen Zielsetzungen. Aber Faust nimmt diesen mephistophelischen «Sauerteig», der ihm einreden will, daß «dieses Ganze» nur für einen Gott gemacht sei, nicht für Brot. Ungebrochen in seinem hohen Streben, setzt er ihm ein entschiedenes: «Allein, ich will!» entgegen.

Ein großes, und für Mephisto äußerst gefährliches Wort. Denn der Wille, durch den der Mensch diese Erdenwelt ergreift, steigt aus unserer Ichheit auf, und wo sich Bewußtheit mit Willen paart, wo sich das Denken durch Willenskräfte befruchtet sieht, trägt der Mensch neue Realitäten in die Zukunft hinein. Der Wille ist *»Träger des Keimes der Zukunft.»*

«Der Mutterboden gewissermaßen sind die realen Gedanken der Vergangenheit, und in diesen Mutterboden wird versenkt dasjenige, was aus dem Individuellen kommt, und der Keim wird in die Zukunft geschickt zum zukünftigen Leben». (9)

Nun ist mit dieser Durchdringung von Wille und Bewußtsein aber eine Wechselbeziehung verbunden. Und jene von Faust erstrebte Ausweitung seines eigenen Selbstes zum Selbst der ganzen Menschheit, die, wie wir hörten, zur Liebe führt, hängt unmittelbar damit zusammen:

«Und auf der anderen Seite entwickelt der Mensch, indem er seine

Handlungen, sein Willensgemäßes mit Gedanken durchsetzt, dasjenige, was er in Liebe vollbringt. Es löst sich von ihm los. Unsere Handlungen bleiben nicht bei uns. Sie werden Weltgeschehen; wenn sie von Liebe durchsetzt sind, dann geht die Liebe mit ihnen. Eine egoistische Handlung ist kosmisch etwas anderes als eine liebedurchsetzte Handlung.» (9)

Von dieser Synthesis eines hohen Gedankenfluges mit ichbewußter Willenskraft, aus der das «Brot» der Zukunft sich gestaltet, trachtet Mephisto Faust abzuhalten. Denn ein Wesen, das dieses Geheimnis entdeckte und verwirklichte, wäre nun wirklich ein Mikrokosmos.

Der erste Versuch liegt in der Aufforderung, Faust möge sich mit einem «Poeten assoziieren»:

«Laßt den Herrn in Gedanken schweifen,
Und alle edlen Qualitäten
Auf Euren Ehrenscheitel häufen.»

Mephisto zählt sie auf, die «edlen Qualitäten», und scheut sich auch nicht, Gegensätze zu verbinden, ganz im faustischen Sinne:

«Laßt ihn Euch das Geheimnis finden,
Großmut und Arglist zu verbinden.»

Ja selbst das von ihm so sehr verspottete und angezweifelte Wort spricht er aus:

«Möchte selbst solch einen Herren kennen,
Würd' ihn Herrn Mikrokosmus nennen.»

In diesem: «Laßt ihn Euch das Geheimnis finden!» – liegt die Fußangel, die Mephisto für Faust aufgerichtet hat. Faust soll genießen, seiner unterschwelligen, begehrenden Willens-Natur sei kein «Maß und Ziel gesetzt»; aber ein anderer, der Poet, soll für ihn denken. Faust soll das Gedachte nur in der Reflexion erleben, es soll nicht eigene Schöpfertat sein. Wille und Gedankentätigkeit sollen sich nicht vereinen. Durch ein angeeignetes Geistesgut, das nicht dem eigenen Ich erfließt, soll sich Faust mit Illusion und falschem Schein schmeicheln. Es ist nicht zu überhören, daß hier eine luziferische Sphäre durch Mephisto spricht.

Faust fühlt diesen falschen Schein sehr wohl; und seine Frage quillt selbst aus gegensätzlichen Empfindungsgehalten; verbindet Selstbewußtheit und Verzweiflung gleichermaßen:

«Was bin ich denn, wenn es nicht möglich ist,
Der Menschheit Krone zu erringen,
Nach der sich alle Sinne dringen?»

Auch dieses Wort kommt – Faust völlig unbewußt – aus dem Christuskeim in seiner Seele:

«Siehe der Teufel wird etliche von euch ins Gefängnis werfen, auf daß ihr versucht werdet... Sei getreu bis an den Tod, so will ich dir die Krone des Lebens geben.» (Off. Joh. II,10)

Es ist von einzigartiger Dramatik, wie in diesem Dialog Menschengeist und Widersacher miteinander ringen:

«Du bist am Ende – was du bist.»

Ein hartes Wort, durch das Mephisto Faust in das Zikaden-Dasein hinabstürzen will. Allein Faustens Entgegnung ist mehr rückblickendes Resumieren, als endgültige, für die Zukunft gesprochene Resignation:

«Ich fühl's, vergebens hab' ich alle Schätze
Des Menschengeists auf mich herbeigerafft,...
Ich bin nicht um ein Haar breit höher,
Bin dem Unendlichen nicht näher.»

Auf das luziferische Drängen, sich mit einem Poeten zu assoziieren, folgt das ahrimanische Gegenbild: der Genuß irdischer Schätze:

«Doch alles, was ich frisch genieße,
Ist das drum weniger mein?
Wenn ich sechs Hengste zahlen kann,
Sind ihre Kräfte nicht die meine?
Ich renne zu und bin ein rechter Mann,
Als hätt' ich vierundzwanzig Beine.»

Es ist ein auf «Pferdekräfte» sich stützendes Pseudo-Selbstgefühl, das Mephisto an Stelle eines wahren Ich-Bewußtseins setzt. Die völlige Verkehrung von Faustens hohem Streben: «Mein eigen Selbst zu ihrem Selbst erweitern.» Dieses «Selbst» soll keinen ideellen Werten mehr nachstreben, soll nur noch dem passiven Genuß fröhnen:

«Ich sag' es dir: ein Kerl, der spekuliert,
Ist wie ein Tier, auf dürrer Heide
Von einem bösen Geist im Kreis herumgeführt,
Und ringsumher liegt schöne grüne Weide.»

Der Teufel hat damit die Umwertung der Werte vollzogen: das «Himmelslicht», das den «Kerl» nur «spekulieren» läßt, wird zum «bösen Geist», die Welt des Sinnen-Genusses zur «schönen grünen Weide.»

Aber Faust widerspricht nicht mehr. Wie er es aufgab, Wagner von der Geistnatur des «Pudels» zu überzeugen, so setzt er auch Mephistos Unvermögen, den Menschengeist je zu begreifen, kein Argument mehr entgegen. Mit einem scheinbaren Eingehen auf die Intentionen seines Widerparts: «Wie fangen wir das an?», bricht er das Wortgefecht ab. Aber sein «Ich will» steht unverrückt zwischen ihm und Mephisto. Alles Folgende wird dies erweisen.

Der kurze Monolog, den Mephisto nach Faustens Abgang in dessen «langem Kleide» spricht – er will in Faustens Maske den «Schüler» erwarten, – scheint rätselvoll und widersprüchlich:

«Verachte nur Vernunft und Wissenschaft,
Des Menschen allerhöchste Kraft,
Laß nur in Blend- und Zauberwerken
Dich von dem Lügengeist bestärken,
So hab' ich dich schon unbedingt –»

Die Korrespondenz dieser Worte mit jenen im «Prolog», ist offensichtlich:

«Ein wenig beser würd' er leben,
Hätt'st du ihm nicht den Schein des Himmelslichts gegeben;
Er nennt's Vernunft und braucht's allein,
Nur tierischer als jedes Tier zu sein.»

Schon dort mußten wir dem Einwand Raum geben, daß es dem Widersacher doch sehr gelegen kommen müßte, wenn der Mensch sein Dasein tierischer als jedes Tier verlebte. Und die Verkehrung von Faustens Streben in ein reines Genießen materieller Gelüste, wie Mephisto glaubt es eben erreicht zu haben, ist dafür volle Bestätigung. Wir sagten daher, daß dieser Vorwurf in der Maske des Mitleids nur Hohn und Lüge sein kann.

Nach den Ereignissen dieser Szene, können wir rückblickend dieses Wort jedoch von zwei Seiten her verstehen; denn wir haben gesehen, wie Goethe einmal das luziferische Prinzip: «Assoziiert euch mit einem Poeten», einmal das ahrimanische: «Wenn ich sechs Hengste zahlen kann...», durch Mephisto sprechen läßt. Von diesem Doppelaspekt ist auch das Wort im «Prolog» zu erkennen.

Die Verachtung der Vernunft, als «Schein des Himmelslichtes», liegt durchaus im Sinne Ahrimans. Hören wir ihn durch Mephisto sprechen, dann ist sein Bedauern dem Herrn gegenüber Lüge und Verstellung. Anders, wenn wir dabei das luziferische Prinzip im Auge hätten. Luzifer, als «Erkenntnis-Bringer», der an den «Gott» im Menschen appelliert, wird niemals Verlangen nach Verachtung von Vernunft und Wissen tragen. Sein Bedauern wäre auch nicht Heuchelei und Hohn.

Die Möglichkeit, Mephisto als Repräsentanten des Doppelantlitzes des Bösen erscheinen zu lassen, hat sich Goethe dadurch gewahrt, daß er ihn bewußt nur zu einer dienenden Wesenheit der widergöttlichen Sphäre macht. Dies bestätigen Mephistos eigene Worte, wie etwa: «Allwissend bin ich nicht; doch viel ist mir bewußt»; vor allem aber die Selbstcharakteristik: «Ich bin keiner von den Großen». Galt Mephisto, der «Schalk», ja auch dem Herrn als eine «verneinende Wesenheit», die ihm am wenigsten «zur Last» ist. Und Rudolf Steiner spricht in diesem Zusammenhang von dem *«größten Humoristen»*, der ein Genosse desjenigen sei, *«der uns in Goethes Mephistopheles gegenübersteht». (S. 56)*

Man darf diesen Doppelaspekt der Mephisto-Gestalt nun freilich nicht dahin verstehen, daß Mephisto bewußt abwägen und überschauen würde, wann er das eine oder das andere Prinzip in sich zur Wirkung bringt. Er hat im Drama dichterische Wirklichkeit, ist also sowohl der irdischen als auch der geistigen Welt gegenüber Schein und hat keine Realität. Wohl aber hat Realität, was der Dichter an dieser Gestalt zum Aufscheinen bringt. In diesem Sinne enthüllt uns die dichterische Wirklichkeit einen

Wahrheitsgehalt, der dem normalen Tagesbewußtsein verborgen bleibt. Von diesem aufscheinenden Wahrheitsgehalt her gesehen, haben wir Mephisto als Repräsentanten jeweils der einen oder der anderen widergöttlichen Wirkenskraft zu verstehen.

So zeigen die ersten Verse des Monologes deutlich die Tendenz von ahrimanischen Wesenheiten, von denen es in den «Leitsätzen» Rudolf Steiners heißt, daß sie *«zu den größten, umfassendsten und eindringlichsten Intelligenzen des Kosmos gehören.»* Mephisto, der sich in diesem Augenblick zu ihrem Sprachrohr macht, weiß daher genau, daß er Faust unbedingt hat – völlig unabhängig von den Bedingungen der Wette –, wenn der Mensch Vernunft und Wissen verachtet.

Daß er sich dabei bezüglich des Gegenstandes dieser Verachtung in einem Irrtum befindet, Faust eben nicht diesen «Schein des Himmelslichtes», sondern gerade jenes kalte, ahrimanische Verstandesdenken verachtet, haben wir bereits vermerkt.

Auch das erneute Aufgreifen von Faustens mächtigem Seelenstreben steht in völliger Korrespondenz zu den Worten gegenüber dem «Herrn». Dort hieß es: «Ihn treibt die Gärung in die Ferne.»

Jetzt:

«Ihm hat das Schicksal einen Geist gegeben,
Der ungebändigt immer vorwärts dringt,
Und dessen übereiltes Streben
Der Erde Freuden überspringt.»

Einen Geist, der über alle Freuden dieser Erdenwelt hinwegeilt, sie überspringt. Von der Doppelsphäre des «Bösen» her betrachtet, könnten diese Worte von beiden Prinzipien gesprochen sein: bejahend durch Luzifer, verächtlich durch Ahriman. Damit aber tritt auch die Wendung der Sinngebung ein, die als Widerspruch erscheinen muß, wenn man nicht jene Polarität des Bösen im Hintergrund sieht, die durch Mephisto spricht:

«Den schlepp' ich durch das wilde Leben,
Durch flache Unbedeutenheit...
Er wird Erquickung sich umsonst erflehn.»

Dies steht im Gegensatz zu der anfänglich gepriesenen Verachtung der Vernunft. Denn das Ziel dieser Verachtung muß es ja sein, Faust in der «flachen Unbedeutenheit» aufgehen zu lassen, ihn gerade durch «Erquikkung» im Genuß dazu zu bringen, dem «Augenblick» ein «Verweilen» abzufordern. Gerade das aber ist nicht der Fall. Mephisto packt Faust jetzt vielmehr bei jenem «Trieb», von dem er ihn durch Verachtung der Vernunft eben abbringen wollte: bei seinem nimmermüden Streben, das dem Augenblick niemals ein Verweilen zubilligen kann:

«Und hätt' er sich auch nicht dem Teufel übergeben,
Er müßte doch zugrunde gehn!»

Warum müßte Faust auch ohne Teufel zugrunde gehn? Offenbar deshalb, weil sein ewig ungestilltes Sehnen ihn unaufhörlich in Enttäuschung und Verzweiflung treiben muß. Das aber liegt nicht in der Intention Ahrimans. Abkehr von der materiellen Welt ist Luzifers Bestreben, der sich erhofft, den verzweifelten und enttäuschten Menschen dann in sein Geistesreich führen zu können.

Dieser Doppelaspekt des Schluß-Monologes, den Goethe in dem vorangegangenen Verhalten Mephistos bereits deutlich vorbereitet, wird uns auch durch Rudolf Steiner bestätigt:

«Solche Widersprüche sind durchaus darauf zurückzuführen, daß die zwei Charaktereigenschaften, das Luziferische und das Ahrimanisch-Mephistophelische, durcheinanderkommen.» (10)

Schließlich darf eines nicht übersehen werden: Mephisto spricht diese Worte bereits in Faustens Gewand. Und er wird darin gleich den «Schüler» belehren, in der Art, wie Faust es in diesem Kleide getan hat. Viel eindringlicher als bisher werden wir dadurch auf den Mephisto verwiesen, der in Faust wirkt. Dies berücksichtigend, sprechen sich in diesem Schlußmonolog auch die «zwei Triebe» in Faustens Brust, in ihrem unverhüllten Wesen aus.

Nicht bloß der verkleidete Mephisto steht vor uns: auch der Mensch in der ganzen Zerrissenheit seiner Zwienatur.

«Der arme Knabe wartet lange,
Der darf nicht ungetröstet gehn.»

Was mag Goethe bewogen haben, dieses Intermezzo einzufügen, das für den äußeren Handlungsverlauf doch scheinbar nur eine Nebenepisode bedeutet? Daß sich Faust der Begegnung mit dem Schüler entzieht – «Mir ist's nicht möglich ihn zu sehn» –, wird für ihren Sinngehalt bestimmt von Bedeutung sein, ihn jedoch gewiß nicht erschöpfen. Denn ginge es nur darum, hätte eine bloße Erwähnung genügt.

Das schüchtern-linkische, aber doch von großer Ehrfurcht kündende Wesen des Schülers kann uns – trotz seiner völligen Andersartigkeit – an den nächtlichen Besuch Wagners in der Osternacht erinnern.

«Ich bin allhier erst kurze Zeit,
Und komme voll Ergebenheit,
Einen Mann zu sprechen und zu kennen,
Den alle mir mit Ehrfurcht nennen.»

Tatsächlich hat Goethe in dem Schüler ein Gegenbild Wagners gesehen. Verkörpert dieser das *«helle, kalte wissenschaftliche Streben»*, so der Schüler ein *«dumpfes, warmes»*. Und wie in Wagner, dürfen wir in dem Schüler ebenfalls eine Vergleichsgestalt zu Faust erblicken.

«Ich wünschte recht gelehrt zu werden,
Und möchte gern, was auf der Erden
Und in dem Himmel ist, erfassen,
Die Wissenschaft und die Natur.»

So muß wohl auch der junge Faust gesprochen haben, als er voll Wissensdurst und Lernbegier diese Lehrstätten betrat. Und gewiß hegte auch Faustens «frisches Blut» damals ob dieses «gar beschränkten Raumes», ähnliche Gefühle:

«Man sieht nichts Grünes, keinen Baum,
Und in den Sälen, auf den Bänken
Vergeht mir Hören, Sehn und Denken.»

Ein kurzer Blick in die Zukunft freilich würde diese Parallelität Lügen strafen. Dürfen wir in dem Schüler so etwas wie ein Jugendporträt Faustens sehen, so lebt doch kein Faust in dem Schüler. Wenn wir ihm im zweiten Teil der Dichtung als «Baccalaureus» wiederbegegnen werden, wird er sein «warmes wissenschaftliches Streben» verloren haben und ein Repräsentant jenes hyperklugen Typus sein, der anmaßend und arrogant überzeugt ist, daß die Welt überhaupt erst mit ihm begonnen hat.

Worin mag die Ursache liegen, daß solch hoffnungsvolle Anlagen und Voraussetzungen verloren gehen, sich oft sogar in ihr Gegenteil verkehren? Gewiß kann man es sich nicht anstudieren, ein «Faust» zu werden; aber eines ist ebenso richtig: daß alles *«wissenschaftliche Streben»*, seine Gesinnung, sein Wahrheitsdrang, die ehrliche Sehnsucht nach den echten Lebensquellen, kurz: der Geist, der dem jungen Wahrheitssucher verabreicht und mitgegeben wird auf seinem Weg, nicht ohne Einfluß bleibt auf die innere Reifung und Gestaltung seiner Individualität. Freilich kann sich erst nach vollem Erwachsensein zeigen, wes Art dieser Geist war, der ihr eingeimpft wurde, und ob er die mitgebrachten Anlagen erhöhen konnte, oder zersetzend und zerstörend gewirkt hat.

Und hier steht dieser Geist vor uns: Mephisto, der in Fausts Talar in diesem Augenblick jene Gelehrsamkeit repräsentiert, die den jungen Kandidaten in «diesen Mauern», «diesen Hallen» erwartet. Wehe dem, der sein Wesen nicht rechtzeitig erkennt und die Wurzel anderswo sucht. Dann wird aus einem zwar noch «dumpfen», aber seelenwarmen Streben ein super-wacher Baccalaureus, dem alle Herzenswärme verlorengegangen ist.

Damit mag uns bereits eine Seite des Sinngehaltes dieser Szene aufscheinen: eine Demonstration jenes Wissens, das Faust selbst «an die zehen Jahr» seinen Schülern gelehrt hat.

Auch in dieser Satire zeigt uns Mephisto das Doppelantlitz des Bösen, wie er es eben Faust gegenüber erkennen ließ. Auch jetzt ist diese zweifache Wirkenskraft die Erklärung für sein widersprüchliches Verhalten.

Im trockenen, pedantischen Professorenton beginnt er die Unterweisung und sein mit Ironie und Sarkasmus durchsetztes «Collegium logicum» bringt es fertig, den jungen Kandidaten so durcheinanderzubringen, daß dieser meint, «es ginge ihm ein Mühlrad im Kopf herum.»

Dies liegt aber ganz im Sinne jener ahrimanischen Intention, die auch Faust von den ideellen Werten abbringen wollte: jeden, den es drängt zu ergründen «was die Welt im Innersten zusammenhält», so zu verwirren, daß er verzweifelt glaubt, Vernunft und Wissenschaft verachten zu müssen.

Freilich muß es uns bei diesen verneinenden Absichten merkwürdig berühren, daß Mephistos Dozieren scheinbar Wahrheiten zugrunde liegen, die oft sogar Goethes eigene Ansichten wiedergeben. So etwa das Urteil über jene Analogie, welche die Philosophen zur «encheiresin naturae» des Chemikers vollziehen. Es war dies die Lehre von jenen «unerforschlichen Handgriffen (encheireses) der Natur», durch welche die einzelnen Teile und Stoffe zu einem lebendigen Ganzen verbunden werden. Dieses Ganze, so lehrte der Chemiker Spielmann in Straßburg, dessen Schüler Goethe war, könne man wohl in seine einzelnen Teile zerlegen, aber jenes «geistige Band» ginge bei dieser Scheidung verloren. Die Anwendung dieses Verfahrens auf philosophischem Felde hat Goethe scharf kritisiert:

«Unsere Philosophen verfahren genau so wie die Chemiker; aber wenn diese auch die richtige Erkenntnis von dem Verlust haben, den ihr Verfahren notwendig mit sich bringt, so verfahren sie als Lehrer doch selbst so geisttötend, daß ihre Lehre von der ‹encheiresis› die reine Ironie ist.» (11)

«Wer will was Lebendigs erkennen und beschreiben,
Sucht erst den Geist herauszutreiben,
Dann hat er die Teile in seiner Hand,
Fehlt leider! nur das geistige Band.»

Noch eindringlicher zeigt sich die Entsprechung zur Goetheschen Auffassung auf dem Gebiet der Jurisprudenz:

«Es erben sich Gesetz' und Rechte
Wie eine ew'ge Krankheit fort;...
Vom Rechte, das mit uns geboren ist,
Von dem ist leider nie die Frage.»

Es war Goethes Überzeugung, daß jeder Generation das Recht gewahrt werden müsse, das mit ihr geboren ist; ein Recht, das die Individualität sich mit herunterbringt zur Erde. Goethe hat dies bereits den «Dichter» im «Vorspiel» aussprechen lassen:

> «Der Dichter sollte wohl das höchste Recht,
> Das Menschenrecht, das ihm Natur vergönnt,
> Um deinetwillen freventlich verscherzen!»

Wir sagten damals, Faust würde dieses Recht als das «mit uns geborene» bezeichnen. Nun zeigt sich, daß Mephisto dieses Wort spricht. Es kann jedoch kein Zweifel sein, daß jenes, dem Menschen verbundene Recht eine faustische Erkenntnis ist. Das Dichterwort des «Vorspieles» und Goethes eigene Meinung bestätigen dies zur Genüge.

Überdies spricht Mephisto im Professoren-Talar Faustens. Das bedeutet nicht bloß eine äußerliche Verkleidung; sie ist in ihrer Verwesentlichung zu verstehen. Es spricht hier nicht der Mephisto, der im «Prolog» dem «Herrn» Rede stand, auch nicht jener, der in den Studierzimmer-Szenen mit Faust diskutierte und focht. Dort war es der mephistophelische Geist in seiner Unmittelbarkeit. Hier spricht er durch eine Seelenschicht des Menschen. Es ist menschliches Denken, das unbewußt von diesem mephistophelischen Geist affiziert ist und das auch durch Faustens Mund gesprochen hat, so lange, bis es von ihm erkannt und durchschaut wurde. Nicht alles von dem hier Gesagten ist daher «in nomine diaboli» gesprochen.

Dies wirft gleichzeitig auch ein Licht auf Faustens Unwillen, den Schüler zu empfangen. Faust kann nach seiner radikalen Absage an alle seine bisherigen Lebensgrundlagen und nach dem Erkennen jener Intelligenz, die das Verstandeswissen durchzieht, nicht mehr jener Professor sein, der er zehn Jahre lang war. Faust ist ein anderer geworden. Würde er weiterhin das sein, was er bisher war, dann bedeutete dies, gemessen an seiner gewonnenen Erkenntnis, ein Zurückbleiben gegenüber seinem eigenen Selbst. Diesen «zurückgebliebenen» Faust verkörpert uns in diesem Augenblick der Geist, dessen Wesen die Retardierung ist.

Und doch! So sehr wahr uns manche dieser Sentenzen aus Mephistos Mund auch erscheinen mögen, so richtig es ist, daß wir sie mit Faustens, ja sogar mit Goethes eigenen Auffassungen in Einklang setzen dürfen, so erweckt die Art ihres Vortrages doch warnendes Unbehagen.

Allein die Reaktion, die Mephistos «Colleg» bei dem Schüler hervorruft, kann sie uns deutlich machen. Die Geistlosigkeit der Logik, der bloße Wortglaube der Theologie, die wie eine Erbkrankheit durch Generationen sich dahinschleichenden Rechts- und Gesetzesnormen, so wahr dies alles sein mag, hat es doch nur ein Ziel: den Schüler restlos zu verwirren und ihn unsicher zu machen. Durch dieses «Wie» seines Vortrages schrumpfen die Wahrheiten zu Teil-Wahrheiten zusammen, und die vorhin erwähnte Empfindung, die uns befällt, urständet in der Einsicht, daß es Mephisto gar nicht um die Wahrheit zu tun ist, die er mitunter ausspricht, sondern um diese Verwirrung und Verunsicherung. Alles ist für einen bestimmten Zweck, in einer bestimmten Absicht gesagt. Und gerade dieses ist ein Wesensmerkmal sowohl des ahrimanischen, als auch, obzwar mit anderen Zielsetzungen, des luziferischen Prinzipes.

Beide kennen jenes Verhältnis zur Wahrheit nicht, wie es der Mensch versteht: Wahrheit, als Übereinstimmung einer Vorstellung, eines Gedankens mit den objektiven Gegebenheiten.

«Das kennt Ahriman nicht. Darum ist es ihm gar nicht zu tun... Ihm, Ahriman, handelt es sich bei alledem, was er für sich als Wahrheit – wir würden es im menschlichen Zusammenhang nicht Wahrheit nennen –, aber was er für sich als Wahrheit ausbildet, immer um Wirkungen. Es wird nicht etwas gesagt, um mit etwas anderem übereinzustimmen, sondern um zu wirken. Dies oder jenes wird gesagt, damit es diese oder jene Wirkungen hervorbringt.» (12)

Eine allerwichtigste Erkenntnis läßt sich daraus gewinnen. Daß es nämlich in unserer fünften Kulturepoche nicht mehr genügt, bloß die Richtigkeit oder Unrichtigkeit eines Gedankens oder Wortes zu prüfen. Gleich wesentlich ist es, das Woher zu durchschauen, aus dem Wort oder Gedanke fließt. Denn auch der Teufel kann die Wahrheit sprechen. Der Widersacher verfolgt ein bestimmtes Ziel. Dabei muß er sich natürlich Glaubwürdigkeit verleihen; und so wird für schlechten Zweck gar oft die Wahrheit mißbraucht.

«Man muß nur die Künste kennen, Wahrheiten so hineinzuwerfen in irgendein Lebensgebiet – in diesem Falle in die Menschheit –, daß man nur ihre Wirkung berechnet, nicht ihre Übereinstimmung mit der Objektivität.» (12)

Auch Luzifer ist es nicht um Übereinstimmung irgendeiner Vorstellung mit dem objektiven Sachverhalt zu tun. Ihm geht es darum, ein *«möglichst ausgebreitetes Bewußtsein»* im Menschen zu erzeugen; ein Bewußtsein, das *«mit einer gewissen inneren Wollust»* sich ausbreiten und entfalten soll. Er hat wesentlichen Anteil daran, *«daß das Unbewußte in das Bewußte und immer Bewußtere hereingeholt wird.» (12)*

Im Laufe der Evolution war es vor allem der *«unbewußte Charakter des sexuellen Vorganges»* älterer Zeiten, der durch Luzifer ins Bewußtsein gehoben, und dort zur wollüstigen Entfaltung gebracht wurde. Für *«harmloses Ergötzen des Menschen an Äußerem»*, zeigt Luzifer überhaupt kein Verständnis. Wohl aber ist er interessiert daran, *«daß jemand in sich eine Leidenschaft hervorruft, der er frönt, die ihm Wollust bereitet, so daß möglichst ins Bewußtsein gerufen wird das, was sonst unterbewußt bleibt.» (12)*

Beiden Prinzipien geht es also nicht um objektiven Wahrheitsgehalt. *«Bei Ahriman handelt es sich um die Wirkung bei dem, was er sagt, bei Luzifer... um die Ausbreitung der Bewußtheit in der menschlichen Natur von dem, was eigentlich nicht bewußt werden sollte in einer gewissen Lage... und verknüpft ist mit einer gewissen Wollust.» (12)*

Der Wirkung von Mephistos Worten sind wir zur Genüge ansichtig geworden. Die ahrimanische Tendenz scheint in dem Augenblick in eine luziferische umzuschlagen, da der völlig verwirrte Kandidat nun auch über die Medizin ein «kräftig Wörtchen» zu hören verlangt. Der Wendepunkt wird durch Mephisto selbst markiert:

> «Ich bin des trocknen Tons nun satt,
> Muß wieder recht den Teufel spielen.»

Bisher sprach Mephisto im «trockenen» Gelehrten-Ton; gleichsam im Ton eines Faust vor der Osternacht. Jetzt will er «recht den Teufel spielen». Er kann auch jetzt nicht ganz Teufel sein, denn er steckt ja immer noch in Faustens Talar. Nicht ganz er selbst, aber auch nicht mehr ganz einstiger Faust, kaschiert sein «Spiel» das Böse. Gerade dadurch aber wird diesem Bösen die Möglichkeit gegeben, als Spiel maskiert, nunmehr effektiver hereinzuwirken, und ohne Abschwächung des bisher praktizierten Gelehrtentones, unmittelbar die Seele zu affizieren. Ein luziferisch

Böses, über dessen zweideutige Absichten man keinen Augenblick im Zweifel ist. Der verwirrte Schüler wird nunmehr zu gemeiner Sinnlichkeit verlockt:

«Besonders lernt die Weiber führen;
Es ist ihr ewig Weh und Ach
So tausendfach
Aus einem Punkte zu kurieren...»

Es zeigt sich deutlich: Luzifer erweckt Wollust und hebt dadurch Unbewußtes ins Bewußtsein. Und es wird kaum hundert Jahre währen – ausgehend von der Zeit Goethes – wo eine Psychoanalyse tatsächlich nur diesen einen Punkt für Diagnose und Therapie im Auge haben wird.

In diesem Sinne hat Faust jedoch den «Geist der Medizin» nie verstanden. Mit welch redlichem Einsatz seines ganzen Mensch-Seins, mit welcher Anteilnahme des Herzens hat er stets versucht dem Geist der Heilkunst gerecht zu werden:

«Mit Tränen, Seufzen, Händeringen
Dacht' ich das Ende jener Pest
Vom Herrn des Himmels zu erzwingen...»

In der mephistophelischen Fakultät jedoch ist der «Geist der Medizin» leicht zu fassen:

«Grau, teurer Freund, ist alle Theorie
Und grün des Lebens goldner Baum.»

Der Schüler fühlt sich «wie im Traum!» Und als er, überwältigt von der Weisheit des eben Gehörten, Mephisto sein «Stammbuch» mit der Bitte überreicht: «Gönn' Eure Gunst mir dieses Zeichen!» –, krönt Mephisto seine Vorlesung mit dem Bibelvers:

«Eritis sicut Deus, scientes bonum et malum.»

«Ihr werdet sein wie Gott, und wissen, was gut und böse ist.» (1. Moses, 3/5)

Damit aber setzt Mephisto gerade das Gegenteil dessen, was seine «Eloquentia» bisher erstrebte: er kehrt das Bewußtsein hin zum Baum der Erkenntnis, dessen Frucht er eben sarkastisch glossierte. Das Wort Luzifers: «ihr werdet sein wie Gott», appelliert an die «Gottähnlichkeit» des Menschen. Allerdings an eine Gottähnlichkeit, wie sie Luzifer sehen will. Wohl hat er uns die «Augen aufgetan», d. h. die Sinne des Menschen geöffnet, aber nicht, damit wir unsere wahre göttliche Ebenbildschaft erkennen sollen, sondern um im Wissen von unserer Geistnatur, ihm zu folgen. Deshalb auch die Prophezeihung: «Dir wird gewiß einmal bei deiner Gottähnlichkeit bange!»

Luzifer bläst dem Menschen wohl ein, «ein Gott zu sein», verschweigt aber gleichzeitig das «Himmelslicht», das der Mensch vom «Herrn» gereicht bekam. Der Hochmut, der zwangsläufig aus solch einem Wissend-Werden erfließen muß, soll den Menschen zu dem Gott führen, der in Wahrheit Luzifer ist. In der Gestalt des «Baccalaureus» wird sich diese Gottähnlichkeit zu erkennen geben.

Wie immer es sich mit Luzifers Intentionen in der Evolution aber auch verhalten mag, für uns ist es wesentlich, das gegensätzliche Verhalten Mephistos dem Schüler gegenüber klar zu erkennen. Sollte das Fakultäts-Wissen seine Sinne und sein Denken zunächst verwirren und ihm jegliches Vertrauen zu ihnen nehmen, so ist der Bibelvers gerade ein Appell an Sinne und Bewußtsein. Daß Mephisto dabei ganz in der luziferischen Sphäre steht, spricht er selbst aus:

> «Folg' nur dem alten Spruch und meiner Muhme, der Schlange,
> Dir wird gewiß einmal bei deiner Gottähnlichkeit bange!»

Fragen wir uns rückblickend noch einmal nach dem Sinn dieser Szene, so zeigt sie sich als eine ironisch-satirische Kontrapunktik zum Hauptthema. Ein Kontrapunkt hat zwar ein eigenes Melos, doch ist dieses nicht um seiner selbst willen da; es beleuchtet die Hauptstimme. So ist es auch hier. Wir konnten in dem Schüler ein Jugendbildnis Faustens erblicken, erlebten wie dieser junge Faust einst mit jenem, durch Mephisto infizierten Verstandeswissen konfrontiert wurde, und wie dieser mephistophelische Bazillus in Faustens eigener Gelehrsamkeit unbemerkt gewirkt hat. Wir sahen auch – vorausblickend auf die Baccalaureus-Gestalt – welche Früchte dieses Wissen in einer jungen, wissensdurstigen Schüler-Seele zeitigen kann und verstanden schließlich Faustens Ablehnung den Schüler zu empfangen, als Ausdruck der Wandlung und restlosen Abkehr von dieser Gelehrsamkeit. Faust hat seinen Universitäts-Talar endgültig abgelegt, und blickt voll zweifelnder Erwartung einem neuen Leben entgegen:

«Wohin soll es nun gehn?»

Der «Lehrgang» der «platten Unbedeutenheit», durch den Mephisto glaubt, Faust «schleppen» zu können, soll diesem zuerst die «kleine», dann die «große» Welt eröffnen:

«Mit welcher Freude, welchem Nutzen,
Wirst du den Kursum durchschmarutzen!»

Faust ist ob des Gelingens skeptisch:

«Ich wußte nie, mich in die Welt zu schicken,
Vor andern fühl' ich mich so klein;
Ich werde stets verlegen sein.»

Die Antwort Mephistos ist symptomatisch für unsere Gegenwart:

«Mein guter Freund, das wird sich alles geben;
Sobald du dir vertraust, sobald weißt du zu leben.»

Symptomatisch deshalb, weil heute ganze Berufsgruppen durch fragwürdigste occulte Mittel zum «Selbstvertrauen» gedrillt werden und Instruktionen erfahren, wie es zu machen ist, daß man «Erfolg» im Leben hat. Es ist leicht abzulesen, wer hinter solch einem Bewußtseins- und Willenstraining steht.

Der Ausklang der Szene bringt Faust den «Zaubermantel», den er sich im Anblick der scheidenden Abendsonne so heiß ersehnt hat:

«Wir breiten nur den Mantel aus,
Der soll uns durch die Lüfte tragen…
Ein bißchen Feuerluft, die ich bereiten werde,
Hebt uns behend von dieser Erde.»

Warum dieser merkwürdige Abgang? Der anschließende Besuch von «Auerbachs Keller» hätte ein derartiges Hokuspokus, das nach Ansicht mancher Ausleger eine Glossierung der «Montgolfieren», der damals aufgekommenen Heißluftballone bedeuten soll, wahrlich nicht erfordert. Die bekannte Leipziger Studentenkneipe hätte Faust bestimmt auch auf normalem Wege gefunden. Auch in den Gretchen-Szenen verläßt die Handlung nicht den irdischen Plan. Zwar werden wir all diese kommenden Begebenheiten nicht allein von ihrem «Wirklichkeitsbezug» her zu verstehen haben. Jede einzelne wird uns in ihrer «Verwesentlichung» geistig-seelische Realitäten aufscheinen lassen; hinter der irdischen Wirklichkeit verborgene Realitäten, die Faust erleben und erkennen muß. Das sagt aber keineswegs, daß diese kommenden Bilder bloße Symbole wären. Sie spielen auf diesem Erdenplan und bilden in ihrem Wirklichkeitsbezug eine in sich geschlossene Handlung.

Ausnahmen sind allerdings gegeben. Mit Szenen wie «Hexenküche», «Romantische Walpurgisnacht», betreten wir offensichtlich eine jenseits der Sinneswelt liegende Sphäre. Über sie wird ausführlich zu sprechen sein. Dessen ungeachtet, führt uns die Magie des Zaubermantels jedoch nicht unmittelbar in diese außer-irdische Wirklichkeit, und die Frage nach ihrer Bedeutung bleibt bestehen.

Ihr Sinn dürfte in kompositorisch-formalen Erwägungen des Dichters liegen. Für den Zuschauer wird durch diese Magie Faustens Verlassen des Hauses in seinen irdischen Konturen verwischt. Es ist dem Begreifen des tagwachen Bewußtseins entzogen. Faust geht eben nicht durch das Tor, er nimmt nicht «Pferde, Knecht und Wagen», sein Aus-dem-Haus-Gehen ist ein «unbegreifliches Verschwinden», wie es der Famulus Wagners später bezeichnen wird. Gerade das aber gibt uns zu verstehen, die kommenden Szenen, trotz ihrer irdischen Wirklichkeit, doch nicht ausschließlich von dieser irdischen Perspektive her zu begreifen. Verwischt sich dadurch doch auch die Chronologie der folgenden Bilder. Jedes einzelne ist zwar für sich greifbar und erklärbar, ihr Gesamtzusammenhang jedoch, der Übergang von einem zum anderen ist aus dem reinen Wirklichkeitsbezug herausgelöst. Nicht das Kontinuum einer irdischen Zeitdimension stellt den inneren Zusammenhang der Szenen her, sondern die innere Entwicklungsdynamik und Bewußtseinsreifung Faustens. Dort liegen Anstoß und Ursachen des szenischen Geschehens.

Dadurch bleibt die Zeitdauer zwischen den Szenen im Unbestimmten. Die Bilder, die Goethe aufblendet, sind Marksteine auf Faustens Bewußtseinsweg, Brennpunkte, in denen sich mannigfaltigste, mitunter über größere Zeiträume sich erstreckende Erlebnisse, wie in einer Linse konzentrieren. Kurz: wir werden durch diesen magischen Abgang Faustens doch in einer gewissen Weise «von dieser Erde gehoben». Dies wollen wir bei den kommenden Betrachtungen nicht unberücksichtigt lassen.

«Ich gratuliere dir zum neuen Lebenslauf!»

Faust wird durch ihn so mancher Wirkenskraft in seinem Wesen gewahr werden, die ihm bisher unbekannt und verborgen war.

Auerbachs Keller in Leipzig

Nachdem Faust die «Studierstube» verlassen hat, soll er «losgebunden frei» erfahren, «was das Leben sei». Das Leben freilich in mephistophelischer Sicht.

Nimmt man die Szene rein als sinnliche Wirklichkeit, könnte man die Frage stellen, ob Mephisto tatsächlich glaubt, durch derartige Plattheiten Faust von seinem «hohen Streben» abbringen und ihn auf so billige Art «mit Genuß betrügen» zu können. Gewiß, er muß alles daransetzen, Faust etwas Neues, ihm Unbekanntes zu eröffnen, so bedingt es die Wette: «Du sollst, in diesen Tagen, mit Freuden meine Künste sehn, / Ich gebe dir, was noch kein Mensch gesehn.» Allein er wird sich anstrengen müssen und nur zu bald wird ihm die Aussichtslosigkeit seines ursprünglichen Vorhabens bewußt werden: «Den schlepp' ich durch das wilde Leben, / Durch flache Unbedeutenheit.» Denn was sich in den Studierzimmer-Szenen bereits abzeichnete, gilt auch für «Auerbachs Keller» und die folgenden Geschehnisse: indem der Widersacher sich an den Menschen heranmacht, muß er ihm notgedrungen manches Geheimnis preisgeben, das dem Menschen ohne diesen «Pakt» verschlossen bliebe. Am Menschen liegt es jedoch, das Wesentliche davon zu ergreifen. Für den, der die Erscheinungswelt als Phänomen betrachtet, dem sie Gleichnis eines Unvergänglichen ist, ist diese Welt der Vergänglichkeit voller Wunder. Und man könnte der ganzen Szene zur Überschrift das in ihr gesprochene Mephisto-Wort geben:

«Ein tiefer Blick in die Natur!»

Diesen Blick in die Natur hat Faust bereits des öfteren getan, als er durch Magie und Alchimie zu erkennen suchte, was die Welt «im Innersten zusammenhält». Dieser damals noch redliche Blick war ihm vom Vater gelehrt und vererbt worden:

«Mein Vater war ein dunkler Ehrenmann,
Der über die Natur und ihre heil'gen Kreise

In Redlichkeit, jedoch auf seine Weise,
Mit grillenhafter Mühe sann;...»

So sprach er zu Wagner an jenem denkwürdigen Osterspaziergang. Und vergessen wir auch nicht den Ur-Ausgangspunkt des Dramas, wie er sich im Dialog zwischen Mephisto und dem «Herrn» darstellte. Es geht um Wert und Güte der göttlichen Schöpfung, damit aber auch um das Erkennen, daß das «Böse» eine Notwendigkeit darstellt, sowohl für die Welt, als auch für den Menschen. All diese innersten Geistzusammenhänge hat der Mensch zu ergründen, soll sich ihm die Intention des «Herrn» und die Mission des Menschen offenbaren.

Deshalb erscheint diese Szene nur vom oberflächlichsten Wirklichkeitsbezug her betrachtet als ein zügelloses Gelage fressender und saufender Studenten. So gesehen, stellt sie sich mit ihrem unbarmherzigen Sarkasmus der Wagner- und Schülerszene an die Seite. Entzog erstere der Persönlichkeit des Lehrenden den Schein der Erhabenheit, glossierte die Schülerszene die Schwächen des Fakultätswissens, so zeigt Auerbachs Keller in dieser Perspektive die Leere und Dumpfheit der Studenten mit all ihren Plattituden auf. Aber das ist nicht ihr eigentliches Anliegen. Was soll Fausts Eintauchen in dieses Milieu? Zwar ist es sein Wille, sich nunmehr in «Taumel» und «schmerzlichsten Genuß» zu stürzen und in den «Tiefen der Sinnlichkeit» seine «glühenden Leidenschaften» zu stillen. Allein, Faust sucht auch in diesen Tiefen der Sinnlichkeit das Verborgene:

«In undurchdrungnen Zauberhüllen
Sei jedes Wunder gleich bereit.»

Mephisto wird alle Mühe haben, den zweifachen Anforderungen seines Paktgenossen gerecht zu werden und dessen «phänomenologischem» Blick Nahrung zu bieten, wenn er ihn nunmehr hinunterführt in den «Keller», wo «Magen» und «Bauch» zu Worte kommen und sich jeder in seiner Kreatürlichkeit «kannibalisch» wohl fühlt. Gerade Fausts scheinbares Unbeteiligtsein, sein Widerwille gegenüber den Abgeschmacktheiten dieser ihm dargebotenen Welt, werden Mephisto zu ernst zu nehmenden Proben seiner teuflischen Wirkenskräfte herausfordern, ihn zwingen, die tieferen Schichten dieser Höllenkünste bloßzulegen und Faust die dunkel-drohenden Geheimnisse dieser Sphäre zu enthüllen, deren unterbewußte Abgründigkeit auch das Willensleben umgreift. Denn nur für den in seine tiefste Kreatürlichkeit hinabgesunkenen Menschen ist sie der Quellort für jegliche «Dummheit» und «Sauerei». Gleich beim Eintritt kommentiert Mephisto dieses Wohlbehagen der Kreatur:

«Dem Volke hier wird jeder Tag ein Fest.
Mit wenig Witz und viel Behagen
Dreht jeder sich im engen Zirkeltanz,
Wie junge Katzen mit dem Schwanz.»

Als Faust «vor dem Tore» sich unter das Volk mischte, da konnte er noch von dieses «Volkes wahrem Himmel» sprechen und das Jauchzen dieser Volksseele mitempfinden: «Hier bin ich Mensch, hier darf ich's sein!» Jetzt wird er durch Mephisto in den «engen Zirkeltanz» eines Tier-Kreises geleitet.

Faust jedoch kann sich nur angewidert von all dem abwenden. Eine wesentliche Hilfe zum tieferen Verständnis dieser Szene bietet uns ein Blick auf das gleiche Geschehen im «Urfaust». Dort nämlich ist Faust selbst der agierende Teil, der auch von sich aus die ganze Wein-Zauberei inszeniert. Jetzt dagegen ist Mephisto der Urheber und Akteur, während Faust merklich von all diesen Teufelskünsten distanziert wird. In der Zeit, die sich vom Urfaust-Manuskript hinüberdehnt zur endgültigen Fassung, ist es Goethe wohl selbst immer klarer geworden, wer in Wahrheit die treibende Kraft im Menschen ist, die ihn von seinem «Urquell» abzieht und in die Plattheiten des kreatürlichen Daseins hinunterstößt. Diese Erkenntnis läßt ihn nun deutlich unterscheiden, welcher Anteil im Menschen den mephistophelischen Kräften zukommt. Was der Dichter selbst erkannt hat, soll sich in Faust Schritt für Schritt offenbaren. Das «Böse» tritt in unserer, der fünften nachatlantischen Bewußtseinsepoche, die man nicht zufällig auch die «faustische» nennt, in den verschiedensten Formen an den Menschen heran. Es tritt in einer Weise heran, *«daß er wissenschaftlich wird zu lösen haben die Natur, das Wesen des Bösen, daß er wird zurechtzukommen haben in seinem Lieben und Hassen mit alle dem, was aus dem Bösen stammt, daß er wird zu kämpfen, zu ringen haben mit den Widerständen des Bösen gegen die Willensimpulse.» (1)* Alles das gehört mit zur Aufgabe dieser fünften nachatlantischen Zeit. Faust soll schauend erkennen, wie die mephistophelische Macht in dieser untergründigen Willensregion tätig ist. Und nur er, der als Mensch dem Bösen gegenüber steht, vermag dies. Mephistopheles selbst ist dies nicht möglich. *«So wenig das Auge sich selber sehen kann»*, lesen wir bei Rudolf Steiner, *«sondern anderes, so wenig sieht Mephistopheles, er, der Impuls des Bösen, dieses Böse selbst.» (1)* Faust muß es sehen, kennenlernen und ergründen. Um das Böse aber wirklich zu verstehen, muß man es auch als objektive Wirkenskraft erleben. Denn es geht nicht allein um die Frage, wie es in der Welt als ein den Menschen verführendes und feindliches Prinzip wirkt. Es gilt die kosmische Eigenständigkeit dieser Wirkenskraft im Menschen zu erfassen. Wenn es daher auch ein welt-verneinendes Prinzip ist, durch welches Faust an die Grenze der Sinneswelt herangeführt wird, so führt ihn diese «negative» Grenzüberschreitung doch zur Wahrnehmung verborgener, im Menschen wirksamer Kräfte.

Was offenbart sich nun alles für Faust? Daß wir «Auerbachs Keller» metaphorisch als ein dramatisiertes Bild einer Welt auffassen dürfen, die unter dem Zwerchfell liegt, läßt uns das bisher Ausgeführte bereits ahnen. Weite Bereiche der Psychoanalyse haben es heute mit diesem «Keller», der auch in vielen Märchen und Mythen eine wesentliche Rolle spielt, zu tun. Oft sind dort in seinen verborgenen Tiefen «wilde Tiere» zu bestehen oder zu zähmen, ehe das ganze «Schloß», d. h. der Mensch und sein irdischer Leib erlöst werden kann. Dieser Blick in das «Kellergeschoß» kann keinem heranreifenden Ich erspart bleiben, sitzen hier doch die ungezügelten Trieb- und Begierdengewalten. Zwei Wege eröffnen sich dabei dem Erlebenden: entweder von der Macht dieser Willenswelt fortgerissen zu werden, oder sich hindurchzukämpfen und daraus Stärke und Erkenntnis zu gewinnen.

«Auerbachs Keller» zeigt zwar keine Ungeheuer im Sinne der Märchen, aber er birgt teuflische Ungeheuerlichkeiten die Fülle. Deshalb muß unmittelbar mit dem Eintritt Mephistos eine gewisse Dämonie im Raume spürbar werden. Vorher bleibt noch alles im Unbewußten und scheint ein harmloses Saufgelage zu sein. Mephistos Erscheinen aber setzt das dahinter Verborgene in die Sichtbarkeit heraus. Ernst Beutler schreibt dazu in seinen «Erläuterungen zu Goethes ‹Faust› und ‹Urfaust›»:

«Für den Regisseur ist diese Szene (die Plattheit und Leere der Studenten zu schildern!) die gefährlichste im ganzen Stück, wenn die törichte Lautheit der Trinker den bestimmenden Ton durchhält; aber sie kann eine ganz große Szene Mephistos werden, wenn seine Dämonie schon bei seinem Eintreten in den Keller die Burschen wie Opfer umkrallt und in Trance setzt und so das primitiv unheimliche Grausen, das die älteste Schicht der Sage durchzieht, lebendig und wirksam wird.» (2)

Die Stimmung muß daher umschlagen; tatsächlich schwingt in Siebels Bemerkung, «was hinkt der Kerl an einem Fuß», auch etwas von Unsicherheit mit, die alle aus diesem nicht eingestandenen «Grausen» überkommt.

Vier Studenten sind es, die uns zu Beginn der Szene entgegentreten und die sich in dieser Stoffwechsel- und Verdauungssphäre gleichermaßen «kannibalisch» wohlfühlen, «als wie fünfhundert Säue». In ihren emotionellen Äußerungen, wie sie sich etwa beim Eintritt der beiden «Fremden» zeigen und vor allem in der Art ihres Genießens, lassen sich jedoch beträchtliche Unterschiedlichkeiten erkennen. Wir dürfen sie wohl als ein lebendiges Spiegelbild der vier Temperamente verstehen, wie sie sich ungezügelt ausleben, wenn sie von keiner Ich-Kraft gezähmt werden. Goethe hat sich mit dem Wesen der Temperamente im Zuge seiner Farbenlehre intensiv auseinandergesetzt und zu Beginn des Jahres 1799 im Verein mit Schiller eine «Temperamentsrose» erstellt, in der versucht wird, den Wesenscharakter des Menschen und der Farbe aus den Temperamenten heraus zu erklären. Die hier von uns angestellte Beziehung dieser vier Gesellen zu den Temperamenten steht also durchaus im Einklang mit Goethes Gedankenwelt.

Soll sich der Mensch in der Über-Intensität seiner Temperamente nicht selbst verlieren, muß mit den späteren Jugendjahren, etwa ab dem vierten Lebensjahrsiebent, ein Harmonisierungsprozeß der Temperamente durch das erwachende Ich einsetzen. Der Arzt Lothar Vogel schreibt darüber:

«Wenn die Temperamentsdynamik im Sinne der Lebensalterentwicklung gesund fortgeschritten ist, dann verwirklicht sich die Ichaktivität gegen die Lebensmitte zu im ‹Gesamttemperament› in der Temperamentenvierheit. (Dies ist um so leichter möglich, je weniger unverarbeitete

Entwicklungsreste im Wege stehen.) Das Ich wird selbst zum Zentraltemperament.» (3)

Bei den Vieren in Auerbachs Keller – es sind eben nicht zufällig vier – ist von einer Harmonisierung durch das richtige Einwirken des Ich nichts zu gewahren. Im Gegenteil! Der Dichter schildert sie extrem als Typen, bei denen der fünfte bereits wieder der erste wäre. Beherrscht werden sie allein von der Wirkenskraft des Alkohols, auf dessen Rolle als Pseudo-Ich wir noch zurückkommen werden. So wird die Szene zu einer eindringlichen Studie über die negativen Äußerungen unbeherrschter Temperamente, die sich im weiteren Verlauf bis ins Physiologische hinein werden beobachten lassen.

Wie nun wirken Temperamente ohne Ich? Wenn Frosch dem Brander ein Glas Wein über den Kopf gießt, weil letzterer sich über das Fehlen jeglicher «Dummheit» und «Sauerei» beschwerte, und der Begossene ihn deshalb ein «doppeltes Schwein» nennt, antwortet der solcherart Apostrophierte: «Ihr wollt es ja, man soll es sein.» All das ist nicht zufällig so gestaltet. Zwischen dem Schwein und dem Menschen herrscht ein traditionsreicher Symbol-Bezug. Schon die alte Tier-Metaphorik stellte die Beziehung des Schweines zur Erdgöttin und zum Stofflich-Irdischen her. Die Lust in der Erde zu wühlen und sich darin zu wälzen machte das Schwein zum Bildgleichnis einer einseitigen Hinneigung zum Erdelement. So kann man das Schwein als Symbol für den Menschen nehmen, der in «jedem Quark» seine Nase vergräbt und blind – mit über die Augen hängenden Ohren – durch das Leben geht.

Der anfangs noch unterbewußte mephistophelische Beigeschmack der Szene beginnt unmittelbar vor dem Erscheinen Mephistos leicht spürbar zu werden in Branders Lied von der Ratte. Auch sie wird hier zum Ebenbild des Menschen gemacht. Dieser Symbolik wurde bereits bei der Mephisto-Szene mit dem Rattenzahn Erwähnung getan. Und man braucht nur die Beobachtungen des Verhaltensforschers Konrad Lorenz über die Ratten zu lesen *(4)*, um zu verstehen, daß dieses Tier, dem der Mensch nicht Herr werden kann und das ihm überall hin nachfolgt – von Kontinent zu Kontinent, über die Weltmeere hinweg – nicht umsonst zur gleichnishaften Charakteristik herangezogen wurde. Probiert der Mensch ja auch viele seiner Heilmittel an Mäusen und Ratten aus. So ist die Ratte wirklich in einem makabren Sinne zum Schatten des Menschen geworden. Wird dieser Bezug in Branders Lied ja auch sofort durch den «Doktor Luther» hergestellt:

«Es war eine Ratt' im Kellernest,
Lebte nur von Fett und Butter,
Hatte sich ein Ränzlein angemäst't,
Als wie der Doktor Luther.»

Das Lied bereitet mit erschreckender Deutlichkeit den Eintritt Mephistos vor. Man darf sagen, daß die Atmosphäre des Raumes für den, der Ohren hat zu hören, bereits gefährlich durchtönt wird von den Intentionen des «Herren der Ratten und der Mäuse». Nur die «Vier» scheinen nichts zu merken, so sehr leben sie in ihrer Unbewußtheit. Es zeigt sich, wie allerorts das «Völkchen» es nie spürt, wenn es «der Teufel» bereits «am Kragen» hat.

Forschen wir in Branders Lied noch genauer nach diesem mephistophelischen Intentionen. Die Köchin, so heißt es weiter, «hat ihr Gift gestellt». Bedenken wir, daß für den Menschen eigentlich jede Nahrung zunächst Gift bedeutet. Muß er doch alles was er aus den Naturreichen aufnimmt erst in menschliche Substanz umwandeln. In diesem «Keller» geht also in Wahrheit ein wichtiger, wunderbarer alchimistischer Prozeß vor sich, der uns einen tiefen Blick in die Natur gewährt, wenn wir in richtiger Weise hineinschauen. Dort aber, wo der Mensch das Maß überschreitet, wo er «sauft» und «frißt», wo er «tierischer als jedes Tier» wird, bleibt das Aufgenommene wirklich wie Gift in seinem Leibe zurück, und er ist dann nicht mehr als eine «giftgeschwollene Ratte». Altmayer spricht es mit Bezug auf Siebel aus:

«Der Schmerbauch mit der kahlen Platte!
Das Unglück macht ihn zahm und mild;
Er sieht in der geschwollnen Ratte
Sein ganz natürlich Ebenbild.»

Das Gift der Köchin, so dürfen wir vermuten, war wohl das damals übliche Arsenik. Darin liegt ein weiterer Bezug zum Menschen. Denn Tier und Mensch erzeugen selbst immer eine Spur Arsenik in ihrem Organismus. Würde dies nicht der Fall sein, könnte der Mensch nicht empfinden. Nach den Erkenntnissen Rudolf Steiners ist es die Empfindungssphäre – der Astralleib –, der in unserem Organismus Arsenik erzeugt. Wir würden ein schläfriges Pflanzendasein führen, völlig empfindungslos sein, wenn in uns nicht eine Spur von Arsen wäre. Wer nun aber bewußt zusätzlich Arsen zu sich nimmt – und in manchen Alpentälern wurde dies um eines gesunden und blühenden Aussehens willen getätigt –, der verstärkte damit die Tätigkeit seines Astralleibes. Die Folge davon war eine zu starke Durchdringung des Organismus mit Astralität. Der Astralleib *«greift alle Organe an und zermürbt sie»*. Wenn ein Mensch viel Arsenik nimmt, *«fängt sein Astralleib an furchtbar mächtig zu werden»*, durchwirbelt gewissermaßen den Organismus und *«zerstört endlich die Tätigkeit der ganzen Organisation»* des physischen Leibes. Das Leben wird *«aus den Organen herausgetrieben.» (5)*

Diese Sicht vermittelt uns eigentlich erst den wahren Sinn dieses Liedes. Denn nicht daß die Ratte vergiftet wird ist sein eigentliches Anliegen, sondern daß durch diese Prozedur die Empfindungswelt verstärkt wird und daß dies seine Folgen hat:

> «Da ward's so eng ihr in der Welt,
> Als hätte sie Lieb' im Leibe.»

Die Liebe wird hier in einer recht zwiespältigen und überraschenden Weise einbezogen; nämlich als Ziel eines Weges, der seinen Ausgangspunkt vom Gift nimmt und über die Empfindung zu ihr führt. Zusätzlich noch in einer besonderen vergleichenden Form: in der Möglichkeit eines «als wie». Dieser «Konjunktiv» wird uns in der gegenwärtigen Szene noch einige Male beschäftigen. Was soll dieser Einbezug der Liebe? Ist etwa zu befürchten, daß ein Teil der Folgen, welche die zu starke Astralwirkung von Fausts Sturz in den «Taumel, den schmerzlichen Genuß», nach sich zieht, diesen Weg wird nehmen müssen bis zum bitteren Ende? Denn noch ein anderer, geistiger Zusammenhang liegt vor. Wenn wir nämlich diesen Bereich der Stoffwechselfunktion in kosmischer Sicht betrachten, dann ist die Darmtätigkeit dem Sphärenbereich der Jungfrau zuzuordnen. In diesem Bereich liegt – physiologisch gesehen – aber auch der Uterus, die Region, in der das Kind der Liebe seiner Geburt entgegenwächst.

Brander visiert mit seinen Versen, die er ja «verliebten Leuten zur guten Nacht» zum besten gibt, genau dieses Ziel an:

«Verliebte Leute sitzen hier,
Und diesen muß, nach Standsgebühr,
Zur guten Nacht ich was zum besten geben.»

Und die Studenten singen den Rundreim kräftig mit:

«Da ward's so eng ihr in der Welt,
Als hätte sie Lieb' im Leibe.»

Gretchen aber wird in der Dom-Szene in ihren höchsten Nöten rufen: «Mir wird so eng!» Wir erkennen die gräßliche Vorwegnahme des Kommenden, die hier verborgen liegt. Und damit wir diese mephistophelische Verzerrung nur deutlich genug erleben können, beginnt Mephisto sein Lied mit den Worten:

«Es war einmal ein König, ...»

Mit diesem Liedbeginn greift er selbst die erwähnte Parallele auf. Sind es doch beinahe die gleichen Anfangsverse, mit denen Gretchen ihre innere Unruhe wird zu stillen versuchen, die die erste Begegnung mit Faust über sie gebracht hat:

»Es war ein König in Thule...»

Es mag erschreckend sein, wie vorbedacht die mephistophelische Regie in Wahrheit ist. Für ihn gibt es keine moralische Bewertung der Wirkenskräfte. Sie zeitigen ihre Folgen, egal auf welcher Ebene – ob Tier, ob Mensch – sie sich ereignen. Wir dürfen daher sagen: für Mephisto beginnt die Gretchen-Handlung bereits in Auerbachs Keller.

Durch Branders Lied, in dem die Liebe in die unteren Leibesregionen verbannt wird, ist das Erscheinen Mephistos daher eindringlich genug vorbereitet. Und Mephistos eigene Darbietung ist dazu eine genaue Fortsetzung von Branders Pamphlet.

«Es war einmal ein König,
Der hatt' einen großen Floh,

Den liebt' er gar nicht wenig,
Als wie seinen eignen Sohn.»

Ein König wird besungen, der einen Floh «als wie» seinen Sohn hält. Zum zweiten Mal begegnen wir der Formulierung: «als wie». In Samt und Seide kleidet er ihn, verleiht ihm sogar Kreuz und Orden und macht ihn zum Minister. Die Gemeinschaft scheint auch hier zwischen Tier und Mensch untrennbar zu sein. Beide Lieder machen deutlich, daß die Phantasie dieser Sphäre sich nur bis zum Ungeziefer des Teufels aufzuschwingen vermag, zum «Herrn der Ratten und der Mäuse, / Der Fliegen, Frösche, Wanzen, Läuse.»

Äußerlich genommen ist das Lied vom Floh gewiß als ätzende Kritik an einer korrumpierten Hofkamarilla zu verstehen.

«Und war sogleich Minister
Und hatt' einen großen Stern.
Da wurden seine Geschwister
Bei Hof' auch große Herrn.»

Mochte dieses Parasitengezücht noch so sehr »stechen« und «nagen», niemand durfte wagen es zu «knicken» oder «weg zu jucken».

Keinesfalls aber ist mit dieser Sicht der letzte Gehalt ausgeschöpft. Was liegt diesem lästerlichen Lied als tiefstes Urbild nun wirklich zugrunde? Muß es doch auffallen, daß Goethe den Beginn des Liedes durch Frosch mit dem Zwischenruf unterbrechen läßt: «Horcht! Einen Floh! Habt ihr das wohl gefaßt?» Ein gleiches hätte sich bei Branders Moritatengesang von der Ratte ebenso rechtfertigen lassen. Fast will es scheinen, als wenn der Dichter durch diesen Zwischenruf die besondere Aufmerksamkeit der Zuhörer erwecken und auf diesen Floh lenken wollte: Habt ihr es auch wohl erfaßt, daß dieser König einen Parasiten und Blutsauger wie einen leiblichen Sohn liebt? Noch tiefschürfender ausgedrückt: dieser König gibt seiner Umwelt – den vier Genannten auf der Bühne und den zahllosen Ungenannten – zu verstehen: *«Dieses ist mein vielgeliebter Sohn»*. Ersteht da nicht vor unserer Seele das gleichlautende Bibelwort, das bei der Jordantaufe aus den Wolken tönte? Nur die Fortsetzung fehlt, um das Negativ-Bild vollkommen zu machen: *«Heute hab' ich ihn gezeuget»*. Dessen darf sich dieser König jedoch nicht rühmen. Er kann aus sich heraus keinen «vielgeliebten Sohn» zeugen. Ein blutsaugendes Ungeziefer, in dem nicht «Selbstlosigkeit», sondern Trieb und Begierde das Wesen des Vaters spiegelt, wird an Kindes statt angenommen. Diese un-geistige Sohnschaft saugt sich voll mit den Kräften des Blutes und pervertiert die vom Blute getragene Ich-Kraft zum selbstsüchtigen Ego. Dem fügt sich auch der Kehrreim folgerichtig an, den die Burschen in lautstarker Emotion wiederholen:

«Wir knicken und ersticken
Doch gleich, wenn einer sticht.»

Es ist das «Aug' um Auge, Zahn um Zahn» des «Alten Bundes», transponiert in einen egoistischen Selbsterhaltungstrieb: «Spitzt die Finger und packt sie fein!» Und wer dies tut, der kann darin eine Bestätigung seiner Freiheit erleben. Für Altmayer jedenfalls ist es ein untrügliches Zeugnis für freie Selbstbehauptung: «Es lebe die Freiheit! Es lebe der Wein!»

Man möge nicht einwenden, hier sei ein religiöses Gedankengut hineininterpretiert. Zu auffallend und bewußt sind die Entsprechungen, die sich gleich in der anschließenden Wein-Zauberei Mephistos zu ungeahnter Deutlichkeit entfalten werden, um als bloßer Zufall abgetan zu werden. Auch muß man die völlig irrige Ansicht hinter sich lassen, ein Dichter wie Goethe würde ein x-beliebiges Lied, das nur gerade in die Situation hineinpaßt, durch Mephisto singen lassen. Der Teufel ist kein harmloser Kabarettist. Die zwei Bände, die Rudolf Steiners Darstellungen zum Faust-Drama zusammenfassen, sind eine eindringliche Mahnung dafür, daß jeder Vers, jedes Wort der Goetheschen Dichtung bewußt gesetzt ist und nie ohne umfassenden geistigen Hintergrund gesprochen wird.

In aller Deutlichkeit zeigt sich, wie folgerichtig Mephisto hinarbeitet, Faust zu verwirren und jenen Ich-Funken auszutreten, der es immer wieder verhindert, daß er Gefallen findet an den niederen Genüssen des Lebens. Der diesbezügliche Höhepunkt ist in seiner teuflischen Wein-Gaukelei zu erblicken.

Was hier als Schwarzkünstelei aufscheint ist dramatisches Bild für das Wirken der sinnverwirrenden Mächte im Blut, die überall dort Herrschaft erlangen, wo das vollbewußte Ich fehlt. An seine Stelle tritt der Alkohol, der bei den vier Zechkumpanen die Wirkenskraft des Ich zu ersetzen hat.

Auch der Alkohol wirkt, ähnlich dem Arsen, auf den Astralleib; darüber hinaus aber auch auf das Ich. Und das Ich lebt ja in der Blutzirkulation, so daß vor allem diese durch den Alkohol eine starke Affizierung erfährt.

Mit dem Alkohol hat es schon im Naturbereich seine besondere Bewandtnis. Die Weinrebe trägt nämlich den Entwicklungsprozeß weiter, als dies bei den übrigen Pflanzen der Fall ist. Sie durchbricht gleichsam ihre eigene pflanzliche Organisation:

«Was die übrigen Pflanzen sich einzig und allein aufsparen für den jungen Keim, alle die Triebkraft, die sonst nur für den jungen Keim ausgespart wird und nicht in das übrige der Pflanze sich ergießt, das ergießt sich bei der Weintraube auch in einer gewissen Weise in das Fruchtfleisch; so daß durch die sogenannte Gärung, durch die Verwandlung dessen, was sich da in die Weintraube hineinergießt, was in der Traube selbst zur höchsten Spannung gebracht worden ist, etwas erzeugt wird, was in der Tat innerhalb der Pflanze eine Gewalt hat, welche nur verglichen werden kann okkultistisch mit der Gewalt, die das Ich des Menschen über das Blut hat.» (6)

Der den Alkohol erzeugende Gärungsprozeß ist somit – okkult betrachtet – für die Pflanzenwelt eine ähnliche Wirkenskraft wie die Einwirkung des Ich auf das Blut. Was wir durch den Alkohol in unseren Organismus einführen ist demnach eine Ich-Wirkung, die allerdings nicht aus unserer geistigen Wesensschicht erfließt, sondern von der anderen Seite her kommt. Wir haben gleichsam ein Gegen-Ich mit dem Alkohol in uns aufgenommen, das gegen die Intentionen unseres wahren Selbstes ankämpft. Als in vergangenen Kulturepochen das Bewußtsein der Menschen noch nicht für das Ich erwacht war, da wirkte der Alkohol ich-kräftigend; er zog dieses Ich-Bewußtsein gleichsam tiefer in die Leiblichkeit herein. Daher ist es die mit dem Ich so stark verbundene Dionysos-Gottheit, die den Weinbau lehrte und umgeben war von Bockfüßlern, Satyrn und Faunen, d. h. mit ich-losen Kreaturen, mit dem Tierreich verbundenen Halbmenschen. Des Dionysos Mission war es, den Menschen zum Bewußtsein seines Ichs heranzuführen. Und im faustischen Zeitalter, in der fünften nachatlantischen Kulturperiode ist dieses Ich voll erwacht in der menschlichen Seele. Da kann sich die Wirkung des Alkohols daher nur negativ auf dieses Ich auswirken. Denn die herabziehende Wirkung des Alkohols potenziert nicht die Ich-Kraft, sondern lähmt sie ab. Was entsteht ist eine Pseudo-Ich-Empfindung, die den Menschen über alles Irdische hinaushebt. Unsere Sinnesorgane werden «leicht»; es ist, als ob ihnen die «Pfropfen» gezogen wären, die sie in die schwere irdische Leiblichkeit hineinbannen. Dieses Empfinden fließt aber nicht aus unserem wahren Selbst, sondern ist die täuschende Wirkung des Alkohols, der in Wahrheit einen inneren Krieg gegen unser Ich entfacht, seine Intentionen zur Machtlosigkeit verurteilt und die im Blute webenden Emotionen stärker zirkulieren läßt. Äther- und Astralleib werden durch den übermäßigen Alkoholgenuß von der sie durchdringenden Ich-Kraft gelöst und gleichzeitig aus ihrer Verbindung mit dem physischen Leib etwas herausgehoben. Bis ins Physiologische hinein ist alles exakt gestaltet. Daß der Genuß des Alkohols sich so häufig mit gröhlendem Gesang verbindet, ist durchaus folgerichtig. Das Element, das der ätherischen Wesensschicht entspricht, ist das «Wasser», verstanden im Sinne des «Flüssigen» an sich. Wird nun der Wasserhaushalt im Menschen durch übermäßiges Trinken intensiviert, werden die klangätherischen Kräfte, die dem Flüssigen in besonders intensiver Weise verbunden sind gesteigert, so wächst die Lust zum Singen. Im Falle des Alkohols freilich verzerrt ins Grölen und Johlen.

Da nun auch die Temperamente in dem mit dem Flüssigen verbundenen Ätherischen wurzeln, lassen sich diese an der Wahl des Weines, die die Viere treffen, sehr anschaulich ablesen. H. Vogel hat in einem Aufsatz diese Parallele aufgezeigt. *«Der Sanguiniker Frosch»* – er ist der Jüngste dieses liederlichen Kleeblattes (in der Pfalz nennt man Schuljungen «Frösche») – *erbittet sich Rheinwein.» (7)* Brander zeigt seinen Genossen gegenüber eine gewisse Überlegenheit. Sein, die Ausgelassenheit zur dröhnenden Lärmorgie steigerndes Lied von der Ratte und das Verlangen nach Champagner-Wein, lassen Vogel in ihm den Choleriker vermuten. Siebel, ein etwas ältlicher, kahlköpfiger Bursche, dessen Leibesumfang bedrohlich im Zunehmen ist, will als Phlegmatiker süßen Tokayer, während der sich gerne als Schlaukopf gebende Altmayer, als Melancholiker, mit allem zufrieden ist: «Mit jedem! Nur nicht lang gefragt». Auch die Namensgebung der vier Burschen weist auf ihre Temperamente. Der Choleriker Brander trägt seine leichte Erhitzbarkeit – den «Brand» – direkt in seinem Namen. Desgleichen der Phlegmatiker «Sieb-el», dessen Ätherleib durchlässig ist wie ein «Sieb». Frosch deutet auf die Lebendigkeit und Sprunghaftigkeit des Sanguinikers, während der «Alte-Mayer» die melancholisierende Altklugheit besitzt, wie sie dem physischen Leib als dem in der Evolution ursprünglichsten und daher ältesten Wesensglied des Menschen, anhaften mag.

Das triebhafte, enthemmte Ausleben der Temperamente ist nun gerade Mephistos Absicht, denn es versetzt die Vier in einen Lockerungszustand, der im Hinblick auf die Präsenz des «Bösen» nicht bloß als einer ihrer üblichen Räusche zu verstehen ist. Das umständliche «Ritual», das Mephisto in Szene setzt, macht es deutlich. Nachdem er einen «Bohrer» forderte, weckt er zunächst den Geschmackssinn der vier Zecher:

> «Nun sagt, was wünschet Ihr zu schmecken?»

Daß ihm dies gelingt, beweist Altmayers Bemerkung über Frosch: «Aha! du fängst schon an, die Lippen abzulecken.»

Nachdem vier Löcher in den Tischrand gebohrt und mit Wachspfropfen verstopft wurden, spricht Mephisto den Zauberspruch:

> «Trauben trägt der Weinstock!
> Hörner der Ziegenbock;
> Der Wein ist saftig, Holz die Reben,
> Der hölzerne Tisch kann Wein auch geben.
> Ein tiefer Blick in die Natur!
> Hier ist ein Wunder, glaubet nur!
> Nun zieht die Pfropfen und genießt!»

Die Pfropfen werden gezogen und den Vieren fließt der «schönste Brunnen» in die Gläser. Sie fühlen sich «kannibalisch» wohl. Als Kannibale bezeichnen wir ein Wesen, das seinesgleichen verzehrt. In ihrem kannibalischen Wohlsein löschen sie sich selbst in ihrem Menschsein aus. Ihr Wohlbehagen weitet sich zur Lust von «fünfhundert Säuen», und Mephisto kommentiert:

«Das Volk ist frei, seht an, wie wohl's ihm geht!»

Faust jedoch setzt diesem Höhepunkt eine kategorische Absage entgegen: «Ich hätte Lust, nun abzufahren.» Was aus diesem Hokuspokus zu verstehen war, hat er verstanden. Angewidert wendet er sich ab. Aber da spricht Mephisto das gewichtige Wort:

«Gib nur erst acht, die Bestialität
Wird sich gar herrlich offenbaren.»

Hat Faust die Hintergründigkeit dieser mephistophelischen Hexerei wirklich zur Gänze durchschaut? Mephisto ist noch nicht zu Ende – Verführung, Täuschung, Wahn, Gewalttat und Verbrechen –, alles umschließt das Wort «Bestialität».

Was liegt in Wahrheit vor? Daß die Vier einer Sinnestäuschung unterliegen, ist evident. Sie kann nur nicht mit normalen irdischen Maßen gemessen werden. Denn der Lockerungszustand, in dem sie sich befinden, spielt sich an der Grenze dieser Sinneswelt ab. Es ist eine okkulte Manipulation, die Mephisto mit ihnen treibt, deren Wirkung gewisse Parallelen zur echten okkulten Entwicklung erkennen lassen. Dieser Gleichklang liegt vor allem in der Ausschaltung der Sinnesorgane und in der beginnenden Regsamkeit der die Sinnesorgane durchdringenden Ätherkräfte:

«Dadurch fühlen sich gleichsam die physischen Sinnesorgane während der esoterischen Entwicklung zur Untätigkeit verurteilt; sie sind ausgeschaltet. Dafür nun, daß sie als physische Sinnesorgane ausgeschaltet sind, tritt ein anderes ein: erstens ein allmähliches Bewußtwerden der einzelnen Sinnesorgane wie besondere Welten, die in einen hineindringen. Man lernt empfinden die Augen, die Ohren, sogar den Wärmesinn, wie hineingebohrt in einen. Aber das, was man da empfinden lernt, ist nicht das physische Sinnesorgan, sondern sind die Ätherkräfte, die Kräfte des Ätherleibes, die organisierend wirken an den Sinnesorganen. So daß man, wenn man ausschaltet die Tätigkeit der Sinne, gleichsam aufgehen sieht die Natur dieser Sinnesorgane wie ebenso viele in einen hineingebohrte ätherische Organisationen.» (8)

Der ätherische Organismus bohrt sich gleichsam in das physische Sinnesorgan hinein und belebt es. Durch den esoterischen Schulungsweg wird dies zum Erlebnis. Indem das leibliche Sinnesorgan ausgeschaltet wird, gewahrt man dieses Sich-hinein-Bohren der Ätherstruktur und Rudolf Steiner gebraucht dafür wörtlich das Bild wie *«von außen hineingebohrte Pfropfe». (8)* Dieses Erlebnis bedeutet aber gleichzeitig eine von der physischen Organik leibfreie ätherische Wahrnehmung; oder um es wieder im Bilde zu sagen: ein Herausziehen der «Pfropfe» des Ätherleibes aus dem leiblich-physischen Organismus.

Wir sahen, wie Mephisto den Geschmackssinn der Vier zunächst wachrief, um ihn als irdischen Sinn in dem halluzinativen Zustand, in den er sie versetzt hat, auszuschalten, die Erinnerung daran jedoch wachzuhalten, so daß jeder wirklich den Wein zu trinken vermeinte, nach dem es ihn gelüstete. Es ist die «Substanz» des chemischen Äthers, der in ihnen dieses Erlebnis erweckt.

Damit wäre wohl der scheinbar wider-natürliche Vorgang an sich erklärt, jedoch noch nichts über jenen tieferen Wesensgehalt ausgesprochen, den Faust daraus zu erfahren hat. Denn wir müssen annehmen, daß einem Faust, der den Teufel zwang, sich zu demaskieren, derartige Manipulationen, wie Mephisto sie an den Studenten vollzieht, längst bekannt sind und nur als sinnlose, widerwärtige Spielereien von ihm gewertet werden. Mephistos Zauberspruch ist jedoch viel hintergründiger, als man denkt:

«Trauben trägt der Weinstock!
Hörner der Ziegenbock;
Der Wein ist saftig, Holz die Reben,
Der hölzerne Tisch kann Wein auch geben.»

Trauben, Weinstock, Reben – all diese Bilder sind der Christussphäre entnommen, Komponenten eines der wichtigsten Gleichnisse der Evangelien; hier werden sie in die Gegenwelt des «unheiligen» Geistes gestellt. Wenn Christus sagt: «Ich bin der Weinstock, ihr seid die Reben», dann spricht er im Bilde von den Menschen-Ichen, die alle von diesem einen Stock – ihrem allumfassenden, gemeinsamen Ich – erwachsen und genährt werden. Mephisto aber will diese göttliche Ichheit zerstören und verzerrt blasphemisch die in ihr wirkende Transsubstantiation:

«Ein tiefer Blick in die Natur!
Hier ist ein Wunder, glaubet nur!»

Die andern sollen blind glauben, Faust aber muß dieses «Wunder» als einen in der Natur begründeten Vorgang – also wissenschaftlich – erkennen. Und worin liegt das Wunder? Eben in der Pervertierung eines Vorganges, der sich tatsächlich bei der Transsubstantiation vollziehen kann. Zu unterscheiden ist nur, welcher Geist diese Verwandlung vollzieht. Mephisto stößt alles auf die dionysische Zwischenstufe einer Tier-Menschheit zurück: «Hörner trägt der Ziegenbock!» Was erlebt werden soll ist das Kreatürliche, die Hüllen-Natur der menschlichen Leiblichkeit, die an Stelle der Ich-Kraft von der Wirkung des Alkohols durchsetzt wird. Sichtbares Zeichen dafür die Aggressivität, mit der man den beiden, von denen man sich betrogen fühlt, zu Leibe rückt: «Stoßt zu! der Kerl ist vogelfrei!»

«Betrug war alles, Lug und Schein», renomiert Siebel nach eingetretener Ernüchterung. Frosch aber antwortet: «Mir deuchte doch, als tränk' ich Wein.» Sie haben die mephistophelische Täuschung wie Wein getrunken. Damit stoßen wir zum dritten Mal auf jene hintergründige Formulierung: «als wie». Der Ratte war so eng zu Mute, als hätte sie Lieb im Leibe; der König liebte den «Floh» als wie seinen eigenen Sohn und den Zechern schien es, als tränken sie tatsächlich Wein. Auch die Hochzeitsgäste zu Kanaa hatten das Wasser wie Wein getrunken. Der «tiefe Blick in die Natur» stützt sich auf dieses «als wie», d. h. auf den Umstand, daß etwas an die Stelle eines anderen treten kann. Daß Falsches für Echtes zu stehen kommt und umgekehrt. Hier liegt das metaphysische Element, das Faust zu erkennen hat, und das sich ihm in der folgenden Szene noch viel eindringlicher offenbaren wird. In Mephistos Verwirrungs-Gaukelei spricht sich diese «Vertauschung» bereits sehr deutlich aus:

«Falsch Gebild und Wort
Verändern Sinn und Ort!
Seid hier und dort!»

Die trügerischen Bild-Visionen lassen das Bewußtsein in der getäuschten Natur der Sinnesorgane sich verlieren. So fühlt Altmayer sich in ein «schönes Land» versetzt; Frosch glaubt «Weinberge» zu gewahren und Brander hält Siebels Nase für eine der seltensten Trauben. Dieser «Bestialität» mußte Faust ansichtig werden. Alles ist verkehrt und pervertiert: das Wort, der Sinn, das Gebilde und der Ort. Die Gefühls- und Empfindungswelt ist völlig in die Irre geführt. Daß wir tatsächlich auf das seelische Erleben bei diesen scheinbar äußeren Vorgängen zu blicken haben, kann uns auch aus den Worten Mephistos deutlich werden, die er mit gleichermaßen pervertierendem Sarkasmus zu den Vieren spricht, als sie den ersten Tropfen des vermeintlichen Weines verschütten, die Flamme emporlodert und Siebel zu brennen meint: «Für diesmal war es nur ein Tropfen Fegefeuer.» Spricht sich im Bilde des nachtodlichen Fegefeuers doch die Trieb- und Begierdenwelt der eigenen, ungeläuterten Astralität aus, die deshalb «brennt», weil ihr kein physisches Organ zur Befriedigung ihrer Begehrungen mehr zur Verfügung steht. So könnte man in dem «Verschütten» des halluzinierten Weines vielleicht ein ähnliches Motiv erblikken. Sieht sich Siebel, indem er «unvorsichtig» für einen Augenblick aus dem ätherischen Wahrnehmungserlebnis heraustritt – im Bilde: der Wein auf die Erde fließt – in seinen eigenen Begehrungen brennen?

Mit den Worten: «Irrtum, laß los der Augen Band!» stellt Mephisto die Leibesfunktion der Sinnesorgane wieder her. Der frei gewordene Ätherleib «bohrt» sich wieder in die physische Leiblichkeit hinein. Faust hat erlebt, wie dieser ihm durch den «blutgeschriebenen Titel» verbundene Gefährte auch im Wesen der Menschen der «ewig regen» und «heilsam schaffenden Gewalt», die «kalte Teufelsfaust» entgegensetzt. Noch intensiver und bedrohlicher wird er es in der nächsten Szene erfahren.

Hexenküche

Die Ansichten über die Notwendigkeit dieser 1788 in Rom begonnenen und wahrscheinlich in der Schiller-Zeit vollendeten Szene stimmen darin überein, daß durch sie das Erwachen von Fausts Sinnlichkeit symbolisiert und uns die dadurch eingetretene Veränderung in seinem Charakter einsichtig gemacht werden soll. Dieser Meinung steht allerdings die Analyse Heinrich Rickerts (1863–1936) entgegen, die darlegt, daß Fausts Charakter in Wahrheit gar keinen Wandel erfahren würde und daß seine Sinnlichkeit schon erwache, ehe er noch durch die dunklen Machenschaften der Hexenküche verjüngt würde. In beiden Auslegungen liegen Teilwahrheiten. Daß uns das Erwachen triebgebundener Sinnlichkeit eine Seite von Fausts Wesen aufzeigen wird, der wir bisher noch nicht ansichtig wurden, läßt sich nicht leugnen. Insofern wandelt sich das bisher gewonnene Charakterbild tatsächlich. Ebenso richtig ist es jedoch, daß der Kern seines Wesens, nämlich das Streben nach den tiefsten und edelsten Wahrheiten dessen, «was die Welt im Innersten zusammenhält», trotz Magie und Zaubertrank ungebrochen bleibt. Rickerts Einwand, Fausts Sinnlichkeit würde unabhängig von den Vorgängen in der Hexenküche erwachen, trifft allerdings nicht ganz zu. Denn der Wille sich in die «Tiefen der Sinnlichkeit» zu stürzen, wie ihn Faust bereits in der Pakt-Szene unmißverständlich bekundet hat, ist nicht gleichzusetzen mit dem tatsächlichen Erwachen und Regewerden der mit dieser Sinnlichkeit verbundenen Triebkräfte. Da sich somit für beide Ansichten Teil-Rechtfertigungen finden lassen, heben sie sich durch ihre Divergenz bis zu einem gewissen Grad selbst auf; der tiefere und letzte Sinn dieser Szene muß daher noch anderswo liegen.

Der Eintritt in die Hexenküche gleicht in der Stellung, die Faust der Situation gegenüber bezieht, jenem in Auerbachs Keller. Mehr noch als durch die zügellose Schwelgerei der Studenten, fühlt er sich durch den offenbaren Unsinn dieses «seltsamen Hexenhausrates» angewidert. All diese merkwürdigen Alräunchen, kabbalistischen Figuren, das flackernde

Feuer, der brodelnde Kessel und die herumhüpfenden Affen-Wesen mit ihren leeren, ausdrucksstarren Gesichtern, lassen in ihm den Willen erstehen, fortzugehen, noch ehe er sich damit eingelassen hatte.

«Mir widersteht das tolle Zauberwesen!
Versprichst du mir, ich soll genesen
In diesem Wust von Raserei?
Verlang' ich Rat von einem alten Weibe?»

In der ersten Vers-Zeile «mir widersteht das tolle Zauberwesen», schwingen neben dem spontanen Eindruck, den er von dieser Hexen-Behausung gewinnen muß, wohl auch noch die unangenehmen Erfahrungen in Auerbachs Keller mit. Faust befürchtet, Mephisto werde ihn mit ähnlich platten, abgeschmackten Gaukeleien bedienen wollen. Daß er aber die Dienste des Teufels ganz bewußt in Anspruch nehmen will, läßt sich aus dem zweiten Vers erraten: «Versprichst du mir, ich soll genesen?» Und er macht auch kein Hehl daraus, wovon er genesen will:

«Und schafft die Sudelköcherei
Wohl dreißig Jahre mir vom Leibe?»

Offenbar will er sich von der Last seines Alters befreit sehen. Damit ist gleich zu Beginn der Kernpunkt der Szene angesprochen. Faust strebt nach «Verjüngung» seines Wesens. Das wird in den Auslegungen so gut wie ausnahmslos im quantitativen Sinne verstanden: als Eliminierung einer gewissen Anzahl von Lebensjahren, die Faust in das Jugendalter zurückversetzen soll. Nun ist aber Faust in Wahrheit gar nicht so sehr alt an «Jahren», als vielmehr an «Wissen». Man verkennt die wahre Bedeutung der Hexenküche, wenn man sich Faust in den vorangegangenen Szenen zu alt vorstellt. Nachdem er zehn Jahre seine Professur ausübte – wir erwähnten es bereits früher – haben wir ihn uns etwa als einen mittleren Vierziger zu denken: «...zu alt, um nur zu spielen, / Zu jung, um ohne Wunsch zu sein.» Dafür spricht auch der Umstand, daß Goethe ihn uns im Urfaust-Entwurf von Anbeginn in jugendlicher Gestalt zeigt; ein Zeugnis dafür, daß ihn der Dichter ursprünglich in der ersten Lebenshälfte stehend, gedacht hatte. Fausts Wort von den «dreißig» Jahren, die er sich »vom Leibe« schaffen will, ist daher besser im qualitativen Sinne zu verstehen. Es geht nicht so sehr um die Streichung von Lebensjahren, als vielmehr um die Wiedererweckung der Intensität jener Trieb- und Leidenschaftskräfte, wie sie die Seele des zum Manne erwachenden Jünglings erfüllen. Die Jugendlichkeit von Fausts äußerem Erscheinungsbild nach dieser Szene soll dieser inneren Erweckung nur Sichtbarkeit verleihen.

Diese Wiedererweckung glaubt Faust jedoch durch «reelle» Mittel verwirklichen zu können:

> «Weh mir, wenn du nichts Bessers weißt!
> Schon ist die Hoffnung mir verschwunden.
> Hat die Natur und hat ein edler Geist
> Nicht irgendeinen Balsam ausgefunden?»

Faust muß leidvoll erkennen, daß unzeitgemäße Verjüngung weder mit «Natur» noch mit «Geist» zu gewinnen ist. Ein Eventualrezept, so weit es die Natur betrifft, hat Mephisto wohl zur Hand, doch weiß er, daß Faust es sich nie wird verschreiben lassen und daß dies seine bisherige Lebensführung auch gar nicht zuließe. Es ist ein Mittel, das «ohne Geld», ohne «Arzt und Zauberei» zu haben ist:

> «Begib dich gleich hinaus aufs Feld,
> Fang an zu hacken und zu graben,
> Erhalte dich und deinen Sinn
> In einem ganz beschränkten Kreise,
> Ernähre dich mit ungemischter Speise,
> Leb mit dem Vieh als Vieh, und acht es nicht für Raub,
> Den Acker, den du erntest, selbst zu düngen;
> Das ist das beste Mittel, glaub,
> Auf achtzig Jahr' dich zu verjüngen!»

Die letzten Worte zeigen, daß wir die Anzahl der Jahre tatsächlich nicht als Quantitativum auffassen dürfen, da Faust dann bereits jetzt an die hundert Jahre alt sein müßte.

Wie erwartet, lehnt Faust diese Art einer Lebensführung, bei der die geistige Tätigkeit auf ein Mindestmaß reduziert wäre und der Mensch noch in der Unschuld eines Naturzustandes im «Schweiße seines Angesichtes» sein Brot zu erwerben hätte, kategorisch ab:

«Das bin ich nicht gewöhnt, ich kann mich nicht bequemen,
Den Spaten in die Hand zu nehmen.
Das enge Leben steht mir gar nicht an.»

Und dem «edlen Geist», steht auch ihm kein «Balsam» zu Gebot? Faust hat die ewige Jugendkraft des Geistes wohl empfunden, als er in Nostradamus' Buch das Zeichen des Makrokosmos erblickte:

«Ha! welche Wonne fließt in diesem Blick
Auf einmal mir durch alle meine Sinnen!
Ich fühle junges, heil'ges Lebensglück
Neuglühend mir durch Nerv' und Adern rinnen.»

Auch fühlte er sich «wie vom neuen Wein» durchglüht, als er den Erdgeist zwang, sich ihm zu offenbaren. Wenn ihn dieser «erhab'ne Geist» auch noch zurückstieß, so konnte Faust doch den jugendkräftigen Atem dieses Erlebnisses fühlen.

Wir erinnern uns auch des «Vorspiels auf dem Theater» mit seinem Dialog zwischen Dichter und lustiger Person. Auch dort begehrte der Dichter die Jugend zurück. Die Antwort, die ihm gegeben wurde, zeigte auf, wie Jugendkräfte in späteren Jahren zu wirken haben und wo der Quell unvergänglicher Jugend zu finden ist:

«Der Jugend, guter Freund, bedarfst du allenfalls,
Wenn dich in Schlachten Feinde drängen,
Wenn mit Gewalt an deinen Hals
Sich allerliebste Mädchen hängen, ...
Doch ins bekannte Saitenspiel
Mit Mut und Anmut einzugreifen,
Nach einem selbstgesteckten Ziel
Mit holdem Irren hinzuschweifen,
Das, alte Herrn, ist eure Pflicht ...»

Es ist eine sublimierte Schöpferkraft, welche als geistige Jugend nach der Lebensmitte das Streben des Menschen beflügelt. Aber Faust sehnt offenbar jene Jugend zurück, deren man «allenfalls» bedarf. Dies aber ist gegen Naturverlauf und Geistgesetz und daher ein widerrechtliches Begehren:

«So muß denn doch die Hexe dran.»

Die Tatsache jedoch, daß Faust den Weg natur- und geistgemäß suchen will, zeigt, daß er diesbezüglich andere Vorstellungen hat als Mephisto. Was ist es eigentlich, das Faust bedrückt und sich alt fühlen läßt? Es sind ja nicht die Geisteskräfte als solche, sondern der «Wissensqualm», mit dem er sich als «doctor universalis» beladen mußte. Vom «Erdgeist», der ihm das Tor zu nie alterndem Geisteswirken – zum «lebendigen Kleid der Gottheit» – hätte öffnen können, wurde er als unreif zurückgestoßen. Die «Aussicht» nach «drüben» ist ihm vorerst verstellt; verschlossen durch die Überintensität seiner an den Leib gebundenen Bewußtseinskräfte. Diese Bewußtseinskräfte aber können immer nur auf Kosten der Lebenskräfte errungen werden. Der Nerven-Sinnespol birgt abbauende Wirksamkeiten, Gehirnzellen zeigen keine Regenerationsfähigkeit. Das Kind offenbart uns ein Maximum an Lebens-, aber auch ein Minimum an Bewußtseinskräften. Das Ende des Erdenlebens dagegen zeigt ein umgekehrtes Verhältnis.

Dazu kommt, daß Faust diese Bewußtseinskräfte bisher mit Ausschließlichkeit und Einseitigkeit geübt hatte, wodurch der Gefühls- und Willensbereich zu einem Dämmerschlaf verurteilt war. Erst das Gewahrwerden der mephistophelischen Macht in der eigenen Seele, weckte diese bisher ohnmächtige Begierdenwelt auf und stachelte sie an zu versäumtem Sinnesgenuß. Dies aber ist es ja gerade, was Faust erkennen und durchschauen lernen muß. Auerbachs Keller hat ihm einen Teil dieser Lebenssphäre aufgezeigt. Tiefer hinab in den Vitalbereich stößt er in der Hexenküche-Szene. Es ist die Welt der innersekretorischen Organe, die Faust hier betritt und die ihm – durch mephistophelische Manipulation – das Bewußtsein herabdämpfen und die Vitalkraft stärken soll. Durch den Trank sollen diese Organe angeregt werden, die heute weite Bereiche medizinischer und psychologischer Forschungsarbeit beherrschen. Die Vorgänge in der Hexenküche sind daher keineswegs bloßer Ausdruck dichterischer Phantasie, sie lassen sich vielmehr in einer exakt-wissenschaftlichen Weise verstehen, wenn man von dem vier-schichtigen Wesen des Menschen ausgeht, wie es die Geisteswissenschaft Rudolf Steiners aufzeigt. Um zu begreifen, was sich in der Hexenküche vollzieht, ist zunächst ein tieferes Verstehen der Vorgänge notwendig, die sich zur Zeit der Pubertät im menschlichen Organismus abspielen. Es ist dies der Zeitpunkt, in dem der stärkste aller Lebensprozesse seine Wirksamkeit dokumentiert, der Reproduktions-Prozeß. Vom Organismus her gesehen: der Zeitpunkt, wo die Keimdrüsen die Fähigkeit erlangen, fertige Geschlechtszellen nach außen abzugeben, wodurch sich der Mensch als Ganzes zu reproduzieren vermag. Diese Samen- und Eizellbildung ist aber nur die äußere Seite der Drüsentätigkeit. Nicht minder wichtig und noch bedeutungsvoller für den gesamten Organismus ist die ebenfalls von den Keimdrüsen ausgehende innere Sekretion, die im unmittelbaren Zusammenhang mit dem Aufblühen des Organismus in diesem Pubertätsalter steht.

Das Wort «aufblühen», das der Sprachgenius als Charakteristik für diesen beginnenden Lebensfrühling prägte, ist voll Weisheit und trifft exakt den inneren Wesensgehalt. Denn es besteht bei diesem Vorgang ein unmittelbarer Zusammenhang mit der Wirkung des Astralischen auf die Blütenbildung der Pflanzen. Die Ärzte Dr. F. Husemann und Dr. O. Wolff haben dies in ihrem Gemeinschaftswerk «Das Bild des Menschen als Grundlage der Heilkunst» anschaulich dargestellt und ihre Ausführungen werfen ein erhellendes Licht auf das wahre Geschehen in der Hexenküche. Nach ihren Darstellungen bewirkt der astrale Impuls in der Pflanze eine Umkehr, bzw. Metamorphose der rein vegetativen, aufbauenden und assimilierenden Kräfte:

«Deshalb finden wir in der Blüte einen gewissen Abbau, eine Umwandlung aufgebauter Substanzen in duftende, leichtere, flüchtige Substanzen. Der Astralleib stellt freilich das Prinzip der Beseelung dar, weshalb ja gerade die Blüten und ihre Düfte die Seele des Menschen ungleich stärker ansprechen als eine rein vegetative Blattpflanze, aber mit ihm ist wesensmäßig ein gewisser Abbau verbunden.» (1)

Auf diesen Abbau der Bewußtsein tragenden und den Nervenprozeß durchdringenden astralen Wirksamkeiten haben wir bereits ausführlicher verwiesen. Wir stehen damit aber insofern vor einem scheinbaren Widerspruch, als die Pubertät einerseits einen in intensivster Weise wirkenden astralen Impuls darstellt, jedoch gleichzeitig eine Phase des Aufbaus, des Wachstums, der stärksten Lebens- und Kraftentfaltung bedeutet.

«Das heißt, wir haben den Astralleib nunmehr in einer ganz anderen Dynamik, nämlich von unten her aufbauend wirkend, während der abbauende Impuls immer von oben über das Nervensystem verläuft. Im Urogenitalsystem beginnt nun eine neue Tätigkeit des Astralleibes, die eben gerade umgekehrt wie diejenige ist, die vom Nerven-Sinnen-System ausgeht. Hat letztere einen abbauenden Charakter, so finden wir die über das Urogenitalsystem verlaufenden astralischen Impulse in den Ätherleib einmündend, d. h. sie sind aufbauender Natur.» (1)

Die Erkenntnisse, der durch die Geisteswissenschaft Rudolf Steiners inaugurierten Medizin, wonach sich gerade auf dem Gebiet der Geschlechtsdrüsen die Tätigkeit des Astralleibes innerhalb der ätherischen Wesensschicht am differenziertesten manifestiert, ist für ein tieferes Verstehen der Hexenküche-Szene von unschätzbarem Wert. Denn was vollzieht sich in der Pubertät, deren Wirkenskräfte Faust ja einverleibt werden sollen?

Der Astralleib, der bisher in der Organgestaltung tätig war, wird «frei»; diesem Freiwerden im bzw. für den seelischen Bereich entspricht *«eine organische Änderung, die sich in den Keimdrüsen abspielt und sich auch in der Hormonproduktion ausdrückt. Es ist eine Eigenart des Genitalsystems, daß das Freiwerden des Astralleibes im seelischen Bereich verbunden ist mit einem deutlichen allgemeinen Wachstumsschub und der Produktionsaufnahme der Keimdrüsen. Es setzt ein neues, andersartiges Wachstum ein, eine neue Vitalisierung, die eben durch den Astralleib geprägt ist. Deutlich ist erkennbar, wie in diesem Bereich Astralleib und Ätherleib eng verwoben sind, wie hier seelische und körperliche Vorgänge gekoppelt, geradezu identisch sind.» (1)*

Um diese »neue Vitalisierung» geht es in dieser Szene. Da die Hormone aus dem Einwirken der Wesensglieder in die Leiblichkeit hervorgehen, spiegeln sich diese in ihnen wider. Zusammenfassend läßt sich sagen, daß die *«Steroide»*, d. h. die Gruppe biologisch wichtiger organischer Verbindungen, bei denen die Hormone wesentliche Faktoren sind, die Aufgabe haben, *«Vermittler der astralen Impulse zu sein und deren abbauenden Charakter in Aufbauprozesse überzuführen. Durch sie wirkt der Astralleib gestaltend, bildend innerhalb des Ätherleibes.» (1)* Auf die funktionelle Bedeutung des Ätherleibes für Vitalisierung und Bewußtseinsbildung kommen wir im weiteren Verlauf der Szene noch ausführlicher zu sprechen.

Das eigentliche Anliegen der Szene läßt sich in großen Zügen bereits erahnen. Durch den Trank der Hexe und den Zauberspiegel denkt Mephisto diese Wechselwirkung von «Astralimpuls» und «Steroiden» herbeizuführen und solcherart eine Überpotenzierung vitalisierender Kräfte zu bewirken, die wir als widerrechtlich und mißbräuchlich ansprechen müssen, da sie entgegen dem normalen organischen Entwicklungsverlauf erfolgt. Unsere Gegenwart freilich hat diesbezüglich alle Hemmungen weitgehendst abgelegt. Jedes Boulevard-Blatt preist heute derartige «Hexengetränke» an, die in Form von Tropfen, Salben oder Elexieren das Triebleben intensivieren und es ganz in den Dienst egoistischen Genießens stellen sollen. Die Illustrierten übernehmen dabei die Funktion des «Zauberspiegels».

Der Szene liegt somit eine tiefe Sinngebung zugrunde. Man darf daher die Worte Goethes an Zelter vom 4. XII. 1827 nicht zu einseitig und engstirnig verstehen, die vielen Interpreten als kompetentes Zeugnis dafür gelten, daß der Dichter mit der «Hexenküche» nur Unsinn darstellen wollte, und es daher müßig sei, darin einen tieferen Geistgehalt auffinden zu wollen. Die erwähnte Stelle lautet: *«Ebenso quälen sie sich und mich mit den ‹Weissagungen des Bakis›, früher mit dem Hexeneinmaleins und so manchem andern Unsinn, den man dem schlichten Menschenverstande anzueignen gedenkt.»* Aus dem Zusammenhang gerissen, scheint diese Vermutung richtig zu sein, jedoch schon der folgende Satz macht deutlich, daß der genannte Unsinn zwar bewußt geschrieben, aber deshalb keinesfalls unsinnig ist: *«Suchten sie doch die psychisch-sittlich-ästhetischen Rätsel, die in meinen Werken mit freigebigen Händen ausgestreut sind, sich anzueignen und sich ihre Lebensrätsel dadurch aufzuklären!»* Auch der «Unsinn» der Hexenküche gehört zu diesen «psychisch-sittlich-ästhetischen Rätseln», und das Paradoxon darf ausgesprochen werden, daß gerade in diesem Unsinn der tiefe Sinn dieser Szene zu erblicken ist. Man muß nur im Auge behalten, daß die gesamte Szenen-Handlung einerseits eine Dramatisierung von Vorgängen ist, die sich im Innern Fausts abspielen, es sich andererseits aber um objektive Weltenkräfte handelt, die für sich bestehen. Beides geht in der dichterischen Wirklichkeit ineinander über. Welchen Anteil diese objektiven Wirkenskräfte an den inneren Vorgängen nehmen, spiegelt sich in der Handlung wider. So gesehen liegt die «Hexenküche» in einem Grenzbereich. Die Ereignisse haben – was die Erlebnissphäre Fausts betrifft –, ihre Bindung an die physische Sinneswelt im Vergleich zu Auerbachs Keller weitgehend gelöst. Allein sie sind auch noch nicht in jener völlig leibfreien «Traum- und Zaubersphäre» zu suchen, wie sie sich für Faust in der «Romantischen Walpurgisnacht» zum Erlebnis bringen werden. Die Hexenküche liegt in der Mitte zwischen dem physischen Bereich und der reinen Seelenwelt. Diese Mitte blidet der Ätherplan. Und in ihm wurzeln jene Vitalkräfte, die sich Faust – entgegen dem natürlichen Entwicklungsverlauf – aneignen möchte und deren er ansichtig wird.

Für diesen Bereich der Lebens- und Bildekräfte spricht auch der Umstand, daß Mephisto zur Herstellung dieses Trankes der Hexe bedarf:

> «Nicht Kunst und Wissenschaft allein,
> Geduld will bei dem Werke sein.
> Ein stiller Geist ist Jahre lang geschäftig,
> Die Zeit nur macht die feine Gärung kräftig...
>
> Der Teufel hat sie's zwar gelehrt;
> Allein der Teufel kann's nicht machen.»

Es geht nicht allein um das Wissen der Herstellung. Es bedarf eines «Mutterschoßes», der ihn «austrägt» und die «feine Gärung» kräftig macht. Hier stoßen wir – wenn auch in einem negativen Gegenbild – auf die Urpolarität des «Ewig-Männlichen» und «Ewig-Weiblichen», welche die alte Mysterienweisheit bis in die höchste Göttersphäre hinein erschaute. Man denke an das oberste Götterpaar Zeus und Hera der griechischen Mythologie, an Jupiter und Juno in der römischen, Wotan und Fricka in der germanischen Götterwelt. Immer werden wir damit auf zwei Erscheinungsformen eines Wesens hingewiesen. Schelling hat diese zwei Seiten des göttlichen Wesens in seiner Philosophie als «actus» und «potentia» bezeichnet, als den von Bewußtsein durchdrungenen, befruchtenden Zeugungsakt und als die in der Freiheit des Göttlichen ruhende Möglichkeit, das «Empfangene» zur Geburt zu bringen, ihm Leben in sichtbarer Erscheinung zu geben. Alte Mysterientradition, wie wir sie noch bei Plutarch finden, sprach von diesen, den göttlichen Urbildern Leben verleihenden Welten, als von dem Bereich der «Mütter»: Rhea, Demeter, Persephone. Ihr Schoß birgt die Urbilder aller irdischen Erscheinungsformen, in ihm west die Unvergänglichkeit geistiger Lebenskräfte: «Gestaltung, Umgestaltung, / Des ewigen Sinnes ewige Unterhaltung. / Umschwebt von Bildern aller Kreatur.»

Im Zerrbild haben wir hier die widergöttliche Polarität des «Männlich-Weiblichen»; den mephistophelischen «actus» und die Hexe als die austragende «potentia». Damit erscheint uns die Hexenküche als eine durch die Widersacher-Macht vollzogene Abspaltung von jener göttlichen Mutterwelt der Urbilder zu sein, die Faust im zweiten Teil der Dichtung tatsächlich aufsuchen wird. «Ungern entdeck' ich höheres Geheimnis», wird Mesphisto bekennen. Fausts erste Reaktion aber auf die Schilderung dieser Sphäre wird spontan den Bezug zur gegenwärtigen Szene herstellen: «Hier wittert's nach der Hexenküche». Der Zusammenhang zwischen beiden Szenen – mag er für Goethe bei der Abfassung der Hexenküche-Szene auch konkret noch nicht bestanden haben, ist für den inneren Vorgang der Handlung zweifelsfrei gegeben; und er wird sich uns durch ein weiteres Erlebnis Fausts gleich noch deutlicher aufdrängen.

Auch die vorhin erwähnte Polarität des menschlichen Organismus – Bewußtseinspol und Lebensbereich – kann in gewisser Weise als von dieser Zweiheit her – actus, potentia – affiziert, angesehen werden. Die Handlung nimmt auch mit allen Ereignissen auf diese Zweiheit strengen Bezug. Denn der ganze scheinbare Unsinn des Dialoges Mephistos mit den Tieren zielt ja nur darauf ab, Fausts Bewußtsein zu lähmen, oder besser: völlig zum Auslöschen zu bringen. Während der Trank und das Erscheinungsbild im Zauberspiegel – nach Mephistos Absicht – die Trieb- und Lebenskräfte – «Astralimpuls» und «Steroide» – in ungebändigter Weise neu erwecken sollen.

Wenn wir nunmehr im einzelnen die Vorgänge der Szene betrachten wollen, dann sei nochmals mit Nachdruck darauf verwiesen, daß damit Fausts Seelenerlebnisse geschildert werden, in welche die Zwangsgewalten der mephistophelischen Macht hineinwirken. An der dichterischen Wirklichkeit soll ja aufscheinen, wie hinter allem Materiellen ein Geistiges steht. Dieses Geistige umfaßt natürlich auch die widergöttlichen Wirkenskräfte. Es konkret aufzuzeigen, ist ein Anliegen besonders dieser Szene. Da der Mensch selbst mit einem Teil seines Wesens in diesem geistigen Bereich lebt, er aber auch das Hineinwirken der «unheiligen» Geistesmächte darin erfährt, die ihn aus seiner wesenseigenen Sphäre abziehen und an die Vergänglichkeit der Sinneswelt fesseln wollen, kommt es zu diesem so schmerzlich empfundenen Seelenzwiespalt. Die Erlebnisse der Hexenküche tragen viel dazu bei, daß sich Faust dieses Kampfes seiner «zwei Seelen in der Brust», von dem er Wagner gegenüber nur aus einem Gefühl heraus sprechen konnte, nunmehr in einer Weise bewußt wird, die ihm die dahinter wirkenden Kräfte als objektiv und wesenhaft erahnen lassen. Die Dichtung hat uns die Zweiheit dieser Welten einerseits durch die Stimme des «Herrn» und die Schar der «echten Göttersöhne» im Prolog bewußt gemacht, andererseits durch die Mephisto-Gestalt als Repräsentantin der widergöttlichen Welt. Und hätte man Goethes Erkenntnisse nicht nur als ästhetische Ergüsse seiner dichterischen Phantasie verstanden, sondern als Kunde über eine konkrete Weltenrealität, wäre unserer Zeit so manches unwissendes und unvorbereitetes Hineinschlittern in den Hexenküchen-Bereich erspart geblieben, wie es sich heute auf den verschiedensten Ebenen unseres Lebens konstatieren läßt. Denn die Dichtung zeigt unverhohlen auf, was dem Menschen droht.

Goethe läßt uns die verschiedenen Nuancen dieser gespenstischen Alchimistenküche voll Dramatik und Humor miterleben. Die «Vital-Hormone» brodeln in dem Kessel, «wenn die Frau zu Hause ist». Weilt sie jedoch fern, wie eben jetzt:

«Beim Schmause,
Aus dem Haus
Zum Schornstein hinaus!» –,

dann treiben ihre «zarten Tiere» ein sinn- und gedankenloses Spiel. Mephisto, dem in dieser Auseinandersetzung des inneren Seelenzwiespaltes Fausts das erste Wort zufällt, kommt dieses absurde Treiben durchaus gelegen: «Ein Diskurs wie dieser da / Ist grade der, den ich am liebsten führe!» Auf seine Frage, wie Faust die «zarten Tiere» fände, erteilt ihm dieser jedoch eine eindeutige Absage: «So abgeschmackt, als ich nur jemand sah!»

Daß Goethe dieses «zierliche Geschlecht» Meerkatzen sein läßt, Tiere, die sich als Affen unmittelbar vor der Menschenstufe abgespaltet haben und nur ein Beinahe-Menschsein erreicht haben, ist von trächtiger Symbolik für das von Mephisto angestrebte bewußtseinvernichtende, ich-zerstörende Element. Der Bezug zum Menschen, der bereits im Bild von der Ratte und dem Floh antönte, erfährt hier eine nicht mehr zu überhörende Deutlichkeit.

Das Bewußtseinsleben der Affen stellt sich auf dieselbe Sinnes-Grundlage wie das des Menschen; denn auch bei ihnen ist der Grundsinn das Auge, nicht die Nase. Die Affen können sogar «fixieren», d. h. einen Gegenstand ganz scharf ins Auge fassen, wie das sonst nur der Mensch und die Vögel, also die Sehtiere, vermögen. Der Umstand, daß Goethe unter den zahlreichen Affenarten gerade Meerkatzen auswählte, dürfte allerdings auf eine reine Wort-Symbolik zurückzuführen sein. Denn die Meerkatzen umfassen nach zoologischen Erkenntnissen jene Gruppe, die durch ihr Aussehen und Benehmen gerade am wenigsten den Vergleich mit dem Menschen herausfordern. Die Bezeichnung «Meerkatze» ist durch die Volksethymologie aus dem indischen Worte «markata» entstanden, das auch heute noch vielfach für den Rhesus im Gebrauch ist. Alfred Brehm ist der Auffassung, daß diese flinken gewandten und anmutigen Baumtiere zu den *«schönsten aller Affen»* gehören und man ihnen am ehesten *«ihr eigenes Schönheitsideal zubilligen müsse.» (2)* Ihre recht rundlichen Gesichter mögen aber vielleicht doch mitunter an das Katzengeschlecht erinnern; sie werden in der Folge auch nur noch als «Kater» und «Kätzin» bezeichnet, was sich freilich auch von Meerkater und Kätzin ableiten ließe. Mephisto aber nennt sie einmal allesamt «Katzengeister», so daß man den Eindruck gewinnen kann, als würde Goethe absichtlich einer in der Natur nicht vorkommenden «Mischung» von Affe und Katze dichterische Wirklichkeit verleihen und sie als symbolgetränkte Phantasiewesen der zoologischen Wirklichkeit entheben wollen. Geht es ihm doch darum, den Sturz menschlicher Seeleneigenschaften in die Tierheit aufzuzeigen. Wir müssen daher auch den Symbolgehalt der Katze etwas ins Auge fassen.

Sie gilt in den Märchen zu Recht als die Repräsentantin der reinen Astralität. Wie der Hund als metaphorisches Bild der ätherischen Wesensschichte des Menschen dient, so die Katze für die astrale Empfindungssphäre. Man erinnere sich der in der Szene «Osterspaziergang» gemachten Erwähnung des Märchens von den «Bremer Stadtmusikanten» *(S. 112)*. Diese Metaphorik spricht von tiefempfundener Weisheit. Die Katze ist Haustier und kleines Raubtier zugleich. Verspielt und schmeichelnd, vermag sie aus scheinbarer Schläfrigkeit im Augenblick hellwach zu sein und zum Sprung anzusetzen. So empfand man ihr Wesen symbolisch für den Liebestrieb, der in unschuldiger Verspieltheit dahinträumend, mit einem Mal die Seele zur Beute ihres Verlangens macht. Wurde von den Ägyptern doch auch die Göttin des Liebeszaubers – Bastet – als die Katzenköpfige verehrt.

Im Bild der Meerkatze, wenn wir sie jetzt als Fabelgeschöpf, losgelöst von ihrer zoologischen Realität verstehen, tritt uns eine besonders intensivierte astrale Impulsivität entgegen, da auch die Natur des Affen in ihrem ganzen Nervensystem sehr erregbar ist. Das Nervensystem aber ist der physiologische Träger des Astralleibes. In der Verbindung Katze-Affe ergibt sich somit ein Symbol für eine Überpotenzierung astraler Kräfte. Darauf zielt übrigens auch die Benennung «verfluchte Puppen» durch Mephisto ab. Der Volksmund bezeichnet mit «Puppe» gerne eine Weiblichkeit, deren Gunst in dirnenhafter Liederlichkeit durch Geld zu erwerben ist. Das Urteil «verflucht» wäre jedoch für die reine Tierheit völlig deplaciert. Das Tier als Naturwesen steht jenseits jeglicher moralischer Bewertung. Keiner mochte bezüglich der Unschuld des Tieres besser Bescheid gewußt haben als Goethe mit seiner phänomenologischen Naturbetrachtung. So werden diese Meerkatzen zu ähnlichen Fabelwesen, wie es für die Mythologie seit ältesten Zeiten der Drache ist.

«So sagt mir doch, verfluchte Puppen,
Was quirlt ihr in dem Brei herum?»

Die Tiere:

«Wir kochen breite Bettelsuppen.»

Auch diese «breiten Bettelsuppen», die das Affengezücht zusammenbraut, zielen auf die Hohlheit und Geistesleere ab, in die Mephisto Faust hinabziehen möchte. Goethe gebrauchte diesen Ausdruck einmal in einem

Brief an Schiller vom 26. Juli 1797. Dort heißt es in bezug auf jüngste literarische Vorkommnisse in Weimar:

«Hier kommt der abermals ermordete oder vielmehr in Fäulnis übergegangene Gustav der Dritte, es ist so recht eigentlich eine Bettelsuppe, wie sie das deutsche Publikum liebt, diese Art Schriften sind an die Stelle der Gespräche im Reiche der Toten getreten, die auf unsere Wahrheit liebende Nation immer großen Eindruck gemacht haben.»

Dieser Hinweis läßt uns in den «Bettelsuppen» eine Charakterisierung bestimmter banaler, oberflächlicher Reimschmiedereien und Liedermachereien erkennen, ein in «Fäulnis» übergegangenes Schriftstellertum, wie es bereits zu Goethes Zeiten die reine Luft des Geisteslebens verpestete und heute mit seinem Verwesungsgeruch jeden Keim echter Dichtkunst ersticken will. Billigste Ausschußware, in der die Worte wie Speichel rinnen und das Aussprechen geistloser Gedanken zur bloßen Organfunktion herabsinkt.

Die Vorstellungen Goethes über das zweifelhafte Getränk in diesem brodelnden Kessel erschöpfen sich damit aber gewiß nicht. Denn wenn wir es vom gegenständlichen Geschehen her verstehen, bezieht sich die Antwort «wir kochen breite Bettelsuppen» ja unmittelbar auf das im Kessel brodelnde Gebräu. In ihm aber haben wir bildhaft das Konzentrat jener Trieb- und Vitalkräfte zu sehen, mit denen Faust begabt werden soll. Wir werden sicher richtig vermuten, wenn wir den ominösen Trunk, den die Hexe Faust reichen wird, aus diesem Kessel geschöpft erachten. Wie lebendig und wesenserfüllt sich Goethe dieses Hexenelexier dachte, ist der Regiebemerkung zu entnehmen, nach der sich in dem Dampfe, der von dem Kessel aufsteigt, allerlei «Gestalten» zeigen. Worin aber liegt nun der innere Zusammenhang zwischen den «Bettelsuppen» als Bild für billigste Reimeschmiederei und dem, was sie ihrer Substanz nach sein wollen: dem Aphrodisiakum für Faust?

Es sind die Ätherwirksamkeiten, die diesen Zusammenhang herstellen; in unserem Falle vor allem die Wirkungen des Klang- und Lebensäthers. Der Klangäther wird von Rudolf Steiner auch als chemischer- und Zahlenäther angesprochen. Die Wirkungen des Klangäthers zeigen sich konkret z. B. in den Wachstumskräften, wenn eine organische Einheit auseinanderwächst und sich spaltet. *«Klangäther entzweit, treibt in die*

Zahl und in Zahlenverhältnisse; es entstehen Abstände, Brüche, Verdoppelungen, Multiplikationen, Divisionen, man kann zusammenzählen und abzählen.» (3) Am schönsten offenbart sich diese klangätherische Wirkung in der Zellteilung. Befruchtung und Zellteilung, die Grundtatsachen alles Organischen, verhalten sich wie das Wasserelement zu dem ihm innigst verbundenen klangätherischen Wirkenskräften. *«Das Wirken dieses Gegensatzpaares zeigt sich bis ins Seelische hinein als Sympathie und Antipathie. Letztlich urständet auch die Geschlechtertrennung in diesem Seinsbereich. Das ganze Dasein ist eben durchwoben von den Wirkungen des Wassers und des Klanges.»* (3)

Gleichzeitig ist der Klangäther aber auch Träger der chemischen Aktivitäten in der Materie. Denn die Reaktion der Stoffe gegeneinander erfolgt nach bestimmten Zahlengesetzen, deren strukturbildende Kraft dem Klangäther erfließt. Das Dichterwort: *«Schläft ein Lied in allen Dingen»*, spricht eine tiefe Wahrheit aus, denn die ganze Stoffeswelt ist durchklungen von den Zahlenproportionen klangätherischer Wirkenskräfte, die eine frühere Menschheit als Sphärenharmonie, als «musica mundana» angesprochen hat.

Welche Funktionen vollziehen diese Klangätherkräfte nun aber im menschlichen Organismus? Da ist zunächst die geisteswissenschaftliche Erkenntnis für uns von Wichtigkeit, daß sich im Klangäther das Denken zum Ausdruck bringt. Die Worte, in die wir unsere Gedanken kleiden, haben ihr Organ im Klangäther. *«Die Worte sind Ausdrucksformen für die Gedanken. Diese Ausdrucksformen erfüllen den ätherischen Raum, indem sie ihre Schwingungen durch den Tonäther schicken. Was Ton ist, das ist eben nur die Abschattung der eigentlichen Gedankenschwingungen.»* (4) Dagegen strömt der Inhalt der Gedanken aus einem noch höheren Ätherbereich: dem Lebens-Äther, der sinn-verleihend die Gedankensphäre durchdringt.

Nun ist damit aber nur eine Seite der Funktion der klang- und lebensätherischen Wirkenskräfte im Menschen aufgezeigt. Außer diesen seelisch-geistigen Verrichtungen, die primär den Boden abgeben für Gedächtnis- und Gedankenkraft und bei denen, wie wir hörten, der Astralleib so stark mit dem Ätherleib verwoben ist, daß man beide Wesensglieder in dieser Funktion fast als «ident» bezeichnen könnte, wirken diese Ätherkräfte auch in den Drüsenorganen. Die ätherische Kraft, die in unseren Gedanken wirksam auftritt, ist auch in unseren Organen darin. *«Wenn Sie also einen Gedanken haben»*, so erläuterte Rudolf Steiner diese Doppelwirksamkeit in seinem ersten Kursus für Ärzte, *«und irgendeine parallel gehende Drüsenabsonderung, so haben Sie die Tätigkeit, die dem Gedanken zugrunde liegt, herausgeholt aus der Drüse.»* *(5)* Das Erstehen von Gedanken und gewisse organische Erscheinungen sind Parallelprozesse. Mit anderen Worten: die Ätherkräfte wirken in zweifacher Richtung. Werden sie Träger der Gedanken und Gedächtniskraft, dann ziehen sie sich aus den Drüsen und innersekretorischen Organen zurück, was sich äußerlich als Sekretionsvorgang zu erkennen gibt. Oder sie erfüllen den Organismus ungeschmälert mit ihren vollen Lebenskräften, entziehen sich somit ihrer Funktion als Gedächtnis- und Gedankenträger, dann erscheinen die entsprechenden Organe in Ruhe. *«Die Sekretion erfolgt dann, wenn sich bestimmte Ätherkräfte aus der Drüse herauslösen, um für die erinnernde Tätigkeit zur Verfügung zu sein. Sich einem Organ verbinden und sich wieder lösen charakterisiert das Spiel der ‹freien› (dem Seelisch-Geistigen dienenden) Ätherkräfte ... Indem der Mensch seine Erinnerungen (das Material seiner Gedanken und Empfindungen) aus den verschiedenen Regionen des Körpers ‹entnimmt›, ist er durch die Art seines Innenlebens selbst der Initiator seiner leiblichen Funktionen: der Absonderung, der Ausscheidung, ja selbst der inneren Sekretion.»* *(6)*

Diese etwas weiter ausholende Darstellung war aus zweierlei Gründen unerläßlich. Erstens beantwortet sie die aufgeworfene Frage nach dem inneren Zusammenhang der in dem Kessel brodelnden Substanzen als bildhafter Ausdruck sowohl der Gedanken- als auch der Vitalkräfte. Beide Funktionen erweisen sich von den gleichen Ätherkräften getragen, die uns in diesen «breiten Bettelsuppen» in verzerrter und mißbrauchter Art versinnbildet werden. Zweitens erhellt sich durch diese Ausführungen aber auch der Sinngehalt der ganzen Szene in einer noch viel tiefgründigeren Weise. Denn es wird ersichtlich, daß Mephisto aus einer Naturgesetzlichkeit des menschlichen Organismus heraus, alles daran setzen muß, die Denktätigkeit Fausts auszuschalten, damit er diese Ätherkräfte konzentriert den Organen zuführen kann, um ihn solcherart zu einer neuen organisch-physiologischen Jugend zu erwecken. Und Fausts innere Einstellung kommt ihm darin sogar entgegen. Sprach er es in der Paktszene doch selbst aus:

«Des Denkens Faden ist zerrissen,
Mir ekelt lange vor allem Wissen.»

Alles Tun und Sprechen Mephistos, der Tiere und später der Hexe ist so offensichtlich auf pure Sinnlosigkeit ausgerichtet, daß Faust den Eindruck gewinnen muß, es lohne der Mühe nicht, auch nur einen Gedanken auf diese Welt zu verschwenden, die ihm in ihrer völligen Absurdität gezeigt werden soll. So etwa, wenn der Kater Mephisto umschmeichelt und ihn zum Würfelspiel auffordert:

«O würfle nur gleich
Und mache mich reich,
Und laß mich gewinnen!»

Was hier zum blind-zufälligen Würfelspiel spöttisch erniedrigt wird, ist der sehr ernste Gedanke von Karma und Schicksal. Mephisto denkt Faust bereits völlig in seiner Hand zu haben. Denn ist es nicht Faust selbst, der «gleich» – auf der Stelle – «reich» werden und gewinnen will? Der Kater spricht ja nur aus, was aus Fausts ungeläuterter Astralität aufsteigt und sich als Begehrung in sein Bewußtsein hinein verdichtet. Mephistos Sarkasmus prangert dieses Begehren als ein allgemein menschliches Verlangen an:

«Wie glücklich würde sich der Affe schätzen,
Könnt' er nur auch ins Lotto setzen!«

Wenn dann die «jungen Meerkätzchen» im Spiel eine große Kugel herbei rollen, könnte einem ob des Funkens scheinbarer Wahrheit in ihrer Charakterisierung Trauer überkommen:

«Das ist die Welt;
Sie steigt und fällt
Und rollt beständig;
Sie klingt wie Glas –
Wie bald bricht das!
Ist hohl inwendig.»

Auch in diesen Worten spiegelt sich ein inneres Erlebnis Fausts. Denn der Hohlheit dieser Welt galt ja sein Fluch. Damals mahnten ihn Geisterstimmen, sie in seinem Innern neu aufzubauen (S. 153/54). Und haben ihn nicht auch jüngst die Erlebnisse in Auerbachs Keller die ganze Schalheit dieses Erdendaseins erneut erleben lassen? Trotzdem weiß Faust nur zu gut, daß die Welt in ihren Tiefen nicht schal und leer ist. Warum hätte er dann immer wieder neu darum gerungen, den innersten Wesenskern dieser Schöpfung zu ergründen und weder den Tod noch den Pakt mit dem Teufel gescheut, ihren Geheimnissen auf die Spur zu kommen? Und die durchlittene Osternacht, sie hatte ihm den Blick in die Kindheit neu zurückgegeben und ihm Kunde gebracht von dem «Begrabenen», den man in «Tücher und Binden» bettete und der «erstanden» ist. Er fühlt diese «Substanz», die den innersten Wesenskern der Erde erfüllt, auch wenn sein Bewußtsein nicht wagt, daran zu rühren.

Es gibt keine scharfen Begriffskonturen in dieser Szene, die Wahrheit und Irrtum voneinander abgrenzen würden. In Fausts Innerem fließt eins ins andere über, Stimme und Gegenstimme dringen an sein geistiges Ohr. Aber es kommt eben darauf an, was die Seele denkt. Denn wie wir hörten, «entnehmen» wir die ätherischen Grundkräfte für unsere Gedanken den Organen. Und so ist es von Wichtigkeit, ob zwischen Gedachtem und Organisch-Funktionellem ein Gleichklang besteht, ob sich unser Denken gewissermaßen ganz an den Tätigkeitsbereich des Organischen hingibt und ihm dadurch die entzogene Äthersubstanz indirekt wieder zuführt, oder ob dieses entzogene Ätherische nach Sphären strebt, in denen alles Sinnlich-Organische überwunden ist. Rudolf Steiner mahnt die Ärzte:

«Studieren sie einmal den Zusammenhang gewisser im Menschen auftretender Gedanken mit, sagen wir, der Speichelabsonderung, der Schleimabsonderung im Darm, der Absonderung der Milch, der Absonderung des Urins, der Absonderung des Samens, studieren sie, wie da auftreten gewisse Gedanken, deren Auftreten parallel geht mit diesen organischen Erscheinungen.» (5)

Es wäre ein reiches Gebiet, *«für künftige Doktordissertationen». (5)* Wir sehen daraus: Mephisto, der die Vorgänge in der Hexenküche inspiriert, er kann gar nicht anders als blasphemisch sein und muß jede Gelegenheit benutzen, um Edles und Hohes zu verlästern und ins Kreatürlich-Sinnliche herabzuziehen. Denn Fausts Denken muß ganz auf die bewußte «Organik» hingelenkt werden. Aber in Faust waltet eben auch das «hohe Streben» des «Menschengeistes», den der Widersacher nie begreifen wird. So spricht für ihn erneut ein zweifach Hintergründiges aus des Katers Worten:

«Hier glänzt sie sehr,
Und hier noch mehr:
Ich bin lebendig!»

Hohlheit und gleißender Glanz – wer könnte es leugnen, daß sie der Oberfläche dieser Welt eigen sind? Aber Leben ist mehr als dieser Flitter der Oberfläche.

Die Worte «ich bin lebendig», müssen nicht allein aus dem Umstricktsein in dieses gleißende Sinnesleben heraus verstanden werden. Für das in die Seele einverwobene «Himmelslicht» tragen sie ein Raunen der «Osterbotschaft» herüber:

«Christ ist erstanden,
Aus der Verwesung Schoß;
Reißet von Banden
Freudig euch los!»

Durch Ihn, der sich *«hingegeben hat zum Grundstein einer Gottesstadt« (Novalis)*, leuchtet die Erde in einem ganz neuen Licht. Wie folgerichtig schließen sich dann auch für beide Erlebnissphären die nächsten Verse an:

«Mein lieber Sohn,
Halt dich davon!»

«Mein lieber Sohn» – widerhallt daraus das Floh-Lied aus Auerbachs Keller oder die Stimme aus den Wolken? Wahrheit und Verwirrung, beides fließt ineinander, taucht bruchstückartig in Fausts Bewußtsein auf um wieder zu versinken, unzusammenhängend und doch vertraut. In dieser Labilität müssen wir die Vorgänge halten, wenn wir dem inneren Erleben Fausts wirklich nahekommen wollen.

«Du mußt sterben!
Sie ist von Ton.
Es gibt Scherben.»

Das Vergänglich-Verwesliche löscht den Blick nach dem Unverlierbaren aus. Die hohen Bewußtseinskräfte, die der Seele inneren Halt geben sollen, werden «durchlöchert»:

«Sieh durch das Sieb!
Erkennst du den Dieb,
Und darfst ihn nicht nennen?»

Das Sieb war ein beliebtes Requisit spiritistischen Hellsehens, d. h. einer tranceartigen Bewußtseinshaltung. In seiner Metaphorik deutet es somit auf ein Auslöschen tagwacher Bewußtseinskräfte. Der feste Spiegel, den das Gehirn darstellt um Gedanken zu reflektieren, wird gleichsam «durchsiebt». Ein Hinweis, wie sich nach und nach Fausts Bewußtsein tatsächlich von seiner leiblichen Grundlage löst und wir immer mehr in jenen Zwischenbereich dringen, in den wir eingangs diese Szene hineingestellt haben.

Wer aber mag mit dem Dieb gemeint sein? Mephisto oder Faust? Wir werden darauf zurückkommen.

Die Frage Mephistos nach dem «Kessel» ist nicht seinethalben gestellt. Weiß er doch nur zu gut, was darin gebraut wird:

«Der alberne Tropf!
Er kennt nicht den Topf,
Er kennt nicht den Kessel!»

Der «alberne Tropf» ist in Wahrheit Faust, dessen Bewußtsein an das eigentliche Anliegen der Hexenküche herangeführt werden soll. Wo das ich-wache Denken ausgeschaltet wird, ist dem Kessel des Unbewußten, dem brodelnden Abgrund aller Triebe und Leidenschaftskräfte freier Raum gegeben. Der Mensch ist seines wahren Menschseins entthront, seiner «Krone» beraubt. Mephisto nimmt auf dem Thronsessel statt seiner Platz, den Fliegenwedel als «Herr der Ratten, Mäuse, Frösche und Fliegen», statt eines Zepters schwingend:

«Hier sitz' ich wie der König auf dem Throne,
Den Zepter halt' ich hier, es fehlt nur noch die Krone.»

Wieder dringt das Wort «König» an Fausts Ohr. Zweifaches schwingt in ihm. Die Seele, die nach den «Gefilden hoher Ahnen strebt» klingt darin auf, aber auch jener König, der einen Floh zu seinem geliebten Sohne machte. Und tatsächlich: noch ist Mephistos Triumph nicht vollständig. Erneut stellt sich seinen Intentionen ein Inkommensurables des Menschengeistes in den Weg. Um Fausts Denken ganz an die Triebhaftigkeit dieser «Skorpion-Sphäre» zu ketten, in die er ihn nunmehr hineinführen will, versucht er mittels des Zauberspiegels ihn durch den Anblick eines weiblichen Aktes zu berücken. Was aber gewahrt Faust?

«Was seh' ich? Welch ein himmlisch Bild
Zeigt sich in diesem Zauberspiegel! ...

Das schönste Bild von einem Weibe!
Ist's möglich, ist das Weib so schön?
Muß ich an diesem hingestreckten Leibe
Den Inbegriff von allen Himmeln sehn?
So etwas findet sich auf Erden?»

Die Erniedrigung zu rein begierdenhaften Empfindungen und Vorstellungen ist Mephisto nicht gelungen. Schönheit wird für Faust das Aufleuchten eines Himmlischen an der irdischen Erscheinung, nicht das auslösende Moment für sinnlichen Genuß. Damit ist auch der Einwand Rickerts widerlegt, in Faust würde schon vor dem Genuß des Trankes die Sinnlichkeit erwachen. Die Anstrengungen der Gegenmacht scheinen vorerst gescheitert zu sein. Die von Mephisto beabsichtigte «Vorstellung» hebt Faust in eine dem Teufel unerreichbare Höhe empor. Konkreter formuliert: Fausts Bewußtsein «durchstößt» diesen mephistophelischen «Spiegelbelag» und schafft sich durch eigene Kraft die Imagination einer «urbildlichen» Gestalt der Schönheit. Faust könnte eine derartige Wandlung des von Mephisto hereingerufenen Vorstellungsinhaltes nie vollführen, wenn nicht etwas von dem Geistgehalt seiner Imagination in ihm leben würde. Stehen doch in Wahrheit hinter allen unseren Gedanken und Vorstellungen Imaginationen. Der Verstand ist es jedoch, der stets alles

Imaginative abtötet. Faust aber ist imstande, *«dasjenige was in ihm lebt, zur Imagination zu erheben.»* (7)

«O Liebe, leihe mir den schnellsten deiner Flügel,
Und führe mich in ihr Gefild!»

Es ist reinste Freude am «Anschauen», was sich in diesem Wunsche ausspricht. Welche Unendlichkeit liegt allein in dem Bild des «hingestreckten» Leibes, wenn man dabei nicht bloß an eine der üblichen weiblichen Akt-Darstellungen denkt. Das «Schöne», von dem Faust hier angezogen wird, ist noch frei von jeglicher Sinnlichkeit. Für ihn scheint «der Inbegriff von allen Himmeln» an dieser Gestalt auf, d. h. ein gott-gedachtes Menschenbild. «Hingestreckt» ist der Menschenleib auch auf Michelangelos Gemälde von der Erschaffung Adams. Hält es doch auch diesen paradiesischen Augenblick fest, da dem Menschen der göttliche Funke – das Himmelslicht der Ebenbildschaft – eingehaucht wird und er sich aus der hingestreckten Ruhestellung in die «Aufrichte» (im Bild bis zum Aufstützen des Oberkörpers) erhebt. Fausts Ich-Kraft ist es, die ihm den Blick freigibt auf jenes Menschenbild, das als «Inbegriff aller Himmeln» – als Zusammenwirken aller Tierkreis- und Planetenkräfte – vor seinem Seelenauge steht. Dieses Wissen um die Himmelskräfte, «die auf- und niedersteigen und sich die goldnen Eimer reichen», ist Faust tief in die Seele geschrieben. Und weil dieses Vorstellungselement der Ausgangspunkt seiner Imagination ist, kann sein Erlebnis bar sein jeder Sinnlichkeit. Würde die Imagination aus einem Gefühls- und Emotionsleben aufsteigen, wäre ihr paradiesischer Zauber dahin. Deshalb darf er auch seinen Standort nicht verlassen, will er sich das Bild rein erhalten. Tritt er ihm näher, deutlicher gesagt: will er es mit seiner ganzen Empfindungsgewalt ergreifen, schwinden ihm seine Konturen:

«Ach! wenn ich nicht auf dieser Stelle bleibe,
Wenn ich es wage, nah zu gehn,
Kann ich sie nur als wie im Nebel sehn! –»

Nur aus einer bestimmten Stellung heraus – eben der Vor-stellung, entsteht ihm diese Imagination. Den Gefühlsüberschwang von Neigung, Liebe, Anbetung, Wahnsinn, wird er einst walten lassen, wenn er das

Phantom der Helena aus dem Reich der «Mütter» zu holen sich erkühnen wird. In der Beschwörungsszene am Kaiserhof bedeutet das Phantombild nicht mehr *«bloße imaginativ gewordene Vorstellung»*, da handelt es sich bereits um *«imaginativ gewordenes Fühlen»*. (7) Diese von Rudolf Steiner aufgezeigte Steigerung des Erlebnisses stellt einen weiteren inneren Zusammenhang zwischen der «Hexenküche» und der «Mütterwelt» her. So daß sich die Frage aufdrängt, wen Faust in seiner Imagination erblickt? Darf man bereits dieses Frauenbild in Bezug zur Helena-Gestalt setzen? Wir wollen dieser Frage am Ende der Szene nachgehen.

Vorerst versucht Mephisto durch Spott den «Inbegriff von allen Himmeln» zu trüben und seinen Gedankenflug zu irdischem Verlangen herabzuziehen; wobei sein Sarkasmus die Richtigkeit von Fausts ideellem Erlebnisgehalt freilich nicht zu widerlegen vermag, da auch er – wenn auch voll Hohn – die Güte des göttlichen Sechstagewerkes anerkennen muß:

«Natürlich, wenn ein Gott sich erst sechs Tage plagt,
Und selbst am Ende Bravo sagt,
Da muß es was Gescheites werden.
Für diesmal sieh dich immer satt;
Ich weiß dir so ein Schätzchen auszuspüren,
Und selig, wer das gute Schicksal hat,
Als Bräutigam sie heimzuführen!»

Nach diesen Worten okkupiert er den Thronsessel, indes die Tiere unter «großem Geschrei» die ihm zu seinem «Königtum» noch fehlende «Krone» bringen:

«O sei doch so gut,
Mit Schweiß und mit Blut
Die Krone zu leimen!»

Was Faust als das Höchste erstrebte: die Krone des Lebens, wird hier Mephisto zu Füßen gelegt. Nach dem Paktschluß sprach Faust in seiner Verzweiflung:

«Was bin ich denn, wenn es nicht möglich ist,
Der Menschheit Krone zu erringen,
Nach der sich alle Sinne dringen?»

Und wir zitierten die entsprechende Stelle aus der Johannes-Apokalypse, in der dem Menschen durch Christus die «Krone des Lebens» verheißen wird. (S. 169)

Mit «Schweiß und mit Blut» – d. h. mit Menschen-Tat und Menschen-Ich-Kraft soll der Teufel das Kleinod des menschlichen Hauptes kitten. Auffallen muß uns dabei, daß die Tiere die Krone leimen wollen, noch ehe sie zerbrochen ist. Denn erst nachdem sie ihr Begehren ausgesprochen haben, zerbricht die Krone durch ihre Ungeschicklichkeit in zwei Teile: «Nun ist es geschehn!» Es tritt somit ein Ereignis nachher ein, was bereits vorher als gegeben angesprochen wurde. Eine Krebsgängigkeit des Zeitenlaufes, wie sie sich oft in unserem Traumleben begibt. Die irdische Zeitenrichtung wird gerade in dem Augenblick aufgehoben und umgedreht, in dem die «Krone des Lebens» zerbricht. Das muß die Verwirrung noch steigern, in die sich Faust immer mehr hineingezogen fühlt. Wie zerrissen muß er sich fühlen, aufgespalten in die zwei Seelensphären in seiner Brust. Einerseits ganz hingegeben dem starken imaginativen Erlebnis des «Zauberspiegels», fühlt er sich andererseits der Verwirrung und Unsinnigkeit preisgegeben, die ihm das Bewußtsein rauben wollen und auf Verlust des «himmlischen Bildes» abzielen: «Weh mir! ich werde schier verrückt.» Die Tiere sprechen die Folgen aus, die das Zerbrechen der Krone für das Bewußtsein zeitigt: Verlust der ich-erfüllten Gedankenkraft.

«Wir reden und sehn,
Wir hören und reimen –
Und wenn es uns glückt,
Und wenn es sich schickt,
So sind es Gedanken!»

Ein Produzieren von Gedanken, das abläuft wie die Ausscheidungsfunktion des Organismus. In diesen Versen jedoch bloß ein ergänzendes Gegenstück zu den «breiten Bettelsuppen» als schonungslose Kritik gewisser Schriftstellereien sehen zu wollen, schöpft ihren Sinngehalt gewiß nicht aus. Will man sie aus der Situation heraus verstehen, darf man das «wir» nicht überhören, mit dem die ersten beiden Verszeilen beginnen. Wir – damit sind jene Affenwesen angesprochen, die mit zu diesem ganzen Hexenhausrat gehören, der uns aber Ausdruck pervertierter astraler und ätherischer Wirkenskräfte bedeutet. Will man beiden Aspekten gerecht werden, dann heißt dies, daß sich in jenen «breiten Bettelsuppen» in Wahrheit ganz andere Mächte ihr Süppchen kochen, als sich der Autor derartiger Reimschmiedereien träumen läßt. Diese Überlegungen können uns an eine Stelle in Rudolf Steiners viertem Mysterien-Drama «Der Seelen Erwachen» gemahnen, wo aufgezeigt wird, wie in unserer Gedankenwelt Elementarwesen mit am Werke sind, die vor-produzieren, was wir für unsere ureigenste Schöpfung halten. *(8)* In unseren Gedanken leben tatsächlich «Weltgedanken», und hier sind es «Dadaisten» der Gegenmächte, die ihre sinnlose «Kreativität» zur Schau stellen.

Faust fühlt dieses «Zerbrechen» der Krone nur zu gut. Er spürt, wie ihm die Klarheit zu schwinden beginnt, wie Gefühls- und Empfindungsbereich von einem bisher unbekannten Feuer ergriffen werden und weiß, daß nur Flucht ihn davor bewahren kann:

«Mein Busen fängt mir an zu brennen!
Entfernen wir uns nur geschwind!»

Für Mephisto sind es dagegen «aufrichtige Poeten», die es zu Wege brachten, die Krone entzwei zu brechen und den Zwiespalt der zwei Seelen in der Brust unüberbrückbar zu disharmonieren. In diesem Augenblick fährt unter dem Gejaule der Affen, dem Klirren der Gläser und dem Auflodern der Flammen die Hexe mit «entsetzlichem Geschrei» herein.

«Was ist das hier?
Wer seid ihr hier?
Was wollt ihr da?
Wer schlich sich ein?
Die Feuerpein
Euch ins Gebein!»

Das kurzatmige, holpernde und gedankenarme Versmaß der Tiere beherrscht auch die Sprache der Hexe. Mephisto versteht es darin zu antworten und zerschlägt mit seinem Wedel alle Gläser und Töpfe:

«Entzwei! entzwei!
Da liegt der Brei!
Da liegt das Glas!

Es ist nur Spaß,
Der Takt, du Aas,
Zu deiner Melodei.»

Der Irrsinn ist vollkommen. Das also ist die Welt, in der der Trank der «Libido» gebraut wird. Wie viele Ableger solcher überlautstarker Hexenküchen finden sich nicht heute in unserer modernen Zivilisation.

Mephisto sieht den Augenblick gekommen, den Trank zu fordern. Fausts Seelenstimmung scheint dafür reif zu sein.

«Ein gutes Glas von dem bekannten Saft!
Doch muß ich Euch ums ältste bitten;
Die Jahre doppeln seine Kraft.»

Bereitwillig bietet die Alte ihr eigenes Elixier an, verbindet damit jedoch die Warnung:

«Ich will euch gern ein Gläschen geben.
Doch wenn es dieser Mann unvorbereitet trinkt,
So kann er, wißt ihr wohl, nicht eine Stunde leben.»

Durch die vorhin erwähnten Parallelprozesse, die sich zwischen den Drüsenorganen und der Denktätigkeit abspielen, spricht sich in diesen Worten eine geisteswissenschaftlich-medizinische Wahrheit aus. Denn durch die gegenseitige Affizierung, wie sie der chemische- und der Lebensäther zwischen Organ und Bewußtseinstätigkeit bewirkt, bedingen und tragen sich beide Bereiche gegenseitig. *«Das, was in Denken, Fühlen und Wollen seelisch erlebt wird, war unterbewußt an der organischen Gestaltung beteiligt. Indem die Seele in einem fortwährenden Auf und Ab des Erinnerns sich bewegt, flutet und lebt, geschieht unausgesetzt ein Lösen und Binden des Ätherischen im organischen Sein. Dergestalt entspricht der Vielfalt unserer Bewußtseinsmöglichkeiten die Vielfalt unserer organischen Prozesse.» (6)*

Wird nun aus irgendeiner Ursache das Gleichgewicht zwischen organischer und seelischer Tätigkeit gestört, ist Krankheit die Folge. Eine «Infektion» etwa, kommt zustande, *«weil bisher nicht vorhandene Bedingungen für das Gedeihen von Mikroorganismen eingetreten sind. Das geschieht durch Änderungen in der Organisation der Bildekräfte. Entwe-*

der ist ... der obere Mensch nicht stark genug, den unteren zu beherrschen, oder es haften die (relativ) freien Ätherkräfte des unteren Menschen zu stark am organischen Vorgang, statt in seelisch-geistigem Tun ‹verbraucht› zu werden. (6) Der Dichter zeigt uns diesen Vorgang in konzentriertester Intensität, indem er ihn nicht von der physisch-organischen, sondern von der okkulten Seite her darstellt. Durch die Einverleibung eines Übermaßes an Vitalkräften besteht die Gefahr, daß das «seelisch-geistige Tun» dieses Überkontingent nicht verkraften kann. Im Extrem müßte der Tod die Folge sein. Faust jedoch wird diesem Eingriff standhalten:

«Es ist ein guter Freund, dem es gedeihen soll;
Ich gönn' ihm gern das Beste deiner Küche.»

Außerdem ist er ein «Mann von vielen Graden», der schon «manchen guten Schluck» an okkulten Quellen getätigt hat; man denke an die Beschwörung des Erdgeistes oder an das Festhalten Mephistos. Gerade diese okkulten Vorgänge sind es ja auch, die Faust durchschauen soll.

Handelt es sich doch um jene Wirkenskräfte des Klang- und Lebensäthers, die dem Menschen für den bewußten Gebrauch entzogen wurden, als er das Paradies verlassen mußte; um die Kräfte des «Lebensbaumes»: *«Vom Baum des Lebens soll der Mensch nicht essen»,* so sprach die Gottheit; und aus geisteswissenschaftlicher Erkenntnis kann man als Ergänzung hinzufügen: *«Und vom Geiste des Stoffes soll er nicht hören.» (9)* Aus diesen, dem Menschen entzogenen Regionen, stieg die Christuswesenheit zur Erde herab. Was den Menschenleib des Jesus von Nazareth bei der Taufe im Jordan *«durchsetzte, das war das Geistige der Sphärenmusik, das war das Geistige des kosmischen Lebens, das war dasjenige, was zur Menschenseele noch gehörte während ihrer ersten Erdenzeit, woraus aber die Menschenseele verbannt werden mußte durch die luziferische Versuchung.» (9)* Durch das Mysterium von Golgatha sind der Menschheit diese Kräfte des Lebensbaumes zuteil geworden.

Nun war es aber auch bereits in den vorchristlichen Mysterien möglich, durch gewisse Prozeduren dem Einzuweihenden, wenn er *«vorausnehmend den Christus sehen durfte außer dem Leibe, auch die Töne der Sphärenmusik und das durch die Welt pulsende kosmische Leben»* zu erschließen. *(9)* Aus diesen Mysterien-Erlebnissen stammt überhaupt die Kunde von der «musica mundana», die dann durch Pythagoras Einzug hielt in die Philosophie.

Haben wir diese Einweihungsriten der Mysterien als weiße Magie zu verstehen, so handelt es sich bei den Prozeduren der Hexenküche um eindeutig schwarz-magische Manipulationen. Im Klang- und Lebensäther sitzt nämlich auch die mephistophelische Macht als objektive, kosmische Wirkenskraft. Die Grundhaltung des «Bösen» zielt immer darauf ab, sich eines guten und richtigen Impulses zu bedienen, ihn jedoch im Sinne der eigenen Intentionen abzubiegen und zu verkehren. Deshalb liegt ihr stets auch die Tendenz des «Angleichens» und «Ähnlich-Machens» zugrunde, die Absicht scheinbare Richtigkeit vorzutäuschen. Ein wichtiger Faktor der widergöttlichen Strategie, der ihre Manipulationen oft so schwer durchschaubar macht.

Was Faust hier erlebt, ist der Anfang einer schwarz-magischen Initiation, nämlich der Mißbrauch übersinnlicher Kräfte zur Befriedigung persönlicher Wünsche und Begehrungen. Es ist eines der wichtigsten Geheimnisse der Macht des «Bösen», das sich ihm hier offenbart.

Noch vermag er den verwirrenden Hokuspokus der Hexe gegenüber sein Bewußtsein aufrecht zu erhalten. Wenn sie unter den seltsamsten Gebärden einen Zirkel zieht und die Gläser zu klingen, die Kessel zu tönen beginnen und nach Goethes Anweisung «Musik machen», während die Meerkatzen ein großes Buch herbeischleppen, aus dem die Hexe gleich ihr Zahleneinmaleins vorlesen wird, ist Fausts Bewußtsein noch wach genug, um sich davon zu distanzieren:

> «Nein, sage mir, was soll das werden?
> Das tolle Zeug, die rasenden Gebärden,
> Der abgeschmackteste Betrug,
> Sind mir bekannt, verhaßt genug.»

Für uns zeigt sich darin allerdings eine exakte Charakterisierung der erwähnten Ätherarten, vor allem des Klang-, chemischen- oder Zahlenäthers. Die Zahlenoperation des Hexeneinmaleins, die Musik machenden Kessel und Gläser und der darin brodelnde «Chemismus» sprechen eine eindeutige Sprache.

«Du mußt verstehn!
Aus Eins mach Zehn,
Und Zwei laß gehn,
Und Drei mach gleich,
So bist du reich.
Verlier die Vier!
Aus Fünf und Sechs,
So sagt die Hex',
Mach Sieben und Acht,
So ist's vollbracht:
Und Neun ist Eins,
Und Zehn ist keins.
Das ist das Hexen-Einmaleins.»

Gewiß, das Hexeneinmaleins will Unsinn sein; doch auch in diesem Unsinn liegt Methode. Purer Unsinn könnte Faust ja nie verwirren; von dem würde er sich souverän abwenden. Aber er soll ja verwirrt werden. Seine erste Reaktion auf dieses Zahlengeflunker: «Mich dünkt, die Alte spricht im Fieber», ist gleichzeitig die letzte Anstrengung, sich dem Unbegreiflichen zu entziehen, das ihn hier umfängt. Die Absicht ist, ihn nach Art einstigen Sibyllentums in ein Trancebewußtsein, eine rauschartige Ekstase zu versetzen.

«Die hohe Kraft
Der Wissenschaft,
Der ganzen Welt verborgen!
Und wer nicht denkt,
Dem wird sie geschenkt,
Er hat sie ohne Sorgen.»

Wo nicht gedacht wird, ist der Hauptespol abgelähmt und die Lebenskräfte können dadurch intensiviert werden. Faust soll nicht über verborgene Wirkenskräfte der Weltzusammenhänge nachdenken und sie ergründen wollen, sondern er soll sich in diesen geistigen Wirkenskräften direkt bewegen, in ihnen gleichsam aufgehen. Dem Nicht-Denkenden werden in dieser tranceartigen Bewußtseinsohnmacht diese geheimnisvollen Kräfte «geschenkt», um die er sich denkend vergeblich bemüht; er hat sie dann «ohne Sorgen». So sehr er sich mit höchster Anstrengung gegen diesen «Unsinn» wehrt, so muß er doch gewahren, daß der Zirkel, in den ihn Mephisto zu treten genötigt hat, und diese irrsinnige Hexenmathematik sein Denken zu sprengen drohen:

«Was sagt sie uns für Unsinn vor?
Es wird mir gleich der Kopf zerbrechen.
Mich dünkt, ich hör' ein ganzes Chor
Von hunderttausend Narren sprechen.»

So unsinnig es klingt, so liegt diesem Zahlenspiel als teuflische Manipulation mit dem Klangäther, durchaus eine ernste mathematische Überlegung zugrunde, die Ernst Bindel sehr anschaulich dargestellt hat. *(10)* Ausgehend von dem Gedanken, daß die Magie, die der fertige Trank in sich bergen soll, durch allerlei Prozeduren in ihn hineingeheimnist werden muß, sieht er im Vorlesen dieses Zahlenspiels einen der Hauptfaktoren dieser okkulten Verrichtungen. Auf mathematische Ebene übertragen kann es sich dabei nur um die Bildung eines «magischen» Quadrates handeln, zu dem sich die neun Zahlen fügen müßten, die in dem Spruch Erwähnung finden. Im Verwandeln eines normalen Zahlenquadrates zu einem magischen, wäre gleichsam auf Zahlenebene ein Spiegelbild der seelisch-ätherischen Vorgänge gegeben, die sich in Faust durch den Trank vollziehen sollen. Soll er doch in eine »Quadratur« der höheren Ätherkräfte hineingestellt werden. Tatsächlich läßt sich ein erstaunlicher Sinn entdecken, wenn man die ersten neun Zahlen in dreifacher Gliederung quadratisch anordnet und die den Hexenversen entsprechende Operation durchführt. Der Ausgangspunkt wäre somit folgendes Zahlenquadrat:

1	2	3
4	5	6
7	8	9

«Aus Eins mach Zehn» so heißt es zu Beginn, die Zwei dagegen soll unangetastet bleiben: «Die Zwei laß gehn». Gleiches gilt für die Drei: «Und Drei mach gleich». Durch die Ersetzung der Eins durch die Zehn ergibt die Teilsumme der ersten Quadratzeile somit 15, *«welche der dritte Teil der Summe 45 der ersten neun Zahlen sein muß» (10):* 10 2 3. Da durch die Gewinnung der ersten Teilsumme 15 ein entscheidender Schritt zur Erreichung des Zieles gewonnen wurde, ist man «reich» geworden: «So bist du reich».

Der folgende Schritt besteht darin, die Vier zu «verlieren». Die dadurch entstehende Lücke wäre deshalb durch eine Null anzuzeigen, während wir die Zahlen 5 und 6 mit dem Paar 7 und 8 zu vertauschen haben: «Aus Fünf und Sechs, / So sagt die Hex', / Mach' Sieben und Acht». Auf diese Weise ergibt auch die zweite Zahlenreihe die Teilsumme Fünfzehn: 0 7 8.

Von der dritten Zeile sind uns die beiden ersten Zahlen bereits bekannt. Es können ja nur die Zahlen 5 und 6 sein, da sie mit 7 und 8, die ursprünglich in der dritten Zeile den ersten und zweiten Platz einnahmen, vertauscht wurden. Um auch hier zur Teilsumme Fünfzehn zu bekommen, muß diese Zeile durch die «verlorene» Vier ergänzt werden. *«Was man verliert»*, so lesen wir bei Bindel, *«ist damit nicht verschwunden, sondern hat einen anderen, nicht vermuteten Platz eingenommen». (10)* Die Frage, ob wir berechtigt sind die dritte Zahlenreihe in dieser Art zu ordnen: 5 6 4, beantwortet sich bejahend durch den zehnten Vers des Hexeneinmaleins: «So ist's vollbracht». Denn dieser Vers folgt unmittelbar auf die Anweisung die Fünf und Sechs mit der Sieben und Acht zu vertauschen. Wenn durch diese Vertauschung das Werk bereits «vollbracht» ist, kann die letzte Zahlenreihe nur in der sich von selbst ergebenden Anordnung bestehen.

Etwas rätselhaft bleiben die beiden letzten Verse: «Neun ist eins» und «Zehn ist keins». Für Ferdinand Maack – so erwähnt Bindel – bezeichnet der Vers «Neun ist eins» die Einheit und Ganzheit des neungliedrigen Zahlenquadrates, während er den letzten Vers «Zehn ist keins» dahin interpretiert, daß es ein zehnfeldiges Quadrat nicht gäbe, *«so daß die beiden Zahlen 9 und 10 keinen Zusammenhang mehr mit der Zahlenverwandlung hätten.» (10)* Für Bindel ist dies eine unbefriedigende Deutung. Ihm ergibt sich eine bessere Lösung aus der Tatsache, daß die Hexe die Zahlen 9 und 1 ja tatsächlich hat verschwinden lassen und statt ihrer *«die beiden unrechtmäßigen Zahlen 10 und 0 (keins) hineingemogelt hat.»* Die Neun ist demnach gleich der Eins behandelt worden, sie *«hat dasselbe Schicksal über sich ergehen lassen wie die 1, nämlich nicht berücksichtigt zu werden.*

Neun ist wie Eins«. (10) Das gleiche gilt von der Zehn, die genauso wie die Null nicht hätte erscheinen dürfen.

Das nunmehr erstehende Quadrat heißt demnach

10	2	3
0	7	8
5	6	4

Die Bindel'sche Auslegung muß uns deshalb als die gewichtigere gelten, da sie sich nicht nur ganz an den Wortlaut der Hexenverse hält, sondern auch das Unberechtigte der Zahlenmanipulation – das Hineinschmuggeln zweier fremder Zahlen – zum Ausdruck bringt. Dies aber ist deshalb wichtig, weil wir es in Wahrheit mit gar keinem echten magischen Quadrat zu tun haben. Denn nur eine Diagonale ergibt die gewünschte Teilsumme 15, die andere dagegen 21. Es sind also zwei falsche Zahlenwerte eingemogelt worden, die den Anschein eines magischen Quadrates erwecken, deren «Kräfte» in Wahrheit aber ein verzerrtes Gebilde liefern. Das echte magische Quadrat, bei dem kein Zahlenschmuggel getätigt wurde, und bei dem auch die beiden Diagonalsummen jeweis 15 ergeben, würde sich folgendermaßen aufbauen:

4	9	2
3	5	7
8	1	6

Die Erkenntnis, die wir daraus gewinnen können: das Widergöttliche kopiert verblüffend das Göttlich-Echte. Daß es sich um eine falsche, verzerrte Kopie handelt, merkt man erst, wenn man die angebotenen Dinge zu Ende denkt. Eine Mühe, der sich der Mensch heute nicht gerne unterzieht und deshalb den inneren Widerspruch so mancher logisch und wahr klingender Thesen nicht durchschaut, die ihm feilgeboten werden. So unterliegt er nur zu häufig Teil- und Pseudowahrheiten, die meistens verheerendere Folgen zeitigen als ein effektiver Irrtum. Was dahinter steht ist in Wahrheit das apokalyptische «Tier», das aus dem Abgrund steigt.

Vor diesem Zu-Ende-Denken soll ja auch Faust «behütet» werden. Das Hexeneinmaleins soll ihn so verwirren, daß sich sein Bewußtsein in Wahnentrückungen auflöst. Daß die dadurch bezweckte Regeneration des Vitalpols eine widerrechtliche ist, spiegelt sich im Hineinschmuggeln der Zahlen 10 und 0. Denn was Faust erhält, sind nicht die wahren Lebenskräfte, die vom zweiten Paradiesesbaum herunterströmen und durch das Ereignis von Golgatha der Menschheit gebracht wurden. Vielmehr sind es widerrechtlich geraubte Äthersubstanzen, die dem Lebensleib Fausts von der kreatürlichen Seite her einverleibt werden.

Hinter diesem unechten Zahlen-Ätherquadrat, in das Faust hineinversetzt wird, steht somit ein viel tieferer Geistgehalt, als es die reine Zahlenspielerei zunächst ahnen läßt. Dies wird uns noch durch die Worte Mephistos bestätigt, mit denen er den Inhalt des Buches beschreibt:

«Das ist noch lange nicht vorüber,
Ich kenn' es wohl, so klingt das ganze Buch;
Ich habe manche Zeit damit verloren,
Denn ein vollkommner Widerspruch
Bleibt gleich geheimnisvoll für Kluge wie für Toren.
Mein Freund, die Kunst ist alt und neu.
Es war die Art zu allen Zeiten,
Durch Drei und Eins, und Eins und Drei
Irrtum statt Wahrheit zu verbreiten.»

Ein vollkommener Widerspruch bleibt für Toren und für Kluge gleich rätselhaft und unlösbar. Was ist Mephistos Absicht dabei? Der Tor unterzieht sich nicht der Mühe darüber nachzudenken. Er nimmt den Widerspruch widerspruchslos hin. Aber auch für den Klugen muß er unentzifferbar bleiben. Erfährt Faust dadurch nicht eine leidvolle Bestätigung seiner Lebensbilanz, die er zu Beginn jener denkwürdigen Osternacht unbarmherzig gezogen hatte: «Da steh' ich nun, ich armer Tor, / Und bin so klug als wie zuvor!»? Allein Mephistos Absicht ist noch weitblickender. Er will Faust endlich von dem Höhenflug seines Geistes abbringen. Faust soll unwiderruflich einsehen, daß dieses «Ganze», das wir Welt nennen, «nur für einen Gott gemacht ist»:

«Er findet sich in einem ew'gen Glanze,
Uns hat er in die Finsternis gebracht,
Und euch taugt einzig Tag und Nacht.»

Die Hexe bestätigte in ihrer Verkehrungs-Mathematik die Negation des trinitarischen Zieles: Laß die Zwei unangetastet und mache die Drei gleich der Zwei; das heißt: bleibe bei der Zwei, bei der «Entzweiung» stehen. Diese Entzweiung wird insoferne noch verabsolutiert, da ja die Eins – der Ursprung alles Werdens, aus dem auch die Zwei hervorging –, eliminiert und durch die Null ersetzt wurde. Diese Null bedeutet hier aber Nicht-Sein, das leere Nichts, in dem kein «All» zu finden ist. So daß die Zwei zu einem ursprünglichen Sein, vor dem nichts steht, erhoben wird. Wir erinnern uns der Charakterisierung Luzifers in Goethes «Dichtung und Wahrheit», wie wir sie in der ersten Studierzimmer-Szene (S. 128) darstellten: *«Umgeben von einer solchen Glorie, vergaß er seines höheren Ursprungs und glaubte ihn in sich selbst zu finden...»*

Folgerecht findet daher auch die Neun, die umgreifende Zahl des dreigliedrigen Hierarchiendomes als Inbegriff des «Alls» in diesem Quadrat keinen Platz. Denn aus Nichts – der Null – kann nichts werden. Und was schließlich die eingeschmuggelte Zehn betrifft, zeigt sich in ihr erneut jene vorhin erwähnte Tendenz des «Angleichens» an das Richtige. Das zehnte Prinzip bedeutet in der althebräischen Esoterik des «Sephirot-Baumes» Kether, die «Krone des Lebens». Hier aber handelt es sich um eine «falsche» und deplacierte Zehn, die es verhindert, daß das magische Quadrat zu einem echten wird. Die Krone des Lebens ist in die Zweiheit zerbrochen; und «geleimt», schmückt sie das Haupt Mephistos. So wird die Absicht erkennbar: Der Mensch soll am «Widerspruch», an der «Entzweiung» scheitern. Denn Widerspruch gibt es nur in dieser physischen Welt. Der jeweils auf der nächst höheren Sphäre gewonnene Gesichtspunkt würde ihn auflösen. Aus geistiger Sicht erklärt sich mancher unlösbar scheinende Widerspruch der Sinneswelt. Und in der göttlichen Trinität – dem «Mysterium magnum» als dem Erdendenken größter und vollkommenster Widerspruch – erlöst sich alle Antithetik und geht in ihr auf. Diese tragenden Stützen seines Denkens soll Faust jedoch verlieren. Er soll die Weltschöpfung als einen einzigen großen Irrtum ansehen, über den nachzudenken sinnlos wäre. Die «Absurdität» der Welt soll ihm endlich bewußt werden; denn in ihr Wahrheit und geistigen Gehalt zu finden, kann auch dem Klugen nicht gelingen. Gerade das aber ist Fausts Streben seit je. Die «Güte» der Schöpfung zu ergründen, die «coincidentia oppositorum» zu verwirklichen und den ewigen Widerspruch zu lösen, war und bleibt sein unermüdliches Bemühen.

Völlig sich den Attacken der Gegenmächte zu widersetzen, ist er jedoch nicht imstande. Seine Abwehr erlahmt, er setzt die Schale an den Mund:

«Nur frisch hinunter! Immer zu!
Es wird dir gleich das Herz erfreuen.
Bist mit dem Teufel du und du,
Und willst dich vor der Flamme scheuen?»

Die Hexe löst den Kreis. Faust tritt heraus und erhält ein Lied von ihr überreicht:

«Hier ist ein Lied! wenn Ihr's zuweilen singt,
So werdet Ihr besondre Wirkung spüren.»

Was mag mit diesem Lied gemeint sein? Wir haben uns wohl eine Hexenmelodie vorzustellen, die mantrische Wirkung hat und die klangätherischen Kräfte dadurch beständig hält. Unsere modernen Diskotheken und «Pop-Shows» mit den üblichen Lichtorgeln, Duftorgien, Räucherwerken und ihrer an brutalen Beat-Rhythmus gefesselten kurzatmigen Melodik vermögen uns ein tristes, aber beredtes Zeugnis abzulegen für die aushöhlende und bewußtseins-lähmende «Mantrik» dieses «Hexen-Songs».

Die letzte Mahnung, die Mephisto an Faust richtet, macht den «Chemismus» der einverleibten Vitalkräfte vollständig:

«Komm nur geschwind und laß dich führen;
Du mußt notwendig transpirieren,
Damit die Kraft durch Inn- und Äußres dringt.»

Jeder Mensch besitzt ein gewisses Fluidum, das sich seiner Umgebung mitteilt. Diese Ausstrahlungen reichen von rein physiologischen, wie etwa Hautausdünstungen, Ausdünstung des Flüssigen, Atmung, Bewegungsgestik usw., über seelische – Wärme oder Kälte, Licht oder Düsternis verbreitende Aura –, bis zu den verborgensten geistigen Ausstrahlungen, die erst allmählich für die Bewußtseinshaltung unseres Zeitalters an Bedeutung gewinnen werden. Zu diesen Ausstrahlungen zählen nach den Darstellungen Rudolf Steiners diejenigen der *«chemischen Kräfte»* und die *«unmittelbar geistige Lebensausstrahlung». (11)* In beiden zeichnet sich der in dieser Szene so oft aufgetretene Seelenzwiespalt erneut ab. Denn während die *«chemische Ausstrahlung»*, wenn sie dem Menschen *«bewußt wird»* und in dieser Bewußtheit für egoistische Zwecke *«angewendet»* wird, zur schwarzen Magie führt und dekadent gewordenen Mondenwirksamkeiten Raum gibt, ist die *«Vitalstrahlung»* dazu bestimmt, das Sonnenhafte in die kommende Menschheitsentwicklung hineinzutragen. Wieder stehen wir damit vor den Früchten des zweiten Paradiesesbaumes, die uns durch Golgatha gebracht wurden. Für den Uneingeweihten wird sich all das in den Tiefen des Unterbewußten abspielen. *«Der schwarze Magier»* jedoch, *«der mit den Mondenkräften arbeitet, der in seinen Retorten, in seinen Tiegeln und so weiter überall die Mondenkräfte besitzt, der wird umschwirrt von diesen Kräften.» (11)* Doch gibt es auch für den «guten Menschen in seinem dunklen Drange» von den Schwarzmagiern manches zu lernen. Am Ende der hier zitierten Vortragsstelle kommt Rudolf Steiner direkt auf die Faust-Dichtung zu sprechen und es kann kein Zweifel bestehen, daß die Hexenküche-Szene in diesem Hinweis miteinbezogen ist:

«Goethe hat das Umschwirrtwerden, das schon ganz bedenklich angrenzt an schwarze Magie, in seinem ‹Faust› im ersten Teil dargestellt. Da kommt der Mensch durch die Benützung dieser Mondenkräfte in die Region, wo Wesenheiten, die in den Dienst der Mondenkräfte eingetreten sind, zum Verkehr mit Menschen bereit sind. Und da entstehen dann die Zentren schwarzer Magie, wo eben die Mondenkräfte zusammenarbeiten mit Geistern, die direkt sich in den Dienst, aber in einen bösen Dienst der Mondenkräfte gestellt haben.» (11) In unserem Fall handelt es sich um die Wirksamkeit von Mondenkräften in der Sphäre der Reproduktionsorgane, wie sie von der antiken Welt in der chtonischen Göttin «Hekate» angesprochen wurden.

Die von Mephisto geforderte «Transpiration» soll den Chemismus dieser Strahlungskräfte intensivieren. Der Widersacher ist sich nach Fausts Trank-Genuß seiner Sache völlig sicher: der nackte Geschlechtstrieb wird sich in Faust regen und keiner sonnenhaften Lebensstrahlung Raum gewähren:

«Den edlen Müßiggang lehr' ich hernach dich schätzen,
Und bald empfindest du mit innigem Ergetzen,
Wie sich Cupido regt und hin und wider springt.»

Allein die lichte Lebensstrahlung, der «Inbegriff der Himmel» ist in Fausts Bewußtsein nicht ganz erloschen:

«Laß mich nur schnell noch in den Spiegel schauen!
Das Frauenbild war gar zu schön!»

Doch Mephisto wehrt ab, läßt für «Rückerinnerung» keine Zeit:

«Nein! Nein! Du sollst das Muster aller Frauen
Nun bald leibhaftig vor dir sehn.
Du siehst, mit diesem Trank im Leibe,
Bald Helenen in jedem Weibe.»

Bedeutet dieses mephistophelische Drängen – unter dem Aspekt gesehen, daß Mephisto in Faust wirksam ist – nun tatsächlich ein Emporflammen der Sinneslust in Fausts Seele? Wie Mephisto die Worte setzt, wäre es in dieser Richtung zu verstehen: mit diesem Trank im Leibe, wird für Faust «jedes Weib» zu einer Helena werden. Nicht die Liebe zu einem bestimmten, individuellen Wesen ist damit wachgerufen, sondern allein das Begehren nach dem Geschlecht.

Aber Fausts Erlebnis und Mephistos Absicht divergieren doch beträchtlich. Für Faust – so sagten wir – bedeutet dieser «hingestreckte Leib» das vollendete Menschenbild. Die antike Welt sah diese Vollendung in der Gestalt der Helena, deren Phantom-Bild Faust im zweiten Teil aus dem Reich der Mütter heraufbeschwören und deren «Entelechie» er im dritten Akt, nach dem Bewußtseinsgang durch die «Klassische Walpurgisnacht», begegnen wird. Dann wird Helena für Faust das sein, was sie für Goethe immer war: das Urbild der Schönheit als die höchst-potenzierteste Form des Lebens. Noch einmal darf dazu bemerkt werden: wenn ein unmittelbarer Zusammenhang dieser Szene mit der Helena-Gestalt zur Zeit ihrer Abfassung konkret vielleicht auch noch nicht gegeben war, so sollte man nicht übersehen, daß Goethe die «Hexenküche» in Rom konzipierte, zu einem Zeitpunkt also, da ihm das antike Schönheitsideal als «Natur»-Erlebnis bereits aufleuchtete: *«Diese hohen Kunstwerke sind zugleich als die höchsten Naturwerke von Menschen nach wahren und natürlichen Gesetzen hervorgebracht worden. Alles Willkürliche, Eingebildete fällt zusammen: da ist die Notwendigkeit, da ist Gott.» (12)* Wenn auch nicht im Wachbewußtsein, so mag der Zusammenhang in unterbewußten Seelenschichten doch bereits vorhanden gewesen sein. Äußerlich betrachtet mögen die Interpreten daher recht haben, wenn sie in der Erwähnung des Namens Helena an dieser Stelle noch keinerlei Hinweis auf das spätere Helena-Motiv im zweiten Teil erblicken. Und doch liegt ein innerer dramatischer Zusammenhang vor, unabhängig von der bewußten Absicht des Dichters. Denn Faust erschaut subjektiv, auf Grund seiner nach dem Hohen und Edlen strebenden Sinnesart jene urbildliche Schönheit der Menschengestalt, die man im Griechentum mit dem Namen «Helena» benannte.

Überschauen wir die Szene in ihrer Gesamtheit, wird eines deutlich: trotzdem es Mephisto nicht gelang Fausts Bewußtsein völlig auszulöschen, konnte er ihn doch dazu verführen, sich widerrechtlich Lebenskräfte zu rauben, oder besser gesagt: die durch Mephisto widerrechtlich dargebotenen, anzunehmen. Dieses Kern-Motiv der Szene steht nun in einer interessanten Parallele zur «Chymischen Hochzeit» des Valentin Andraee, einer hoch-esoterischen Schrift aus dem 17. Jahrhundert, in der wir eine geistgemäße und richtige Einweihung geschildert bekommen, von welcher sich der schwarze Okkultismus der Hexenküche als Gegenbild deutlich abhebt.

Am fünften Tag seiner Einweihung sehen wir den Bruder vom Rosenkreuz, von einem Knaben geleitet, in ein unterirdisches Grabmal steigen, das uns folgendermaßen beschrieben wird:

«Diese Grabstätte war dreieckig und sah aus wie ein Altar; in der Mitte darauf war ein poliertes kupfernes Becken; alles übrige war von lauter Gold und Edelgestein. In dem Becken stand ein Engel, der hielt in den Armen einen fremdartigen Baum, von dem es ständig in das Becken tropfte; und so oft eine Frucht abfiel, zerschmolz sie gleichfalls zu Wasser und floß dann in drei goldene Nebenbecken. Das ganze ruhte auf drei Tieren, einem Adler, Ochsen und Löwen, welche wiederum auf einem überaus kunstvollen Sockel standen.» (13)

Das Becken und die Tiere, die es tragen, sind uns bekannte Motive. In der Verzerrung der «Hexenküche» treten sie uns in dem von Meerkatzen gehüteten Kessel entgegen. Auch der «fremdartige Baum», von dem es ständig in das Becken tropft, kann uns nach den gewonnenen Erkenntnissen nicht unbekannt sein: wir werden richtig vermuten, wenn wir in ihm ein Bild des zweiten Paradiesesbaumes erblicken. Gewißheit darüber wird uns noch werden. Von tiefer Weisheit zeugt die Schilderung, daß sich die vom Baum fallenden Früchte im Wasser des Beckens auflösen. Das Wasser als tragendes Element des Klangäthers erhält seine «Sinngebung» durch die Früchte des Lebensäthers.

Die Entsprechungen berühren aber unmittelbar den Kern unserer Szene, da es sich bei diesem «Grab» um die Ruhestätte der Liebesgöttin handelt: *«Hier liegt begraben Venus, die schöne Frau, so manchen hohen Mann um Glück, Ehre, Segen und Wohlfahrt gebracht hat.»* Der Ritter vom Rosenkreuz steigt in die Grabstätte hinab und erblickt ein *«zubereitetes köstliches Bett, von schönen Vorhängen umzogen».* Als der Knabe einen der Vorhänge öffnete, gewahrte er *«Frau Venus ganz bloß (denn auch die Decken hatte er hochgehoben) in solcher Zier daliegen»*, daß der Ritter *«schier erstarrte.»* Sie war ganz regungslos und er durfte sie nicht berühren. Das heißt, auch er durfte dieser Erscheinung nicht zu nahe kommen. Hinter diesem «hingestreckten Leib» der Liebesgöttin, «dem Inbegriff aller Himmeln» aber war eine Tafel angebracht mit folgender Inschrift: *«Wenn die Frucht meines Baumes wird vollends verschmelzen, werde ich aufwachen und Mutter sein eines Königs.»*

Noch während der Ritter in den Inhalt dieser Inschrift versunken war, fliegt Cupido herbei und ritzte mit seiner Pfeilspitze des Ritters Hand, zur Strafe, *«daß ihr beinahe meine liebe Mutter überrascht hättet.»*

Was Christian Rosenkreuz hier erlebt ist die gleiche Wechselwirkung der ätherischen Lebens- und Bildekräfte nach den beiden Richtungen ins Organisch-Materielle und Seelisch-Gedankenhafte. *«Der Geistsucher muß schauend eindringen in die Vorgänge, welche die Natur bewirkt»*, so erläutert den Vorgang Rudolf Stiener, *«indem sie das wachsende Leben hervorbringt. Und er muß dieses Naturschaffen in die Erkenntniskräfte einführen, ohne daß er beim Übergange von den Wachstums- zu den Seelenvorgängen den Tod walten läßt.» (14)* Der Geistsucher, d. h. derjenige, der ergründen will, was die Natur «im Innersten zusammenhält», *«muß hinuntersteigen in das Gebiet, auf dem die Natur wirkt, indem sie durch die Kraft der Liebe das Leben aus dem zaubert, das durch sein Wesen nach dem Tode strebt.» (14)* Er muß das Wandlungsgeheimnis der Liebe in der dem Tode preisgegebenen Natur ergründen. Dabei setzt er sich notwendig der Gefahr aus, *«daß sein Schauen von den Trieben erfaßt wird, die im niederen Gebiete des Stofflichen walten.»* Aber es geht darum kennenzulernen, daß dem von Todeskräften durchdrungenen Stoffe, ein liebeverwandtes Element innewohnt, *«das jeder Erneuerung des Lebens zugrunde liegt. Dieser der Versuchung ausgesetzte Seelenvorgang wird von Andraee bedeutungsvoll geschildert, indem er Christian Rosenkreuz vor Venus treten und dabei Cupido sein Wesen treiben läßt.» (14)* Die wahre Verlebendigung der todverwandten Erkenntniskräfte kann nur aus einer geistigen Liebeskraft erfolgen; im Bilde gesprochen: aus den Früchten des Lebensbaumes, die uns durch Golgatha zufließen. Wenn sich alle Früchte dieses Baumes in das Becken ergossen haben, dann wird die an die Sinne gebundene, in Trieb und Leidenschaft gefesselte Liebe als «Mutter eines Königs» auferstehen. Der Mensch wird durch sein Ich die «Krone des Lebens» errungen haben. Oder wieder im Sinne der Imagination: Venus-Aphrodite wird als Venus Urania, als Liebesgöttin mit der Wahrheitskrone auferstehen.

Christian Rosenkreuz wird von der triebhaften Vitalkraft «geritzt»; Faust dagegen erweckt die schlafende Venus-Aphrodite unverwandelt aus ihrem «todesähnlichen» Schlummer. Er steigt tief hinab in die «unterirdische» Grabstätte des Unbewußten und verleibt sich ihre triebgebundenen Liebeskräfte ein. So stiehlt er sich selbst die «Krone», die ihm rechtmäßig durch die Früchte des Lebensbaumes beschieden wäre.

«Sieh durch das Sieb!
Erkennst du den Dieb,
Und darfst ihn nicht nennen?»

Sein getrübtes, «durchlöchertes» Ich-Bewußtsein läßt uns die Antwort finden: Faust selbst ist der Dieb, der durch diesen Trunk sein hohes Menschentum in Leidenschaft und Begierden stürzt und sich seines wahren Wesens beraubt.

Trotzdem wird Mephisto nur ein Teil-Erfolg werden. Denn Faust mit seinem ihm eingeprägten «Himmelslicht» wird in allen Erscheinungen letztlich doch das Geistige hindurchleuchten sehen, wird erkennen, daß *«dem von Todeskräften durchdrungenen Stoffe, ein Liebe-verwandtes Element innewohnt»* und daher auch im Weiblichen letztendlich nicht die «Libido», sondern das «reine Seelentum» suchen.

Objektiv müssen wir daher sagen: so sehr Mephisto hier seinen eigenen Intentionen zum Ziel verhalf und versuchte Faust seine widergöttliche «Straße sacht zu führen», so spielt er in Wahrheit doch nur seine Rolle: nämlich die Kraft zu sein, die «reizt und wirkt und muß als Teufel schaffen». Denn Faust muß diese Sinnessphären, diese unterbewußten Abgründe seiner Willensnatur, die in jedem Menschen verborgen sind, in aller Eindringlichkeit und Zwangsgewalt kennen lernen. Doch wenn er nun mit «diesem Trank im Leibe» Margarete begegnen wird, dann wird er eben nicht bloß ein von Trieben gedrängter, sinnlicher Freier sein, ein etwa zwanzigjähriger Jüngling, sondern gleichzeitig ein übersinnlicher Werber, ein reifer Mensch, der die Liebe auch von ihrer hohen, geistigen Seite her erleben kann.

Die Gretchen-Tragödie

In welcher Klarheit oder Verschwommenheit auch immer dem jungen Goethe das Faust-Drama vor der Seele gestanden haben mag, als er die erste Niederschrift – den «Urfaust» – konzipierte, eines ist gewiß: das Herz des Dichters war von Anbeginn von der Gestalt Margaretes und ihrem leidvollen Schicksal zutiefst ergriffen. So vermochte er ihr durch den Zauber seiner Wort- und Verskunst ein Leben einzuhauchen, sie mit einer Innigkeit und Holdheit zu umgeben, deren Wirkung sich selbst das nüchternste und sachlichste Zeitalter kaum wird entziehen können.

Besondere Bedeutung kommt dabei gewiß dem Umstande zu, daß Gretchen den bürgerlichen Kreisen, also aus dem «Volke» entwachsen ist. Eine Zeit bricht an, in der die kulturtragende Kraft allmählich von der Adelsschichte übergeht in das Bürgertum. Aus ihm erwachsen dem Geistesleben neue, frische Kräfte und führen zu einer Art Verjüngungsprozeß des Volkes. Und das Charakterbild Gretchens, das wir durch das Drama gewinnen, die Schilderung ihres einfachen, verinnerlichten Lebens zeigt, daß sich Goethe dessen wohl bewußt war. Wie Faust als Repräsentant eines ganzen Zeitalters – eben des faustischen – angesprochen wird, so lassen sich auch in der Gretchen-Gestalt Züge einer deutschen Gemütsseelenhaltung erkennen, ohne daß wir damit einer nationalen oder spezifisch weiblichen Idealvorstellung das Wort reden wollen.

Ja es ist sogar davor zu warnen, sich durch den Anmutszauber dieser Gestalt verleiten zu lassen und in ihr ein hyper-romantisches, sentimentales Wesen zu sehen, die bloße Verkörperung eines blutleeren Ideals. Das entspräche gewiß nicht den Vorstellungen ihres Schöpfers. Man sollte sich andererseits aber auch davor hüten – gerade wegen der vom Dichter angestrebten Menschlichkeit –, zu ihrer Charakterisierung zu sehr auf die Urfaust-Fassung Bezug zu nehmen, die einen leicht der Gefahr einer gegenteiligen, zu irdisch gefärbten Ansicht aussetzen könnte, wodurch das Charakterbild nicht minder verzeichnet wäre. Wichtig erscheint es daher, das Grundmotiv der Gretchen-Tragödie richtig zu erkennen. In ihm wird uns nicht die rührselige Liebesgeschichte eines jungen Mädchens erzählt, das von seinem Geliebten letztlich verlassen und ins Unglück gestürzt wurde; es ist vielmehr die erschütternde Tragödie einer Verführung, die am Hintergrund einer teuflischen Dämonie sich vollzieht und den Verführer mit schwerster Schuld belastet. Daß Faust dabei Augenblicke echtester Liebesempfindungen erlebt, die ihn zum Höchsten und Edelsten emporheben, das ist seinem von Mephisto nicht korrumpierten Wesensteil zuzuschreiben. Trotzdem darf man nicht übersehen, daß die in Faust, durch alle Szenen hindurchwirkende treibende Kraft aus dem ihm einverleibten Hexentrank erfließt. Es ist daher auch gar nicht so selbstverständlich, daß er sich an ein Mädchen heranmacht, das noch ganz der Unschuld des Kindseins hingegeben ist und kein Mittel scheut, es zu verführen. Beide Erlebnissphären, das hohe Liebeserleben und sein ungestümes sinnliches Verlangen, werden die zwei Seelen in seiner Brust bis zum Zerreißen auseinanderstreben lassen und der Schmerz, den diese innere Entzweiung verursacht, wird ihm in voller Klarheit die mephistophelische Macht als die Verursacherin dieses inneren Zwiespaltes erkennen lassen.

Die Gretchen-Handlung gliedert sich in drei Szenengruppen, die durch den Einschub zweier Szenen, die nicht unmittelbar mit Gretchen zusammenhängen, sondern nur indirekt ihr Schicksal bestimmen, voneinander getrennt werden. Die erste Gruppe umfaßt sieben Bilder, die uns sowohl Fausts unverhüllte Verführungsabsichten, als auch Gretchens zart aufblühende Liebe erleben läßt. Nach ihr schiebt sich «Wald und Höhle» in die Handlung ein, eine Szene, die erst nach Goethes Italienreise geschrieben wurde. Die zweite Szenengruppe – in sechs Einzelbilder aufgegliedert – zeigt uns die Untat der Verführung mit all ihrer bereits heraufdüsternden Tragik. Die «Romantische Walpurgisnacht» trennt sie von der dritten Gruppe, einer aus drei Bildern bestehenden Folge ab, in der sich Gretchens Schicksal erfüllt. Mit ihr schließt gleichzeitig der erste Teil der Dichtung.

Über den Ablauf dieser Bilderfolge ist viel herumgerätselt worden. Sieht ein Teil der Ausleger in ihr eine klare Kontinuität, glauben andere darin ein Stückwerk sehen zu müssen, das in seiner Diskontinuierlichkeit Ungereimtheiten der Handlung aufscheinen läßt. Die Unterschiedlichkeit der Auffassungen resultiert aus dem Bestreben, in der Szenenreihe unbedingt ein geschlossenes Zeitkontinuum erblicken zu wollen, das von Goethe jedoch – und sicher bewußt – vermieden wurde. Was er uns in den Bildern zeigt, sind Aufblendungen von Erlebnis- und Seeleninhalten; der eigentliche Handlungsverlauf jedoch liegt meist zwischen den einzelnen Bildern und ist in Unbestimmtheit getaucht. So verstanden, fordert uns Goethes dramatische Ökonomie höchste Bewunderung ab, da er es vermag, in kleinste Ausschnitte alle Motive – der seelischen Erlebnisse gleichermaßen, wie jene der mephistophelischen Intrige – hineinzukomprimieren.

STRASSE

Die Tragödie beginnt mit den bekannten Worten:

«Mein schönes Fräulein, darf ich wagen,
Meinen Arm und Geleit Ihr anzutragen?»

Bürgermädchen pflegte man mit «Jungfer» anzusprechen, die Anrede «Fräulein» war Adeligen vorbehalten. Es darf wohl als sicher gelten, daß die Deplaciertheit der Anrede von Faust mit Absicht gewählt wurde und Gretchen von ihm nicht für ein adeliges Mädchen gehalten wird. Sie ist vielmehr als eine desavouierende Schmeichelei zu verstehen, die dieses einfache Bürgermädchen verwirren und seinem Vorhaben gefügiger machen soll. Fausts dreistes Handeln ist ein Verstoß gegen jede «Sitte», wie sie zu jener Zeit herrschte. Man muß von den heutigen «modernen» Anschauungen abrücken und sich der ethischen Auffassungen dieser vergangenen Jahrhunderte erinnern, um voll einschätzen zu können, welche Ungeheuerlichkeit Faust allein dadurch begeht, daß er es wagt, sich Gretchen in dieser Weise zu nähern. Schon in Lessings «Emilia Galotti» findet sich ein ähnliches Motiv. Da scheut der Prinz nicht davor zurück, Emilia vor dem Altare Liebesbeteuerungen zuzuflüstern. *»O, daß laute Donner mich verhindert hätten, mehr zu hören! – ... Ich zitterte, ihn zu erblicken, der sich den Frevel erlauben dürfen» (II,6)* Das damalige Verhältnis der

Geschlechter zueinander kann mit jenem unserer Tage nicht leicht verglichen werden. Wir denken dabei nicht an die Einengung der Frau in bezug auf ihre soziale Bewegungsfreiheit. Vielmehr soll die Erinnerung erweckt werden, daß es Zeiten gegeben hat, wo die Frau als Repräsentantin einer höheren Welt verehrt wurde, der man seine «Minne» weihte. Dieses Bild der Frau beherrschte zur Zeit der Troubadours und Trouvers die höfische Dichtung. Mit den Idealen von Gottes-, Herren- und Frauendienst galt dies zwar für die adeligen Kreise, doch warf es sein Licht noch in die folgenden, auf das Bürgertum aufbauenden Jahrhunderte hinein. Auch Goethe empfand noch das wahre Wesen des Weiblichen in diesem Adel der Seele. Schönes Zeugnis dafür geben uns die Verse an Ulrike von Levetzow, die als «Marienbader Elegie» bekannt sind:

«In unsers Busens Reine wogt ein Streben,
Sich einem Höhern, Reinern, Unbekannten
Aus Dankbarkeit freiwillig hinzugeben,
Enträtselnd sich den ewig Ungenannten.
Wir heißens: fromm sein! – Solcher seligen Höhe
Fühl ich mich teilhaft, wenn ich vor ihr stehe.»

Nichts wäre falscher, würde man ein derartiges Bild des Weiblichen als unwahre «Nostalgie» abtun und es aus der Sicht unserer Tage ironisieren. Im ersten Buche von «Dichtung und Wahrheit» schreibt Goethe:

«Die ersten Liebesneigungen einer unverdorbenen Jugend nehmen durchaus eine geistige Wendung. Die Natur scheint zu wollen, daß ein Geschlecht in dem andern das Gute und Schöne sinnlich gewahr werde.» (I,5)

Wir stehen nicht an zu behaupten, daß dies auch heute noch Geltung hat. Erst in dieser ethischen Sicht kann uns deutlich werden, wie tief verletzend und entwürdigend Fausts Verhalten in Wirklichkeit ist. Er trägt in diesem Augenblick kaum etwas von diesem emporhebenden Liebesempfinden in seiner Seele, sonst hätte es ihm den Mund verschließen müssen beim Anblick dieses holden Geschöpfes, das eben die Kirche verließ. Zwar entbrannt wie ein Jüngling, fehlt ihm jedoch jene Keuschheit, die aus der Gewalt und Größe des ersten Liebesgefühls erblüht.

Psychologisch ist dieses Nebeneinander der beiden Seelentriebe gewiß nicht leicht zu lösen. Wir werden diesem merkwürdigen Phänomen in den folgenden Szenen immer wieder begegnen. Der Willensbereich mit seinen Trieben und Begehrungen ist durch den Trank in einer Weise animalisiert, daß er ohne jede Besinnung die unmittelbare Erfüllung seines Verlangens fordert. Diesem Ungestüm aber folgt fast immer das «Himmelslicht» der Vernunft auf dem Fuße, wirkt mäßigend und klärend auf die Triebgewalten und gibt der anderen Seele Raum, sich zu entfalten. So etwa gleich bei seinem ersten Entzücken über Gretchens Erscheinungsbild:

«Beim Himmel, dieses Kind ist schön!
So etwas hab' ich nie gesehn...»

Hier schwingt ein ähnliches freudiges Erstaunen mit, wie es der Blick in den Zauberspiegel erstehen ließ, und webt ein Band von diesem «schönen Kind», zu jenem «schönsten Bild», in dem Faust den Inbegriff der Himmel erschaute. Schon in der Hexenküche-Szene sagten wir, daß diesem Erlebnis noch keine hinunterziehende Tendenz innewohnen würde. Ganz erkennbar wird es, wenn Faust über die Begegnung zu «reflektieren» beginnt und die Kraft der Vernunft den Willenstrieb scheinbar zum Schweigen bringt:

«Sie ist so sitt- und tugendreich,
Und etwas schnippisch doch zugleich ...
Wie sie die Augen niederschlägt,
Hat tief sich in mein Herz geprägt ...»

Doch ist dieses Zum-schweigen-Bringen nur ein scheinbares. In Wahrheit bestehen beide Seelenbereiche nebeneinander; und zwar in einer gegenseitigen Unabhängigkeit, wie dies normalerweise nicht der Fall ist. Üblicherweise bildet die Dreiheit von Vernunft-, Herzens- und Willenskräften immer eine Einheit. Es gibt für unser Tagesbewußtsein keinen Gedanken, der nicht von Gefühlen affiziert und von Willenskräften durchdrungen wäre, wie es auch umgekehrt keine Willensregung gibt, die nicht von Gedanken und Gefühlen beeinflußt wäre. In Faust aber, so könnte man es charakterisieren, scheint sich der Willensbereich mit seinen Begehrungen verselbständigt zu haben. Er fordert Befriedigung seines Verlangens, unabhängig von allem, was als Gedanke zu ihm spricht und als Gefühl sein Herz berührt. Die «zwei Seelen» in seiner Brust sind nicht mehr bloßes Bild zur Charakterisierung einer inneren Gefühlsdiskrepanz, wie dies noch im Gespräch mit Wagner während des Osterspazierganges der Fall war. Diese beiden Seelen, sie wollen sich nicht voneinander trennen, sie haben sich getrennt. Es ist hier etwas eingetreten, das sich in richtiger Weise sonst nur bei der Einweihung vollzieht. Durch den Schulungsweg der Initiation werden die Fäden, welche die drei Seelenkräfte von Denken, Fühlen und Wollen miteinander verbinden, tatsächlich unterbrochen.

«Die Organe des Denkens, Fühlens und Wollens stehen sodann ganz frei für sich da. Und ihre Verbindung wird nunmehr durch keine ihnen selbst eingepflanzten Gesetze hergestellt, sondern muß durch das erwachte höhere Bewußtsein des Menschen selbst besorgt werden.» (1)

Die drei Seelenkräfte gehen völlig voneinander unabhängige Wege:

«Das ist nämlich die Veränderung, welche der Geheimschüler an sich bemerkt, daß kein Zusammenhang zwischen einer Vorstellung und einem Gefühl oder einem Gefühl und einem Willensentschluß und so weiter sich einstellt, wenn er nicht selbst einen solchen schafft ... Ist dann der Mensch in der vollkommenen Beherrschung des höheren Bewußtseins nicht so weit, daß er selbst die Harmonie hervorrufen kann, so geht der Wille seine eigenen zügellosen Wege ... Gefühl und Denken fallen einer vollkommenen Machtlosigkeit anheim; der Mensch wird durch die ihn sklavisch beherrschende Willensmacht gepeitscht.» (1)

Diese innerliche Entzweiung, die Faust desto vernichtender erleben wird, je inniger Gretchens Liebe ihm entgegenblüht, klingt bereits in dieser Begegnung an. Es zeigen sich die ersten Auswirkungen der unrechtmäßigen Teil-Initiation durch Mephisto in der Hexenküche. Das Selbständigwerden des triebgebundenen Willensbereiches ist den okkulten Kräften des Trankes zuzuschreiben. Die Fähigkeit jedoch, die gespaltenen Seelenkräfte aus einer höheren Ich-Kraft heraus zu beherrschen und zu einer neuen Einheit zu binden, läßt sich aus diesem pervertierten Initiationsgeschehen vorläufig nicht gewinnen. Aber auch das «Himmelslicht» seiner Vernunft wird seine gesonderte Entwicklung erfahren und zu Erkenntnissen emporsteigen, die Faust im Augenblick noch verschlossen sind. Immer wieder wird sich zeigen, daß ihm dieses Licht das Herz «berührt», wie wir dies eben aus seinem Munde erfahren haben. Die «Reflexion», mit der Faust sich das Bild des Mädchens noch einmal vor die Seele stellt:

«Der Lippe Rot, der Wange Licht,
Die Tage der Welt vergess' ich's nicht!
Wie sie die Augen niederschlägt,
Hat tief sich in mein Herz geprägt;
Wie sie kurz angebunden war,
Das ist nun zum Entzücken gar!» –,

wäre einem nur «sinnlichen» Freier wohl ganz ungemäß. Die Zartheit der Schilderung beschreibt nicht allein das sinnliche Erscheinungsbild. Das «Licht der Wangen», das wie eine Ätherhülle das Mädchenantlitz umspielt, spricht in Wahrheit von der Innerlichkeit, die sich in diesem Antlitz zu irdischer Erscheinung bringt. Im Augenblick tritt ein «übersinnliches» Anschauen neben die sinnliche Begehrung. Und beide bleiben in Widerspruch und in Disharmonie nebeneinander bestehen. So scheint an der «erhöhten» Wirklichkeit einer echten Dichtung deutlich auf, was im menschlichen Seelenbereich des Satans ist und was der wahren Menschennatur entspringt.

So verstanden, gewinnt selbst die Regieanweisung Goethes metaphorische Bedeutung: «Mephistopheles tritt auf». Denn schon steht das Gegenbild, sich schrankenlos gebärdend, vor uns, als wäre nie von einem Mädchenzauber gesprochen worden, der sich tief in das Herz geprägt hat: «Hör', du mußt mir die Dirne schaffen!»

Mephisto stellt sich bezüglich Gretchen völlig ahnungslos. Und als Faust die Vorbeigegangene bezeichnet, gesteht er seine völlige Machtlosigkeit in diesem Falle ein:

«Da die? Sie kam von ihrem Pfaffen,
Der sprach sie aller Sünden frei;
Ich schlich mich hart am Stuhl vorbei.
Es ist ein gar unschuldig Ding,
Das eben für nichts zur Beichte ging;
Über die hab' ich keine Gewalt!»

Die Frage ist, ob diese Worte so zu verstehen sind, wie sie gesprochen werden, oder ob sie eine Unwahrheit darstellen, die Mephisto aus Berechnung Faust vorspielt. Für beide Auffassungen finden sich Rechtfertigungen, beide fanden ihre Vertreter. Zunächst ist der Umstand festzuhalten, daß Margarete bei dieser ersten Begegnung – wie bereits erwähnt –, von der Kirche kommt. Wir sehen sie also noch geborgen in der Hülle mittelalterlicher Gläubigkeit. Ja mehr noch: Mephistos Spott, sie sei für nichts zur Beichte gegangen, läßt die Vermutung zu, daß sie eben die Kommunion empfing und der Gnadenzustand somit erneuert wurde. Faust durchbricht mit seiner dreisten Anrede daher eine zweifache Hülle ihrer Frömmigkeit. Diese Verbundenheit mit dem Christentum wird immer wieder auftönen. Gretchen steht also bereits von Anbeginn jenseits der mephistophelischen Welt. Von dieser Seite her gesehen, könnte Mephistos Eingeständnis: «Über die hab' ich keine Gewalt» durchaus der Wahrheit entsprechen. Eine derartige Auffassung teilen auch einige namhafte Faust-Interpreten. So etwa schreibt Kuno Fischer in seinem Kommentar von 1887:

«Bei dem Zusammentreffen von Faust und Gretchen hat Mephistopheles in keiner Weise seine Hand im Spiele gehabt, die Begegnung geschieht ohne und gegen seine Absicht; auch bei den Worten in der Hexenküche: ‹Ich weiß dir so ein Liebchen auszuspüren› ist in keiner Weise an Gretchen gedacht oder zu denken. Und was das Verhalten des Mephistopheles zu Gretchen betrifft, so ist sein erstes Wort auch das fortbeständige und endgültige: ‹Über die hab' ich keine Gewalt.›» (2)

Auch Heinrich Rickert ist der Meinung, daß Fausts Wahl den Absichten Mephistos zuwiderläuft:

«Das Mädchen ist fromm und unschuldig und insofern als Werkzeug für den Teufel wenig geeignet... Jedenfalls wird er nicht glauben, daß dies ‹unschuldige Ding, das eben für nichts zur Beichte ging›, von sich aus dazu dienen könnte, Faust herabzuziehen.» (2)

Schließlich sei als dritte Stimme für diese Auffassung Erich Trunz erwähnt, der in der Hamburger Ausgabe 1963 kommentiert:

«Von Mephistopheles ist dieses Geschehen nicht geplant... Mephistopheles will Sinnlichkeit, bei Faust wird es Liebe, Mephistopheles will ‹flache Unbedeutendheit›, bei Faust wird es allhaltige Seligkeit.» (2)

Alle diese Auslegungen stützen sich einerseits auf Gretchens Reinheit, andererseits auf die läuternde Wirkung, die ihre Liebe auf Fausts Empfindungswelt ausüben muß. Da Mephistos Absicht aber dahin zielt, Faust in einen Lebenswandel roher Sinnlichkeit zu stürzen, muß diese Wahl – so argumentiert man, – seinem Plan zuwiderlaufen und ihm angesichts des einverleibten Hexen-Elixiers auch unbegreiflich erscheinen. Dazu Kuno Fischer:

«Das erste weibliche Wesen, das dem Faust begegnet, ... ist das holdeste Geschöpf der Welt, das in frommer Unschuld und Schönheit aufblühende Gretchen... Was dem Mephistopheles bei seinem Vorhaben im Wege steht und soviel Kopfzerbrechen verursacht, ist... Gretchens Charakter in ihrer völligen Unschuld und Sittenreinheit; er hat es ja selbst bezeugt.» (2)

Andere, unserer Zeit nahestehende Interpreten, wie etwa Thomas Mann, Korff und Staiger, sehen in Fausts Begegnung mit Gretchen dagegen einen Teil von Mephistos Plan. Mephistos Behauptung, über Gretchen «keine Gewalt zu haben», ist ihrer Ansicht nach reine Heuchelei und man mißt ihr daher auch nur untergeordnete Bedeutung zu. Der gleichen Auffassung war bereits 1881 Carl Julius Schröer:

«Daß Mephistopheles tut, als wüßte er nicht, von wem die Rede ist, ist natürlich Verstellung, wie auch die Schwierigkeiten, die er macht.» (2)

Wenn wir zu dieser Frage nun ebenfalls Stellung beziehen wollen, so wäre zunächst die Feststellung zu treffen, daß Fausts Begegnung mit Gretchen und seine Wahl, Mephistos Pläne – wie die kommende Handlung zeigt – nicht wirklich durchkreuzen. Ohne Zweifel glaubt Mephisto, letztlich auch über Gretchen siegen zu können. Außerdem: warum hätte er bereits alles bis ins letzte ausspioniert, warum schlich er sich an ihrem Beichtstuhl vorbei, wenn er in diesem Kind ein Wesen erblicken müßte, das seinen Plänen völlig zuwiderliefe? Schließlich darf man auch nicht den Ur-Ausgangspunkt des ganzen Faust-Schicksals aus den Augen verlieren, wie er im «Prolog im Himmel» festgelegt wurde. Mephisto hat die Erlaubnis, Faust «seine Straße sacht zu führen». Diese Erlaubnis wird er, wo immer es geht, weidlich nützen. Sie zeichnet Faust auch den Weg vor, den er nach der Hexenküche gehen soll und führt mit teuflichem Vorbedacht zu Gretchen. Wieder war es Lessing, der in seinem Faust-Fragment bereits ein ähnliches, den mephistophelischen Absichten scheinbar widersprechendes Motiv aufgegriffen hatte. Dort berichtet einer der dienenden Teufel seinem Herrn – *«Satan»* – wie er, verwandelt in eine blühende Jünglingsgestalt, einer noch *»unberührten Schönheit»* den ersten Kuß raubte:

«Weiter trieb ich sie nicht. – Aber sei gewiß! Ich hab' ihr nun eine Flamme ins Blut gehaucht, die gibt sie dem ersten Verführer preis und diesem spart' ich die Sünde. Ist dann erst sie verführt – –»

Triumphierend setzt Satan fort: *«So haben wir Opfer auf Opfer; denn sie wird wieder verführen. – Ha, gut! In deiner Tat ist doch Absicht. –»*

Eine derartige Absicht hegt offenbar auch Mephisto. Faust einfach einer Dirne in die Arme zu treiben durch «schnöde Sinnlichkeit», das würde nach seinen Erfahrungen in Auerbachs Keller und der Hexenküche für Mephisto ein höchst unsicheres Beginnen bedeuten. Denn er müßte damit rechnen, daß sich Faust auch hier abwenden und angewidert dem «platten Leben» entziehen würde.

Aber auch eine andere Liebschaft auf höherer Ebene würde Mephistos Plänen nicht genügen. Faust jedoch ein unschuldiges Wesen verführen zu lassen, ihn solcherart in Sinnlichkeit verstrickt zu sehen und dadurch dieses Geschöpf selbst zur «Dirne» zu erniedrigen und zu verderben, das zeigt eine doppelbödige Absicht auf und hat ohne Zweifel «Methode». Mephisto hat ganz gewiß an ein «Gretchen» gedacht, als er Faust mit den Worten aus der Hexenküche führte: «Du sollst das Muster aller Frauen / Nun bald leibhaftig vor dir sehn.» Und wie hundertprozentig scheint die Gleichung aufzugehen:

«Mein Herr Magister Lobesan,
Lass' Er mich mit dem Gesetz in Frieden!
Und das sag' ich ihm kurz und gut:
Wenn nicht das süße junge Blut
Heut' nacht in meinen Armen ruht,
So sind wir um Mitternacht geschieden.»

Fast will es scheinen, als würden Faust und Mephisto die Rollen tauschen. Denn der Teufel gefällt sich plötzlich als Besänftiger der in Faust angefachten Sinnesglut, da dieser meint, das Mädchen sei wohl «über vierzehn Jahr doch alt»:

«Du sprichst ja wie Hans Liederlich,
Der begehrt jede liebe Blum' für sich...»

Mit der Erwähnung dieser Altersgrenze ist wohl nicht gemeint, daß Gretchen ihre Mündigkeit eben erst überschritten hätte. Der Dichter bedient sich der Erwähnung des abgelaufenen zweiten Lebensjahrsiebents als dichterisches Bild, um sowohl auf das Erwachen der Empfindungswelt hinzuweisen, wie es das Freiwerden des Astralleibes in der Pubertät mit sich bringt, als auch der noch kindlichen Unschuld Ausdruck zu verleihen. Bis jetzt lebte sie wie eine «liebe Blum'» noch ganz im Ätherischen ihres Wesens, frei von jeder Begierde. Goethe legt großen Wert darauf, daß wir diese Lebensschwelle, die Gretchen aus dem Kindsein zur Jungfrau führt, wirklich mitempfinden. Ist es doch die gleiche, die auch die Menschheit überschreiten mußte, als sie aus dem Paradiese schied. An Jahren ist Gretchen jedoch gewiß um einiges älter zu denken.

Mephistos behauptete Schwierigkeiten, er bräuchte «wenigstens vierzehn Tage» um nur «die Gelegenheit auszuspüren», sind überwiegend taktische Erwägungen, die uns aufzeigen, welch unübertroffener Psychologe er in bezug auf die Geschöpfnatur des Menschen ist. Gewiß bedarf die Verführung eines so reinen Mädchenherzens ihre Zeit, aber der Hauptgrund seines scheinbaren Zögerns hat andere Ursachen. Denn gleich ein wenig später will er «keinen Augenblick» verlieren und Faust «heut noch in ihr Zimmer führen». Wie gut weiß er um die männliche Psyche Bescheid:

«Was hilft's nur grade zu genießen?
Die Freud' ist lange nicht so groß,
Als wenn Ihr erst herauf, herum,
Durch allerlei Brimborium,
Das Püppchen geknetet und zugericht't,
Wie's lehret manche welsche Geschicht'.»

Wohlbedacht erweckt er in der willenshaft-tätigen Wesensnatur des Männlichen mit allem Zynismus den Drang nach Besitzergreifung, wissend, daß das schwer zu Erlangende für das Männliche viel aufreizender und begehrenswerter erscheinen muß.

«Burgen mit hohen
Mauern und Zinnen,
Mädchen mit stolzen
Höhnenden Sinnen
Möcht' ich gewinnen!
Kühn ist das Mühen,
Herrlich der Lohn!»

So sangen die Soldaten vor dem Tore der Stadt. Mephisto rühmt Gretchens Unschuld nur, um Fausts Verlangen noch stärker zu reizen:

»Schaff mir etwas vom Engelsschatz!
Führ mich an ihren Ruheplatz!
Schaff mir ein Halstuch von ihrer Brust,
Ein Strumpfband meiner Liebeslust!»

Erneut offenbart sich Fausts innerer Zwiespalt. Das Verlangen nach einem Andenken kann einen ersten Schritt zur Veredelung des Gefühls bedeuten. Auch der Ritter erhielt in der Zeit des Minnedienstes ein Angebinde von seiner «Dame» als Zeichen ihrer Liebe. Dann durfte er für sie in den Kampf ziehen und hatte allerlei Abenteuer zu bestehen, die seine Tapferkeit und Lauterkeit bezeugten. Hier aber ist alles deplaciert und in eine zwiespältige Seelenhaltung getaucht. Faust scheint uns zurückgeworfen in die Empfindungswelt des Jünglings, ohne daß er die innere Demut jugendlicher Anbetungsfähigkeit besitzt. So erweist sich das Begehrte mehr als Fetisch der Sinneslust, denn als heiliges Unterpfand eines Ideals.

Auch der Wunsch nach einem Geschenk entspringt nicht dem selbstlosen Wollen Freude zu bereiten, sondern wird dadurch, daß Faust die Ausführung Mephisto überträgt, zur berechnenden Verführung. Mephisto wird ganz gewiß ein Geschenk auswählen, dessen Reichtum im Mißverhältnis zum Empfänger stehen und die Gabe zum beleidigenden Kaufpreis ummünzen wird.

«Gleich schenken? Das ist brav! Da wird er reüssieren!
Ich kenne manchen schönen Platz
Und manchen altvergrabnen Schatz;
Ich muß ein bißchen revidieren.»

Die Änderung des Versmaßes zum Alexandriner, das der spöttisch-kühlen Sprache Mephistos Raum gibt, zeigt, wie er in Wahrheit darüber denkt.

ABEND

Anfang und Ende dieses Bildes ist Gretchen zugeteilt. Mit wenigen schlichten Versen bekennt sie uns, daß Fausts Erscheinungsbild und sein Betragen nicht ohne Eindruck an ihr vorbeigegangen sind.

«Ich gäb' was drum, wenn ich nur wüßt',
Wer heut der Herr gewesen ist!
Er sah gewiß recht wacker aus,
Und ist aus einem edlen Haus;
Das konnt' ich ihm an der Stirne lesen –
Er wär' auch sonst nicht so keck gewesen.»

Ihr Nachsinnen ist die natürliche Regung einer unschuldigen Neugier und einer sich verwundernden Betretenheit. Doch bleibt kein Argwohn, keine Kränkung zurück. Nicht allein deshalb, weil sie noch zu unerfahren ist, die Ungehörigkeit voll zu begreifen, sondern weil die Erinnerung vor allem den Eindruck widerspiegelt, den sie an Fausts «Stirne» lesen konnte. Es ist wesentlich zu erkennen, daß Gretchen, ehe sie die Schwelle ihres Paradieses überschreitet, nur die edle Seite von Fausts Wesen erfühlt. Die Wahrnehmung seines «anderen» Seelenteils, den sie selbst als «Schelm» bezeichnen und der ihr ein «heimliches Grauen» einflößen wird, ist ihr hier noch verschlossen. Noch ist es eine heile Welt, die sie umgibt, und was an Empfindungserlebnissen in ihr erwacht, wurzelt allein in jener reinen Astralität, die den Blütenzauber der Pflanzenwelt bewirkt. Gretchen ist hier wirklich noch ganz die «liebe Blume».

Am Ende dieser Szene wird es schon anders sein. Faust hat ihren Seelenraum betreten, und wenn er jetzt in Begleitung seines teuflischen Gehilfen sich in ihren physischen Bereich schleicht, wird er den ersten Tropfen der Unruhe in ihr Dasein träufeln. Ihn freilich läßt bereits der erste Atemzug in diesem «reinlichen Zimmer» den Abgrund fühlen, der zwischen hier und der mephistophelischen Welt gähnt.

«Ich bitte dich, laß mich allein!»

Der Entfernung Mephistos kommt metaphorische Bedeutung zu. Faust ist mit seinem besseren Teil nunmehr allein und willig überläßt er sich dem Hauch, der ihn umweht.

«Willkommen, süßer Dämmerschein,
Der du dies Heiligtum durchwebst!
Ergreif mein Herz, du süße Liebespein,
Die du vom Tau der Hoffnung schmachtend lebst!»

Man muß sich ganz in Fausts Seelenzustand hineinversetzen, um wirklich nachfühlen zu können, was in diesem Augenblick in ihm vorgehen muß. Kaum von der düsteren Last seiner «Studierstube» entbürdet, wissend um den unvermeidbaren «Pakt» mit dem Teufel, durch den «Hexentrank» in höchster Erregung –, so tritt er in diese Enge, die nur Stille, Zufriedenheit, Ordnung atmet.

«In dieser Armut welche Fülle!
In diesem Kerker welche Seligkeit!»

Beim Anblick des «Väterthrones» steigt vor seinem verinnerlichten Schauen erneut die Kindheit auf, wie einst in der Osternacht, da ihn die «Himmelsmächte» zwangen, den Blick nach jenen Unschuldsjahren zurückzuwenden.

«Wie oft, ach! hat an diesem Väterthron
Schon eine Schar von Kindern rings gehangen!
Vielleicht hat, dankbar für den heil'gen Christ,
Mein Liebchen hier, mit vollen Kinderwangen,
Dem Ahnherrn fromm die welke Hand geküßt.»

Unbewußt, im Untergrund der Seele mag dabei, wie ein düsteres Gegenbild, jener «Thron» der Hexenküche stehen, auf dem Mephisto sich als König gefiel, und ihm die Abgrundferne zu der hier erlebten Welt übermächtig empfinden lassen. Immer sind es die gleichen Bilder und Impressionen, jedoch mit völlig gegensätzlichen Erlebnisinhalten, die Faust erfährt und ihn an die «zwei Seelen» in der Brust gemahnen.

Der kleine Raum wird ihm zum «Himmelreich» und da er den Vorhang von Gretchens Schlafstätte hebt, gewinnt er sich neu die Vorstellung der gottgedachten Ebenbildschaft des Menschen:

«Natur! hier bildetest in leichten Träumen
Den eingebornen Engel aus!
Hier lag das Kind, mit warmem Leben
Den zarten Busen angefüllt,
Und hier mit heilig reinem Weben
Entwirkte sich das Götterbild!»

Nicht bloß als «eingeboren» im Sinne von: in die Leiblichkeit des Stoffes hineingeboren, ersteht ihm Gretchens engelhaftes Bild. Das Wort in seiner ganzen Tiefe verstanden, offenbart eine Wahrheit, die Fausts Bewußtsein kaum erfaßt, die auszusprechen ihn sein Herz drängte. Denn als «eingeboren» bezeichnete man in der Zeit, da die Evangelien geschrieben wurden, jenen geistigen Wesensteil des Menschen, der nicht aus dem Fleische, sondern «aus Gott» geboren ist. *«Der physische Mensch»*, durch die Vermischung des väterlichen und mütterlichen Blutstromes ins irdische Dasein gerufen, *«ist der Zweigeborene«*, der *«Geistesmensch»* dagegen wurde als der *«Eingeborene»* bezeichnet. *(1)* Dieses «Gottesbild» des Menschen ersteht vor Faust und nimmt von seinen höchsten Empfindungen Besitz. Scham, Reue, Verachtung vor sich selbst, treten an die Stelle ungezähmten Verlangens und lassen ihn gewahren, wie sich die Seele in ihrer Ungetrübtheit etwas «erwirken» kann, was diesem «aus Gott geborenen» Menschen gleicht.

«Und du! Was hat dich hergeführt?
Wie innig fühl' ich mich gerührt!
Was willst du hier? Was wird das Herz dir schwer?
Armsel'ger Faust! ich kenne dich nicht mehr.

Umgibt mich hier ein Zauberduft?
Mich drang's, so grade zu genießen,

Und fühle mich in Liebestraum zerfließen!
Sind wir ein Spiel von jedem Druck der Luft?»

«Umgibt mich hier ein Zauberduft?» – – Faust hat des «tollen Zauberwesens» schon bis zum Ekel genug erfahren müssen. Ist es wiederum solch ein Zauber? Ist es ein Liebestraum? Wie Faust in der Hexenküche durch seine hohe Seelenkraft aus sich die Imagination eines «himmlischen Bildes» gebären konnte, so vermag er auch jetzt, berührt von der Ätheraura dieses Raumes, den göttlichen Wesensteil des Menschen zu erschauen. Auch hier gilt es für ihn auseinanderzuhalten, wer in ihm sich so «innig gerührt fühlt», und wem es «drang, so grade zu genießen.» Noch vermag er die Tragik dieses inneren Zwiespaltes in ihrer vollen Schwere nicht abzusehen. Bald aber wird dieser bessere Teil sagen: »Du, Hölle, mußtest dieses Opfer haben!« Vorerst drängt ihn diese noch unbewußte Erkenntnis seiner höheren Wesensnatur instinktiv zu fliehen und nie wiederzukehren: «Fort! Fort! Ich kehre nimmermehr!»

Jedoch Mephisto kehrt zurück. In den nächsten Sekunden, da Mephisto das Schmuckkästchen bringt, werden alle Vorsätze und hohen Gesinnungen ins Wanken geraten und ehe Faust die Kammer verläßt, hat Mephisto das Netz für Gretchen ausgelegt, ohne daß Faust die Kraft findet, es zu verhindern. Sein Zaudern, das Kästchen in den Schrank zu stellen: – «Ich weiß nicht, soll ich?» – läßt Mephisto das Verführungswerk vollziehen. Er stellt das Kästchen mit den «sinnbetörenden Sächelchen», über die auch ein «anderes Kind», denn ein einfaches Bürgermädchen stolpern müßte, hinein. Wie in Auerbachs Keller zeigt auch hier der Dichter auf, daß es das widergöttliche Prinzip in uns ist, das Verführungstaten setzt und der Mensch noch zu schwach ist, sich dagegen zu wehren.

Erneut wird dabei Mephistos psychologischer Spürsinn sichtbar. Anders als in die männliche Seele, weiß er sich in die weibliche Psyche zu schleichen. Neugierde, Eitelkeit, Wille zu gefallen, eingehüllt ins Gewand der Schönheit, das sind die Tore, durch die er dort Einlaß findet. Das selbstgefällige Schöne-Scheinen des Weibes bildet so den Gegenpol des selbstbewußten, eroberungslüsternen männlichen Begehrens. Mephisto wirkt hier in der Doppelgestalt des Bösen. Als das Urbild des Irdisch-Weiblichen – Eva – *«daranzugehen hatte, sich selber schön zu machen»*, um durch die eigene Schönheit *«die Versuchung bewirken zu können, da mußte Luzifer»* mit am Werke sein. Damit jedoch andere ein solches, von Schönheitsbewußtsein durchdrungenes Wesen, im Anblick von außen als schön empfinden konnten, dazu war das Einwirken Ahrimans nötig. *«Daß die Söhne der Götter die Töchter der Menschen schön finden sollten, also das Objekt schön finden sollten, da mußte Ahriman wirken.» (2)*

Für Gretchen wird die Auffindung des Schmuckes den Augenblick des Heraustretens aus ihrem Kindheitsparadies bedeuten. Solange der Mensch sein Ich und seine Schönheit bloß hat, aber nicht darum weiß, lebt er noch in einem paradiesisch-behüteten Kindheitszustand. Luzifer hat noch keine Macht über ihn. Der erste Blick in den «Spiegel» – mag es nun ein äußerer physischer, oder ein innerer Seelenspiegel sein – bringt den Menschen bereits in Gefahr, sich selbst zu gefallen und setzt ihn der Lust aus, dieses Gefallen auch bei anderen zu erwecken. So verfällt er, ehe er es überhaupt gewahr wird, der luziferischen Macht.

Mit dem Verschließen des Kästchens im Schrank durch Mephisto, hat Gretchens Schicksal begonnen. Noch weiß sie es nicht, kehrt ahnungslos zurück, aber die Luft im Raum ist anders geworden. Wir denken an ihre unbefangenen, schlichten Worte zu Beginn der Szene und empfinden schmerzlich, was sich inzwischen vollzogen hat.

«Es ist so schwül, so dumpfig hie,
Und ist doch eben so warm nicht drauß.
Es wird mir so, ich weiß nicht wie –
Ich wollt', die Mutter käm' nach Haus.
Mir läuft ein Schauer übern ganzen Leib –
Bin doch ein töricht furchtsam Weib!»

Was mag in diesem Augenblick nicht alles an widersprechenden Gefühlsinhalten in ihrer Seele aufkeimen? Die unerklärliche Furcht, welche ihr die für sie fremde Ausstrahlung erweckt, fließt zusammen mit der nicht auszulöschenden Erinnerung an die Begegnung; Ahnung von etwas Unbestimmten, das sie nahen fühlt und Bangigkeit, beides birgt die plötzliche Dumpfheit des Raumes. Im klassischen Drama würde der Held dieser Gefühlsvielfalt durch einen Monolog Ausdruck verleihen. Goethe verdichtet diesen Stimmungsgehalt zum Lied in halb lyrischem, halb balladeskem Ton. Welch tiefes poetisches Empfinden leitete dabei den Dichter, daß er diesem schlichten, ungekünstelten Kind aus dem Volke eine Kunstballade in den Mund legt, in dem Augenblick, da Gretchen in ein erstes, ernstes Nachsinnen über diese schicksalhafte Begegnung versinkt. Wie weitet er dadurch ihren Seelenhorizont zu tiefem Gedankenreichtum, ohne damit das Naiv-Kindliche ihres Charakters aufs Spiel zu setzen.

Das Lied vom «König in Thule» ist unabhängig vom Faust-Plan im Juli 1774 entstanden. Sein Inhalt aber fügt sich als sinngemäßer Kontrapunkt dem Gretchen-Schicksal ein. Der Grundgedanke des Liedes ist das Treue-Motiv. Von einem mythischen König eines hoch im Norden gelegenen Inselreiches wird uns erzählt; vielleicht dürfen wir dabei an Island denken. Treue als höchste Krönung des Lebens, als Wirkenskraft über den Tod hinaus, das ist der Sinngehalt des Liedes; dies ist aber auch gleichzeitig Gretchens Schicksals-Mission. Werner Ross schreibt in seinen Betrachtungen über dieses Lied:

«Die außerordentliche Wirkung der paar einfachen Strophen beruht darauf, daß die Wahrheit der Treue, ihr Lebenswert, aus ihnen so unmittelbar einleuchtet, sich so unvergeßlich einprägt.» (3)

Im Urfaust lautete die erste Strophe noch etwas anders:

«Es war ein König in Thule,
Einen goldenen Becher er hätt
Empfangen von seiner Buhle
Auf ihrem Todesbett.»

In der endgültigen Fassung läßt Goethe gleich zu Beginn das ostinate Motiv erkennen, über dem die sechs Strophen sich entfalten:

«Es war ein König in Thule
Gar treu bis an das Grab,
Dem sterbend seine Buhle
Einen goldnen Becher gab.»

Von seiner »Buhle«, aus lieber Hand also, empfing er den Becher, da sie an der Schwelle stand zwischen «Hüben» und «Drüben», als letztes Vermächtnis. So wurde er ihm zum «heiligen» Becher. Und nicht nur bis an das Grab währte seine Treue. Jener König hielt Treue bis über das Grab hinaus. Nicht eine biedere, bürgerliche Treue ist hier angesprochen, sondern – wie Ross es formuliert – jenes *«Sakrament der Treue»*, das Ausschließlichkeit bedeutet, die allein nur aus einer wahren, von geistig-seelischen Banden getragenen Liebe erfließen kann. Werner Ross' Formulierungen fügen sich mit ihren Gedanken so harmonisch in jenen, für uns immer wieder in der Faust-Handlung sichtbar gewordenen Christus-Hintergrund ein, daß wir seiner Darstellung gerne breiteren Raum geben:

«Sterbend hat die Buhle dem Geliebten den Becher als Vermächtnis übergeben, und nun trinkt er daraus zu ihrem Andenken. Wenn es ungewohnt ist, diese Szene an die des letzten Abendmahls heranzurücken, so darf man nicht vergessen, daß der junge Goethe voll war von solchem Beziehungsspiel, daß Elemente einer natürlichen Frömmigkeit und einer pietistischen Bildung und Erziehung auch sein weltlichstes Denken und Fühlen durchwoben. Wem aber dieses Heranrücken zu sehr die Grenze überschreitet, der mag sich des ‹Minnetrunks› erinnern, des altgermanischen Brauchs, bei besonderen Festen das mit Met gefüllte Horn zu Ehren eines Toten zu leeren, der später auf die Heiligen Johannes, Stephan, Ulrich übertragen wurde. Was der König tut, ist ein solches ‹Minnetrinken›, aber aus dem Brauchtum losgelöst, die sichtbare Erneuerung des Treuebundes.» (3)

Die sechs Strophen des Liedes gliedern sich in zwei Gruppen von je drei Strophen: Vorgeschichte und Opferszene. Sakramental-symbolisch gleich dem Anfang, ist auch der Schluß des Liedes:

«Er sah ihn stürzen, trinken
Und sinken tief ins Meer,
Die Augen täten ihm sinken,
Trank nie einen Tropfen mehr.»

In einfachster, volksliedhafter Weise schildern die Verse die Einzelheiten, die dieser «letzte» Blick erschaut: der Becher muß sich erst füllen, ehe er untergeht. Aber mit welcher Symbolträchtigkeit ist das ausgesprochen: der Becher trinkt das Meer, ehe das Meer ihn trinkt und in sich aufnimmt. Der heilige Akt des Treue-Trunkes setzt sich fort in der «Unendlichkeit» des Meeres.

In allen Strophen mischt sich in der Wort- und Bildwahl Volksliedhaftes, Archaisierendes, mit unmittelbar an gegenwärtig vertraute Lebensstimmung Rührendem. In welch ferne Vorzeit etwa versetzen uns Wendungen wie «gar treu», auch: «zählt er sein Städt' und Reich», oder: «die Augen täten ihm sinken»; und wie gegenwartsnah klingen dagegen die Worte, die von «jedem Schmaus» berichten, von dem «alten Zecher» sprechen, der «letzte Lebensglut» aus diesem Becher trinkt.

«Daß dieser König ein alter Zecher, ein hartgegerbter Bursche ist, nicht etwa ein sentimentaler Schmachter, der petrarkische Verse auf den Tod der Geliebten schreibt, das muß gefühlt werden, das rückt die Treue erst ins rechte Licht.» (3)

Beide Welten leben aber auch in Gretchens Wesen. In ihrer Reinheit und Unschuld erweckt sie uns die Zeiten einer fernen Menschheitskindheit. Trotzdem wird auch sie «letzte Lebensglut» aus dem Becher der Liebe trinken, den ihr der «Buhle» reicht.

Ein schönes Sinnspiel webt zwischen der zweiten und sechsten Strophe: «Die Augen gingen ihm über, / So oft er trank daraus», heißen die beiden letzten Verse in der zweiten Strophe; und: «Die Augen täten ihm sinken, / Trank nie einen Tropfen mehr» lautet der Schluß des Liedes. Trinken und Tränen – das irdische Bild des Trinkers vermischt sich hier bereits mit dem die Treue-Wahrenden, der keinen Schluck ohne Gedenken an die «sterbende Buhle» aus diesem Becher leerte. In der sechsten Strophe trinkt der Becher, sinkt ins Meer; dem König aber sinken die Augen, er «trank nie einen Tropfen mehr». Alles verschwebt, versinkt und läßt nur die Ahnung eines dunklen Schicksals zurück.

Damit wird die Ballade zum Symbol für Gretchens Los. Auch sie wird den Ozean ihrer Liebe «trinken» und «sinken» in dieses Meer, auch sie wird die Treue halten bis über das Grab hinaus und im Überirdischen vollenden, was sie im Irdischen begann. Unmittelbar nach diesem indirekten Monolog gewahrt sie das Kästchen im Schrank:

«Wie kommt das schöne Kästchen hier herein?
Ich schloß doch ganz gewiß den Schrein...
Was ist das? Gott im Himmel! Schau,
So was hab' ich mein' Tage nicht gesehn!

Ein Schmuck! Mit dem könnt' eine Edelfrau
Am höchsten Feiertage gehn.
Wie sollte mir die Kette stehn?...»

«Sie putzt sich damit auf und tritt vor den Spiegel.» Damit wird aus ihrer kindlichen Unwissenheit Bewußtheit; Gretchen hat ihr schützendes Kindheitsparadies verlassen und tritt in das schuldlos-schuldige Erbe des Ursündenfalles der Menschheit.

«Wenn nur die Ohrring' meine wären!
Man sieht doch gleich ganz anders drein.
Was hilft euch Schönheit, junges Blut?
Das ist wohl alles schön und gut,
Allein man läßt's auch alles sein;
Man lobt euch halb mit Erbarmen.
Nach Golde drängt,
Am Golde hängt
Doch alles. Ach wir Armen!»

Der Schicksalsweg des Goldes dehnt sich von dem goldenen Becher ihres Liedes herüber zu dem leisen Seufzer erster Begehrung. Das Gold des Bechers war eine Gabe der Liebe, letzter Nachklang einer zu Ende gegangenen sonnenhaften Licht- und Weisheitssphäre, in der die Menschenseele lebte und «letzte Lebensglut» trank. Aber dieses Gold ist versunken, ertrunken in dem von widergöttlichen Kräften egoisierten Seelenmeer und was sich daraus emporhob, ist ein Gold der Selbstsucht, der Mammon, an dem «alles hängt». Das Erbe dieses letzten «Zechers» weisheitserfüllter Lebensglut, ging an jenen König über, der einen »großen Floh» zu seinem vielgeliebten Sohn erhob.

SPAZIERGANG

Ein groteskes Intermezzo schiebt sich in den Handlungsverlauf: Mephisto, im Bild eines Teufels, wie ihn Hans Sachs in seinen Fastnachtsspielen malte, rast in Teufelswut, und würde sich am liebsten «dem Teufel übergeben», wenn er es nicht selbst wäre.

«Denkt nur, den Schmuck, für Gretchen angeschafft,
Den hat ein Pfaff hinweggerafft! –
Die Mutter kriegt das Ding zu schauen,
Gleich fängt's ihr heimlich an zu grauen:
Die Frau hat gar einen feinen Geruch,
Schnuffelt immer im Gebetbuch,
Und riecht's einem jeden Möbel an,
Ob das Ding heilig ist oder profan;
Und an dem Schmuck da spürt' sie's klar,
Daß dabei nicht viel Segen war.»

Nun hat sich die Kirche den ganzen Schatz einverleibt, Gretchen aber darf sich dafür des versprochenen «Himmels-Mannas» erfreuen. Für Faust ist der Verlust des Geschmeides keiner Aufregung wert:

«Schaff du ihr gleich ein neu Geschmeid'!
Am ersten war ja so nicht viel.»

Viel wichtiger ist ihm zu hören, daß Gretchen voll Unruhe nicht weiß, was sie soll und will:

«Denkt ans Geschmeide Tag und Nacht,
Noch mehr an den, der's ihr gebracht.»

Trotz des immer wieder aufflammenden edlen und hohen Liebesgefühls, ist Fausts Sinnen und Trachten von Anfang an, mit immer neu einsetzendem Ungestüm auf Gretchens Verführung gerichtet. Seine brennende Ungeduld läßt uns erneut die bereits erwähnten Symptome einer jünglingshaften Verliebtheit erkennen:

«Sei, Teufel, doch nur nicht wie Brei,
Und schaff einen neuen Schmuck herbei!» –,

hinter der jedoch die Zwangsgewalt jener «Straße« steht, die der Teufel zu gehen ihm vorschreibt.

Und Mephistos Ironie macht deutlich, wie sehr dieses Verlangen jegliche Wertrelation verloren hat und sich ganz in seiner Ausschließlichkeit erlebt:

«So ein verliebter Tor verpufft
Euch Sonne, Mond und alle Sterne
Zum Zeitvertreib dem Liebchen in die Luft.»

DER NACHBARIN HAUS

Teuflisch, sarkastisch ist auch diese Szene. Schon ihr Auftakt – Frau Marthes Eingangsmonolog, in dem sie sich beschwert, daß ihr Mann sie verlassen hat und sie nun allein das «Bettstroh» hüten muß –, liegt nicht weit entfernt von dieser Denkrichtung. Zwischen diesem Monolog und dem Erscheinen Mephistos sind ein paar Verszeilen eingeschoben, die uns deutlich machen, wie Gretchen von ihrem Schicksal umstrickt wird. Erneut fand sich ein Schmuck in ihrem Schrank, weit kostbarer als der erste war. Ergriffen von dem Verlangen, sich schmücken zu können, hat sie diesmal der Mutter den Fund verschwiegen und bringt ihn zur Nachbarin, um hier ihre naiv-kindliche Besitzesfreude verstohlen genießen zu können.

«Komm du nur oft zu mir herüber,
Und leg den Schmuck hier heimlich an;
Spazier ein Stündchen lang dem Spiegelglas vorüber,
Wir haben unsre Freude dran;...»

Selbstbespiegelung als ein erster Schritt aus der Unschuld in das Schuldig-Werden. Auch die Möglichkeit der Lüge wird ihr bei dieser Gelegenheit ins Ohr geflüstert:

«Und dann gibt's einen Anlaß, gibt's ein Fest,
Wo man's so nach und nach den Leuten sehen läßt.
Ein Kettchen erst, die Perle dann ins Ohr;
Die Mutter sieht's wohl nicht, man macht ihr auch was vor.»

Gretchen im Glanz des verheimlichten Schmuckes, gibt dem eintretenden Mephisto Gelegenheit, in sarkastischer Ironie die gleiche deplacierte Anrede zu gebrauchen, mit der sie von Faust angesprochen wurde.

«Denk, Kind, um alles in der Welt!
Der Herr dich für ein Fräulein hält.»

Wieviel Sarkasmus darin liegt, kann man unweit später erkennen, wenn Mephisto von der neapolitanischen Kurtisane berichtet, die an Herrn Schwerdtlein angeblich «viel Lieb's und Treu's getan hat», ihn dabei mit dem «mal de Naples» ansteckte, und die von ihm ebenso als »schönes Fräulein« tituliert wird. Im weiteren Gespräch mit Gretchen nimmt sich Mephisto noch mehr Anzüglichkeiten heraus, so etwa, wenn er ihr zu einem «Galan» rät und meint:

«'s ist eine der größten Himmelsgaben,
So ein lieb Ding im Arm zu haben.»

Was für eine fremde Welt brandet da an sie heran, als deren Gefangene sie sich im Augenblick empfinden muß, unfähig das Gespinst zu zerreißen. Denn mag es auch nicht direkt ausgesprochen werden, muß Gretchen doch wohl ahnen, wer dieser «brave Knab'» sein wird, der für Herrn Schwerdtleins Tod mittestieren soll. Niemals aber wird sich diese fremde Welt mit ihrer eigenen vermischen. Für Gretchen wird diese Zweiheit immer in ihrer Unvereinbarkeit bestehen bleiben, und stets wird sie zwischen Fausts edler Geistnatur und seinem düstern Begleiter eine klare Trennungslinie bewahren. So ist es auch die alte Kupplerin, die einfach über Gretchen verfügt und für sie eine Zusammenkunft zusagt:

«Da hinterm Haus in meinem Garten
Wollen wir der Herrn heut' abend warten.»

Die erwünschte Beziehung zu Gretchen ist somit hergestellt. Die krummen Wege, die Mephisto hier einschlägt, der gallige Sarkasmus mit dem er Frau Schwerdtlein vom nie eingetretenen Tod ihres Ehemanns berichtet – «Ihr Mann ist tot, und läßt Sie grüßen» –, die Lüsternheit der Alten und ihre Gier nach seiner Verlassenschaft, die verlogene Akkuratesse ihn «tot» auch «im Wochenblättchen» lesen zu wollen –, das alles ist ohne

Zweifel köstlich zu lesen und bedarf keiner näheren Erklärung. Frau Marthes Ehemann hat sich aus nicht näher bezeichneten Gründen aus dem Staub gemacht und ist ins Ausland gegangen. Mephisto hat dies ausgekundschaftet und führt sich als Überbringer der Todesnachricht bei ihr ein, gerade zu dem Zeitpunkt, da er Gretchen mit dem Schmuckkästchen bei ihr weiß. Da nach herrschender Rechtsgepflogenheit zwei Zeugen nötig sind, um einen Sachverhalt rechtsgültig zu bezeugen, ist Fausts Kommen motiviert und gesichert. Humor, Groteske und Demaskierung verlogener Heuchelei sollen uns aber nicht übersehen lassen, auf welch unheilvoll-düsterem Hintergrund uns Gretchen hier entgegentritt. Das ausgeworfene Netz zieht sich immer dichter zusammen und ist bei der besprochenen Zusammenkunft in Marthes Garten bereits unlösbar verknotet.

Einer Klärung bedarf vielleicht noch Mephistos selbständiges Auftreten in dieser Szene. Wir haben ihn bisher in zwei Perspektiven gesehen. Einerseits als Repräsentant einer objektiv wirkenden, widergöttlichen Weltenkraft, andererseits als den korrumpierten «Doppelgänger» Fausts. Indem Mephisto hier zum eigenständig Handelnden wird – ohne Fausts Begleitung –, wird seinem objektiv-kosmischen Wesen eigene dichterische Wirklichkeit verliehen. Wie in der zweiten Studierzimmer-Szene als «edler Junker», so stellt er sich jetzt für die Umwelt als Gefährte, Diener und Reisegenosse Faust zur Seite. Für Faust bleibt er dessenungeachtet jedoch zusätzlich das widergöttliche Prinzip, das Eingang gefunden hat in seine Seelensphäre und dort als Teil seines eigenen Selbstes wirksam ist. Es liegt in der dramaturgischen Freiheit einer Dichtung, dem objektivwirkenden Geist-Prinzip verschiedene Gestaltungen zu verleihen. Unter diesem Doppelaspekt ist auch die Szene in Marthes Garten zu verstehen, die nach all diesen hinterlistigen Vorbereitungen, Faust endlich das begehrte Wiedersehen mit Gretchen bringen wird.

Auffallend bei dieser Verselbständigung sind seine «für sich» gesprochenen Worte: «Du gut's, unschuldig's Kind!», die im drastischen Gegensatz stehen zu all den beleidigenden Anzüglichkeiten, die er laut von sich gibt in der Absicht, Margarete zu verwirren, wie etwa die deplacierte Anrede mit «Fräulein», der Rat sich einen «Galan» zu nehmen, oder die Entgegnung auf Gretchens Abwehr: «Brauch oder nicht! Es gibt sich auch.»

Zu Gretchen ist in derartigem Tone gewiß noch nie gesprochen worden; um so bewundernswerter, wie sie aus ihrer Herzensreinheit all diesen Ungehörigkeiten in ungekünstelter, nie verletzender «Schnippigkeit» begegnet: «Das ist des Landes nicht der Brauch.»

Mephisto spricht die Worte über Gretchens Unschuld «für sich». So ist es also seine Meinung und gleichzeitig Wahrheit. Wir waren schon des öfteren Zeuge, daß der Teufel auch Wahrheit spricht. Man denke an den «Prolog im Himmel», wo er dem «Herrn» gegenüber, von dem Mißbrauch der Vernunft durch den Menschen sprach, oder an die «Schüler-Szene». Wie sollte er auch die Wesen nicht kennen, die er zu verführen beabsichtigt? Es ist eine objektive, wahre Feststellung, aber man darf daraus nicht den Schluß ziehen, es wäre darin ein Beiklang von Mitgefühl oder dergleichen herauszuhören. Doch offenbart sich uns daran ein wichtiges Phänomen. Mitgefühl, Gewissen oder moralische Bedenken, alle diese ethischen Werte, durch die wir Menschen uns gedrängt fühlen von «gut» oder «bös» zu sprechen, kennt diese widergöttliche Macht in ihrer Wirkensobjektivität nicht. Das Wort «Du gut's, unschuldig's Kind», steht unmittelbar neben dem anderen: «Hab' ich doch meine Freude dran!» – dem Triumph, diese Unschuld zu Fall gebracht zu haben. Es gibt keine moralische Verknüpfung zwischen beiden und daher auch keine Diskrepanz des Empfindens. Sich dies vor Augen zu halten ist wichtig, denn die gleiche Tendenz lebt auch im korrumpierten Seelenteil des Menschen. Vieles was wir an Liebelosigkeit, Kaltblütigkeit und dergleichen in uns haben, jene Unwahrheit, Bosheit, Lüge, die einem angestrebten Ziele dienen soll, ohne den geringsten Gewissensskrupel, findet in diesem Prinzip seinen Ursprung.

In diesem Zusammenhang könnte sich uns auch die Frage stellen, wie sich Gretchens Verhältnis zu ihrer Nachbarin, die ja offensichtlich geboren ist «zum Kuppler- und Zigeunerwesen», überhaupt mit ihrem Wesen vereinbaren läßt. Mußte ihr diese Gesellschaft nicht abträglich sein, hat da nicht längst etwas abgefärbt und ihre Gesinnung unterminiert? Wieder ist es die Problematik jenes schon wiederholt erwähnten Verlustes der paradiesischen Kindheitsstufe, die hier allein die richtige Antwort zu geben vermag. Solange Gretchen darin ungetrübt weilen durfte, war sie innerlich behütet vor jeglichem verderblichen Einfluß. Schaden bringend kann dieser erst nach dem «Sündenfall» sein. Die erste Unwahrheit, zu der sie sich verleiten ließ, wurde durch das «falsche» Geschmeide bewirkt. Erst die gegenwärtige Szene birgt somit den ersten «unerlaubten» Besuch in der «Nachbarin Haus».

STRASSE

Voll Ungeduld harrt Faust dem Erfolg von Mephistos Kundschafterei entgegen:

«Wie ist's? Will's fördern? Will's bald gehn?»

Aber nicht nur Fausts Hoffen winkt Erfüllung. Seine Ungeduld ist für Mephisto Zeugnis, daß auch seine teuflischen Absichten bestens gedeihen:

«Ah bravo! Find' ich Euch in Feuer?
In kurzer Zeit ist Gretchen Euer.
Heut' abend sollt Ihr sie bei Nachbar' Marthen sehn:
Das ist ein Weib wie auserlesen
Zum Kuppler- und Zigeunerwesen!»

Fausts «So recht» läßt erkennen, daß sein hohes Schwärmen wieder der Sinnesleidenschaft weichen mußte. Allein, da ist noch ein Haken! Faust muß erst falsches Zeugnis über Herrn Schwerdtleins Tod ablegen. Und hier regt sich wieder sein besserer Teil:

«Wenn Er nichts Bessers hat, so ist der Plan zerrissen...»

Doch Mephisto weiß Faust von zwei Seiten her zu packen. Zum ersten untergräbt er das philosophische und wissenschaftliche Gebäude, das Faust durch 10 Jahre seinen Schülern dozierte und bringt es ins Wanken:

«Ist es das erstemal in Eurem Leben,
Daß Ihr falsch Zeugnis abgelegt?
Habt Ihr von Gott, der Welt und was sich drin bewegt,

Vom Menschen, was sich ihm in Kopf und Herzen regt,
Definitionen nicht mit großer Kraft gegeben?
Mit frecher Stirne, kühner Brust?
Und wollt Ihr recht ins Innre gehen,
Habt Ihr davon, Ihr müßt es grad' gestehen,
So viel als von Herrn Schwerdtleins Tod gewußt!»

Schon dieser «Sophisterei» gegenüber bleibt Faust die Widerlegung schuldig, obwohl der scheinbar bestechenden Logik relativ leicht zu begegnen wäre. Denn das Streben nach Wahrheit, selbst wenn es im Irrtum endet – und nach den Worten des «Herrn» wird der Mensch immer irren «solang' er strebt» –, dieses dem Wahrheitsstreben unvermeidbar anhaftende Irren, ist nicht gleichzusetzen mit dem Ablegen eines bewußt falschen Zeugnisses. Wenn er ihn auch nicht widerlegt, so läßt Faust diesen Trugschluß zumindest nicht gelten:

«Du bist und bleibst ein Lügner, ein Sophiste.»

Anders jedoch das zweite Argument, das Mephisto aufzuweisen hat: die zynische Prophetie über die Schwüre, mit denen Faust Gretchens Herz betören wird:

«Ja, wenn man's nicht ein bißchen tiefer wüßte.
Denn morgen wirst, in allen Ehren,
Das arme Gretchen nicht betören
Und alle Seelenlieb' ihr schwören?»

Mag sogar sein, daß ihm diese Schwüre von Herzen kommen, wie Faust beteuert.

«Gut und schön!
Dann wird von ewiger Treu' und Liebe,
Von einzig überallmächt'gem Triebe –
Wird das auch so von Herzen gehn?»

Im heftigsten inneren Widerstreit kämpft der idealische Mensch mit dem an die Sinne gefesselten, kämpft Fausts reines Liebesgefühl mit Verlangen und Begehren.

«Wenn ich empfinde,
Für das Gefühl, für das Gewühl
Nach Namen suche, keinen finde,...
Und diese Glut, von der ich brenne,
Unendlich, ewig, ewig nenne,
Ist das ein teuflisch Lügenspiel?»

Doch vergeblich sucht er in Einklang zu bringen, was keine Harmonie zuläßt. Der Hexentrank beherrscht sein Wollen, und Mephistos «Ich hab' doch recht», deckt ihm den Trug nur auf, mit dem er sich selbst zu belügen versuchte:

«Und komm, ich hab' des Schwätzens Überdruß,
Denn du hast recht, vorzüglich weil ich muß.»

Darin liegt mehr als bloße Zubilligung an Mephisto. Die letzten Worte legen die unheimliche Zwangsgewalt des Triebes bloß, dem sein und Gretchens Schicksal ausgeliefert ist.

GARTEN

Wie die Gretchen-Handlung als ganzes von zwei Szenen unterbrochen wird – «Wald und Höhle» und «Romantische Walpurgisnacht» –, so wird auch dieser Teilausschnitt zweimal durch das Vorbeigehen des anderen Paares – Marthe und Mephisto – unterbrochen. Die Szene spiegelt formal somit den Gesamtaufbau der Gretchen-Tragödie wider.

Der Totenschein für Herrn Schwerdtlein wurde auf Grund des Zeugnisses von Faust und Mephisto wohl erbracht. Die Bekanntschaft Fausts mit Gretchen ist im besten Zuge. In einem mit Humor gewürzten «Quartett» paart sich in diesem Bilde Edles mit Gemeinem. Gretchen, im Herzen beglückt über die Begegnung, versagt es sich jedoch, sich diesem Glück blind zu überlassen und gibt der Einsicht das Wort:

«Ich fühl' es wohl, daß mich der Herr nur schont,
Herab sich läßt, mich zu beschämen...

Ich weiß zu gut, daß solch erfahrnen Mann
Mein arm Gespräch nicht unterhalten kann.»

Und Faust? Wer vermöchte es, den Wahrheitsgehalt seiner Antwort wirklich zu ergründen?

«Ein Blick von dir, ein Wort mehr unterhält
Als alle Weisheit dieser Welt.»

Glaubt er, was sein Mund hier spricht? Gewiß regt sich in einer Kammer seines Herzens ein ähnlich reines Empfinden, wie es ihn befiel, als er Gretchens Zimmer betrat. Wie sollte auch ihre Gegenwart nicht in viel stärkerem Maße bewirken, was bereits der Abglanz vermochte. Trotzdem liegt in seinen Worten nicht der wahre Grund seines Kommens. Wir erinnern uns der Ungeduld, mit der er die von Mephisto angeführten angeblichen Schwierigkeiten vom Tisch fegte:

«Hätt' ich nur sieben Stunden Ruh',
Brauchte den Teufel nicht dazu,
So ein Geschöpfchen zu verführen.»

Das andere Paar vertauscht die Rollen. Marthe Schwerdtlein macht ihrem teuflischen Galan sichtlich Avancen. Mephisto versteht es jedoch, ihren Schlingen durch geheucheltes Nicht-Verstehen auszuweichen. Aber Groteske und Witz stehen nicht für sich. Trotz seiner humoristischen Oberfläche bildet der Dialog des Paares und seine Träger den düsteren, dämonischen Hintergrund für die aufblühende Liebeshandlung. Noch überläßt sich Gretchen nicht unbedacht ihren Gefühlen:

«Ja, aus den Augen aus dem Sinn!
Die Höflichkeit ist Euch geläufig;
Allein Ihr habt der Freunde häufig,
Sie sind verständiger, als ich bin.»

Und wieder steht Fausts Antwort im Zwielicht seiner inneren Seelenspaltung:

«Ach, daß die Einfalt, daß die Unschuld nie
Sich selbst und ihren heil'gen Wert erkennt!»

Als Mensch, der den Dingen auf den Grund lotet und sie bis zur Neige durchleidet und durchlebt, muß Faust tief in der Seele die ganze Wahrheit dessen empfinden, wovon er spricht. Und doch ist sein ganzes Sinnen nur darauf gerichtet, diese Unschuld, so rasch als es sich nur fügen mag, zu untergraben. Stets sind seine Worte zu Gretchen doppelsinnig zu verstehen. Echtes Gefühl, wahrhaftiges Empfinden ist gepaart mit einem unaufhörlich schwelenden Verlangen, ihr Zutrauen zu gewinnen, um bald das Ziel zu erreichen. Und es gelingt ihm auch, Gretchens Vertrauen zu erwerben. Unbefangen öffnet sie ihm ihr Herz, gibt sich arglos dem Glück dieser Stunde hin und macht schließlich auch kein Hehl aus ihrer aufkeimenden Neigung:

«Denkt Ihr an mich ein Augenblickchen nur,
Ich werde Zeit genug an Euch zu denken haben.»

So erfährt Faust von der bescheidenen «kleinen Welt», in der sie lebt; noch geborgen im mütterlich-strengen Prinzip, beschützt vor den Unbillen der Welt durch ihren, den Soldatenrock tragenden Bruder, trägt sie im Herzen die Erinnerung an ihr verstorbenes Schwesterchen mit seinen ungetrübten Kindheitskräften, die durch die liebende Sorge für das Kind gleichsam in sie überflossen.

«Und so erzog ich's ganz allein,
Mit Milch und Wasser; so ward's mein.»

Es ist die Weisheit einer höheren Welt, die in die ersten drei Kindheitsjahre einströmt. Sie umschwebt nach den Darstellungen Rudolf Steiners *«wie eine wunderbare, menschlich-übermenschliche Macht das Kind»* derart, *«daß diese kindliche Aura, der eigentliche höhere Teil des Menschen, überall seine Fortsetzung in die geistige Welt hinein hat.» (1)* Was der Mensch in späteren Jahren seines Lebens an Idealen, an künstlerischem Schöpfertum, an Gesinnungsreichtum sich erringt, *«aber auch alles, was er hervorbringen kann an naturgemäßen Heilkräften im eigenen Leibe, durch die ein fortwährendes Ausgleichen der Schädigungen des Lebens eintritt, alles das kommt nicht von dem gewöhnlichen Verstande, sondern von den tieferen Kräften» (1)*, die in den ersten Kindheitsjahren hineinwirken in das leiblich-seelische Dasein und an seiner Bildung arbeiten. Als Kind sind uns diese Weisheitskräfte unbewußt gegeben; mit der Entfaltung unseres verstandesmäßigen Denkens verdunkelt sich diese höhere Weisheit in uns. Ein bewußtes Verhältnis zu diesen Kindheitskräften sich zu erringen, wäre gleichbedeutend mit der Entfaltung des höheren Menschen in der eigenen Wesenheit. Dies liegt als Sinngehalt dem Wort des Neuen Testaments zugrunde: *«So ihr nicht werdet wie die Kinder, könnt ihr nicht in die Reiche der Himmel kommen!»* Erst diese Überlegung läßt uns in ganzer Fülle verstehen, was Goethe mit der Gretchen-Gestalt eigentlich ausdrücken wollte. «Ein Engel, wenn dir's glich», sagt Faust von dem verstorbenen Schwesterchen, das mit seinen «Himmels»-Kräften in Gretchens Seele weiterlebt und die «mütterliche» Schwester selbst zum «Engel» macht. So ist es wirklich das «reinste Glück», das Margarete zuteil wurde. Und in diesen Frieden bricht Faust mit ungestümem Verlangen ein.

Im Spiel des Blumenorakels gesteht ihm Gretchen die Neigung ihres Herzens:

> «Ja, mein Kind! Laß dieses Blumenwort
> Dir Götterausspruch sein. Er liebt dich!
> Verstehst du, was das heißt? Er liebt dich!»

Versteht sie es? Ihre Erwiderung ist vieldeutig, kündet von freudigem Erschauern und Glück, doch auch von ahnungsvollem Schrecken: «Mich überläuft's!»

Es scheint, als würde auch Faust von diesem Schauer der Seligkeit ergriffen sein, und sich hoch über alle von Mephisto geschürten Leidenschaften erheben:

> «O schaudre nicht! Laß diesen Blick,
> Laß diesen Händedruck dir sagen,
> Was unaussprechlich ist:
> Sich hinzugeben ganz und eine Wonne
> Zu fühlen, die ewig sein muß!
> Ewig! –»

Wir zweifeln nicht, daß Faust in diesem kurzen Augenblick – vielleicht zum erstenmal in seinem Leben – wirklich Liebe empfindet; Liebe, die so nahe der Ewigkeit ist. Denn kein Wissen, kein Streben, kein Ruhm und keine Macht können einen flüchtigen Augenblick dieses Erdenlebens so ganz mit Ewigkeit erfüllen wie die Liebe. Aber wühlt unterschwellig nicht immer der bohrende Wunsch, Gretchen zu betören? Hat Faust nicht eben in der vorhergehenden Szene mit Mephisto um dieses Wort «Ewigkeit» gerungen und hatte der Teufel es ihm nicht als Selbstbetrug entlarvt und darin recht behalten? Bedeutet der Verzweiflungsschrei, der sich von seinen Lippen ringt, nicht die Ahnung, auch dieser Höhenflug des Herzens könnte nur ein teuflisches Lügenspiel sein?:

«Ewig! – Ihr Ende würde Verzweiflung sein.
Nein, kein Ende! Kein Ende!»

EIN GARTENHÄUSCHEN

Diese äußerst knapp gehaltene Szene ist zeitlich nicht festgelegt. Sie spielt jedenfalls einige Zeit nach der vorangegangenen und zeigt, wie sich Gretchen frei, in reinster Unbefangenheit ihrem Glück hingibt.

Mephistos Klopfen und seine Mahnung: «Es ist wohl Zeit zu scheiden», lassen Faust erneut den Abgrund deutlich werden, der zwischen der Geliebten und seinem Gefährten liegt. Vielleicht hat er das «Tierische», in das ihn dieser Genosse immer wieder hinunterzieht noch nie so schmerzhaft-wahr empfunden wie in diesem Augenblick, da Gretchen seinen Kuß mit reinster Innigkeit erwidert:

«Bester Mann! von Herzen lieb' ich dich!»

Aber auch für Gretchen wird die Unterschiedlichkeit zwischen ihrer und Fausts Welt deutlich. Nur daß ihre Wahrnehmung ganz von Glück überstrahlt ist und keine Antwort auf die in ihr aufklingende Frage findet:

«Du lieber Gott! was so ein Mann
Nicht alles, alles denken kann!
Beschämt nur steh' ich vor ihm da,
Und sag' zu allen Sachen ja.

Bin doch ein arm unwissend Kind,
Begreife nicht, was er an mir find't.»

So bildet dieser kurze Ausschnitt aus einem noch völlig unbeschwerten Liebesglück den lückenlosen Übergang zur folgenden großen Szene, in der sich Faust über diese Unterschiedlichkeit beider Welten ohne Selbsttäuschung Rechenschaft geben wird.

WALD UND HÖHLE

Diese gewaltige Szene ist erst nach Goethes italienischer Reise entstanden. Zwar hat Italien weder grundlegende neue Ideen, noch eine neue Lebensphilosophie in bezug auf die Faust-Dichtung gebracht, für Goethe jedoch bedeutete es eine Regeneration, eine Neugeburt, die ihn *«wieder zum Dichter werden ließ»*, wie er am Ende der «Italienischen Reise» (15. III. 1788) bekennt: *«In Rom hab' ich mich selbst zuerst gefunden, ich bin zuerst übereinstimmend mit mir selbst, glücklich und vernünftig geworden.»* Dieses Sich-wieder-Finden gibt ihm die Kraft an seine Anfänge anzuknüpfen, die in Weimar liegen geblieben sind. Jeder Wandel, jede Reifung eines Dichters ist für sein Werk von Wichtigkeit und findet in ihm ihren wertvollsten Niederschlag. So fühlte Goethe wohl auch, daß es in der Szenenfolge des «Urfaust», zwischen den Bildern «Ein Gartenhäuschen» und «Gretchens Stube» eine Lücke zu schließen galt, die nicht so sehr den äußeren Handlungsablauf betraf, als vielmehr den inneren Vorgang von Fausts Bewußtseinsentwicklung. Man kann dies nachempfinden, wenn man den Weg Fausts in seiner Gesamtheit überschaut, den er seit der ersten Erdgeist-Begegnung gegangen ist. Dann wird man nämlich gewahr, daß die Aufwärtsentwicklung seines von Mephisto nicht korrumpierten Wesensteiles einer Sichtbarmachung bedurfte, sollte nicht der Eindruck entstehen, Faust würde immer stärker und ausschließlicher in seine niedere Wesensnatur hinuntersinken und all das hohe Streben des Menschengeistes, das sich in der Paktszene noch so großartig dem Widergott entgegenstellte, verspielt haben. Wie sollte sich denn auch glaubwürdig ein zweiter Dramenteil anschließen, wie sollte der großen Rahmen, der durch den «Prolog im Himmel» in Goethes dichterischem Gesamtplan bereits abgesteckt war, ausgeschritten werden und wie die ebenfalls von Anfang an mit dem Faust-Stoff angelegte Helena-Begegnung eine folgerichtige Darstellung erfahren, wenn das Faust-Schicksal im wesentlichen von jenen Grenzen eingeengt blieb, die ihm das Volksbuch und Puppenspiel – erste Vorlagen des «Urfaust» – zogen?

Man ist sich in den Kommentaren weitgehendst einig über die dichterische Größe des Wald-und-Höhle-Monologes, der im römischen fünftaktigen Versmaß der «Iphigenie» und des «Tasso» – reimlos als Blankvers – gehalten ist. Nur einige Außenseiter – der Kuriosität halber sei es erwähnt – sind der Auffassung, daß dieser Monolog ein bloßes Produkt von Goethes klassisch-italienischen Jahren sei, *«das ziemlich stümperhaft in die einfache, frische Gretchentragödie aus seiner genialen Jugendzeit eingeführt wurde» (zitiert nach Stuart Alkins Aufsatz «Mißverstandene Passagen der ‹Gretchentragödie›») (1).* Bei aller sonstigen Wertschätzung sind jedoch die Ansichten bezüglich des Inhaltes geteilt. Hier gibt es eine Zahl anerkannter Interpreten, wie etwa Witkowski, die diesen Monolog *«für den Zusammenhang»* als entbehrlich ansehen, ihn sogar *«störend und irreführend»* empfinden. Ihr Hauptargument stützt sich dabei auf den erfolglosen Versuch Fausts, seinen Versuchungen zu widerstehen. Denn es sei absurd, so schließt man, *«ihn mit Einsichten auszustatten, die er wohl kaum gewonnen haben kann, während er ein Opfer seiner Leidenschaft war.» (1)* Man hielte die Erkenntnisse, die Faust im ersten Teil der Szene ausspricht nur für möglich und einsehbar, *«wenn er durch die Katharsis von Margaretes Todes- und Gefühls-Apotheose in der Kerker-Szene gegangen wäre.» (1)*

Betrachtet man die Szene nur als Einschiebung in die Gretchen-Handlung, als wäre sie bloß ein Teil derselben, kann man leicht zu solch einem Urteil kommen. Fausts Selbstgespräch schlägt aber gleich zu Beginn sehr deutlich den Bogen zurück zur Beschwörung des Erdgeistes in der Osternacht. Man muß «Wald und Höhle» daher im Gesamtzusammenhang des Dramas sehen. Nur so läßt sich erkennen, daß die Szene einen vorläufigen Höhepunkt von Fausts innerer Aufwärtsentwicklung darstellt. Ein Vergleich mit der Urfaust-Fassung macht dies besonders anschaulich. Dort fehlen z. B. in «Auerbachs Keller» die Verse: «Trauben trägt der Weinstock», mit allen aus den Evangelien-Gleichnissen entlehnten Bildern. Es fehlt die gesamte Hexenküche-Szene, die Goethe ebenfalls in Rom konzipierte. Und wir werfen die Frage auf, was Faust aus dem von Mephisto, in verzerrter Gegenbildlichkeit gebotenen «tiefen Blick in die Natur» wohl an Erkenntnissen über ihre wahren Zusammenhänge gewonnen haben mag? Im ersten Abschnitt seines jetzigen Monologes offenbart sich dieser Gewinn in voller Schönheit. Versuchen wir daher den Monolog im einzelnen zu verfolgen.

«Erhabner Geist, du gabst mir, gabst mir alles,
Worum ich bat. Du hast mir nicht umsonst
Dein Angesicht im Feuer zugewendet.»

Daß Faust hier den Erdgeist anspricht, müßte eigentlich außer Zweifel stehen. Denn es herrscht nicht die geringste Veranlassung zu glauben, der Dichter beabsichtige uns an eine andere Erscheinung denken zu lassen, als an die aus der Studierzimmer-Szene vertraute. Hätte Goethe unter dem «Erhabnen Geist» ein anderes Wesen verstanden als den «Erdgeist», hätte er dies bestimmt in deutliche Sichtbarkeit gerückt. Nichts wäre naheliegender gewesen, als den Worten «im Feuer zugewendet», eine andere inhaltliche Wendung zu geben. Wir gehen daher auf Darstellungen, die diese Identifizierung ablehnen, nicht weiter ein. Ein einziges Argument, das gegen eine Gleichsetzung ins Treffen geführt wird, sei nur deshalb erwähnt, weil es die Notwendigkeit aufzeigt, nach der Bewußtseinsebene zu fragen, auf der sich dieses Wald-und-Höhle-Erlebnis abspielt. Das Argument, das gegen eine Gleichsetzung der beiden Geistwesen angeführt wird, ist der Umstand, daß Fausts Vorstellungen vom «Erhabnen Geist» ziemlich stark von seinen Ideen über den «Erdgeist» abweichen. Nun könnte man schon diesem Einwand damit begegnen, daß sich eben gerade darin der Prozeß einer Bewußtseinserweiterung erkennen läßt. Hans Jaeger führt dieses Gegenargument in seinem Aufsatz «Der Wald-und-Höhle-Monolog im ‹Faust›» auch an und meint, *«daß die Vorstellungen, die ein Mensch von übernatürlichen Kräften und dem Göttlichen hat, sich mit der Veränderung oder der Entwicklung eines Menschen im Laufe seines Lebens verändern und entwickeln würden.» (1)* Faust wurde einst mit den Worten zurückgestoßen: «Du gleichst dem Geist, den du begreifst». Er hatte die beschworene Erscheinung als den «geschäftigen Geist» erlebt, dem er sich in seinem Strebensdrang so unendlich «nahe» fühlte. Diese empfundene Nähe genügte jedoch nicht, um sein Wesen wirklich zu «begreifen». Wir haben damals den Erdgeist als eine der «natura naturans» angehörende lebendige Wirkenskraft charakterisiert, als ein im Ätherbereich schaffendes Wesen. Faust konnte «hören, wie die Geister der Elementarwelt mit dem Menschenwerden leben, wie sie ‹Geburt und Grab›, das Werden und Vergehen aller Rassen, Völker und Kulturen durchwirken», aber so nahe er sich dem Gehörten auch fühlte, so fern war er noch dem Verstehen dessen, was sich ihm in dieser Erscheinung offenbarte. (S. 71)

Wir vermerkten aber auch, daß die Beschwörung des Erdgeistes ein exaktes Initiationsgeschehen darstellte und versuchten Fausts Unreife durch die Gegenüberstellung einer entsprechenden Szene aus Rudolf Steiners erstem Mysteriendrama anschaulich zu machen. (S. 71, 72) Das damals Erkannte gilt für das gegenwärtige Erlebnis im gesteigerten Maße, da Faust nunmehr die Erfüllung des einst Erflehten erlebt. Kann ihm diese doch nur zuteil werden, wenn er die entsprechende Bewußtseinsreife dafür errungen hat. Denn die Wahrnehmungen in übersinnlichen Bereichen vollziehen sich nicht analog dem Schauen in der Sinneswelt. Das Sinnesauge umfaßt mit einem Blick den gesamten Umwelt-Horizont, der sich ihm bietet, unabhängig vom Verständnis und der Reife des Beschauers. Das Seelenauge dagegen kann in der übersinnlichen Welt jeweils nur erblicken, wofür die entsprechende Initiationsreife vorhanden ist. Der Weg, den Faust seit jener Erdgeist-Begegnung gegangen ist, hat ihm ohne Zweifel Einsichten okkulter Art gebracht, die ihm nunmehr den Erdgeist als eine Manifestation des Göttlichen innerhalb der «natura naturans» in einer viel umfassenderen Art erkennen lassen, als dies einst in der Osternacht möglich war.

Das bedeutet aber gleichzeitig, daß der ganze Monolog nicht als bloße Gedanken-Reflexion aufgefaßt werden darf, sondern als ein Initiationserlebnis, das ihm Zusammenhänge in der ätherischen Weltensphäre offenbart. Was Faust in Worte kleidet sind nicht Vorstellungs-, sondern Imaginations-Inhalte, und es ist ganz selbstverständlich, daß sich diese in ihrem jetzigen Reichtum von dem ersten Erlebnis unterscheiden müssen. Er fühlt sich nicht mehr zurückgestoßen, vielmehr als «König» aufgenommen in die lebendige Wesenheit der Natur:

> «Gabst mir die herrliche Natur zum Königreich,
> Kraft, sie zu fühlen, zu genießen.»

Damit ist Faust dem Göttlichen unvergleichbar näher gekommen, als er es damals im Anblick des «geschäftigen Geistes» war. Man vergleiche auch seine einst aufbegehrende, ertrotzende Seelenhaltung mit der nunmehrigen Ruhe und Gelassenheit. Mit Ungestüm warf er sich in jener Nacht den Elementen in die Arme, «glühte» wie von «neuem Wein», erlebte sich im «Brausen der Stürme» und warf sein Leben in die Schranken, um des Geistes dieser Ätherwelt ansichtig zu werden: «Du mußt! du mußt! und kostet' es mein Leben!» Jetzt ist alles Danksagung, Friede und Harmonie. Heute lehrt ihn der Geist, wie die Welt und alle Kreatur dem Menschen brüderlich verbunden ist, sich ihm, wie der «Busen eines Freundes» eröffnen kann, wenn der Mensch ihr erfühlend zu nahen vermag. Faust wollte die Erdgeistsphäre einst zu seinem Ich machen! Gerade dieser Wunsch aber ließ uns seine Unreife erkennen. Wir sagten, daß die Seele vielmehr untertauchen müsse in alles, was um sie ist, und trotz dieses Untertauchens die Kraft finden müsse, sich nicht zu verlieren. (S. 72) Jetzt empfindet sich Faust mit voller Ich-Kraft brüderlich mit dieser Umwelt verbunden.

> «Vergönnest mir, in ihre tiefe Brust,
> Wie in den Busen eines Freunds, zu schauen.
> Du führst die Reihe der Lebendigen
> Vor mir vorbei, und lehrst mich meine Brüder
> Im stillen Busch, in Luft und Wasser kennen.»

Diese Worte sprechen nicht von einem «kalt staunenden Besuch» eines luft- und waldhungrigen Städtebewohners, sondern von einem «tiefen Blick in die Natur», der die geheimen «Wunder» des Lebens offenbart. Der interpretierende Verstand vermag daraus freilich meist nichts anderes herauszulesen, als ein pantheistisches Gefühl des Einsseins mit der Natur. Diese Auslegung ist jedoch genauso verschwommen und nebulos wie der Pantheismus selbst, jene Allgottlehre, die Gott und Welt einfach identifiziert und keine Einsicht gewährt, wie sich Geistig-Wesenhaftes konkret mit der sichtbaren Erscheinungswelt verbindet. Faust aber fühlt im Erdgeist den Mittler dieses Göttlich-Wesenhaften und sich selbst aufgenommen in den großen Liebesbund der Schöpfung.

Doch nicht allein das Motiv des Friedens, der Harmonie und Ruhe durchtönt sein Naturerlebnis. Neben dem brüderlichen Band zur Kreatur, braust mit Urgewalt ein zweites auf: die ungebärdige Kraft dieser Elementenwelt.

> «Und wenn der Sturm im Walde braust und knarrt,
> Die Riesenfichte stürzend Nachbaräste
> Und Nachbarstämme quetschend niederstreift,
> Und ihrem Fall dumpf hohl der Hügel donnert...»

Auch dieses ist ein Wesenselement des «Erhabnen Geistes». Und beide Erlebnisse führen ihn zu sich selbst zurück – zur «sichern Höhle» –, wo er in der eigenen Brust desselben Gegensatzes gewahr wird; Friede und Harmonie gleichermaßen wie wilde Zerstörung.

> «Dann führst du mich zur sichern Höhle, zeigst
> Mich dann mir selbst, und meiner eignen Brust
> Geheime tiefe Wunder öffnen sich.»

Daß mit dem Sich-Öffnen der eigenen Innerlichkeit ein Initiationsgeschehen angesprochen ist und nicht die bloße Bereitschaft gemeint ist, aufnehmen zu wollen, was die Natur den Sinnen bietet, läßt sich allein schon aus dem Wortlaut des letzten Verses erkennen. Stellt er doch eine poetische Auflösung der Swedenborgschen okkulten Formulierung: *«interiora aperiuntur»* dar, die auf das Sich-Erschließen der «inneren Wesensteile» verweist und zeigt, daß es sich um ein meditatives, über das normale Tagesbewußtsein hinausgehendes Erlebnis handelt. Der Okkultist und Theosoph Emanuel Swedenborg starb 1772, also ungefähr zu dem Zeitpunkt, da Goethe das erste Faust-Manuskript niederschrieb.

Lebendige Anschaulichkeit gewinnt dieser übersinnliche Vorgang des Sich-Erschließens der Seelenorgane und das damit verbundene Sichselbst-Gewahrwerden in der Natur, wenn man diesem Erlebnis Fausts wieder das entsprechende Geschehen aus Rudolf Steiners Mysteriendrama zur Seite stellt. Kündeten die in Analogie zur Erdgeistszene zitierten Verse (S. 72) von dem Aufgehen der Seele in der Elementarwelt als Selbstentfremdung, so spricht das 9. Bild des Dramas in gleicher Weise von der Selbstfindung des Erlebenden in diesem ätherischen Bereich:

«Ich fühle Weltensein in mir,
Und finden muß ich mich in allen Welten.
Ich schau mein Seelenwesen
Durch Eigenkraft belebt in mir.
Ich ruhe in mir selber.
Ich blicke nach den Felsen und den Quellen;
Sie sprechen meiner Seele eigne Sprache.» (2)

Auch Faust fühlt das Einssein der Sprache seiner Seele mit jener der Natur, indem sich ihm der eignen Brust geheime tiefe Wunder öffnen. So wird ihm in einem großartigen Imaginationserlebnis jenes «offenbare Geheimnis» zur inneren Anschauung, das Goethe in jene «Epirrhema»-Verse gebracht hat, die wir bereits zitierten, da Faust den «Pudel» gewahrte:

«Müsset im Naturbetrachten
Immer eins wie alles achten;
Nichts ist drinnen, nichts ist draußen:
Denn was innen, das ist außen.
So ergreifet ohne Säumnis
Heilig öffentlich Geheimnis.» *(Epirrhema)*

Die besondere Tingierung dieses neuen Lebensgefühls Fausts aber ist der «franziskanische» Geist, den er atmet. In seiner Seele entfalten sich unbewußt und ungeahnt die Liebeskräfte dessen, der einst ins Grab gelegt wurde und sich als der «Lebend Erhabene» «herrlich» daraus erhoben hat. Die Botschaft, die in jener Osternacht an sein ungläubiges Ohr drang: «Ist er in Werdelust / Schaffender Freude nah», ist in diesem Augenblick für ihn Ereignis geworden, mag er es auch nicht bewußt mit Namen nennen. Diese «Werdelust» des Auferstandenen hat sich auch in die «natura naturans» ergossen und den einstens «geschäftigen Geist» für Faust zum «Erhabnen Geist» werden lassen. Wir sagten im Zusammenhang mit der Erdgeist-Beschwörung, Faust müßte, um den «Erdgeist» begreifen zu können, diesem in seiner ganzen Wesensstruktur «ähnlich» werden, da immer nur Gleiches von Gleichem begriffen werden kann. (S. 82/83) Das «franziskanische» Lebensgefühl in seiner Brust verleiht ihm diese Ähnlichkeit; und aus ihr quillt sein nunmehriges Verstehen.

Welche Erfüllung ist Faust aber nun tatsächlich geworden? Er wollte die «Quellen alles Lebens» ergründen, an denen «Himmel und Erde hängt». Diese Quellen scheinen ihm nun erschlossen zu sein. In seinem Innern vermag er die Kraft zu fühlen, die die Welt «im Innersten zusammenhält». Welterkenntnis und Selbsterkenntnis fließen ihm in eines zusammen, wie es das Wahrspruchwort Rudolf Steiners ausspricht:

«Selbsterkenntnis wurzelt in Welterkenntnis,
Welterkenntnis sprießt aus Selbsterkenntnis.» (3)

Aus dieser imaginativen Bewußtseinshaltung sind auch die abschließenden Verse dieses ersten Monolog-Teiles zu verstehen:

«Und steigt vor meinem Blick der reine Mond
Besänftigend herüber, schweben mir
Von Felsenwänden, aus dem feuchten Busch
Der Vorwelt silberne Gestalten auf
Und lindern der Betrachtung strenge Lust.»

«Weltenseele» und «Menschenseele», beide sind sie von geistigen Mondenwirksamkeiten durchklungen. Der mild-besänftigende Glanz des reinen Mondes, der mit seinem Silberschein die still gewordene Natur beruhigt und verklärt, dem Sinnesauge durch seinen nächtlichen Schimmer alle Unebenheiten verwischt und Gegensätze ausgleicht, wurde von einer vergangenen Menschheit als «Soma», als der wandelnde Tropfen am Himmel verehrt, als der belebende Tau der Sterne, Gegenteil jener «hekatischen» Mondenkräfte der Hexenküche. Wie schwingt in diesen Versen die Sündelosigkeit der Natur ergreifend mit, wie selbstverständlich ist ihre Erscheinung, ob sie uns im stillen Frieden oder in Sturmesbraus ihr Dasein offenbart. In «silbernen Gestalten» schwebt es aus «feuchtem Busch», aus «Felsenwänden» wesenhaft heran, wie sie auch einst der Vorwelt nymphenhaft belebt und beseelt erschienen. Tief senkt sich Fausts Seele in sie hinein, gewinnt sich neu jenes mythologisierende Bewußtsein einstiger

Hellsichtigkeit. Selbst Mephistos Spott wird zynisch auf dieses «feuchte» Element Bezug nehmen, aus dem Faust neue Lebenskraft schöpft: «Was schlurfst aus dumpfem Moos und triefendem Gestein, / Wie eine Kröte, Nahrung ein?» Was vor seinem Seelenauge ersteht, ist eine Verlebendigung der Natur, wie sie ihm einst in der Enge seiner Studierstube der Blick in Nostradamus' geheimnisvolles Buch erahnen ließ:

«Die Geisterwelt ist nicht verschlossen;
Dein Sinn ist zu, dein Herz ist tot!»

Jetzt öffnete sich ihm Sinn und Herz. Faust sind in «Auerbachs Keller» und in der «Hexenküche» unrechtmäßige und pervertierte Initiationserlebnisse zuteil geworden; wir haben sie ausführlich beschrieben. Das bedeutet, daß er mit okkulten Fähigkeiten begabt wurde, die durch Mephisto ganz in den Dienst egoistischer Begierde gestellt waren. Nun hat sich sein inneres Schauen aus der mephistophelischen Verkehrung befreit. Faust wendet mit den ihm gewordenen Fähigkeiten seinen Blick der göttlichen Seite zu, und dies führt ihn zum Erkennen der Welt und zur Erkenntnis seines eigenen Wesens. Der Beginn dieser Selbstbesinnung zeigt uns Faust in beglückender Harmonie mit dem Göttlichen. Mephistos späterer Hohn, er würde «liebewonniglich in alles überfließen», will zwar verspotten, zeichnet aber doch ein richtiges Bild für das Sich-Ausgießen in die Schöpfung.

Wir aber haben nunmehr nach der Ursache zu fragen, die dieser Selbstfindung zugrunde liegt und worin nun Faust die weltverbindende Kraft realiter erblickt, die ihm «Quelle des Lebens» ist. Seine kontemplative Versenkung zeigte ihm, daß Liebe die Grundsubstanz der göttlichen Schöpfung ist und aus ihr die Kraft quillt, welche die Welt «im Innersten zusammenhält». Und eben diese Liebeskraft war es auch, die ihn für diesen Augenblick die mephistophelische Verkehrung seines Wesens überwinden ließ und ihn zu dieser Erkenntnis befähigte. Wodurch aber konnte dies geschehen? Was ist Faust seit der Beschwörung des Erdgeistes – außer den mephistophelischen Befähigungen – zuteil geworden, das die Kraft zu diesem Höhenflug seines Geistes in ihm erweckte? Für Hans Jaeger liegt die Antwort in der Liebe Gretchens:

«Das Geschenk kann nur die Liebe Gretchens sein, die Faust zum ersten

Mal in seinem Leben Liebe erfahren ließ. Dieses Gefühl ist die eigentliche Magie, die Faust das grundlegende Rätsel der Welt gelöst hat... Die Zuwendung zu einem anderen Menschen brach Fausts überwiegend egozentrische Natur und ermöglichte ihm, Verbundenheit mit aller lebender Natur zu fühlen... Seine Liebe hat ihn gelehrt, in universaler Liebe die ‹Quellen alles Lebens› zu erkennen.» (1)

Diese schön empfundene Auslegung birgt gewiß Wahrheit in sich, scheint uns in ihrer idealistischen Gesinnung die Gegebenheiten aber doch zu einseitig zu sehen. Denn Fausts Liebe zu Gretchen – und von der ist im letzten Satz die Rede – kann ihn niemals die «universale Liebe» der göttlichen Schöpfung gelehrt haben. Ist sie doch ihrer Empfindungsqualität nach reine Sinnesleidenschaft. Auch ist die Kraft, die es Faust ermöglicht, das Wesen des Erdgeistes nunmehr in dieser umfassenden Klarheit zu erleben, keine Gabe Gretchens; sie liegt vielmehr in ihm selbst. Allerdings war Gretchen die eigentliche Erweckerin dieser in ihm schlummernden Liebeskraft. Faust ist ein Liebender, freilich in einem anderen Sinne, als die Jaegersche Auslegung es versteht. Der in seinem Erkenntnisstreben ganz dem lebendigen Geiste Hingegebene war uns bereits in der Osternacht der große Liebende, «Der die betrübende, / Heilsam' und übende / Prüfung bestanden!» Durch die Begegnung mit Gretchen und der Reinheit ihres Herzens ist in Fausts Empfindungswelt etwas zum Keimen gekommen, das zu einer Stärkung und gewissen Verselbständigung seiner Gefühlssphäre geführt hat. Auf dieses Selbständig-Werden der drei Seelenkräfte als Folge der Initiation, haben wir in den vorangegangenen Gretchen-Szenen bereits verwiesen. Für den gegenwärtigen Augenblick höchster Kontemplation schwingt sich diese Empfindungswelt bis zum Miterleben der die Welt tragenden göttlichen Liebe empor, die tiefe Sehnsucht der Einswerdung in sich bergend. Aber dieser Augenblick ist nur der vorläufige Höhepunkt einer Wirkung, die Gretchens Wesen immer wieder auszustrahlen vermochte. Sein heimlicher Besuch in ihrem Zimmer: «Natur! hier bildetest in leichten Träumen / Den eingebornen Engel aus!», seine Begegnung in Marthes Garten: «Ein Engel, wenn dir's glich», und manch andere derartige Berührungen, waren Stufen, auf denen er durch die Unschuld ihres Wesens zu seiner eigenen rein-gebliebenen Wesensnatur emporstieg, bis zur gegenwärtigen Stunde. Aber es waren eben nur Augenblicke, die sein Verlangen kurz übertönen, doch nicht zum Schweigen bringen konnten. Und auch die gegenwärtige höchste Stufe ist nur ein solcher, wenn auch zutiefst erlebter Augenblick. Faust fühlt sehr deutlich, daß Vervollkommnung seiner Seele nur dann zuteil werden kann, wenn die niedere Wesensnatur eine wirkliche Läuterung erfahren würde; oder im Geschehen des Dramas gesprochen: wenn er über das Bedürfnis nach der Begleitung des Teufels hinauswachsen könnte. Wissend, und ihn durchschauend, fühlt er sich jedoch machtlos diesem Gefährten in seinen Willenstiefen ausgeliefert:

«O daß dem Menschen nichts Vollkommnes wird,
Empfind' ich nun. Du gabst zu dieser Wonne,
Die mich den Göttern nah und näher bringt,
Mir den Gefährten, den ich schon nicht mehr
Entbehren kann, wenn er gleich, kalt und frech,
Mich vor mir selbst erniedrigt, und zu Nichts,
Mit einem Worthauch, deine Gaben wandelt.»

Gerade dieses Erkennen aber ist der einzige Weg zur Überwindung des Verführers. Im faustischen Zeitalter der Bewußtseinsseele ist es notwendig, *«daß wir, um die Versuchung, die Verführung zu überwinden, nach Erkenntnis des Versuchers, des Verführers in rechtmäßiger Weise streben, nicht fortsumpfen in einem bloß äußerlichen Naturerkennen und in einer bloß abstrakten Mystik.» (4)* Die Szene ist dafür ein einzigartiges Leitbild, so furchtbar der «circulus vitiosus» von Genuß und Begierde erscheinen muß, in den sich der Mensch hineingeworfen sieht:

«Er facht in meiner Brust ein wildes Feuer
Nach jenem schönen Bild geschäftig an.
So tauml' ich von Begierde zu Genuß,
Und im Genuß verschmacht' ich nach Begierde.»

Es liegt in diesem ausweglosen Kreislauf von Begierde und Genuß, die sich gegenseitig erzeugen, abtöten und wieder erhitzen noch ein weiteres, das mit Notwendigkeit folgt: die Verachtung vor sich selbst, die Erniedrigung des eigenen Wesens. Und mit ihr verbunden das Eingeständnis, daß es nicht die leuchtende Flamme der Liebe ist, die wärmend die Brust erfüllt, sondern das wilde Feuer der Leidenschaft, das immer neu angefacht wird und mit seiner versengenden Glut nur zerstören kann.

In dem Augenblick, da Faust dies erkennt, tritt folgerichtig Mephisto auf den Plan. Der Widersacher taucht vor seinem Seelenblick mit gleicher unverhüllter Wesenhaftigkeit auf, wie sich ihm eben die göttliche Schöpfung in ungetrübter Klarheit erschlossen hat. Und deutlicher denn je erkennt er diesen Dämon verbunden mit seinem eigenen Wesen. Wie Prometheus einst an den Kaukasusfelsen geschmiedet war, so fühlt sich Faust an diesen Gefährten gekettet. Auch dies ist eine Erkenntnis, die dem Schauen in eine übersinnliche, ätherische Welt entsprießt. Wieder können wir Rudolf Steiners «Pforte der Einweihung» zum Vergleich heranziehen und die Exaktheit bestaunen, mit der Goethe übersinnliche Vorgänge in eine scheinbar rein irdische Handlung zu kleiden weiß. Auch der Protagonist des Mysteriendramas durchleidet seine Selbsterkenntnis, indem er seinen von Triebbegierden verdorbenen Wesensteil erschauen muß:

«Doch wie erkenne ich mich wieder!
Mir ist verloren Menschenform.
Ein wilder Wurm erschein' ich mir,
Aus Lust und Gier geboren.» (2. Bild) (2)

Faust muß sich in all den folgenden Worten Mephistos in dieser «Wurmgestalt» erleben. Eine niederschmetternde Erkenntnis. Denn der Zwiespalt der zwei Seelen in seiner Brust erscheint ihm als ein dem Menschen einverwobenes, gottgewolltes Faktum. Ist ihm dieser Gefährte, der es vermag, die höchsten Lebensgefühle in niederste Triebe zu wandeln, doch von dem gleichen Geist gesendet, der ihm die eben ausgesprochene Einsicht in die Göttlichkeit seines höheren Genius gewährte. Die Tatsache, daß er diesen Zerstörer alles Edlen «schon nicht mehr entbehren kann», stellt eine Bestätigung der Worte des «Herrn» dar: «Drum geb' ich gern ihm den Gesellen zu, / Der reizt und wirkt und muß als Teufel schaffen.» Das «Gute» ist durch den Menschen bewußt nur in der Auseinandersetzung mit dem «Bösen» zu verwirklichen und zu bewahren. Das sagt aber gleichzeitig aus, daß dem Menschen nie «Vollkommenes» werden kann, daß all sein Mühen und Streben immer Stückwerk bleiben muß. Darf man aber deshalb von einem «nutzlosen Versuch» sprechen und

Fausts Einsichten als unglaubwürdig abtun, weil er nicht imstande sein wird, diesen Einsichten gemäß zu handeln? Faust steht in dieser Szene in freier Erkenntnis sowohl dem Göttlichen, wie der mephistophelischen Welt gegenüber und wird sich der ganzen Schwere der menschlichen Lebenstragik in voller Intensität bewußt. Er weiß jetzt auch, daß einzig das Streben nach Überwindung jenes unentbehrlichen Gefährten zur Höherentwicklung führen kann. Doch wie es bewältigen?

Es ist ein schmerzvolles, aber sehr wahres Geschehen, das der zweite Teil der Szene – der Dialog mit Mephisto – erkennen läßt. Der Mensch wird in dem Augenblick aus seiner errungenen Ruhe geworfen, da er sich im «Wollen» zu ergreifen sucht. Ließ uns der Beginn der Szene den strebenden und im Fühlen sich findenden Faust erkennen, so zeigt uns ihr weiterer Verlauf den *«Willens-Faust»*, der sich immer verliert, indem *«eigentlich... Mephisto seine Impulse ergreift.» (4)* Es ist der Moment, *«wo der Mensch abirrt in den Willen, wo er sich verlieren will»*, mit all den Gefahren, *«die den moralischen Impulsen des Menschen drohen.» (4)* Dieser Verlust seines eben errungenen inneren Gleichgewichtes und das Hinuntersinken aus der reinen Imagination in sinnliche Begehrung zeichnet Goethe in dem Zwiegespräch, das mit dem Erscheinen Mephistos anhebt.

«Habt Ihr nun bald das Leben gnug geführt?
Wie kann's Euch in die Länge freuen?
Es ist wohl gut, daß man's einmal probiert;
Dann aber wieder zu was Neuen!»

Mephistos Absicht, Faust aus dem Zustand echter Selbstbesinnung abzubringen, ist unüberhörbar. Aber Fausts Streben zielt weder auf ein schwärmerisches Schwelgen in abstrakter Mystik und nebulosem Pantheismus, noch sucht es jene oberflächliche, ihm sattsam bekannte Magie, wie sie Mephisto zu bieten hat. *«Er sucht den inneren Weg in die übersinnliche Welt hinauf» (4)*, und so fällt es dem Teufel vorerst nicht leicht, ihn aus dem errungenen Seelengleichgewicht herauszustoßen. Er versucht es, indem er Faust die Notwendigkeit des geschlossenen Paktes in Erinnerung ruft:

«Wie hättst du, armer Erdensohn,

Dein Leben ohne mich geführt?
Vom Kribskrabs der Imagination
Hab' ich dich doch auf Zeiten lang kuriert;
Und wär' ich nicht, so wärst du schon
Von diesem Erdball abspaziert.»

Dieser letzte Vers wird in den Kommentaren vielfach auf die Osternacht bezogen, in der Meinung, Mephisto sei es gewesen, der damals durch den Klang der Osterglocken Faust am Gifttrank gehindert hätte. Eine Deutung, die den Geschehnissen widerspricht. Was Faust damals «mit Gewalt das Glas vom Munde zog», war der Auferstehungschor: «Christ ist erstanden!»

Ungeachtet dessen ist jedoch gar nicht eindeutig ersichtlich, daß sich diese Worte überhaupt auf jene nächtliche Begebenheit beziehen. Mephisto kann damit das Leben Fausts als solches im Auge haben und nicht ganz zu Unrecht meinen, daß es durch sich selbst zum Scheitern verurteilt sei, unabhängig von der bewußt aufgenommenen Beziehung zum Widergöttlichen. Es hätte aus sich selbst nichts Neues mehr finden können und wäre an dem nie zu stillenden Strebensdrang verdurstet. Dieses Urteil fällte er ja bereits unmittelbar nach dem Pakt: (S. 172)

«Ihm hat das Schicksal einen Geist gegeben,
der ungebändigt immer vorwärts dringt,
Und dessen übereiltes Streben
Der Erde Freuden überspringt...
Er wird Erquickung sich umsonst erflehn,
Und hätt' er sich auch nicht dem Teufel übergeben,
Er müßte doch zugrunde gehn!»

Es ist somit ein gewichtiges Argument, das Mephisto ausspricht und das auch seine Bestätigung durch Faust findet, indem dieser ja bekannt hat, daß er den höllischen Gefährten «nicht mehr entbehren kann». Mephistos Hohn ist ein einzigartiges Symptom für sein «verständnisloses Verstehen» des Menschengeistes.

«Was hast du da in Höhlen, Felsenritzen
Dich wie ein Schuhu zu versitzen?

Was schlurfst aus dumpfem Moos und triefendem Gestein,
Wie eine Kröte, Nahrung ein?
Ein schöner, süßer Zeitvertreib!
Dir steckt der Doktor noch im Leib.»

Wohl weiß er, daß der Mensch das «Himmelslicht» als Vernunft erhalten hat, das Substantiell-Wesenhafte daran aber bleibt ihm verschlossen. Den Geist «in seinem hohen Streben», wird er nie erfassen.

«Ein überirdisches Vergnügen!
In Nacht und Tau auf den Gebirgen liegen,
Und Erd' und Himmel wonniglich umfassen,
Zu einer Gottheit sich aufschwellen lassen...»

Über die Seele als astrale Wesensschicht aber hat er Macht und versteht es mit hinterlistigem Raffinement seine Verführung zu vollziehen:

«Der Erde Mark mit Ahnungsdrang durchwühlen,
Alle sechs Tagewerk' im Busen fühlen,
In stolzer Kraft ich weiß nicht was genießen,
Bald liebewonniglich in alles überfließen,
Verschwunden ganz der Erdensohn,
Und dann die hohe Intuition – (mit einer Gebärde)
Ich darf nicht sagen, wie – zu schließen.»

In seinem Spott trifft er wohl ein Richtiges, wenn er sagt «Alle sechs Tagewerk' im Busen fühlen». Aber so nahe Faust auch dem Göttlichen gekommen ist und der «Erdensohn» verschwunden scheint, so nahe weiß Mephisto die Seele auch der Sinneswelt verbunden. Mit zynischem Hohn spielt er diesen Trumpf aus:

«Das will Euch nicht behagen;
Ihr habt das Recht, gesittet Pfui zu sagen.
Man darf das nicht vor keuschen Ohren nennen,
Was keusche Herzen nicht entbehren können.
Und kurz und gut, ich gönn' Ihm das Vergnügen,
Gelegentlich sich etwas vorzulügen;
Doch lange hält Er das nicht aus.»

Eine traurige, bittere Wahrheit, die das vorhin Behauptete bestätigt, daß auch diese Stunde reinster Seelenerhebung nur Augenblicke währen kann. Noch hält der Mensch diesen geistigen Höhenflug nicht durch. Wie oft mußte Faust den Sturz zurück in die Unbefriedigtheit und Unzulänglichkeit seiner Erdennatur erleben. «Dem Herrlichsten, was auch der Geist empfangen, / Drängt immer fremd und fremder Stoff sich an», so empfand er nach der Erscheinung des Erdgeistes, und: «Schon fühl' ich, bei dem besten Willen, / Befriedigung nicht mehr aus dem Busen quillen», mußte er sich eingestehen, als er «Feld und Auen» verlassen hatte, die «Liebe Gottes» sich in seiner Brust zu regen begann und er alle «wilden Triebe entschlafen» wähnte. Auch von dem gegenwärtigen Gipfel höchster Imaginations-Beseelung wird er hinunterstürzen in die Enge des Erdenseins, mit seinen an Trieb und Begierde «klammernden Organen». Mephisto weiß es nur zu gut.

«Du bist schon wieder abgetrieben,
Und, währt es länger, aufgerieben
In Tollheit oder Angst und Graus!
Genug damit! Dein Liebchen sitzt dadrinne,
Und alles wird ihr eng und trüb.
Du kommst ihr gar nicht aus dem Sinne,
Sie hat dich übermächtig lieb.»

Mit zynischer Berechnung weiß er Fausts Phantasie zu erhitzen und das Feuer der Leidenschaft zu schüren. Und Faust erkennt in einer bisher nie erlebten Klarheit den Verführer, durchschaut die «Schlange», die den Ur-Sturz der Menschheit bewirkte:

«Verruchter! hebe dich von hinnen,
Und nenne nicht das schöne Weib!
Bring die Begier zu ihrem süßen Leib
Nicht wieder vor die halb verrückten Sinnen!»

Es kann nicht allein Gretchens Bild sein, das vor ihm ersteht. Denn die Lieblichkeit ihrer Erscheinung ließe das Wort nicht zu, das Faust in seiner Erregung gebraucht. Das «schöne Weib» spricht von mehr, als von bloßer Erinnerung. Es spricht von dem heillosen Verlangen, das die Entzweiung des Menschen in ein Männliches und Weibliches begleitet. Und Mephistos heimliches: «Gelt! daß ich dich fange!», macht die Absicht nur zu deutlich, Faust zum Opfer seiner Triebnatur werden zu lassen; nicht davor zurückschreckend, mit Worten aus dem «Hohen Lied Salomonis» seine Begierde aufzustacheln:

«... Ich hab' Euch oft beneidet
Ums Zwillingspaar, das unter Rosen weidet.»
Nach Luther:

«Deine zwei Brüste sind wie zwei junge
Rehzwillinge, die unter den Rosen weiden» (IV, 5) –,

täuscht er Faust auch mit zynischem Sarkasmus die Geschlechtertrennung und ihre triebhafte Überwindung als ein Gott-gewolltes Faktum vor:

«Der Gott, der Bub und Mädchen schuf,
Erkannte gleich den edelsten Beruf,
Auch selbst Gelegenheit zu machen.
Nur fort, es ist ein großer Jammer!
Ihr sollt in Eures Liebchens Kammer,
Nicht etwa in den Tod.»

Der letzte große Abschnitt von Fausts Selbstgespräch ist das tragische Gegenbild seines Anfangs.

«Bin ich der Flüchtling nicht? der Unbehauste?
Der Unmensch ohne Zweck und Ruh',
Der wie ein Wassersturz von Fels zu Felsen brauste
Begierig wütend nach dem Abgrund zu?»

Wie er sich vordem als Bruder empfunden hatte der lebendigen Natur gegenüber und hohen Sinn in dieser Harmonie erlebte, fühlt er sich jetzt als heimatloser «Flüchtling», als der «Unbehauste», der Unmensch ohne Zweck und Ruh». Es fließt dieses Gefühl aus dem Wissen um die wahre «Heimat» und aus dem bitteren Erleben ihres Verlustes. Dieser schmerzvolle Zwiespalt läßt Gretchens Welt vor seiner Seele erstehen:

«Und seitwärts sie, mit kindlich dumpfen Sinnen,

Im Hüttchen auf dem kleinen Alpenfeld,
Und all ihr häusliches Beginnen
Umfangen in der kleinen Welt.»

Der Gegensatz zu dem «kindlich-dumpfen Sinn» ist der nach Erkenntnis strebende Sinn, der das Paradies der behüteten «kleinen Welt» verlassen hat. Doch stürzt sich dieser Wissensdrang damit in die Heimatlosigkeit. Als Bürger dieser Sinneswelt ist der Mensch nun der ewige Flüchtling; denn er hat in Wahrheit keine Bleibe auf Erden. Daraus erheben kann er sich nur in der Bewußtwerdung und der immer stärkeren Erfassung seines unvergänglichen, geistigen Wesens. Solange er dieses in sich nicht zu realisieren vermag, ist er der Un-Mensch, der wie ein Wassersturz alles mit sich reißt und sich selber zerstört:

«Und ich, der Gottverhaßte,
Hatte nicht genug,
Daß ich die Felsen faßte
Und sie zu Trümmern schlug!
Sie, ihren Frieden mußt' ich untergraben!
Du, Hölle, mußtest dieses Opfer haben!»

Das Ergreifende dieses Bekenntnisses liegt in seiner Klarheit und Ehrlichkeit, verbunden mit der Ohnmacht, dem Erkannten gemäß zu handeln. Sobald man sich mit dem Wollen befaßt, heißt es in dem vorhin zitierten Vortrag Rudolf Steiners *«faßt uns gleich ein anderer» (4)*. Diese okkulte Wahrheit läßt uns Goethe mit erschütternder Eindringlichkeit erkennen. Denn unmittelbar vor diesem Bekenntnis erleben wir, wie der «andere» dieses Wollen ergreift und es zu seinen Intentionen herunterzieht:

«Was soll es denn? Sie meint, du seist entflohn,
Und halb und halb bist du es schon.»

Faust müht sich mit aller Macht, die Leidenschaft in eine Liebe zu wandeln, die jenseits der Sinneswelt in der Allgegenwart lebt.

«Ich bin ihr nah, und wär' ich noch so fern,
Ich kann sie nie vergessen, nie verlieren;...»

Aber mit seinem Mühen täuscht er sich nur selbst. Seine Begierde schleicht sich auch in das Bild der sakramentalen Handlung:

«Ja, ich beneide schon den Leib des Herrn,
Wenn ihre Lippen ihn indes berühren.»

Wie wäre dieses Ergreifen des Willens durch den «anderen» trefflicher und eindringlicher zu schildern, als durch die Blasphemie dieser Verse. Mephisto triumphiert! Faust aber weiß, daß er vollziehen wird, was ihm seine Erkenntnis eben als Un-Tat offenbarte: die unerweichlichen «Felsen» seiner trieb-erfüllten Willensnatur zu fassen und damit ihre «kleine Welt» in Trümmer zu schlagen. Als Verzweiflungsschrei bricht sich dieses Wissen von der Unlösbarkeit seines Seelenzwiespaltes Bahn:

«Hilf, Teufel, mir die Zeit der Angst verkürzen!»

Die Unmöglichkeit einer Überwindung dieser Triebgewalt endet in Ausweglosigkeit und Niederbruch alles Höchsterrungenem:

«Was muß geschehn, mag's gleich geschehn!»

Ein Selbstzerstörungstrieb herrscht verborgen in den Willenstiefen der menschlichen Seele, der eine ungeheure Affinität zu allem Niederen-Animalischen aufweist und alles mit sich in den Abgrund reißt.

«Mag ihr Geschick auf mich zusammenstürzen
Und sie mit mir zugrunde gehn!»

Die Tragik des irdischen Menschseins liegt im Widerspruch seiner einheitlich-zwiespältigen Wesenheit. Mit dem Denken reichen wir an unsere wahre Geistnatur nicht heran, können sie daher auch nicht zur bestimmenden Autorität in uns machen. Im Wollen dagegen, wo wir uns tatsächlich als Selbst ergreifen, sind wir der widergöttlichen Macht preisgegeben. *«Im Denken erreichen wir uns nicht, und im Wollen verlieren wir uns»*, so formuliert Rudolf Steiner diese Tragik unserer Wesensdualität *(4)*.

Die Initiationsebene, auf der Faust diesen Wesensdualismus erlebt, zeigt ihm seine völlige Machtlosigkeit gegenüber dem Auseinanderreißen der beiden Sphären und ihrer getrennten Wege auf.

Folgerichtig behält Mephisto das letzte Wort:

«Wie's wieder siedet, wieder glüht!
Geh ein und tröste sie, du Tor!
Wo so ein Köpfchen keinen Ausgang sieht,
Stellt es sich gleich das Ende vor.»

Mephistos Intentionen hat Thomas Mann treffend formuliert: *«Dies ist in Wahrheit sein ewiges Bestreben: das Höchste im Menschen, das mit seinem Niedrigsten verquickt ist, von diesem verschlingen zu lassen.»* (1)

Gibt es tatsächlich keinen Ausweg? Begierde und Genuß stehen in unaufhörlicher Eskalation zueinander; jeder Genuß erzeugt weitere Begierde, jede Begierde fordert gesteigerten Genuß. Nur ein alles übersteigender Schmerz vermag durch sein reinigendes Feuer dieses, in den Abgründen unseres Seins lauernde Untier zu besiegen und zu läutern. Darin liegt wohl auch der letzte Sinn der Gretchen-Tragödie.

GRETCHENS STUBE

Dem großen Selbstgespräch Fausts folgt der Sehnsuchts-Monolog Gretchens, der die zweite Folge der Gretchen-Szenen einleitet.

«Meine Ruh' ist hin,
Mein Herz ist schwer;
Ich finde sie nimmer
Und nimmermehr.»

Schlicht und beseelt, wie ein Lied aus dem Volke, klingt es. Doch vermag uns Goethe darin ein ganzes Mädchenschicksal zu erschließen. Vom Wachsen und Reifen des Herzens spricht ihr Lied; eines Herzens, das seine alte Welt verloren hat und die neu gewonnene nur in dem Geliebten findet.

«Wo ich ihn nicht hab'

Ist mir das Grab,
Die ganze Welt
Ist mir vergällt.»

Vielleicht ist das Wesen der Sehnsucht, der unerfüllte Wunsch, sich mit der ersehnten Welt vereint zu sehen, noch nie mit so wenigen Worten in solcher Unmittelbarkeit zum Erlebnis gebracht worden, wie in diesen einfachen Versen:

«Nach ihm nur schau' ich
Zum Fenster hinaus,
Nach ihm nur geh' ich
Aus dem Haus.»

Die Sehnsucht zaubert ihr sein Bild vor die Seele. Das Bild jenes Faust, der «von edler Gestalt», von «hohem Gange» ist, dessen Auge voll «Gewalt» zu blicken vermag und dessen «Rede Zauberfluß» so sehr in Bann schlägt. Das sind nicht bloße schwärmerische Übertreibungen eines Mädchenherzens. Was Gretchen in ihrem Sehnen erblickt, ist jener höhere Mensch in Faust, der von Mephisto nie begriffen und erreicht werden kann. Und diesem höheren Menschen ist Gretchen ganz hingegeben. Sie, die vor dieser Begegnung die «liebe Blume» war, ist jetzt ganz nur reine Seele. Das innigste Anliegen der Seele aber ist es, «Gefäß» zu sein, den «Geist» – das «Ewig-Männliche» – in sich aufzunehmen. Gretchens Empfindung ist reine Innerlichkeit. Alles Äußere – «die ganze Welt» – ist ihr «vergällt». Auch die folgenden Verse sind aus diesem seelischen Erlebnis heraus gesprochen, nicht aus irdischem Verlangen.

«Mein Busen drängt
Sich nach ihm hin.
Ach dürft' ich fassen
Und halten ihn,

Und küssen ihn,
So wie ich wollt',
An seinen Küssen
Vergehen sollt'!»

Es soll damit keineswegs einer falschen Idealisierung das Wort gesprochen werden, vor der wir selbst eingangs gewarnt haben. Wir übersehen dabei auch nicht die Verse, die im «Urfaust» an dieser Stelle stehen: «Mein Schoß, Gott! drängt / Sich nach ihm hin». In diesen Versen drückt sich zweifellos ein Erwachen der Sinnesnatur aus. Goethe hat aber in der Endfassung diese Direktheit bewußt gemildert und dies bestimmt nicht deshalb, um an ein moralisierendes Publikum ein Zugeständnis zu machen. Die Korrektur war aus künstlerischen Erwägungen notwendig, weil solche Worte das Bild Gretchens, wie es ihm nunmehr vorschwebte, getrübt und verzeichnet hätten. Schließlich dehnen sich seit dem Urfaust rund dreißig Jahre; eine Zeit der Reifung für den Dichter. Was in Gretchens Worten «Und küssen ihn, / So wie ich wollt'», mitschwingt, der Wunsch in diesem Kuß zu vergehen, trägt viel mehr Bangigkeit über Fausts Fernsein in sich, als sinnliches Liebessehnen.

Eine wertvolle Vertiefung erfährt diese Auffassung durch Goethes Szenenanweisung zu Beginn des Bildes: «Gretchen am Spinnrad allein.» Was soll dieser Zusatz «allein», der überflüssig erscheinen muß, da niemand außer Gretchen zugegen ist. Aber Gretchen ist eben nicht nur räumlich allein. Allein wirkt sie am Spinnrad ihren Schicksalsfaden. Er, der ihr ganzes Dasein erfüllt, ist fern. Kein «Du» ist ihr gegeben, dessen Schicksal sich verweben ließe mit dem ihren. Allein muß sie den Lebensfaden spinnen.

MARTHENS GARTEN

Die «Katechismus-Lektion» Gretchens, die den Kernpunkt dieser Szene darstellt, hat in der Vielzahl der Auslegungen naturgemäß Meinungskontroversen ausgelöst. Daß Gretchen bei dieser neuerlichen Begegnung die Frage nach der Religion stellt, überrascht nicht und wird auch übereinstimmend als notwendige Klärung einer Ungewißheit angesehen, die gelöst werden muß, ehe eintreten kann, was das Ende der beiden vorangegangenen Szenen bereits erahnen ließ. Gretchen will die Gewißheit haben, daß sie sich auch in den heiligsten Werten ihrer Seele mit Faust eins wissen darf.

Unterschiedlich jedoch wird Fausts Erwiderung auf die Frage: «Glaubst du an Gott?» beurteilt:

> «Mein Liebchen, wer darf sagen:
> Ich glaub' an Gott?
> Magst Priester oder Weise fragen,
> Und ihre Antwort scheint nur Spott
> Über den Frager zu sein.»

Schon darin zeigt sich eine ausweichende Absicht, die uns bezüglich der Gültigkeit und Wahrheit von Fausts «Credo» zumindest vorsichtig stimmen muß. Margarete liest Ungläubigkeit aus seinen Worten: «So glaubst du nicht?». Seine Antwort soll diese Meinung widerlegen:

> «Mißhör mich nicht, du holdes Angesicht!
> Wer darf ihn nennen?
> Und wer bekennen:
> Ich glaub' ihn.
> Wer empfinden,
> Und sich unterwinden
> Zu sagen: ich glaub' ihn nicht?
> Der Allumfasser,
> Der Allerhalter,
> Faßt und erhält er nicht
> Dich, mich, sich selbst?»

Dem Stimmungsgehalt, ja selbst dem Wortlaut nach, könnte man den Eindruck gewinnen, Faust würde Gretchen sein neu-gewonnenes Lebensgefühl aus «Wald und Höhle» mitteilen und die gleichen Erkenntnisse aussprechen, wie im ersten Teil jenes Monologes. Für Erich Trunz, Hans Jaeger und andere ist diese Parallelität auch eine effektive. Trunz spricht von Fausts pantheistischem Gottesbekenntnis, *«ausgehend vor allem von der Größe der Natur und dem Erleben des Unendlichen im Endlichen des schönen, geliebten Menschen, sowie dem inneren Gefühl der Abhängigkeit und des Eingeordnetseins in ein Erhabenens.» (1)*

«Wölbt sich der Himmel nicht dadroben?
Liegt die Erde nicht hierunten fest?
Und steigen freundlich blickend
Ewige Sterne nicht herauf?
Schau' ich nicht Aug' in Auge dir,
Und drängt nicht alles
Nach Haupt und Herzen dir,
Und webt in ewigem Geheimnis
Unsichtbar sichtbar neben dir?»

Auf ähnlicher Grundlage basiert ja tatsächlich Fausts Gedankenflug in «Wald und Höhle». Auch für Hans Jaeger liegt beiden Bekenntnissen ein Gemeinsames zugrunde, nämlich die Liebe, wie sie Goethe in einem Brief an Auguste zu Stolberg vom Januar 1775 als eine universale Kraft angesprochen hat: *«Wenn das Bild des Unendlichen in uns wühlt, ... was ist das als Liebe?»*

Von diesem ewigen Wechselspiel des Unendlichen mit dem Endlichen möge Gretchen ihr Herz erfüllen:

«Erfüll' davon dein Herz, so groß es ist,
Und wenn du ganz in dem Gefühle selig bist,
Nenn' es dann, wie du willst,
Nenn's Glück! Herz! Liebe! Gott!»

In diesen Versen will Jaeger *«eine poetische Transposition»* der zitierten Briefstelle erkennen, *«die wiederum in anderer poetischer Form im Monolog in ‹Wald und Höhle› erscheint. Die frühere emotionale Glut hat sich lediglich zu einer ruhigeren, gelasseneren Ehrfurcht gewandelt.» (2)*

Andere Kritiker dagegen erblicken in diesem poetischen Erguß Fausts nur eine «Verlegenheitsausflucht» (Witkowski), die auf den ehtischen Kern von Gretchens Frage gar nicht eingeht. Darin scheint tatsächlich ein grundlegender Unterschied zum Wald-und-Höhle-Monolog zu liegen, den wir ja in allen Einzelheiten dargelegt haben. Seine jetzige Erwiderung auf Gretchens Frage ist jedoch nichts anderes als eine schön-klingende, unverbindliche pantheistische Schwärmerei, die noch dazu in einem ironischen Widerspruch zu sich selbst ausklingt:

«Ich habe keinen Namen
Dafür! Gefühl ist alles;
Name ist Schall und Rauch,
Umnebelnd Himmelsglut.»

«Umnebelnd Himmelsglut» – wenn dies die letztgültige Definition des Göttlichen ist, die Faust zu geben hat, dann gilt für den ganzen Schwall herrlicher Worte die nämliche Benennung: «Schall und Rauch!»

Überhaupt steht dieses faustische Bekenntnis schon durch seinen Wortlaut in einem merkwürdigen ironischen Bezug: «Wer darf ihn nennen?», so stellt Faust die emphatische Frage, und: «Darfst ihn nicht nennen», sagte der Meerkater in der Hexenküche von dem «Dieb».

Auch darf man nicht übersehen, daß er hier mit einem sechzehn- oder siebzehnjährigen Mädchen spricht; bestimmt nicht der geeignete Partner für tiefgründige theologisch-philosophische Gespräche. Ein Argument, auf das Rudolf Steiner mit den humorvollen Worten verweist, daß ein Ernstnehmen von Fausts Credo bedeuten würde, *«die Menschen niemals in ihrer religiösen Auffassung über den Gretchen-Standpunkt hinauskommen»* zu lassen. *(3)*

Gretchen, verwirrt von Fausts schwärmerischem Pathos, in dessen «Allumfasser» und «Allerhalter» sich die biederen Worte der gewohnten Sonntagspredigt hineinmischen und ihr die «umnebelnde Himmelsglut» noch verschwommener mögen erscheinen lassen, fühlt trotzdem sehr genau, daß Faust ihrer Frage ausweichen möchte:

«Wenn man's so hört, möcht's leidlich scheinen,
Steht aber doch immer schief darum;
Denn du hast kein Christentum.»

Aus ihrem unverdorbenen Gemüt heraus erfaßt sie instinktiv den Kern, um den es geht. Woraus sich wieder bewahrheitet, daß das Christusgeschehen von der einfachsten Natur ebenso aufgenommen werden kann, wie von der höchsten Weisheit. Erging die Weihnachtsbotschaft doch ebenso an Hirten wie an Eingeweihte.

Es kann uns auch verwundern, wie Gretchen, die sich in ihrer bescheidenen, selbst-auslöschenden Hingabe – «Und sag' zu allen Sachen ja» –

nie ein eigenes Urteil erlaubt hätte, plötzlich so bestimmt zu sprechen weiß. Wer hat ihre Zunge gelöst? Ist es die Stimme des Schicksals, die in dieser entscheidenden Stunde aus ihr spricht? Denn es genügt nicht, die so klar gesetzten Worte: «Du hast kein Christentum», bloß als Ausdruck ihrer beschränkt-konfessionellen Glaubenswelt zu sehen und den damit verbundenen Versuch, Faust auf die bürgerliche Enge dieses Credos festzulegen. Gewiß fehlt es nicht an solchen Erklärungen, die aber letztlich darauf hinauslaufen müßten, Mephistos Zynismus eine inhaltliche Bestätigung zu geben:

«Die Mädels sind doch sehr interessiert,
Ob einer fromm und schlicht nach altem Brauch.
Sie denken: duckt er da, folgt er uns eben auch.»

Wobei man sogar zubilligen muß, daß sich in Gretchens Seele ein uneingestandener Hoffnungsschimmer regen mag, der eine bürgerliche Verbindung nicht ausschließen möchte. Die Szene mit Lieschen am Brunnen wird dieser Vermutung eine gewisse Berechtigung verleihen.

Doch liegt in ihrer Mahnung mehr. Als würde sie im Augenblick des Aussprechens von einer intuitiven Kraft berührt, stellt sich ihr mit dem Wort «Christentum», auch das Wesen von Fausts Gefährten in voller Deutlichkeit vor die Seele.

«Der Mensch, den du da bei dir hast,
Ist mir in tiefer innrer Seele verhaßt;
Es hat mir in meinem Leben
So nichts einen Stich ins Herz gegeben,
Als des Menschen widrig Gesicht.»

Ein «heimliches Grauen» erweckt ihr dieser «Schelm», der immer nur «spöttisch» oder «grimmig» zu blicken vermag, dem es «an der Stirn» geschrieben steht, daß er unfähig ist auch nur «eine Seele» zu lieben.

«Das übermannt mich so sehr,
Daß, wo er nur mag zu uns treten,
Mein' ich sogar, ich liebte dich nicht mehr.
Auch, wenn er da ist, könnt' ich nimmer beten,

Und das frißt mir ins Herz hinein;
Dir, Heinrich, muß es auch so sein.»

Diese klare Scheidung von dem «Bösen», in der die «Einfalt» und «Unschuld» sich selbst «und ihren heil'gen Wert» erkennt, sowie die Mahnung an Faust, halten wir für das Hauptkriterium dieses Bildes, nicht seine schwärmerische Gotteserklärung. Der Kernpunkt liegt in dem Wort: «Du hast kein Christentum». Es bedeutet den Vorwurf, daß Faust kein Verlangen nach jener neuen «Wegzehrung» hegt, durch die allein der Weg zurück zum «Allumfasser» und «Allerhalter» zu finden wäre. In Wahrheit spricht Gretchen mit diesen Worten aus, was hinter dem Höhenflug seines Geistes in «Wald und Höhle» vor seiner Seele stand: die Notwendigkeit einer Durchchristung seines Naturerlebnisses, wie Faust es ja tatsächlich erfuhr, ohne es bewußt ergriffen zu haben. Würde er dieses Erlebnis aus seiner Waldeinsamkeit wirklich herübertragen in das gegenwärtige Beisammensein mit Gretchen, müßte die Szene nicht jenes Ende finden, daß ihr tatsächlich beschieden ist und Faust müßte dieses, ihm in Liebe verbundene Schicksal nicht mit in den Abgrund reißen. Es ist, als würde ihm die Anmahnung von Gretchens Worten noch eine letzte Möglichkeit geben, sich seines besseren Teiles zu besinnen. Denn Gretchen stellt ihm den eigenen Seelenzwiespalt noch einmal deutlich vor sein Bewußtsein. Aber alle seine Antworten sind hohle Phrasen, leichtfertige Worte der Berechnung. Mit einer einzigen Ausnahme; dem zu sich selbst gesprochenen Wort, das die Wahrheit von Gretchens Mephisto-Bild eingesteht: «Du ahnungsvoller Engel du!» Wie müßte diese Wahrheit in ihm nicht alles zum Schweigen bringen, was ihn erneut zu dem feierabendlichen Treffen in Marthes Garten geführt hat. Doch nichts dergleichen! Sein Besuch steht unter einem einzigen Signum: «Was muß geschehn, mag's gleich geschehn!» Faust ist dem Wald-und-Höhle-Erlebnis in diesem Augenblick ferner denn je, und seine Schwärmerei vom «Allumfasser» und «Allerhalter» muß geradezu peinlich berühren, wenn man bedenkt, welche Absicht ihn in Wahrheit erfüllt. Freilich darf man dabei auch nicht die Zwangsgewalten übersehen, die mit diesem Seelenzwiespalt verbunden sind. Im höchsten Alter, unmittelbar vor seinem Tod, wird Faust das aufrichtige Bekenntnis ablegen: «Noch hab' ich mich ins Freie nicht gekämpft» und im Anblick der «Mater gloriosa» wird die Seele die ganze Schwere dieser Zwangsgewalt erkennen, wenn sie das verwesliche Erdenkleid abgelegt haben wird: «Wer zerreißt aus eigner Kraft / Der Gelüste Ketten». Vorerst aber bleibt alles nur ein dunkles, unbewußtes Ahnen und das Erkennen des mephistophelischen Wesens durch den «ahnungsvollen Engel» hält ihn nicht ab, endlich sein wahres Begehren auszusprechen.

«Ach, kann ich nie
Ein Stündchen ruhig dir am Busen hängen,
Und Brust an Brust und Seel' in Seele drängen?»

Für Gretchens Liebe, die ganz Hingabe der Seele an das Ichhaft-Geistige des männlichen Wesens ist, bedeutet dieser Wunsch nur die irdische Bestätigung eines seelisch längst vollzogenen Ereignisses. Aus diesem Empfinden heraus gewährt sie Faust die Erfüllung seines Wunsches. Die Wahrheit des hier Ausgesprochenen bezeugen ihre Worte, mit denen sie sich bereit erklärt, der Mutter den Schlaftrunk zu geben:

«Seh' ich dich, bester Mann, nur an,
Weiß nicht, was mich nach deinem Willen treibt;
Ich habe schon so viel für dich getan,
Daß mir zu tun fast nichts mehr übrig bleibt.»

Von irdischer Perspektive her gesehen, müßte man sich fragen, was sie für Faust denn schon «so viel» getan hat, daß ihr zu tun kaum noch etwas übrig bleibt? Das heimliche Treffen in Marthes Garten, das Geständnis ihrer Liebe, die getauschten Küsse –, wie gering ist doch all dies gegenüber dem, was zu geben sie jetzt gewillt ist. Und doch erscheint ihr diese letzte Gabe «fast nichts» zu sein gegenüber all dem, was sie bereits gewährt hatte. Man kann dies nur aus dem seelischen Erleben heraus verstehen, das so sehr erfüllt ist von Fausts Wesen, daß alles Irdische gering erscheinen muß gegenüber dieser seelischen Hingabe.

Für Mephisto ist die Tatsache der «Katechisierung» Fausts, Gretchens Sorge um sein «Christentum» und die im gleichen Atemzug ausgesprochene Gewährung seines Wunsches, nur Anreiz zu Spott und Sarkasmus. Daß sie mit ihren Herzenskräften sein Wesen intuitiv erfaßt hat, steigert seinen Zynismus:

«Und die Physiognomie versteht sie meisterlich:
In meiner Gegenwart wird's ihr, sie weiß nicht wie,
Mein Mäskchen da weissagt verborgnen Sinn;
Sie fühlt, daß ich ganz sicher ein Genie,
Vielleicht wohl gar der Teufel bin.»

Faust dagegen hat den Sinn dieser ihm erteilten «Lektion» sehr wohl verstanden und weiß, wie innig sie mit der Gewährung seines Begehrens verbunden ist:

«Du Ungeheuer siehst nicht ein,
Wie diese treue liebe Seele
Von ihrem Glauben voll,
Der ganz allein
Ihr selig machend ist, sich heilig quäle,
Daß sie den liebsten Mann verloren halten soll.»

Allein was nützt sein Verstehen von Gretchens sorgender Liebe, sein Durchschauen Mephistos, für den alle menschlichen Tugenden brüchig und verlogen sind; es verhindert nicht, daß diese «Spottgeburt von Dreck und Feuer» auch hier das letzte Wort behält:

«Hab' ich doch meine Freude dran!»

AM BRUNNEN

Die folgenden vier Szenen der Gretchen-Handlung gliedern sich deutlich in zwei gegensätzliche Szenen-Paare. Das erste und dritte Bild beleuchten Gretchens Schicksal in kurzen Aufblendungen von außen, die zweite und vierte Szene gewähren uns einen Blick in ihre Seele.

Unergründlich wie die Tiefe dieses «Brunnens» ist Gretchens Schicksal geworden. Das Gespräch mit Lieschen läßt den grausamen Spott aufklingen, von dem sie fühlt, daß er vielleicht bald ihr selbst gelten wird.

«Hast nichts von Bärbelchen gehört?...
...Es stinkt!
Sie füttert zwei, wenn sie nun ißt und trinkt.»

In Lieschens, halb aus Schadenfreude, halb aus verstecktem Neid erfließender Tratsch-Tirade, stellt sich wie in einem Spiegel ihr eigener Weg vor die Seele.

«So ist's ihr endlich recht ergangen.
Wie lange hat sie an dem Kerl gehangen!...»

Das «Spazieren» und «Kurtesieren», das Gefallen-Finden an der eigenen Schönheit, hat Gretchen es nicht auch erlebt und empfunden?

»War doch so ehrlos, sich nicht zu schämen,
Geschenke von ihm anzunehmen.
War ein Gekos' und ein Geschleck';
Da ist denn auch das Blümchen weg!»

Spiegel eigenen Erlebens, und doch! – wie entstellt erscheinen die Dinge, wenn man sie nur nach dem beurteilt, was die Sinne zeigen. Keine Unwahrheit liegt darin und trotzdem ist alles anders, als das Auge es erschaut. Gretchen hat es erfahren. Doch ihr wissendes Mitgefühl stößt auf kein Verständnis. In ihrem Einwurf, «Er nimmt sie gewiß zu seiner Frau», läßt der Dichter, ohne es auszusprechen, einen Hoffnungsschimmer ihres Herzens aufglimmen, der trotz des Bangens einer gegenteiligen Ahnung nicht ganz erlöschen kann. Aber auch er wird von Mißgunst und Schadenfreude ausgetreten; und auch darin liegt Wahrheit.

«Er wär' ein Narr! Ein flinker Jung'
Hat anderwärts noch Luft genung.
Er ist auch fort.»

Muß der Mensch seine Erkenntnis so schmerzhaft erkaufen? Der Schluß des Bildes zeigt Gretchens ehrliches Eingeständnis ihrer einstigen Überheblichkeit im Urteil über andere; läßt sie erkennen, wie leicht es ist, den Stab zu brechen, solange man unwissend in einer Welt geborgen ist, die noch nichts von Seelenzwiespalt und Entzweiung weiß.

«Wie konnt' ich sonst so tapfer schmälen,
Wenn tät' ein armes Mägdlein fehlen!
Wie konnt' ich über andrer Sünden
Nicht Worte gnug der Zunge finden!...
Und segnet' mich und tat so groß,
Und bin nun selbst der Sünde bloß!
Doch – alles, was dazu mich trieb,
Gott! war so gut! ach war so lieb!»

Wie konnte dies geschehn? Wie konnte, was «gut» und «lieb» begann, zur Sünde führen? Schmerzvoll muß auch sie das schuldlos Schuldig-Werden des Menschen im eigenen Schicksal erfahren. Das Wasser dieses «Brunnens» kann den Durst nicht stillen, und keiner ist, der sich frei von Sünde weiß. Doch wer höbe den ersten Stein hier auf?

ZWINGER

Auch dieses Bild ist Symbol. Der «Zwinger» ist ein einsamer Platz zwischen der inneren und äußeren Ringmauer der Stadt. Wie dieser äußere «Pferch» so ist auch Gretchens Herz umengt von ihrem aussichtslos verknoteten Schicksalsfaden. In ihrer Not flieht sie zum Andachtsbild der schmerzhaften Muttergottes, steckt frische Blumen in die Krüge.

«Ach neige,
Du Schmerzenreiche,
Dein Antlitz gnädig meiner Not!»

Die ersten neun Zeilen sind strophisch gebaut, gleich einem Gebet. Doch dann strömt es über in eigenem Empfindungsschmerz, Bangigkeit durchzittert das Versmaß und bringt Unruhe in seinen Rhythmus:

«Wer fühlet,
Wie wühlet
Der Schmerz mir im Gebein?

Was mein armes Herz hier banget,
Was es zittert, was verlanget,
Weißt nur du, nur du allein!»

Noch ist alles ungewisse Angst. Das Weh in ihrem Herzen, die Tränen, mit denen sie am Morgen die Blumen vor ihrem Fenster betaut, der Jammer, der ihr den Schlaf raubt, alles erwächst nur aus Ahnung, ist Impression, Vorempfinden eines nahenden Unheils. Aber es dringt ihr bis ins «Gebein», dem verhärtetsten Wesensteil ihres Leibes, dorthin, wo aus dem innersten Mark das rote Blut entspringt, neues Leben zeugend. Könnte dieser urgewaltige Schmerz nicht Sühne genug sein für alle Schuld?

Aus unseren heutigen Verhältnissen heraus ist dieser Hilferuf an die «Mater dolorosa» kaum zu verstehen. Zu sehr hat sich die gesellschaftliche Struktur, haben sich Sitte und ethische Bewertung gewandelt, um noch begreifen zu können, daß «Schmach und Tod» damals meistens das traurige Ende einer solchen Liebe war. In jenen Zeiten bedeutete heimliche Niederkunft, Kindesmord und bei Entdeckung Kerker und Hinrichtung, ein fast zwangsläufiges Schicksal für ein verführtes und verlassenes Mädchen. Als hauptsächlichste Ursache der Kindesmorde geben die Weimarer Stände 1763 die Furcht vor der öffentlichen Kirchenbuße an. *«1777 beantragten sie aufs neue ihre Abschaffung, und in den Verhandlungen, die sich durch Jahre hinzogen, trat Goethe für die Abschaffung ein, die 1786 endlich beschlossen wurde.» (1)* Goethe war 1771 in Frankfurt selbst Zeuge einer Verurteilung und Hinrichtung einer Kindesmörderin. Ein Erlebnis, das ihn tiefst erschütterte.

Die Angst vor solchem Los türmt sich wie die Mauern des «Zwingers» vor ihr auf.

«Hilf! rette mich von Schmach und Tod!
Ach neige,
Du Schmerzenreiche,
Dein Antlitz gnädig meiner Not!»

Ein Aufschrei, dessen Entsetzen sich mit Fausts Verzweiflung verbindet: «Nein, kein Ende! Kein Ende!»

Alles liegt im Wissen der Vorsehung. Am Ende der Dichtung werden wir diesen Versen erneut begegnen; mit derselben Schlichtheit und Innigkeit werden sie sich wie selbstverständlich in das Geschehen fügen, so, als hätte der Dichter bereits jetzt das Werk als Ganzes überschaut. Erlöst und beseligt wird Gretchen dann als «namenlose Büßerin» (Una Poenitentium), die «einmal nur gefehlet», der «Mater gloriosa» für ihr Glück danken und Fausts Unsterbliches mit emportragen:

«Neige, neige,
Du Ohnegleiche,
Du Strahlenreiche,
Dein Antlitz gnädig meinem Glück!»

Wir wissen, daß Goethe zur Zeit der Abfassung der Zwinger-Szene die Fortsetzung der Dichtung und namentlich ihr Ende noch nicht bewußt war. Und doch webt sich alles zum Ganzen, als leitete eine unsichtbare, alles überschauende Hand seine Feder: der Genius des Dichters, das Wunder des künstlerischen Schöpfungsprozesses.

NACHT, STRASSE VOR GRETCHENS TÜRE

Die Szene wird in den Kommentaren sehr kritisch beurteilt, da man in ihr Ungereimtheiten glaubt entdecken zu müssen. Das Flehen Gretchens vor dem Andachtsbild im Zwinger, so argumentiert man, wäre nur einsehbar, wenn Faust sie verlassen hätte. Wenn von einem Verlassen auch nicht die Rede ist, so kann man auf Grund von Lieschens kontrapunktischer Einflechtung vom Schicksal «Bärbelchens» und ihrem «flinken Jung'», sowie aus Gretchens Verzweiflung vor dem Andachtsbild mit gutem Grund annehmen, daß zwischen dem abendlichen Treffen in Marthes Garten und der Szene im Zwinger ein längerer Zeitraum liegen muß, und Faust tatsächlich – wenn auch nur vorübergehend – eine Zeit abwesend war. In diesem Falle wäre dies in der gegenwärtigen Szene wieder sein erster Besuch; eine Vermutung, die durch seine neuerliche Forderung nach einem Geschenk erhärtet wird. Die mitunter in den Besprechungen geäußerte Meinung, Faust sei gekommen, um Gretchen mit sich zu nehmen, um sie vor ihrem drohenden Schicksal zu retten, ist wohl völlig unzutreffend, da er zu diesem Zeitpunkt noch unwissend ist der Folgen seiner heimlichen Besuche. Wäre es anders, würde dies im Gespräch mit Mephisto seinen Niederschlag finden.

Befremdend muß allerdings der Umstand anmuten, daß der Tod der Mutter in diesem Bild noch keinerlei Erwähnung erfährt, obwohl der Schlaftrunk bereits diese traurige Wirkung gezeitigt haben müßte. Denn es ist unmöglich anzunehmen, daß Faust nach den Geschehnissen dieser Nacht, noch einmal heimlich zu Gretchen zurückkehren würde. Rein aus den Begebenheiten heraus zu schließen, ist Gretchens Mutter nicht mehr am Leben, sonst würde auch sie durch den Lärm aufgeschreckt werden und Zeuge sein vom Tode ihres Sohnes. Auffallen muß jedoch, daß Valentin in seiner harten Anklage wider Gretchen darüber schweigt. Sollte er die wahren Ursachen des Todes seiner Mutter nicht kennen? Offenbar bringt er ihn nicht mit Gretchen in Zusammenhang. Da der Dichter über diese Fragen gewiß die gleichen Gedanken angestellt haben wird, wie später die Kritiker und Kommentatoren, eine Antwort aber nicht gegeben hat, bleibt nur ein Argument, die scheinbare Widersprüchlichkeit zu lösen: Goethe wollte den Zusammenhang des Todes der Mutter mit Gretchen vor der Welt nicht berühren. In diese Welt ist auch Valentin miteinbeschlossen. Nur Gretchens Gewissen ist Zeuge, wie die Szene im Dom zeigen wird.

Als sicher dürfen wir weiters auch das Bestreben Mephistos annehmen, Faust durch neuerliche Schuld noch fester an sich zu ketten und ihn gleichzeitig von Gretchen trennen zu wollen, um sie hilflos ihrem nunmehr unausweichlichen Schicksal preiszugeben. Das Zusammentreffen mit Valentin dient wunschgemäß diesem Plan.

Valentins Selbstgespräch, das die Szene eröffnet, beginnt mit einem Rückblick auf vergangene Tage, in denen er sich beim Klang der Gläser, in der Ehre seiner Schwester voll Selbstgenuß baden konnte, da sie von allen als «Zier vom ganzen Geschlecht» gepriesen wurde.

«Und nun! – um's Haar sich auszuraufen

Und an den Wänden hinaufzulaufen! –
Mit Stichelreden, Nasenrümpfen
Soll jeder Schurke mich beschimpfen!...
Und möcht' ich sie zusammenschmeißen,
Könnt' ich sie doch nicht Lügner heißen.»

Die Ursache dieses Ruf-Wandels seiner Schwester tritt ihm mit Fausts Erscheinen «in persona» entgegen. Bereits Fausts erste Worte lassen die Metaphorik erahnen, die in der Überschrift dieses Bildes liegt: «Nacht». Finsternis umdrängt ihn, in die hinein das «ewige Licht» verdämmert. Spiegelt es ein Verlöschen, das sich in Fausts Seele vollzieht? Seine Worte sprechen davon:

«Wie von dem Fenster dort der Sakristei
Aufwärts der Schein des ew'gen Lämpchens flämmert
Und schwach und schwächer seitwärts dämmert,
Und Finsternis drängt ringsum bei!
So sieht's in meinem Busen mächig.»

Mephisto dagegen spricht von «Diebsgelüst» und «Rammelei» und fühlt die «herrliche Walpurgisnacht» in allen Gliedern spuken. Wieder begegnen wir damit den uns schon längst vertrautem Seelenzwiespalt Fausts. Und wieder schreckt ihn die ihn umdrängende Finsternis nicht ab, seinen irdischen Wünschen zu folgen, durch Mephistos Magie den Kirchenschatz zu rauben, um Gretchen ein Geschenk zu bringen.

«Nicht ein Geschmeide, nicht ein Ring,
Meine liebe Buhle damit zu zieren?»

Die «Perlenschnur», die Mephisto dem Kirchenschatz raubt, ist ein Rosenkranz –, Blasphemie, Symbol der Tränen und teuflische Anspielung auf Gretchens Hinrichtung. Es ist das dritte Mal, daß Faust von Mephisto ein Geschenk für Gretchen fordert. Und immer ist es Diebsgut, das Mephisto bringt. Was bedeutet es, daß Mephisto die Geschenke für Gretchen stehlen muß? Es wäre eine Leichtigkeit für Faust, das Geschmeide ehrlich zu erwerben. Warum der Raub? Die Frage scheint uns eng mit dem Wesen der Liebe verbunden. Das Geschenk der Liebe ist immer etwas, das aus ihrem eigenen Wesensbereich stammt, ein Unterpfand ihres eigenen Seins. Faust aber gibt in Wahrheit keine Liebe und seine Geschenke sind daher auch nicht Gaben des Herzens, sondern dienen nur der Betörung. Wird der Mensch aber nicht zum Dieb, wenn er verschenkt, was nichts mit seinem Wesen zu tun hat? Im dichterischen Bild gesprochen: der durch Mephisto verdorbene Wesensteil Fausts stiehlt den Schatz, den er mit seiner höheren Natur erwerben sollte, um ihn dann verschenken zu können. Wir erinnern uns der Worte des Meerkaters in der Hexenküche: «Erkennst du den Dieb, / Und darfst ihn nicht nennen?»

Mehr als rätselhaft mutet Mephistos Ständchen an. Was soll dieses Lied, dessen unflätiger Ton eine einzige Beleidigung für Gretchen bedeutet? Die Begründung Mephistos: «Ich sing' ihr ein moralisch Lied, / Um sie gewisser zu betören», ist Lüge und würde, selbst wenn es sich wirklich um ein «moralisch Lied» handelte, nicht stichhältig sein, da es keines Liedes bedarf, um Gretchen «um so gewisser zu betören». Da wir Mephisto auch jetzt – wie bisher – als einen Seelenteil Fausts zu verstehen haben, so muß etwas in Faust rege sein, das sich in dieser Art zu äußern imstande ist. Denn gegen seinen Willen wird das Lied ja nicht gesungen. Sein Spott aber steigert die Niedertracht: Gretchen ist ja bereits verführt.

«Was machst du mir
Vor Liebchens Tür,
Kathrinchen, hier
Bei frühem Tagesblicke?
Laß, laß es sein!
Er läßt dich ein,
Als Mädchen ein,
Als Mädchen nicht zurücke.»

Nun hat sich Faust Mephisto gegenüber des öfteren recht frivol ausgedrückt, etwa: «Hör, du mußt mir die Dirne schaffen!», oder «Und soll sie sehn? sie haben?», usw. Aber diese Frivolität ist einer anderen Sprache gewichen: «Sie, ihren Frieden mußt' ich untergraben!» Wie ist es zu erklären, daß Faust in einer so niedrigen Gesinnung wiederkehrt, wo er doch einen so tief erkennenden Blick in diese «treue liebe Seele» werfen durfte und er um ihre Liebe zu ihm weiß?

Goethe muß mit diesem Lied eine ganz bestimmte Absicht verbinden, denn er hat es dem Gesang Ophelias aus Shakespeares «Hamlet» (IV., 5) bewußt entlehnt und wir vermuten, daß es mit der Widersprüchlichkeit dieser ganzen Szene in unmittelbarem Zusammenhang steht. Am 18. Januar 1825 sagt er zu Eckermann:

«...So singt mein Mephistopheles ein Lied von Shakespeare – und warum sollte er das nicht? Warum sollte ich mir die Mühe geben, ein eigenes zu erfinden, wenn das von Shakespeare eben recht war und eben das sagte, was es sollte?»

Inhaltlich spricht Ophelias Lied in gleicher Weise von der Verführung jungfräulichen Mädchentums, wie der Gesang Mephistos. Die Shakespeare-Verse:

«Let in the maid, that out a maid
Never departed more.»

(«Ließ ein die Maid, die als 'ne Maid / Ging nimmermehr herfür!»)

finden in Mephistos Worten: «Er läßt dich ein, / Als Mädchen ein, / Als Mädchen nicht zurücke», eine beinahe wörtliche Übersetzung. Daß es Goethe tatsächlich «Mühe» bereitet hätte, ein eigenes Spott- und Verführungslied zu dichten, erscheint uns so unglaubwürdig, daß wir sein Wort zu Eckermann nur aus jener Absicht heraus gesprochen verstehen können, der man bei Goethe so häufig begegnet: in Wahrheit mehr zu verbergen, wo er scheinbar enthüllen will.

Wir sind daher der Meinung, daß es Goethe nicht allein um den Inhalt des Liedes zu tun war, sondern daß er die Tragik Ophelias miteinbeziehen wollte, um dadurch Gretchens Schicksalssituation und Fausts Handeln in ein besonderes Licht zu rücken, indem der Gleichklang mit Ophelias Geschick gleichzeitig die Unterschiedlichkeit von Gretchens Los in aller Deutlichkeit aufzeigt. Goethe gibt uns im 4. Buch (14. Kapitel) von «Wilhelm Meisters Lehrjahre» die schönste Charakteristik von Ophelias Wesen. Wilhelm äußert sie dort zu Aurelie, der Darstellerin der Rolle:

«‹Ihr ganzes Wesen schwebt in reifer, süßer Sinnlichkeit. Ihre Neigung zu dem Prinzen, auf dessen Hand sie Anspruch machen darf, fließt so aus der Quelle, das gute Herz überläßt sich so ganz seinem Verlangen, daß

Vater und Bruder beide fürchten, beide geradezu und unbescheiden warnen. Der Wohlstand, wie der leichte Flor auf ihrem Busen, kann die Bewegung ihres Herzens nicht verbergen, er wird vielmehr ein Verräter dieser leisen Bewegung. Ihre Einbildungskraft ist angesteckt, ihre stille Bescheidenheit atmet eine liebevolle Begierde, und sollte die bequeme Göttin Gelegenheit das Bäumchen schütteln, so würde die Frucht sogleich herabfallen.›

‹Und nun›, sagte Aurelie, ‹wenn sie sich verlassen sieht, verstoßen und verschmäht, wenn in der Seele ihres wahnsinnigen Geliebten sich das Höchste zum Tiefsten umwendet und er ihr statt des süßen Bechers der Liebe den bittern Kelch der Leiden hinreicht –›

‹Ihr Herz bricht›, rief Wilhelm aus, ‹das ganze Gerüst ihres Daseins rückt aus seinen Fugen, der Tod ihres Vaters stürmt herein, und das schöne Gebäude stürzt völlig zusammen.›»

Die Unmöglichkeit, sich Hamlets Liebe für immer erhalten zu können, die Ermordung des Vaters durch den Geliebten, haben Ophelia in den Wahnsinn getrieben. Auch in Gretchens Herz nagt die Bangnis, den Geliebten zu verlieren; auch für sie hat *«die bequeme Göttin Gelegenheit das Bäumchen geschüttelt»*, auch vor ihrer Pforte wird der Geliebte zum Mörder ihres Bruders – des väterlichen Schützers –, und all dies wird auch sie in Wirrnis und Umnachtung führen. Die Parallelität zur Ophelia-Gestalt beinhaltet somit eine gewisse Voraussicht des Kommenden. Und daß dabei Mephisto der Sänger ist, macht deutlich, welche Macht hier den Schicksalszügel hält. Denn das Lied leitet auch zurück zum ersten Gespräch Mephistos mit Gretchen, und gibt dem Teufel auch hier das letzte Wort. Damals sagte sie, ein «Galan» sei nicht «des Landes Brauch»; Mephisto aber antwortete: «Brauch oder nicht! Es gibt sich auch.» Daß es sich «gegeben hat», spricht er mit erniedrigendem Zynismus durch sein Lied aus.

Die zweite Strophe zielt nochmals auf den «Dieb» und wendet unseren Blick dadurch erneut auf Faust:

«Nehmt euch in acht!
Ist es vollbracht,
Dann gute Nacht,

Ihr armen, armen Dinger!
Habt ihr euch lieb,
Tut keinem Dieb
Nur nichts zu Lieb',
Als mit dem Ring am Finger.»

Faust ist nicht nur an sich selbst, er ist auch an Gretchen zum «Dieb» geworden. Und dieses Bild richtig hineinversetzt in den Gesamtkomplex der Gretchen-Tragödie, könnte uns der Schlüssel sein zum besseren Verständnis dieser Szene. Die letzte Strophe des Ständchens identifiziert den «Dieb» mit dem «Verführer». Und zu Beginn unserer Besprechung der Gretchen-Handlung sagten wir, daß ihr Kernpunkt die Verführung sei mit all ihrer Hintergründigkeit. Worin nun liegt der teuflische Gehalt dieser Verführung, wenn wir von all den Folgen absehen, die sich durch die äußere Sitten- und Sozialordnung unausweichlich daran knüpfen? Gretchens Worte, die sie nach dem Empfang des Fläschchens spricht, sind das entscheidende Kriterium:

«Ich habe schon so viel für dich getan,
Daß mir zu tun fast nichts mehr übrig bleibt.»

Fausts Liebeswerben, seine hohen Worte und Beteuerungen haben sie überrascht und sie bewogen, ihm arglos und unbehütet Herz und Seele zu öffnen, bis ihr Innerstes so übervoll von seinem Wesen war, daß sie sich nur mehr in ihm erleben konnte. Dies zu bewirken war aber nur Faust möglich. Wäre ihr ein anderer Mann begegnet, vergleichsweise etwa ein Bursche aus dem Volke, vielleicht ein Freund Valentins, hätte sich Gretchen bestimmt nicht so bedenkenlos seiner Werbung überantwortet. Ihre Unschuld wäre gar nie in Gefahr gekommen. Zu dieser Behauptung berechtigt uns Gretchens Charakterbild, wie wir es bereits eingangs gezeichnet haben. Sie fällt nicht, weil sie aus ihrem Wesen heraus in Leidenschaft verstrickt ist, sondern weil sie der Art, wie sie betört wird, nicht gewachsen ist. Sie ist nicht wach genug – und kann dies auch nicht sein –, um unterscheiden zu können, was echt und lauter ist, und was bloß die heraufschlagende Triebbegierde übertüncht.

Hier liegt auch der Gleichklang und die gleichzeitige Unterschiedlichkeit zu Ophelias Schicksal. Wie Ophelia überläßt sich auch Gretchen ganz dem Erschauern ihres Herzens. Nur daß Ophelias Neigung zu Hamlet sich mit dem berechtigten Anspruch auf dessen Hand entfalten kann, während Gretchen allein Fausts «hohem Wesen», seiner «edlen Gestalt» und seiner «Rede Zauberfluß» überantwortet ist; d. h. dem «höheren» Menschen in ihm, der ihrer reinen Seele zutiefst vertraut sein muß und dem sie daher unbedenklich ihr Herz öffnet. Daß sich dieser «höhere» Mensch nur vor seine Mephisto-Natur stellt, um seine wahren, niederen Absichten zu verdecken, kann sie in ihrer Arglosigkeit nicht durchschauen. In dem Augenblick aber, da sie den Zwiespalt seines Wesens ausspricht, da sie ihre Liebe zu Faust durch die Gegenwart Mephistos erlöschen fühlt, ist es zu spät. Denn in demselben Augenblick übergibt ihr Faust den Trank für die Mutter. Hätte sie Mephisto von Anfang an durchschauen können, hätte sie nie so unbekümmert Faust in ihr Herz Einlaß gewährt. Aber gerade diese Erkenntnis zu gewinnen war ihr unmöglich, da ihre Empfindungswelt – der «Astralleib» – eben erst im Erwachen war und noch nichts von triebhafter Korrumpierung wissen konnte. Die «liebe Blume» stand ja erst an der Schwelle zur «Blüte». Gerade darin liegt der teuflische Plan; ein solches Wesen mußte es sein, nur dann konnte die Verführung jenes Verderben bringen, das ihr eigentliches Ziel ist.

Und hier liegt Fausts schwere Schuldenlast. Denn er wußte um die Aufrichtigkeit und Arglosigkeit ihrer Liebe. Immer wieder hat er es ausgesprochen und sich selbst einbekannt. Die Jungfräulichkeit ist eine starke, in ihrer Grundstimmung abwehrende Seelenkraft. Doch ist sie gepaart mit einem, aus der Sinnesnatur ersprießenden hinneigenden Empfindungselement. Beide Kräfte tragen sich gegenseitig, erlösen sich und werden metamorphosiert durch die Stärke eines echten und tiefen Liebesgefühls. Wir erinnern uns der zitierten Worte Goethes aus «Dichtung und Wahrheit»: *«Die Natur scheint zu wollen, daß ein Geschlecht in dem andern das Gute und Schöne sinnlich gewahr werde.»* Gretchen ist diesem «Willen der Natur» gefolgt. Die abweisende, sich in sich selbst verschließen wollende Tendenz der Jungfräulichkeit, wurde durch Fausts hohes und edles Wesen in liebende Hingabe verwandelt. Faust sah es, wußte um die tiefsten und reinsten Regungen ihrer Seele und scheute sich nicht, die Wirkungen, die er ausübte, bewußt in den Dienst seines sinnlichen Begehrens zu stellen.

Darin liegt das satanische Element seiner Verführung. Und dies zeigt Mephistos Lied auf, indem es in zwei Strophen die Absicht zusammenfaßt, von der Faust von Anbeginn geleitet wurde. Dies vor dem tragischen Ende noch einmal deutlich sichtbar zu machen, scheint uns das eigentliche Anliegen dieses Bildes zu sein. Denn das «Werk» ist nunmehr «vollbracht». Mephistos Spott umgreift die Metaphorik des Bildes: «Dann gute Nacht, / Ihr armen, armen Dinger!» Da das Bild aufzeigt, was der gesamten Gretchen-Handlung zugrunde liegt, sind Fragen über die Eingliederung der Szene in das Gesamtgeschehen, zeitlicher Ablauf der Ereignisse und dergleichen von untergeordneter Bedeutung und wurden vom Dichter auch nicht weiter berücksichtigt.

Kehren wir nunmehr zur gegenwärtigen Handlung zurück. Mephistos Ständchen lockt auch den Lauscher aus seinem Versteck.

«Wen lockst du hier? beim Element!
Vermaledeiter Rattenfänger!
Zum Teufel erst das Instrument!
Zum Teufel hinterdrein den Sänger!»

Der Kampf hebt an; Mephisto pariert, Faust sticht zu – und wird zum Mörder. Valentins Wort: «Ich glaub' der Teufel ficht!», nennt die Macht beim Namen, die diesen Kampf provozierte und führt. Die Entfernung Fausts, d. h. seine Trennung von Gretchen, – wahre Absicht Mephistos – ist unausweichliche Notwendigkeit geworden:

«Nun aber fort! Wir müssen gleich verschwinden:
Denn schon entsteht ein mörderlich Geschrei.
Ich weiß mich trefflich mit der Polizei,
Doch mit dem Blutbann schlecht mich abzufinden.»

Natürlich könnte die mephistophelische Magie für einen Augenblick auch die «Polizei» im Banne halten, so wie sie Valentins Arm erlahmen ließ. Was Mephisto jedoch nicht zu verhindern vermag, ist die Verhängung des «Blutbannes» seitens der Gerichtsbarkeit über Faust. Und das bedeutet, daß Faust als Mörder fortan vogelfrei ist, außerhalb des Gesetzes steht und von jedem ungestraft getötet werden kann.

Valentins Tod raubt Gretchen den Bruder und den Geliebten. Jetzt, wo sie des Schutzes am meisten bedürfte, ist sie des letzten Schutzes bar. Wobei uns Valentins Ende zwiespältig berühren muß. Sein Abschieds-Monolog, mit dem er von der Welt scheidet, macht auch die ursprünglich gehegte Meinung über seinen Kampf mit dem «Verführer» verdächtig. War er nicht viel stärker um der eigenen Geltung willen geführt als zum Schutze Gretchens? Gewiß muß man auch ihm Gerechtigkeit widerfahren lassen. Valentin ist in einer kleinbürgerlichen Welt verwurzelt; von ihren ethischen Maximen ist sein Lebenshorizont beschränkt. Das bedeutet, daß Valentins Urteil über Gretchens Handeln auch gleichzeitig die Ansicht seiner Um- und Mitwelt ist, des mittelalterlichen, kleinbürgerlichen Christentums mit seiner ganzen kirchlichen Unterwürfigkeit. Daß ihn Gretchens Verhalten aus seiner «sichern Ruh'» aufstörte, daß er den Stichelreden wider die Schwester ihre Berechtigung nicht absprechen konnte, ist nun eine Tatsache. Im Blickwinkel jener engen Welt müssen die Dinge in diesem Zwielicht erscheinen, und Mephistos Ständchen konnte dafür nur eine unwiderlegbare Bestätigung sein.

Allein seine Selbstgefälligkeit, die aus jeder Zeile seiner Abschiedsworte spricht, bestärkt die Vermutung, daß dieser Kampf nicht so sehr aus dem Schmerz um das Schicksal seiner Schwester ausgeführt wurde und dem Wunsche, die ihr angetane Schmach zu rächen, als viel mehr um der eigenen gekränkten Ehre willen. Wenn er vor Nachbarn und Mitbürgern Gretchen als Dirne brandmarkt und ihr in häßlichsten, mitleidlosen Worten die Folgen ausmalt, die ihrer harren, dann spricht nicht Mitgefühl und Verzeihung aus ihm, sondern Verurteilung, die durch ihre Härte und Schonungslosigkeit Gretchen nur noch tiefer ins Unglück stürzen muß.

«Du fingst mit e i n e m heimlich an,
Bald kommen ihrer mehre dran,
Und wenn dich erst ein Dutzend hat,
So hat dich auch die ganze Stadt...
Ich seh' wahrhaftig schon die Zeit,
Daß alle brave Bürgersleut',
Wie von einer angesteckten Leichen,
Von dir, du Metze! seitab weichen.

Dir soll das Herz im Leib verzagen,
Wenn sie dir in die Augen sehn!»

Vollends aber stellt er sich selbst außerhalb der göttlichen Gnade, wenn er seinen Urteilsspruch über das Verzeihen der göttlichen Welt stellt:

«Und, wenn dir dann auch Gott verzeiht,
Auf Erden sein vermaledeit!»

Die alte, gnadenlose Sühne des «Aug' um Aug', Zahn um Zahn» spricht aus diesen Worten. Kein Funke von Barmherzigkeit und Mitleid mit dem Los der Schwester leuchtet darin auf.

Und welches Philistertum, das in keiner Weise so ehrenwert ist, als es sich zu fühlen vorgibt, spricht aus den letzten Versen:

«Da du dich sprachst der Ehre los,
Gabst mir den schwersten Herzensstoß.
Ich gehe durch den Todesschlaf
Zu Gott ein als Soldat und brav.»

Hier Valentin – dort Faust! Hier der scheinbar biedere «Brave», der keine nennenswerte Schuld auf sich lud, in seiner Selbstgerechtigkeit und alttestamentarischen Sühne-Moral aber ein noch weit vom wahren Christuslicht Entfernter ist.

Dort der andere, der ewig Suchende, Irrende, Schuldbeladene, und der doch tief im Herzen die Sehnsucht nach den Quellen des Lebens trägt; der in Wahrheit «Liebende», der einst die «betrübende, / Heilsam' und übende / Prüfung bestanden» hat. Trägt nicht er das Signum des «Verlorenen Sohnes», bei dessen Heimkehr «Gesänge und Reigen» im Hause des Vaters erklingen werden, da er *«tot war und ist wieder lebendig geworden»? (Lukas XV., 32)*

Aber auch Bruder und Schwester stehen sich im Urbild des Gleichnisses gegenüber. Zwei Menschen beteten einst zu Gott. Das Gebet des Pharisäers klingt an unser Ohr, angesichts dieser Selbstzufriedenheit Valentins: *«Ich danke dir, Gott, daß ich nicht bin wie die anderen Leute, Räuber, Ungerechte, Ehebrecher oder auch wie dieser Zöllner.»*

Gretchen steht allein, verfemt, der Schadenfreude, dem Hohn und Neid der verlogenen, hochmütigen Selbstüberschätzung ihrer Umwelt preisgegeben. So steht sie wie jener Zöllner vor Gott, der das Auge nicht zu erheben wagte und an seine Brust schlug: *«Gott, sei mir Sünder gnädig!» (Lukas XVIII., 10–13)*

DOM

Auch im Gebet findet Gretchen nicht Ruhe, noch Trost. Das Totenamt, dem sie beiwohnt, könnte dem ermordeten Bruder gelten, doch ist dies nur Vermutung. Die Szenenanweisung sagt darüber nichts aus. Im «Urfaust» war diese Szene als Requiem für Gretchens Mutter gedacht, die durch Fausts Schlaftrunk den Tod fand. Die endgültige Fassung jedoch läßt alle Bezüge offen. Allerdings spricht die Stimme, die ihr ertönt, die Ereignisse an, die nunmehr eingetreten sind und ihr kommendes Schicksal bestimmen: den Tod der Mutter, die Ermordung Valentins und das junge Leben, das sich unter ihrem Herzen zu regen beginnt.

Die übereinstimmende Meinung der Faust-Forschung sieht in dieser Stimme Gretchens «schlechtes» Gewissen, von dem sie gepeinigt wird, trotzdem sie Goethe ausdrücklich als «Böser Geist» bezeichnet. Sollte der Dichter tatsächlich der Auffassung gewesen sein, die Stimme des Gewissens, selbst wenn sie als das sogenannte «schlechte Gewissen» zu uns spricht, könnte jemals zu einem «bösen» Geist werden? Die Gleichsetzung von «schlechtem Gewissen» und «Böser Geist» scheint doch ein sehr oberflächliches Nivellement zu sein, mag sie auch noch so zahlreich angenommen werden. Die Stimme des Gewissens dringt aus der göttlichen Welt, durch sie spricht unser unvergänglicher, höherer Wesensteil zu uns. Selbst wenn sie Anklage wider uns erhebt, kann sie sich nie zu einem «Bösen Geist» wandeln. Hätte Goethe tatsächlich das Gewissen gemeint, dann hätte es genügt, dies einfach mit «Geisterstimme» zu bezeichnen. Daß er jedoch dezidiert die Stimme des «Bösen» im Auge hatte, das zeigt nicht nur die Regie-Anweisung, sondern wird auch durch die späteren Faust-Worte in der Szene «Trüber Tag» bestätigt, als Faust die ganze unfaßbare Not Gretchens erfährt: «Im unwiederbringlichen Elend! Bösen Geistern übergeben und der richtenden gefühllosen Menschheit!» Hier wird klar unterschieden zwischen der Menschenwelt und dem Bereich der Dämonen. Goethe sieht in dem «Bösen Geist» ganz bestimmt eine reale Wesenheit und auch eine Gleichsetzung mit einer richtenden, gefühllosen Menschenstimme würde den Gegebenheiten nicht gerecht werden. Der Goetheschen Absicht am nächsten kommt wohl Reinhard Buchwald, wenn er meint, der Gedanke, daß die Mutter ohne Sterbesakramente gestorben sei und nach dem Dogma der Kirche daher im Fegefeuer schmachten müsse – «zur langen, langen Pein hinüberschlief» –, weiters das Blut des Bruders an ihrer Schwelle und das aufkeimende Leben unter ihrem Herzen, das alles würde *«die Arme peinigen»* und *«eben dies schreibt Goethe einem ‹bösen Geist› zu.» (1)* Daß Buchwald dabei nicht an eine ummittelbare Identifizierung mit der Gewissensstimme denkt, das geht aus dem Hinweis auf das dritte Buch von Goethes «Dichtung und Wahrheit» hervor. Dort erzählt Goethe von einem Grafen Thoranc, der zu bestimmten Zeiten immer wieder durch *«eine Art von Unmut, Hypochondrie, oder wie man den bösen Dämon nennen soll»*, gequält wurde. *«Sobald aber der böse Geist von ihm gewichen war, erschien er nach wie vor mild, heiter und tätig.»* Damit erhellt sich uns Goethes Absicht ganz eindeutig. Die Stimme tönt zwar auf in Gretchens Seele, aber sie «entsteht» nicht in ihr. Vielmehr schleicht sie sich von «außen», aus einer geistigen Umwelt, in sie ein und nistet darin, um sie – ganz im Sinne der mephistophelischen Absicht – in Verzweiflung zu stürzen. Den «Bösen Geist» haben wir daher als «Handlanger» Mephistos, als «Sprachrohr» seines Meisters zu verstehen.

Verfolgen wir nunmehr die Anklagen im einzelnen.

«Wie anders, Gretchen, war dir's,
Als du noch voll Unschuld
Hier zum Altar tratst,
Aus dem vergriffnen Büchelchen
Gebete lalltest,
Halb Kinderspiele,
Halb Gott im Herzen!»

Dieser Rückschau auf das verlorene Unschuldsparadies folgt die Anklage eines dreifachen Schuldig-Seins:

«In deinem Herzen
Welche Missetat?
Betst du für deiner Mutter Seele, die
Durch dich zur langen, langen Pein hinüberschlief?
Auf deiner Schwelle wessen Blut?
– Und unter deinem Herzen
Regt sich's nicht quillend schon
Und ängstet dich und sich
Mit ahnungsvoller Gegenwart?»

Nach diesen peinigenden Gedanken, die in schwankenden, freien Rhythmen Kunde geben von ihrem Hineingetrieben-Werden in Unrast und Herzensangst, setzt mit unverrückbarem, feierlichen Versmaß der Hymnus des «Dies irae» ein:

«Dies irae, dies illa
Solvet saeclum in favilla.»

«Tag des Zornes, Tag der Zähren,
Wird die Welt in Asche kehren.»

Satanisch greift jetzt die Stimme des Bösen die Motive der Totensequenz auf, verquickt ihre menschheitlichen Inhalte mit Gretchens persönlichem Schicksal:

«Die Posaune tönt!
Die Gräber beben!
Und dein Herz
Aus Aschenruh
Zu Flammenqualen
Wieder aufgeschaffen,
Bebt auf!»

Es sind die in freier Folge ausgesprochenen Gedanken des «Tuba mirum»:

«Laut wird die Posaune klingen.
Durch der Erde Gräber dringen,
Hin zum Throne alle zwingen. –

Tod, Natur mit Staunen sehen
Dann die Kreatur erstehen,
Um zur Rechenschaft zu gehen. –»

Der Orgelklang raubt ihr den Atem; wie mit unsichtbarer Hand greift es ans Herz, wenn das eherne Versmaß ihr das unausweichliche Geschick des Jüngsten Tages malt:

«Judex ergo cum sedebit,
Quidquid latet adparebit,
Nil inultum remanebit.»

«Sitzt der Richter dann, zu richten,
Wird sich das Verborgne lichten,
Nichts kann vor der Strafe flüchten.»

Pfeiler, Gewölbe, Dom – alles wird drückende Last und Schwere. Gretchen ist an den Abgrund ihres irdischen Daseins geführt. Was sie erlebt ist «Sterben», die bresthafte Enge ihres eigenen Leibes:

«Mir wird so eng!
Die Mauernpfeiler
Befangen mich!
Das Gewölbe
Drängt mich! –
Luft!»

Will sie entfliehen, wo es kein Entrinnen gibt? Auch dort, wo Luft und Licht die Verweslichkeit überwunden hat, ist kein Verbergen. Menschheitslos birgt ihr Schicksal:

«Verbirg dich! Sünd' und Schande
Bleibt nicht verborgen.
Luft? Licht?
Weh dir!»

Wir waren wiederholt Zeuge, daß Mephisto sich nicht scheute, Bibelworte zu zitieren, um sie für seine Zwecke zu mißbrauchen. Man entsinne sich allein der Blasphemie, die er mit dem «Hohen Lied Salomonis» trieb, um Fausts Sinnenlust anzustacheln. Hier wird nun ein ganzer Abschnitt der Totenmesse in den Dienst mephistophelischer Absicht gestellt, mit dem Ziel, Gretchen in Angst, Verzweiflung und Verwirrung zu treiben. Muß die Damnation der Geisterstimme in ihrem Herzen nicht mit der menschheitlichen Mahnung des Jüngsten Tages ineinanderfließen und sich im Echo von ungezählten Stimmen der eigenen Seele als Frage stellen?:

«Quid sum miser tunc dicturus?
Quem patronum rogaturus?
Cum vix justus sit securus.»

«Ach, was werd' ich Armer sagen,
Welchen Anwalt mir erfragen,
Wo Gerechte selber zagen? –»

Wie kann sie bestehen, wenn der Fluch des sterbenden Bruders auch «drüben» Geltung hätte und die «Verklärten» ihr Antlitz von ihr wendeten, wie es die Geisterstimme unbarmherzig verkündet?

«Ihr Antlitz wenden
Verklärte von dir ab.
Die Hände dir zu reichen,
Schauert's den Reinen.
Weh!»

Solche Worte würde und kann das «Gewissen» niemals sprechen. Was die Gewissensstimme zu sagen hatte, das fand am Ende der Brunnen-Szene und im «Zwinger» ergreifenden Ausdruck. Aber zu dieser Unterscheidung ist Gretchen nicht mehr fähig. Die Klarheit ihres Bewußtseins beginnt bereits hier zu schwinden und von verwirrender Finsternis umdroht zu werden.

Ein wichtiges Zeugnis für diesen inneren Selbstbezug der Messeworte, den Gretchen vollzieht, scheint uns in der Wiederholung des letzten

Hauptverses zu liegen, die Goethe hier entgegen aller Gepflogenheit des kirchlichen Totenamtes, vorschreibt. Fast könnte man glauben, daß nur ihr dieser Vers ein zweitesmal erklingt, als ein letzter, noch faßbarer Gedanke ihrer Pein: «Quid sum miser tunc dicturus?» Dann raubt ihr Verzweiflung das Bewußtsein:

«Nachbarin! Euer Fläschchen! –»

Es bleibt offen, ob die Anrede bloß die neben ihr Knieende meint, oder sich auf Marthe Schwerdtlein bezieht.

Der Bruder ermordet, die Mutter tot, der Geliebte geflohen; in dieser Verlassenheit ist Gretchen dem «Bösen Geist» preisgegeben, der ihre soziale Ächtung auf Erden erbarmungslos mit dem Ausgestoßensein vor Gott verquickt. Wie könnte die völlige Vereinsamung und Hilflosigkeit Gretchens erschütterndere Darstellung finden als durch die wenigen Verse dieses Bildes. Ist keine Gnade für sie zu erhoffen? Die Totenmesse weiß um diese Gnade, doch Goethe läßt diesen Hoffnungsschimmer nicht aufscheinen. Das «Rex tremendae majestatis» ist bewußt nicht aufgenommen. Ein Faktum, das man dem Dichter seitens kirchlicher Kreise zum schweren Vorwurf erhob. Der Vers würde lauten:

«Rex tremendae majestatis,
Qui salvandos salvas gratis,
Salva me, fons pietatis.»

«Herr, dem sich der Weltkreis beuget,
Der aus Gnade Gnad' erzeiget,
Rette mich, zur Huld geneiget. –»

Vor allem hätte der Gnadenvers Mariens – so meint man – Eingang finden müssen, da sich Gretchen doch schon vorher flehend an die Schmerzensreiche gewandt hatte:

«Qui Mariam absolvisti,
Et latronem exaudisti,
Mihi quoque spem dedisti.»

«Du, der einst vergabst Marien,
Und dem Schächer hast verziehen,
Hast auch Hoffnung mir verliehen.»

Diese bewußte Ausklammerung jeglicher Hoffnung auf Gnade, darf uns wohl das untrüglichste Zeugnis dafür sein, daß es nicht Gretchens Gewissensstimme ist, die hier spricht. Denn sie hätte ihr diesen Trost nicht versagt. Mag sein, daß Goethe mit dem Verschweigen des Gnadenteiles der Messe, auch die einseitig überbetonte kirchliche Vorstellung vom «Jüngsten Gericht» treffen wollte, die aus volkspädagogischen Erwägungen bewußt die Verdammung des Sünders in den Vordergrund stellte, Gnade und verzeihende Liebe dagegen zurückdrängte. Eine Glaubenshaltung, die noch ganz in dem mittelalterlichen Grundsatz verwurzelt ist, daß das «Böse» etwas absolut zu Meidendes sei. Wer sich mit ihm eingelassen hat, muß die ganze Schwere der Verdammung tragen.

Walpurgisnacht

Über die «Romantische Walpurgisnacht» ist durch Rudolf Steiner so Tiefschürfendes ausgesagt worden, daß neue Perspektiven zu setzen kaum möglich scheint. Andererseits weisen die zahlreichen Kommentare Irrtümer und Mißverständnisse auf, die der Szene oft eine ungerechte Beurteilung widerfahren lassen. Der Autor wird sich daher auf Hinweise zu beschränken haben, die den Leser einerseits vor mißverstandenen Auslegungen bewahren, andererseits ihm die Kontinuität des inneren Reifungs- und Bewußtseinsvorganges in Fausts Seele aufzeigen sollen und die Folgerichtigkeit der Handlung erkennen lassen.

«Wir treffen die Gesellen beim nächtlichen Aufstieg zum Brocken»; so beginnt Reinhard Buchwald seine Erklärungen. Faust sei erfüllt von *«Wanderlust und dem Gefühl des Frühlings». (1)*

> «Der Frühling webt schon in den Birken,
> Und selbst die Fichte fühlt ihn schon;
> Sollt' er nicht auch auf unsre Glieder wirken?»

«Reine und gesunde Sinnenfreude», meint Buchwald, würde Faust demnach empfinden. Es ist unvermeidbar, daß eine derartige Auffassung – mit Buchwald teilen sie zahlreiche Interpreten –, befremden und zum Widerspruch herausfordern muß. Denn es ist einfach unglaubwürdig, daß Faust nach den vorangegangenen Ereignissen unbekümmert und sorglos eine nächtliche Bergpartie unternehmen könnte, so als hätte es nie eine schutzlose Geliebte gegeben, als wäre seine Hand nicht noch feucht vom Blute ihres Bruders. Bereits Karl Julius Schröer merkt in seinem Kommentar von 1881 diesen Widerspruch an: *«Obwohl Faust alles, was nach dem Tode Valentins mit Gretchen geschah, nicht wissen konnte, so war er doch unter solchen Umständen geschieden, daß es ganz unnatürlich scheinen muß, ihn so wie hier – den zweiten Tag darauf? – als behaglichen Spaziergänger auf dem Blocksberge zu sehen. So erscheint er uns nämlich in den Worten Vs. 3838ff.» (Zitiert nach Rudolf Steiner) (2)*

Schröer weist damit auf die Verse:

«So lang' ich mich noch frisch auf meinen Beinen fühle,
Genügt mir dieser Knotenstock.»

Das Unverständlich-Widersprüchliche dieses Umstandes versucht der große Goethe-Verehrer Schröer dadurch zu erklären, daß er die Walpurgisnacht-Szene nicht im vollen Zusammenhang mit dem Ganzen des Faust-Dramas erkennt. *«Der Dichter ist aus allem Pathos offenbar heraus und steht dem Stoff mit einer Anwandlung von Ironie gegenüber.» (2)* Wohl weist Schröer darauf hin, daß Faust von Mephisto fortgerissen wurde, und der Teufel dies mit der Absicht tue, ihn zu betäuben und Gretchen vergessen zu machen. Doch würde dieser Gedanke und vor allem die Tatsache, daß Mephistos Betäubungsversuche mißlingen, nicht kräftig genug hervortreten. Die Szene sei vielmehr ein selbständiges Ganzes geworden, sei *«im Verhältnis zur dramatischen Handlung viel zu groß und obendrein noch durch den nachfolgenden ‹Walpurgisnachtstraum› übermäßig erweitert.» (2)*

Beide Argumente sind zu prüfen. Um die Frage nach der formalen Umfänglichkeit gleich vorwegzunehmen, wäre zu entgegnen, daß die Szene nach den ursprünglichen Entwürfen noch viel ausführlicher geplant war. Sie sollte zu einer triumphalen Huldigung an «Satan» werden und in einer infernalen Unanständigkeit gipfeln. Damit wäre sie das teuflische Gegenstück zum «Prolog im Himmel» und der «Himmelfahrt» am Ende des Dramas geworden. Goethe ließ diesen Plan jedoch fallen. Die Obszönitäten wurden in der Endfassung auf das Notwendigste beschränkt und darauf geachtet, daß Faust trotz der Vielfalt der Ereignisse der Mittelpunkt des Geschehens blieb. Wir erwähnen dies, weil es aufzeigt, daß Goethe Umfang wie Inhalt der «Walpurgisnacht» ganz bewußt festlegte und die von der Kritik vorgebrachten Argumente sicherlich auch selbst erwogen hat. Außerdem ist zu bedenken, daß die «Romantische Walpurgisnacht» in den Jahren 1800 bis 1805 geschrieben wurde, somit zu den reifsten Teilen der Dichtung gehört. Über den kurz vorher konzipierten «Walpurgisnachtstraum» wird an gegebener Stelle zu sprechen sein. *«Wir dürfen uns daraus doch die Vorstellung bilden»*, so knüpft Rudolf Steiner an die Tatsache an, daß z. B. das «Märchen von der grünen Schlange und der schönen Lilie» bereits geschrieben war, ehe Goethe die gegenwärtige Szene dichtete, *«daß es Goethe sehr ernst war mit dem Hineingeheimnissen der Walpurgisnacht in den Faust. Aber man kommt nie und nimmer aus einer gewissen Unmöglichkeit des Verständnisses heraus, wenn man nicht ins Auge faßt, daß Goethe wirklich spirituell die Sache gemeint hat.»* (2)

Wenden wir den Blick daher der inhaltlichen Notwendigkeit der Szene zu. Es kann kein Zweifel bestehen, daß Faust von Mephisto fortgerissen wird. Die Meinung, Faust würde die tragischen Geschehnisse der jüngsten Vergangenheit sorglos und unberührt von sich abschütteln, würde frühlingstrunken eine Bergpartie unternehmen, ist völlig irrig. Im Gegenteil! Wir müssen annehmen, daß er sich durch die schicksalschweren Ereignisse noch fester an Gretchen gebunden fühlt und die Stimme seiner besseren Seele mahnender denn je zu ihm spricht. Will Mephisto seine ursprünglichen Intentionen verwirklicht sehen und Fausts edlere Regungen zunichte machen, muß er Entscheidendes unternehmen und ihn mit Erlebnissen konfrontieren, die jene von «Auerbachs Keller» und der «Hexenküche» möglichst übersteigen. Zur Verwirklichung dieser Absicht bieten sich dem Dichter die «mythischen» Vorgänge der Walpurgisnacht an.

Diese Nacht zum 1. Mai galt dem vorchristlichen Volksbewußtsein als eine Festeszeit, in der das Erwachen der Natur, ihre Zeugungs- und Reproduktionskraft miterlebt und gefeiert wurde. Der Gipfel des Harzgebirges war die heidnische Kultstätte für jene Frühlingsmysterien. Durch das Christentum erfuhr dieses heidnische Fest seine Umwertung, und jene bereits in Dekadenz gekommenen Frühlingsfeiern wurden als Ausdruck der Triebhaftigkeit gewertet und deklariert. Die Nacht selbst hat man nach der heiligen Walpurgis, der Base des heiligen Bonifatius benannt, den 1. Mai zu ihrem heiligen Tag erklärt. Daß der Hexenschwarm sich ausgerechnet in dieser Nacht sein Stelldichein gibt, erklärt die kirchliche Überlieferung aus *«der Hexen Ärger»* über die große Sittenreinheit der heiligen Walpurgis. Die Hexen sind es somit, die die Walpurgisnacht zur Orgie machen, in der sich gemeine Sinnlichkeit um den Thron «Satans» schart und ihre Lüste auslebt. Von dieser niederen, unverhüllten Sinnlichkeit sind auch Goethes Paralipomena erfüllt. Doch sind wie erwähnt, die Extreme dieser Entwürfe in der Endfassung beseitigt worden. Dagegen bezieht Goethe das heidnische Erlebnis der Schaffens- und Wachstumskraft der Natur in Fausts Empfinden mit ein, wie wir den vorhin zitierten Versen entnehmen konnten.

Der niederen Sinnlichkeit sind aber noch andere Gegengewichte beigegeben. Wir begegnen in der Szene satirischen Elementen, die sich auf Politik, Kunst und Philosophie beziehen, die der triebgeschwängerten Atmosphäre gegenüber als völlig wesensfremd erscheinen müssen. Buchwald sieht darin jedoch keine fremde Zutat, vielmehr würde daraus ersichtlich werden, *«daß das Teuflische und Mephistophelische am besten in seinen modernen Inkarnationen sichtbar gemacht werde ...» (1)* Und dies käme dem Grundgedanken der Faust-Dichtung viel näher: Faust eher durch die Bewußtseinssphäre zu gefährden, denn durch *«traditionelle Sinnlichkeit»*, durch die allein er kaum zu fesseln wäre. Buchwalds Argumentation weicht allerdings der entscheidenden Frage aus, wie dieses mephistophelische «Unternehmen» seiner Qualität nach zu bewerten sei. Denn einerseits berufen sich seine Überlegungen auf die «mythische» Überlieferung dieses nächtlichen Hexensabbats, andererseits aber versteht er Fausts «Wanderung» letztlich doch als ein irdisches Sinneserlebnis, das mit «Wanderlust» und «Frühlingsgefühl» seinen Anfang nimmt.

Andere Kommentatoren, wie etwa Erich Trunz, eliminieren diese Frage von vornherein, indem sie in den Vorgängen dieser Szene reine Symbolik erblicken, Bildgleichnisse für innere Seelenvorgänge Fausts:

«Was bisher als Handlung erschien, erscheint jetzt als Symbolik. Goethe scheut nicht, die Erotik in Faust auszusprechen, aber (es ist seine zurückhaltende Art) nicht als Realität, sondern als Symbolik, und nicht im menschlichen Bereich, sondern in dem der Geister. Walpurgisnacht ist Sinnlichkeit; nicht an sich böse, sondern durch das, was der Mensch daraus macht. Fausts Weg dahin ist Freude am Naturhaft-Starken ... Das Ganze ist Spiegelung dessen, was in Faust in seiner Beziehung zu Gretchen lebendig ist, das eine und das andere, beides verbunden.» (3)

Dagegen will Stuart Atkins in der Szene überhaupt nur ein Zeugnis dafür erblicken, daß Faust im Begriffe sei, *«gleich einem Tier die Sexualität zu einem Endzweck zu machen.» (4)*

Nun können wir der Meinung, daß die «Walpurgisnacht» innere Seelenerlebnisse Fausts widerspiegle, insoferne zustimmen, als wir Mephisto selbst als eine in Faust wesende Wirkenskraft erkannt haben. Aber die Szene sprengt den Rahmen bloßer Projektion innerer Triebhaftigkeit. Mephisto ist seinem Wesen nach eine kosmisch-objektive Kraft, die auch außerhalb des «Mikrokosmos» Mensch am Werke ist. Gerade darin liegt die Übersteigerung der Geschehnisse in der «Hexenküche». Die «Walpurgisnacht» erweitert den dort dargestellten «mikrokosmischen» Aspekt zum kosmisch-elementaren. Zweifellos stehen wir damit an dem entscheidenden Wendepunkt – der Peripetie – des Dramas. Während Gretchen im Dom zusammenbricht, heillos ihrem tragischen Schicksal preisgegeben, erfährt Faust die schwärzesten Enthüllungen mephistophelischer Wirkenskräfte, die der Teufel ihm gewähren muß, um ihn abzulenken. In diesem, von Rudolf Steiner aufgezeigten spirituellen Aspekt verbinden sich die beiden, durch Buchwald und Trunz repräsentierten Perspektiven. Fausts Weg zum Brocken ist eine «Wanderung», aber nicht in der Sinneswelt, sondern in Bereichen, die das Bewußtsein nur leibfrei betreten kann. Als solche spiegelt sie natürlich auch Fausts astrale Erlebnisschichte. Und daß in dieser zwei Seelenelemente wurzeln, die ständig im Gegensatz zueinander stehen, das hat uns die Dichtung immer wieder aufgezeigt. Auf diesem Gipfelpunkt faustischen Erlebens, den man durchaus eine mephistophelische «Einweihung» nennen könnte, spielt sich der Kampf in Fausts Brust mit höchster Intensität ab. Aber eben nicht in bloßer Symbolik, sondern als geistige Realität in jenem kosmisch-ätherischen Astralbereich, in den er durch Mephisto hineingerissen wurde. Die «Walpurgisnacht» ist ein reales *«geistiges Erlebnis» (2)*, dem sich Faust gar nicht entziehen kann, da es sich als Folge einer seelischen Lockerung einstellt, die wiederum in den jüngst erlebten Erschütterungen ihre Ursache findet:

«Wir haben es also damit zu tun, daß Fausts Seele herausgerissen wird aus seinem Leib und Mephisto gefunden hat in der geistigen Welt. Und innerhalb der geistigen Welt machen sie die Wanderung nach dem Brocken; das heißt: sie kommen zusammen mit denjenigen, die auch nun, wenn sie die Brockenwanderung machen, aus ihrem Leibe herausgerückt sind; denn selbstverständlich liegt der physische Leib derjenigen Menschen, welche die Wanderung nach dem Brocken machen, im Bette.» (2)

Die Worte Rudolf Steiners lösen die Problematik der Szene völlig auf.

Es ist ein spezifisches Element von Goethes Dichtkunst, gewisse Zusammenhänge nie direkt auszusprechen, sondern durch ein anderes Bild, oft auch durch ein in sich geschlossenes Handlungsgeschehen anschaulich zu machen. So ein selbständiges Ganzes ist auch die «Walpurgisnacht», die sich in ihrer Totalität jedoch organisch in den Handlungsverlauf eingliedert. Die eigentliche Möglichkeit für Faust, das Objektiv-Böse nunmehr zu schauen, ist die Schicksalsschuld an Gretchen. Die durch sie bewirkten seelischen Erschütterungen führten zur Lockerung seiner Wesensglieder, und in diesem Zustand *«findet er Mephisto»* jetzt auch als makrokosmische Wirkenskraft außerhalb seines eigenen Seelenbereiches. Ursache der Lockerung und ihre Erlebnis-Inhalte stehen jedoch in Diskrepanz zueinander, und wir müssen daher den Schluß ziehen, daß Faust im Zustand seiner Leibfreiheit nur deshalb in die makrokosmische Wirkenssphäre Mephistos gerät, weil seine Seele davon affiziert ist. Sonst müßte ja jedes Ich, das seine Leibeshüllen verläßt, den Weg zum Brocken antreten. Insoferne ist der Ansicht Erich Trunz' beizupflichten, daß Goethe sich nicht gescheut habe, die Erotik in Faust aufzuzeigen.

Für Mephisto liegt darin allerdings auch ein gewisses Risiko. Die «Gemeinsamkeit» ihrer Wanderung wird es nämlich dem Widersacher nicht leicht machen, den Pakt-Gefährten nur das wahrnehmen und erleben zu lassen, was seinen teuflischen Intentionen entspricht. Denn der Mensch nimmt in der geistigen Welt stets alles das wahr, wozu er reif ist und zu dem er sich hingezogen fühlt. Mephistos Absicht, Faust abzulenken und Gretchen vergessen zu machen, ist daher mit der Gefahr verbunden, daß sich der also Verführte in dieser Sphäre nicht bloß als ein Genießender, sondern auch als Erkennender bewegt. Der Teufel muß daher Fausts unermüdliches Geistesstreben als einen nicht zu eliminierenden Grundfaktor berücksichtigen und versuchen, dieses Streben in seine eigene mephistophelische Richtung abzubiegen.

Versuchen wir nunmehr Fausts Aufstieg zum Brocken in dieser zweifachen Perspektive – der faustischen und der mephistophelischen – gedanklich nachzuvollziehen. Bereits der Eingangsdialog läßt uns ein Gegensätzliches erkennen: einerseits das völlige Unverständnis des Widersachers für das Erdenelement, andererseits den inneren Prozeß, den Faust erlebt, sein allmähliches Sich-Hineinorientieren in den leibfreien Bewußtseinszustand. Mephisto verlangt nach einem «Besenstiele», nach dem «allerderbsten Bock», um sich aus der irdischen Raumdimension herauszuheben.

Daß Hexen auf einem Besen durch die Lüfte reiten, ist ein altbekanntes Bild. Die Hexe vermag nicht wirklich zu fliegen oder zu schweben, wie der Engel; sie bleibt in ihrem Sich-Erheben über die Erdenschwere immer noch mit dem irdischen Element verbunden. Dafür ist der Besen symbolischer Ausdruck. Warum das mythologisierende Volksbewußtsein gerade zu diesem Bild gegriffen hat, läßt sich nicht leicht eruieren, da die Herkunft des Wortes «Besen» dunkel und ungeklärt ist. Eine bescheidene, keineswegs erschöpfende Antwort könnten aber vielleicht zwei Hinweise geben. Der eine liegt in der Doppelbedeutung, den das Wort «Besen» erfahren hat. Wohl durch seine Zweckbestimmung, sich stets mit dem Schmutz dieser Erde konfrontiert zu sehen, erlebte der Begriff «Besen» seit dem 16. Jahrhundert eine Sinnübertragung, und bezeichnet seither auch einen weiblichen Tunichtgut oder ein zänkisches, boshaftes Weib.

Ein weiterer Sinnbezug könnte sich aus dem Wort Hexe selbst ableiten lassen, das seinem Ursprung nach genauso unklar ist, wie das Wort Besen. Es ist zu vermuten, daß «Hexe» auf das altisländische «tūnrida» = «Zaunreiterin» zurückgeht. Auch das norwegische «tysja» = «Elfe» hängt damit zusammen. Demnach wäre eine Hexe ein sich auf Zäunen und Hecken aufhaltendes, dämonisches Wesen. Im ausgehenden Mittelalter ging diese Bezeichnung dann von diesem bösen weiblichen Geistwesen über auf Frauen, die mit dem Teufel im Bunde standen und über magisch-schädigende Kräfte verfügten. Zu dieser Magie gehörte auch, daß man sich vom Boden erheben und durch die Luft reiten konnte. Der Schritt vom ursprünglichen Gesträuch bzw. Lattenzaun zum «Rutenbesen», war für die symbolisierende Volksphantasie, angesichts der Wortbedeutung «Besen», dann wohl kein allzu großer mehr. Und daß Mephisto dieses Hexenutensil nicht unbekannt sein kann, ergibt sich zwangsläufig.

Faust dagegen nimmt seinen Ausgang vom irdischen Erleben und steigt stufenweise empor:

> «So lang' ich mich noch frisch auf meinen Beinen fühle,
> Genügt mir dieser Knotenstock.
> Was hilft's, daß man den Weg verkürzt! –

Im Labyrinth der Täler hinzuschleichen,
Dann diesen Felsen zu ersteigen,
Von dem der Quell sich ewig sprudelnd stürzt,
Das ist die Lust, die solche Pfade würzt!»

Mit diesen Versen verbindet sich das erwähnte Mißverständnis, das den Aufstieg zum Brocken als irdische Wanderung versteht. Faust befindet sich natürlich von Anbeginn der Szene in einem exkarnierten Bewußtsein. Aber er trägt die Nachwirkungen seines physischen Erdendaseins, die Affinität zu seinem irdischen Menschen mit sich in seiner Empfindungswelt. Noch steht er bewußtseinsmäßig «frisch auf seinen Beinen» und fühlt den ätherischen Lebenszauber des Frühlings ihn umwehen.

«Man kann, wenn man so heraußen ist wie Faust hier aus seinem physischen Leib, alles dasjenige, was flüssig, luftförmig ist in der Welt, wahrnehmen; nur nicht das Feste ... Deshalb kann er auch die Natur, die ja vom Flüssigen durchdrungen ist, wahrnehmen. Sachgemäß alles, was da geschildert ist!» (2)

Dadurch vermeidet der Dichter jeglichen «Sprung», der die Folgerichtigkeit der Szene in Zweifel stellen könnte. Die physische Welt wird als Naturerlebnis der Empfindungen zum Ausgangspunkt gemacht und das Hineindringen in die ätherisch-astrale Sphäre organisch vollzogen.

Doch ist damit aber noch ein weiteres, wesentliches Kriterium angesprochen. Sind es doch gerade diese «Frühlingstriebe» gewesen, die durch den Trank in der «Hexenküche» in Faust bewirkt wurden. Es ist ein und dieselbe Kraft, die er sich damals einverleibt hatte und jetzt empfindet; eine a-moralische Wirksamkeit, *«nicht an sich böse, sondern durch das, was der Mensch daraus macht» (E. Trunz).* Und weil diese Einverleibung eine widerrechtliche war, deshalb ist es Mephisto ermöglicht worden, Faust in dieser, aus ganz anderen Motiven eingetretenen Lockerung, zum Brocken zu ziehen. Im Trank der Hexe wurzelt die vorhin erwähnte Affizierung seiner Seele für diese Sphäre; bereits in der Hexenküche wurde Faust für diese Blocksberg-Wanderung determiniert. Der Trank wies schon in diese Richtung. Fausts Worte schlagen somit auch die Brücke zu den Ereignissen der «Hexenküche» und zeigen den wohldurchdachten und weitgesponnenen Plan Mephistos auf.

In diesem Zusammenhang ist wohl auch die Frage zu stellen, ob wir die «Walpurgisnacht» überhaupt bloß im Rahmen einer begrenzten nächtlichen Stundenzahl, als Erlebnis einer einzigen Nacht zu verstehen haben. Die nachfolgende Szene «Trüber Tag» spielt unmittelbar vor Gretchens Tod, läßt also einen längeren, dazwischenliegenden Zeitraum erkennen. Faust aber wird von den «abgeschmackten Zerstreuungen» sprechen, durch die er betäubt wurde und die diesen Zeitraum offenbar ausfüllten. Die mephistophelische «Einweihung», die Faust hier erlebt, erfüllt also nicht bloß diese eine Nacht.

Von den «Frühlingslüften», wie Faust sie empfindet, vermag Mephisto nichts zu erspüren. Als ahrimanisches Wesen gehört er nicht dieser Erdenepoche an, wie der Mensch. Er wurzelt in vergangenen Verkörperungszuständen der Erde. Deshalb ist er allem Frühlingshaften abhold:

> «Fürwahr, ich spüre nichts davon!
> Mir ist es winterlich im Leibe,
> Ich wünschte Schnee und Frost auf meiner Bahn.»

Das Bild des «Winters», das Mephisto heraufbeschwört, kann uns an die verhärtenden Kräfte gemahmen, wie sie der alten Mondenentwicklung der Erde bzw. ihrer lemurischen Epoche innewohnten. Nicht der Zustand wird darin angesprochen, denn der war ein feurig-flüssiger, sondern die darin wirkende Tendenz der Mondenkräfte, alles in die Verhärtung und Sklerotisierung zu führen. Erfolgte deshalb doch auch in der «Lemuris» die Trennung dieser Mondenkräfte von unserem Planeten, um die Erde nicht in eine vorzeitige Erstarrung eintreten zu lassen. Was jedoch heute als Mond die Erde umkreist, genießt ebensowenig die Sympathie Mephistos:

> «Wie traurig steigt die unvollkommne Scheibe
> Des roten Monds mit später Glut heran,
> Und leuchtet schlecht, daß man bei jedem Schritte
> Vor einen Baum, vor einen Felsen rennt!
> Erlaub', daß ich ein Irrlicht bitte!»

Wir erinnern uns an Fausts großen Monolog in «Wald und Höhle», in dem er von den «silbernen Gestalten der Vorwelt» sprach, die ihm im Anblick des «reinen Mondes» der «Betrachtung strenge Lust» linderten. Ihm war der Mond der «belebende Tau der Sterne», und die Sündelosigkeit der Natur schwang in seinen Versen mit. (S. 284) Mephisto jedoch sagt dieser jetzige Zustand innerhalb der Erdenentwicklung nicht zu. Dort aber, wo sich ein Rest des alten Mondenzustandes der Erde erhalten hat, wie das Irrlicht einer ist, dort wo das *«Feurige, Leuchtende aus der Erde hervorkommt» (2)*, dort fühlt er sich in seinem Element:

«Geh' Er nur grad', in 's Teufels Namen!
Sonst blas' ich Ihm Sein Flackerleben aus.»

Hatte Mephisto mit «Schnee und Frost» die Wirkenskräfte der alten Mondensphäre angesprochen, so sieht er sich durch das Irrlicht in den Zustand dieser Epoche versetzt. Dies zu bedenken, löst den scheinbaren Widerspruch, der sich durch die Gegensätzlichkeit der Bilder von «Frost und Schnee» einerseits und der lava-artigen «Feuererde» der Lemuris andererseits, ergeben mag.

Mit dem folgenden Terzett zwischen Faust, Mephisto und dem Irrlicht, wird der leibfreie Bewußtseinszustand voll ergriffen:

«In die Traum- und Zaubersphäre
Sind wir, scheint es, eingegangen.
Führ' uns gut und mach' dir Ehre,
Daß wir vorwärts bald gelangen
In den weiten, öden Räumen!»

Bezeichnend, daß Mephisto von «weiten, öden Räumen» spricht, daß er Öde, Leerheit, ein Nichts empfindet, wo Faust sich von sprießendem Leben, von All-Gehalt tragen läßt.

Über die Aufteilung der Strophen in diesem Wechselgesang herrschen unterschiedliche Meinungen. Vielfach wird die erste, dritte und letzte Strophe Faust zugeteilt, was in bezug auf die erste Strophe bestimmt ein Irrtum ist.

Rudolf Steiner legt die eben zitierten Verse Mephisto in den Mund; dem Inhalt nach zu schließen, muß dies sinnvoller erscheinen. Denn Mephisto ist es, der sich an das Irrlicht wendet.

Die zweite Strophe wäre dann dem Irrlicht zugeteilt:

«Seh' die Bäume hinter Bäumen,
Wie sie schnell vorüberrücken,
Und die Klippen, die sich bücken,
Und die langen Felsennasen,
Wie sie schnarchen, wie sie blasen!»

«Schnarcher» heißen zwei Felsen in der Gegend von Schierke. Aber das «Feste» ist hier ganz in Bewegung aufgelöst. Das «Gewordene» der physisch-mineralischen Welt ist verlassen, wir sehen uns in einen Bereich ständiger Bewegung und Tätigkeit, in eine Sphäre der «Gestaltung und Umgestaltung» geführt.

Die dritte Strophe gehört zweifellos Faust. Denn in ihr tönt alles herein, was seine Seele an Beglückendem und Erschütterndem erlebt hat:

«Durch die Steine, durch den Rasen
Eilet Bach und Bächlein nieder.
Hör' ich Rauschen? hör' ich Lieder?
Hör' ich holde Liebesklage,
Stimmen jener Himmelstage?
Was wir hoffen, was wir lieben!
Und das Echo, wie die Sage
Alter Zeiten, hallet wider.»

Auch jetzt verschmilzt, wie einst in «Wald und Höhle», Natur und Empfindungswelt für Faust, durchdringt sich Weltenseele und Menschenseele. Seine eigene Erlebenswelt ersteht ihm im Mythos alter, menschheits-umgreifender Sagen wieder. Ein weiteres Zeugnis für sein sich Lösen von irdischen Raum- und Zeitdimensionen.

Die nun folgenden Verse des Irrlichts lassen uns in schauriger Dramatik die alten Mondenwelten unseres Planeten erstehen. Alles ist chaotische Gärung, und in gespenstischer Weise vermischen sich die Reiche der Natur, Mineral-, Pflanzen- und Tierwelt:

«Sind das Molche durchs Gesträuche?
Lange Beine, dicke Bäuche!
Und die Wurzeln, wie die Schlangen,
Winden sich aus Fels und Sande,

Strecken wunderliche Bande,
Uns zu schrecken, uns zu fangen; ...»

Die Knorren («Masern») der Bäume strecken sich wie «Polypenfasern» zu den Wanderern, und «Funkenwürmer» geben ihnen in dicht gedrängten «Schwärmezügen» ihr unheimliches Geleite.

Die letzte Strophe kann nur Faust sprechen, der sich in diesem chaotischen Brauen der Elemente keineswegs mehr so «frisch auf seinen Beinen» fühlt, wie zu Angebinn dieser Wanderung:

«Aber sag' mir, ob wir stehen,
Oder ob wir weitergehen?
Alles, alles scheint zu drehen,
Fels und Bäume, die Gesichter
Schneiden, und die irren Lichter,
Die sich mehren, die sich blähen.»

Die irdischen Orientierungsmöglichkeiten schwinden. Faust vermag nicht mehr zu sagen, ob sie «stehen» oder «weitergehen». Ein echtes, aber pervertiertes Geisterlebnis wird ihm zuteil; auch für Faust wird – wie für Wagners «Parsifal» – *«die Zeit zum Raum»*, doch bedeutet dies kein Eingehen in die Dauer, sondern ein Hineingerissen-Werden in bewußtseinsraubende Bewegung: «Alles, alles scheint zu drehen».

Ein erster «Mittelgipfel» ist erreicht. Im Innern des Felsens glüht es auf; sprühende, metallische Feuererde, wie sie unserem Planet noch in seiner lemurischen Epoche eigen war. Mephisto lenkt Fausts Blick darauf:

«Fasse wacker meinen Zipfel!
Hier ist so ein Mittelgipfel,
Wo man mit Erstaunen sieht,
Wie im Berg der Mammon glüht.»

Unter «Mammon» ist nicht nur das «Geld» zu verstehen. In alten Faustbüchern steht dieses Wort als Name eines Teufels, und in Miltons «Verlorenem Paradies» ist es dieser Teufel, der «Satan» einen Palast aus feurigen Goldadern baut. Damit haben wir die Erscheinung jedoch nur in mephistophelischer Sicht gedeutet. Für Faust nimmt sie sich etwas anders aus. Da wir es in Wahrheit mit einer «Bewußtseins-Wanderung» zu tun haben, die Faust absolviert, ist auch das Bild des «Mittelgipfels» in seiner Metaphorik zu verstehen. Auf dieser «halben Wissensstufe» zeigt sich ihm gewiß nicht das letzte Geheimnis dieser Erscheinung. Wie würde sie sich offenbaren, wenn Faust am «höchsten» Gipfel stünde? Für Mephisto wird die ganze Erde zum glühenden Teufelspalast:

«Erleuchtet nicht zu diesem Feste
Herr Mammon prächtig den Palast?
Ein Glück, daß du's gesehen hast;
Ich spüre schon die ungestümen Gäste.»

Als «Plutus», dem Gott des Reichtums, wird Faust im «Mummenschanz» am Kaiserhof Gewinn ziehen aus dem Erschauten. Vorerst aber ergeben sich für ihn andere, rätselhafte Zusammenhänge:

«Wie seltsam glimmert durch die Gründe
Ein morgenrötlich trüber Schein!
Und selbst bis in die tiefen Schlünde
Des Abgrunds wittert er hinein...»

Wie kann Faust von einem «morgenrötlich trüben Schein» sprechen, wo die Nacht erst ihren Anfang nimmt? Sieht er als Morgenröte, was für Mephisto der Mammon ist?

Liegt seinen Worten etwas von jenem erkennenden Anschauen zugrunde, wie es Goethe seinem «Montan» in «Wilhelm Meisters Wanderjahre» aussprechen läßt?:

Wenn ich nun aber, versetzte jener, eben diese Spalten und Risse als Buchstaben behandelte, sie zu entziffern suchte, sie zu Worten bildete und sie fertig zu lesen lernte...? (1. Buch, 3. Kapitel)

Was würde Faust in dieser «Schrift» zu lesen vermögen? Bis in alle Einzelheiten läßt er uns Zeuge sein dieses allmählichen Erglühens der Felsenwand. Wie erst «Dämpfe aufsteigen», «Schwaden ziehen» und aus «Dunst und Flor» leuchtende Glut aufleuchtet; wie dann der erste «Quell hervorbricht», ein wässeriges Element mit «hundert Adern» als zarte «Fäden» sich ins Tal schlängelt und «Funken sprühen», bis der ganze Berg wie von ausgestreutem «Gold» erglüht!

«Da sprühen Funken in der Nähe,
Wie ausgestreuter goldner Sand.
Doch schau! in ihrer ganzen Höhe
Entzündet sich die Felsenwand.»

Sieht Faust zurück in die Urgestaltung der Erde und offenbart sich ihm als «Morgenrot» ihr einstiges Werden? Sucht auch er die «Spalten und Risse» zu entziffern? Und merkwürdige Entsprechungen ergeben sich zwischen diesem langsamen Emporsteigen aus «trübem Schein» zu funkelnder Glut des Goldes, mit Fausts Erlebnis in der Szene vor Gretchens Tür:

«Wie von dem Fenster dort der Sakristei
Aufwärts der Schein des ew'gen Lämpchens flämmert...
Rückt wohl der Schatz indessen in die Höh',
Den ich dort hinten flimmern seh?»

Sieht Faust jetzt in jenem geheimnisvollen Schauspiel der Natur vielleicht die makrokosmische Seite jener Wirkenskräfte, die hinter der «Sichtbarwerdung» des Mammon-Schatzes stehen? Für sein unermüdliches Streben nach allem, was die Welt im Innersten zusammenhält, kann dieses Schauspiel wohl wie ein «Morgenrot» eines aufsteigenden Erkenntnislichtes erscheinen.

Über all diesen schaurig-ungestümen Vorgängen aber tost und braust es in den Lüften. Ein Orkan, der gespenstisch wesenhaft sich beseelt mit dem heranbrandenden Hexenheer. Faust sieht sich zurückversetzt in einen Astralbereich, der, von wilder Triebhaftigkeit erfüllt, noch kein Ich kennt.

«Wie rast die Windsbraut durch die Luft!
Mit welchen Schlägen trifft sie meinen Nacken!»

Der ungebändigten Gewalt dieses astralen Luftelementes ist kaum standzuhalten. Faust muß «des Felsens alte Rippen packen», um nicht hinabgeschleudert zu werden in «dieser Schlünde Gruft». Wir wollen nicht übersehen, daß Mephisto diesen Rat erteilt und er es ist, der von den «alten Rippen» des Felsens spricht. Das Wort «Rippen», als Synonym für die Felsenschründe gesetzt, wird den Gegebenheiten nach zwei Richtungen hin gerecht. Einerseits verleiht es dem Verhärtungswillen Mephistos sprechenden Ausdruck, der zu «Frost» und «Winter» nunmehr die knochig-harten Felsenrippen fügt, andererseits ist gerade das Bild der «Rippen» geeignet, uns die Vorstellung lebendiger Bewegung erstehen zu lassen, der sie durch den Atemrhythmus ausgesetzt sind. Damit gliedert sich das Bild in die Sphäre ein, der alles Erstarrte wesensfremd ist. Ähnliches gilt auch von den folgenden Versen, in denen die Bäume als Säulen «grüner», d. h. von Leben erfüllter «Paläste» angesprochen werden. Alles ist voll von Regsamkeit und bewegtem Tun:

«Höre, wie's durch die Wälder kracht!
Aufgescheucht fliegen die Eulen.
Hör', es splittern die Säulen
Ewig grüner Paläste.
Girren und Brechen der Äste!»

Ist dies aber noch Mephistos Sprache? Rudolf Steiner nimmt auch hier eine Korrektur vor, die sich ihm aus Ungenauigkeiten in der Abschrift ergeben hat und die aus Gedankenlosigkeit von Ausgabe zu Ausgabe unterblieben ist. Tatsächlich erscheint es viel einleuchtender, diese Verse aus Fausts Mund gesprochen zu hören. Erst die Frage: «Hörst du Stimmen in der Höhe?» wird wieder von Mephisto gestellt. Rudolf Steiner vollzieht diese Korrektur mit der ausdrücklichen Bemerkung: *«Nicht Goethe soll korrigiert werden selbstverständlich; aber diejenigen, die die Ausgaben gemacht haben.» (2)*

Einsehbar dünkt uns diese Aufteilung aber auch deshalb, weil die Verse ein Geschehen schildern, das ebenfalls Anklänge an Fausts vergangene Erlebnisse auftönen läßt. In «Wald und Höhle» sprach er von der «Riesenfichte», die «stürzend Nachbaräste / Und Nachbarstämme quetschend niederstreift», und er sah sich selbst als der «Unmensch ohne Zweck und Ruh», der wie ein «Wassersturz» begierig wütend dem Abgrund entgegenbraust. Jetzt erlebt er auch diese Triebgewalt – «Der Stämme mächtiges Dröhnen!», ihr «Übereinander-Krachen» – von der makrokosmischen Seite, als Folge eines blindwütigen Heeres entfesselter Elementargewalten:

«Hörst du Stimmen in der Höhe?
In der Ferne, in der Nähe?
Ja, den ganzen Berg entlang
Strömt ein wütender Zaubergesang!»

Das Brausen dieser «Windsbraut» wird durch den Hexenchor zum tönenden Schwall der Lüfte. Natur und Seelenwelt heulen in chaotischer Mischung durcheinander. Aber auch die gewohnten Zeitdimensionen – Frühling und Herbst – schieben sich in eins zusammen, bekommen den Charakter räumlicher Gleichzeitigkeit und erweisen erneut, daß wir nicht mehr in der irdischen Sinneswelt stehen.

«Die Hexen zu dem Brocken ziehn,
Die Stoppel ist gelb, die Saat ist grün.
Dort sammelt sich der große Hauf,
Herr Urian sitzt oben auf.
So geht es über Stein und Stock,
Es f-t die Hexe, es stinkt der Bock.»

Der Rhythmus der Verse schlägt von den vierfüßigen Trochäen des Wechselgesanges um in eine Gleichzahl von Jamben, mit denen der Dichter das dahinstürmende Luftheer der Hexen auch in der Sprachstruktur von dem bisherigen, dem Erdenelement verbundenen Ereignissen, abhebt. Die drastische Deutlichkeit, mit der Goethe die Hexen-«Aura» schildert, stellt eine ausgezeichnete und notwendige Charakteristik für den ich-losen Zustand dieser Wesen dar. Nicht aus ästhetischer, sondern aus medizinischer Sicht sind diese Verse zu werten. Die Leibesfunktionen leben sich hier – wie es dem Tiere eigen ist – ungehemmt, in ihrer ungezügelten, von keiner leitenden Einwirkung des Ich im Zaum gehaltenen Astralität aus, und dies erzeugt die obengenannten Obszönitäten, die gleichzeitig Lust und Wohlbehagen erwecken.

Wurde durch das tektonische Geschehen des glühenden Berges bereits ein Thema berührt, das in viel umfassenderer Form in der «Klassischen Walpurgisnacht» des zweiten Teiles, wie auch zu Beginn des vierten Aktes aufscheinen wird, so tönt der Hexenchor ebenfalls ein Motiv an, das am «Kaiserhof» ein zentrales Anliegen sein wird:

«Die alte Baubo kommt allein,
Sie reitet auf einem Mutterschwein.»

Baubo war im antiken Mythos die Dienerin Demeters, welche durch derbe Witze, die, ob des Verlustes ihrer Tochter Persephone trauernde Mutter aufzuheitern versuchte. Der versteckte Hinweis auf die demetrische Mutterwelt läßt H. Vogel die Frage stellen, ob wir in dieser Hexengestalt nicht eine dämonische Verzerrung dessen zu sehen haben, *«was die Welt der Mütter konstituiert?»* (5)

«So Ehre denn, wem Ehre gebührt!
Frau Baubo vor! und angeführt!
Ein tüchtig Schwein und Mutter drauf,
Da folgt der ganze Hexenhauf.»

Die Frage ist berechtigt. Demeter gehörte den «Müttern» an; und das gebärende, lebenspendende Mutterwesen verkehrt sich hier in sein teuflisch-todbringendes Gegenbild:

«Der Weg ist breit, der Weg ist lang,
Was ist das für ein toller Drang?
Die Gabel sticht, der Besen kratzt,
Das Kind erstickt, die Mutter platzt.»

Das «erstickende Kind», die «platzende Mutter» schlagen jedoch gleichermaßen einen Bogen zu vergangenen Ereignissen; in einer perfiden Art zwingt uns der «lange Weg» und der «tolle Drang» an Gretchens Schicksal zu denken. Eine blasphemische Rückschau, die sich der nicht minder gemeinen «Vorschau» in Auerbachs Keller – dem Lied von der Ratte – in gleicher Art zur Seite stellt.

Nichts in der «Walpurgisnacht» ist willkürliche Obszönität oder erotische Zufälligkeit. Alles ist voll Beziehung. Und Erich Trunz hat gewiß nicht unrecht, wenn er meint, hier würde all das in das Reich der Geister versetzt, was ehedem menschliches Erleben und Begehren war. Nur sind die Vorgänge in diesem Geistbereich weit mehr als bloße Symbole. Wir sagten eingangs der Szene, der Mensch nimmt in der geistigen Welt nur wahr, wozu er die Reife und die innere Affinität besitzt. Alles was Faust in dieser Geistsphäre erschaut, wird daher auch einen persönlichen Bezug in sich bergen, wird in seiner Objektivität gleichzeitig eine subjektive Tingierung aufweisen. Dazu kommt, daß Mephisto Faust ja gerade das bieten möchte, was dessen niederen Neigungen entspricht. Denn davon erwartet er sich für sein Ablenkungsmanöver den größten Erfolg.

Eine merkwürdige und rätselhafte Differenzierung zeigt dieser Hexenchor auf. Stimmen von «oben» wie von «unten» ertönen, auch ein «Hexenmeister» ist miteinbezogen und erweist, daß Goethe die Schuld, mit dem Teufel «Unzucht zu treiben», nicht einseitig dem weiblichen Geschlechte anlastet, wie dies in den Hexenprozessen und Hexenbüchern vom 15. bis ins 18. Jahrhundert fast ausschließlich der Fall war. In völliger Ratlosigkeit stehen die Kommentatoren jedoch vor den «Halbhexen» und jenen, die den Anschluß nicht erreichen, obwohl sie sich schon «dreihundert Jahre» abmühen, den Gipfel zu ersteigen. *«Eine Anspielung»*, so meint R. Buchwald, *«die man auf verschiedene Weise zu deuten versucht hat, ohne daß es doch gelungen wäre.»* Buchwald vermutet, es könnte damit die Zeit gemeint sein, die seit der Reformation vergangen ist; seither sei alles nur *«‹halb›; sogar die Sinnlichkeit und das Hexentum.» (1)*

Einen wichtigen Hinweis zum besseren Verständnis hat dagegen Rudolf Steiner dadurch gegeben, daß er erstens die «Stimmen von unten» Wesen zuteilt, die ganz in «untermenschliche Instinkte» verstrickt sind, zweitens die «Halbhexe» ausdrücklich von jener Seele unterscheidet, die von den «dreihundert Jahren» ihres Zurückbleibens spricht. Beide Andeutungen können uns zu einem tieferen Verstehen weiterhelfen.

Zunächst wird die Auslegung, in den «Stimmen von unten» hätte man es mit Wesen zu tun, die ganz in ihre tierische Triebhaftigkeit gefesselt sind, freilich das Gegenargument auf den Plan rufen, daß dies – in Abschattierung – letztlich das Kriterium des Hexenwesens schlechthin sei. Wodurch würden sich dann jene Seelen unterscheiden, deren Stimme von «oben» ertönt? Folgen wir der Darstellung des Dichters; vielleicht beantwortet sich diese Frage.

Unschwer läßt sich nämlich erkennen, daß wir auch bezüglich der «Stimmen von unten» differenzieren müssen und sie nicht immer den gleichen Wesen angehören. Da sind zunächst jene Stimmen, die folgende rätselvolle Worte sprechen:

«Wir möchten gerne mit in die Höh'.
Wir waschen, und blank sind wir ganz und gar;
Aber auch ewig unfruchtbar.»

Das Bild von der Mühe des Blankwaschens und doch Unfruchtbarbleibens, könnte uns von ferne an die Qualen des Tantalus erinnern, die ja darin bestanden, ewig Durst und Hunger erleiden zu müssen, ohne je Stillung zu finden. Damit wurde der schmerzhafte Läuterungsprozeß der Seele nach dem Tode zum Ausdruck gebracht. Hier wie dort ist eine Art Kamaloka-Erlebnis angesprochen, das eine Katharsis, ein «Blankwaschen» der Seele zum Ziele hat. Im Falle dieser Hexenwesen aber handelt es sich um blinde Selbsttäuschung; sie glauben diese Katharsis bereits vollzogen zu haben, sie fühlen sich «ganz und gar blank» und wollen sich zum Gipfel erheben. In Wahrheit aber haben sie ihre Schuld in der Seele nicht abgetragen und der Gipfel, den sie erstreben, ist Satans Thron. So können sie auch keine Frucht ihres Mühens ernten, bleiben «ewig unfruchtbar».

Die Stimme von «unten», die von den dreihundert Jahren spricht, die gehört dagegen einem Wesen an, das im 16. Jahrhundert, als die Faustsage entstand, zurückgeblieben ist. Das ist keine in einer gegenwärtigen Inkarnation lebende Seele, denn *«so alt werden die Hexen nicht, wenn sie auch auf den Blocksberg gehen». (2)* Es handelt sich in diesem Fall also um eine längst verstorbene Seele, die in die unmittelbare Erdatmosphäre gebannt blieb und nicht aufsteigen kann zu ihren nachtodlichen Geistbereichen:

«Die Geister, die zurückgeblieben sind aus jener Zeit, die sich nun vermischen mit denen, die als gegenwärtige Hexen nach dem Brocken kommen, die treten auch auf...» (2)

Goethe weiß, daß sich in die gegenwärtigen Zusammenhänge des menschlichen Lebens immer auch Seelen Abgeschiedener mischen, die in ihrer Entwicklung zurückgeblieben sind. Durch dieses Zurückbleiben sind sie den Hexenseelen verwandt:

«Nehmt mich mit! Nehmt mich mit!
Ich steige schon dreihundert Jahr,
Und kann den Gipfel nicht erreichen.
Ich wäre gern bei meinesgleichen.»

Die Stimmen, die von «oben» ertönen und zum Mitkommen auffordern, gehören jedoch Seelen an, die in der gegenwärtigen Inkarnation leben, die natürlich auch in Triebe und Instinkte verstrickt sind, und sich darin voll ausleben.

«Es trägt der Besen, trägt der Stock,
Die Gabel trägt, es trägt der Bock;
Wer heute sich nicht heben kann,
Ist ewig ein verlorner Mann.»

Die «Halbhexe» schließlich muß ebenfalls zu den gegenwärtigen Seelen gezählt werden, sie «trippelt» jedoch langsam und wird erst allmählich der vollen «Hexenweihe» teilhaftig. Ihr Zaudern läßt sie weder im «Guten» noch im «Bösen» Rechtes erreichen. «Zu Hause» – im normalen Tagesbewußtsein und seiner Glaubenswelt – findet sie «keine Ruh'» und hier, in der leibfreien Erlebniswelt des Brocken, kann sie ebenfalls den Anschluß nicht finden.

«Ich tripple nach, so lange Zeit;
Wie sind die andern schon so weit!
Ich hab' zu Hause keine Ruh,
Und komme hier doch nicht dazu.»

Die «Halbhexe» hätte noch die Chance, sich aus den Umstrickungen des Blocksberges zu befreien. Sie zögert, ihr volles Hexentum zu ergreifen. Doch der reife, riten-erprobte Hexenchor ruft ihr zu, ihre Halbherzigkeit endlich aufzugeben:

«Die Salbe gibt den Hexen Mut,
Ein Lumpen ist zum Segel gut,
Ein gutes Schiff ist jeder Trog;
Der flieget nie, der heut nicht flog.»

Mit Hexensalben mußten Besen, Trog usw. bestrichen werden für die Fahrt zum Brocken. Die Bilder sind Symbole für die Affinität dieser leibfreien Seelen zu der verdorbenen Astralität und Ätherizität – dem Luft und Wasserelement – der Brocken-Nacht, und lassen die niedere Triebgewalt erkennen, mit der sie in diesem mephistophelischen Bereich zu gelangen suchen. Im modernen Sprachjargon würden wir von ihrem «High»-Werden sprechen. Wir haben bereits in der Szene «Hexenküche» angeführt, wie jene einstigen Manipulationen der Hexen in unserer gegenwärtigen Zeit in drastischer Weise, wenn auch mit anderen Mitteln, wieder aufleben.

Und wenn man in Eberhard Fuchs' aufschlußreichem Buch «Jugend-Sekten» über die verschiedenen Verrichtungen liest, die in derartigen Vereinigungen getätigt werden, um den *«Haut- und Körperwiderstand»* zu überwinden und einen *«Trip» (6)* in die Leibfreiheit zu unternehmen, dann kann einem bewußt werden, daß Goethe hier nichts als Realitäten schildert.

So haben wir zusammenfassend festzustellen, daß der Blocksberg ein buntgefächerter Versammlungsort von Seelen ist. Die ungezügelte Triebhaftigkeit findet sich dort ebenso ein wie die Zurückgebliebenen, die Lauen und Halbherzigen; und sein weites Rund ist damit noch immer nicht erschöpft, wie wir gleich erkennen werden.

Mephistos Bestreben ist es, Faust in diesem trivialen Hexentreiben festzuhalten.

Mit Überschwang preist er diese chaotische Turbulenz und fordert Faust auf, sich fest an ihn zu halten:

> «Das drängt und stößt, das ruscht und klappert!
> Das zischt und quirlt, das zieht und plappert!
> Das leuchtet, sprüht und stinkt und brennt!
> Ein wahres Hexenelement!
> Nur fest an mir! sonst sind wir gleich getrennt.»

Faust scheint auch tatsächlich von diesem Hexentreiben fortgerissen zu werden. Die Erschütterungen, die zu dieser Lockerung seiner Wesensglieder geführt haben, sind offenbar völlig vergessen, die Stimme des Gewissens scheint verstummt:

> «Du Geist des Widerspruchs! Nur zu! du magst mich führen.
> Ich denke doch, das war recht klug gemacht:
> Zum Brocken wandeln wir in der Walpurgisnacht,
> Um uns beliebig nun hieselbst zu isolieren.»

Isolation und Verselbständigung Fausts liegt nun aber gar nicht in der Absicht Mephistos. Gleich die folgenden Verse zeigen, daß diese Zustimmung und Bejahung eine andere Ursache hat, als Mephisto denkt. Denn als er Faust zu einem «munteren Klub» führen will, der sich als kleine Gruppe um ein buntes Feuer schart, als er meint, daß man «Im Kleinen nicht allein ist», da spricht Faust aus, was ihn in Wahrheit bewegt:

«Doch droben möcht' ich lieber sein!
Schon seh' ich Glut und Wirbelrauch.
Dort strömt die Menge zu dem Bösen;
Da muß sich manches Rätsel lösen.»

Faust will zum «Gipfel», wo er die Urgründe des Bösen vermutet. Auch die mephistophelische Initiation, die er hier empfängt, wird ihm zu einem Erkenntnisproblem. Deutlich zeigt sich, wie sich Faust mit dem erreichten «Mittelgipfel» nicht begnügen will; und wir sagten ja, daß Mephisto diese Unstillbarkeit des faustischen Ergründungsdranges zur Voraussetzung seines schwarz-magischen Einweihungsmanövers wird nehmen müssen.

In der Tat kann Faust aus dem bisher Erlebten wichtige Erkenntnisse gewinnen. Zeigte sich ihm doch, wie es sich auswirkt, wenn sich Wesen unbekümmert um das Wissen hintergründiger Zusammenhänge ihren Leidenschaften verschreiben, wie schwarz-magische Manipulationen jahrhundertelang nachwirken und die Seele im Bannkreis des Bösen zurückbleiben muß.

Nun liegt dies aber gar nicht in den Intentionen Mephistos, Faust in die tieferen Geheimnisse des Bösen wirklich einzuweihen. Auch in diesem Bereich versucht er, ihn bloß «durch flache Unbedeutendheit» zu schleppen, ihn durch Banalitäten zu betören und ihm zum Nachsinnen keine Zeit zu lassen:

«Doch manches Rätsel knüpft sich auch.
Laß du die große Welt nur sausen...»

Wieder einmal spricht der Teufel eine Wahrheit aus, zum Zwecke, Wahrheit zu verdunkeln. Das Erklimmen eines höheren Standortes würde zweifellos neue Aspekte aufzeigen. Fragen, die aus dieser übergeordneten

Sicht ihre Antwort fanden, müßten neuen Rätseln weichen. Denn auch die Weite dieses höheren Horizontes hat ihre Begrenzung. Und wie oft birgt diese übergeordnete Sicht nicht Gegensatz und Widerspruch zu dem in niedererer Perspektive Erkannten. Faust möge diese «große Welt» daher unbeachtet lassen:

«Wir wollen hier im Stillen hausen.
Es ist doch lange hergebracht,
Daß in der großen Welt man kleine Welten macht.»

Für diesmal scheint das Ablenkungsmanöver zu gelingen. Eine Antwort, wie sich die Dinge vom Gipfel der «großen Welt» ausnehmen, wird Faust erst im zweiten Teil der Dichtung erhalten. Mephistos Abwinken läßt aber auch deutlich werden, daß er tatsächlich «Keiner von den Großen» ist, wie er Faust einst bekannte; ja, daß ihm vielleicht selbst die oberen Sphären des satanischen Bereichs gar nicht zugänglich sind. So gefährlich und verderblich er dem Menschen auch werden kann, für die göttliche Weltenführung bleibt er der «Schalk», der dem Herrn «am wenigsten zur Last ist.»

Zum Gipfel, wo «Satans Thron» zu denken wäre, will er Faust nicht führen. Doch ihn im Hexenzirkel zu verstricken, das geht wohl an. Und auf ein «junges Hexchen, nackt und bloß», setzt Mephisto große Hoffnung. Doch ihn tiefer in die Untergründe des Bösen einzuführen, wäre riskant. Man käme der «Hölle» auf ihre Schliche, und Faust könnte Dinge entdecken, *«die für manche Menschen höchst gefährlich wären.» (2)* Er würde nämlich erkennen, daß so manches, was auf Erden mit Selbstverständlichkeit etabliert und mit moralischen Etiketten ausgestattet ist, seinen Ursprung im Bösen hat. Dazu Rudolf Steiner:

«Diejenigen, die die Hexen verbrannt haben, hatten ein entschiedenes Interesse daran, daß nicht dasjenige verraten werden könnte, was herauskommt, wenn irgendein Kundiger weiter in die Hexengeheimnisse hineingeht. Nun, auf solche Dinge kann man ja nur hinweisen. Man würde von mancherlei den Ursprung gefunden haben, – und niemand, der eigentlich so etwas nicht zu scheuen hat, ist für das Hexenverbrennen gewesen.» (2)

Deshalb auch die Sorge Mephistos, Faust im Trivialen halten zu können. Denn es wäre schlimm um seine Herrschaft auf Erden bestellt, würde der strebende Menschengeist das Gespinst durchschauen, das um so manche Einrichtung dieser Welt von ihm gesponnen wurde.

«Komm mit! Komm mit! Es kann nicht anders sein,
Ich tret' heran und führe dich herein,
Und ich verbinde dich aufs neue...
Ein Hundert Feuer brennen in der Reihe;
Man tanzt, man schwatzt, man kocht, man trinkt, man liebt;
Nun sage mir, wo es was Bessers gibt?»

Hunger, Durst, Geschlechtstrieb, Schwatzsucht und Spiel – der Notdurft der Kreatur, dem «Naturtrieb» in seiner primitivsten Erscheinung wird hier gehuldigt: «Nun sage mir, wo es was Bessers gibt!» Was auch beim Tier Zwang und Trieb ist, sich jedoch in Anmut und Unschuld darlebt, so daß es uns oft mit Bewunderung ergreift, zeigt sich beim Menschen, wenn es allein um seiner selbst willen besteht, reif für den Blocksberg.

Faust läßt seiner Ungeduld auch freien Lauf. Er will das «Böse» ergründen und nicht ein abgeschmacktes Hokuspokus eines banalen Zauberkünstlers erleben:

«Willst du dich nun um uns hier einzuführen,
Als Zaubrer oder Teufel produzieren?»

Mephisto wehrt geschickt ab, indem er Fausts Aufmerksamkeit zwar wiederum auf etwas Nebensächliches, aber doch Elementares lenkt, das wert ist, begriffen zu werden:

«Siehst du die Schnecke da? Sie kommt herangekrochen;
Mit ihrem tastenden Gesicht
Hat sie mir schon was abgerochen.»

Wir stehen in einer Welt, in der *«sich's mehr riecht, als sich's schaut»*. *(2)* Rudolf Steiner hebt diese exakte Aussage Goethes vom «tastenden Gesicht» ganz besonders hervor. Denn sie entspricht genau der qualitativen Beschaffenheit dieser Sphäre. Weder herrschen dort Gerüche, wie wir sie als irdische Menschen gewohnt sind wahrzunehmen, noch handelt es sich um ein Gesicht in unserem Sinne. Es ist vielmehr so, *«wie wenn man aus den Augen etwas herausstrecken könnte, um mit feinen Augenstrahlen die Dinge abzutasten.» (2)* In der niederen Tierwelt gibt es ja tatsächlich solche ätherische «Radar-Organe». Auch die Schnecke hat nicht bloß Fühler, *«sondern diese Fühler verlängern sich in außerordentlich lange Ätherstangen, und mit denen kann wirklich solch ein Tier dasjenige, was weich ist, betasten, aber nur ätherisch betasten.» (2)* Solcherart lösen sich auch manche sonst schwer zu begreifende Natur-Phänomene, wie etwa das sogenannte «Radar-System» der Delphine oder Fledermäuse.

Das Schnecken-Intermezzo birgt aber auch für uns eine wertvolle Lehre. Heißt es doch, daß man mit dieser Art von «Fühlfäden», wie sie hier von der Schnecke beschrieben werden, Mephisto etwas «abriechen» könne. Würde man sich dieses «tastenden Gesichtes» des Ätherleibes bewußter bedienen können, man würde Mephistos Worte aus «Auerbachs Keller» bald Lügen strafen: «Den Teufel spürt das Völkchen nie, / Und wenn er sie beim Kragen hätte.» Auch das gegenwärtige «Völkchen», das sich um die Feuer schart, würde den Teufel gewahren.

Faust, von Feuer zu Feuer geführt, wird mit dem «munteren Klub» bekannt gemacht. Ein General, ein Minister, ein Parvenu und ein Autor sind seine Mitglieder. Nörgelnde «Senioren», die ihrer Meinung freien Lauf lassen. Daß allein die Jugend zählt – bei Volk, wie bei den Frauen –, ist das Leid des Generals; daß die «guten alten Zeiten» endeten, als der Minister sein Amt verlor, ist die bittere Erkenntnis des Staatsmannes. Auch Parvenu und Autor mäckeln an der Jugend herum, die ebenso die Dinge umwertet, wie sie selbst es einst getan haben, allerdings mit der Absicht, daß man das von ihnen Umgewertete beständig erhalten würde:

> «Wir waren wahrlich auch nicht dumm,
> Und taten oft, was wir nicht sollten;
> Doch jetzo kehrt sich alles um und um,
> Und eben da wir's fest erhalten wollten.»

Wir sehen: ganz weicht Mephisto dem Erkenntnisfelde nicht aus. Was er Faust jedoch bietet ist Philistertum, das *«Gemeine im Geiste»*, wie Buchwald sagt; damit zeigt er ihm auch dieses Geistige als bloßen «Naturtrieb», und wie die Hexenwesen, ist auch diese Gruppe nicht symbolisch zu deuten. Rudolf Steiner stellt die humorvolle Frage, warum man den

«General, seine Exzellenz den Minister, den Parvenu und den Dichter» nicht auch auf dem Blocksberg finden sollte? Man trifft sie, denn auch sie *«sind außer ihrem Leibe». (2)* Aber Mephisto ist selbst überrascht, *«daß es in dieser Weise an ihn herantritt, daß er sich noch an ältere Schichten seines Daseins erinnern muß. Deshalb wird er plötzlich alt an der Stelle ...» (2)*

Die Ausführungen Rudolf Steiners über diesen Blocksberg-Klub bergen interessante Erkenntnisse in sich. Zunächst fällt uns die Verwunderung Mephistos auf, die vier Gesellen hier überhaupt anzutreffen. Das kann nur bedeuten, daß ihre Seelen ohne sein unmittelbares Dazutun den Weg zum Brocken gefunden haben. Wie aber ist dies möglich? Von Faust wissen wir, daß die Lockerung seiner Leibesglieder durch die Schicksalsereignisse herbeigeführt wurde, und daß die in ihm wirkenden Kräfte des Hexentrankes Mephisto die Möglichkeit gaben, ihn auf den Blocksberg zu führen. Die Hexenwelt, in ihre Triebe verstrickt, bedarf der «Salbe», um sich zu diesem Astralbereich zu erheben. In beiden Fällen sind unmittelbar mephistophelische Einwirkungen beteiligt. Wie aber ist es bei diesen Vieren? Rudolf Steiner deutet es folgendermaßen an:

«Wenn man Glück hat, so kann man ja auch solch eine Gesellschaft finden; denn sie sind manchmal schon so, die Gesellschaften, daß sie miteinander durch ihr eigenes Amusement einschlafen.» (2)

Das Erscheinen dieser vier Repräsentanten einer menschlichen Gesellschaft ist – trotz der Verwunderung Mephistos darüber –, kein «Wunder», sondern ein Vorgang, der durch die Natur selber – *«ohne daß es durch etwas anderes als nur durch einen etwas abnormen Fortgang des naturgemäßen Lebens so weit kommt» (2)* –, bewirkt wird. Die Wirkung liegt einfach in den «Usancen» so eines Klubs. Auch diese vier Herren sind eingeschlafen; aber nicht etwa aus Müdigkeit ob ihres Tages Müh' und Arbeit. Sie sind über ihrem eigenen Amusement eingeschlafen, über ihre banalen Gespräche ohne tieferen Sinn, über ihrem Reden um des Redens willen, über Wein und Kartenspiel; eingeschlafen über ihren eigenen antiquierten Ansichten, die letztlich jene Zustände heraufbeschworen haben, über die sie sich jetzt mokieren. Es bedarf nicht erst der besonderen «Nachhilfe» des Teufels; sie steigen von selbst zum Brocken auf, wenn sie ihre Leiber verlassen, da sie durch ihre Interesselosigkeit an allem Geistigen, ihre

Fühllosigkeit mit der Umwelt, in ihrer Rolle als «Ewig-Gestrige», allein schon jene *«Abnormität des naturgemäßen Lebens»* bewirken, die ihnen sicheres Geleit zum Blocksberg verschafft. Die «hundert Feuer», von denen Mephisto spricht, sind kein enger geographischer Raum. Sie sind wohl qualitativ gewertet eine «kleine», ihrer quantitativen Ausdehnung nach aber eine sehr weitgestreckte Welt: «Da sieh nur hin! du siehst das Ende kaum.»

Wir würden wahrscheinlich nicht minder erstaunt sein – gleich Mephisto –, über die Begegnungen an diesen Feuern, wenn wir mit Bewußtsein diese Welt erleben könnten. Die Studenten von Auerbachs Keller träfen wir bestimmt dort an; aber auch jene braven Bürger, die sich nichts Besseres wissen «an Sonn'- und Feiertagen», als in Ruhe ihr Gläschen Wein zu schlürfen, «Wenn hinten, weit, in der Türkei, / Die Völker aufeinander schlagen», und die ängstlich bedacht sind, daß es nur «zu Hause beim alten bleibe», mag auch anderswo «alles durcheinander gehn». Jene Philister alle, die Weltgeschichte nur wie ihr eigenes Amusement ansehen, und jene «Wagners» auch, die in der Tradition erstarrt sind und Genüge darin finden, die Kunst, die man ihnen übertrug, «gewissenhaft und pünktlich auszuüben» –, sie alle fänden wir am Blocksberg, und noch weit mehr. Denn sie alle stellen ein retardierendes Element dar und das ist des Teufels.

Wenn man diese «naturgemäße», wenn auch etwas abnorme Art auf den Brocken zu kommen, ins Kalkül zieht, dann wird man Fausts dortiges Erscheinen wohl mit anderen Maßstäben messen, als der erste Blick gewillt ist, es zu tun. Ihm haftet nichts von Philistertum an; er, der sich nie beruhigt auf ein Faulbett legen will, ist keiner von den «Ewig-Gestrigen»; zwar in Trieb und Leidenschaft verstrickt, ist er doch einer von denen, die aus jedem Sturz Nutzen und Erkenntnis ziehen und so die Entwicklung weitertragen.

Daß Mephisto beim Anblick der vier «Klubisten» plötzlich sehr alt erscheint, bewahrheitet die Tatsache dieses «abnormen Naturvorganges». Er selbst ist ja das retardierende Element; indem er darin lebt, erkennt er es auch nicht als solches.

Und wieder spricht er dabei eine Wahrheit aus, die jedoch aus seiner Perspektive heraus zu verstehen ist:

«Zum jüngsten Tag fühl' ich das Volk gereift,
Da ich zum letzten Mal den Hexenberg ersteige,
Und weil mein Fäßchen trübe läuft,
So ist die Welt auch auf der Neige.»

Der «jüngste Tag», das ist für ihn der Weltenaugenblick, wo alles, was entstanden ist, endlich zugrunde gehen wird. Er spricht diese Verse aus der Urstimmung jenes satanischen «nichtenden Nichts», dem er als Werkzeug dient: «Die Welt ist auf der Neige»: sie ist an ein Ende gekommen und reif für den Untergang.

Dann plötzlich ein ganz anderes Treiben: ein Jahrmarkt im Blocksbergstil! Eine Trödelhexe – *«die ja natürlich auch aus ihrem Leibe gefahren ist» (2)* –, preist ihre Waren an. Auch sie muß jedoch für Mephisto eine zwiespältige Erscheinung sein. Wohl ist sie mittels der Hexensalbe auf den Brocken gekommen und zählt somit zu seinem intimen Kreis; und was sie feilzubieten hat, sind wahrlich Früchte, die nur auf mephistophelischem Felde geerntet werden können: Meuchelmord, Gift, Verführung. Kein Zufall daher, daß sie Mephisto vertraulich mit «Frau Muhme» anspricht. Andererseits aber bergen gerade diese Feilbietungen Gefahren in sich. Denn Faust könnte durch sie nur zu leicht an Geschehnisse erinnert werden, die gerade durch dieses Hexentreiben in Vergessenheit sinken sollen.

«Kein Dolch ist hier, von dem nicht Blut geflossen,
Kein Kelch, aus dem sich nicht, in ganz gesunden Leib,
Verzehrend heißes Gift ergossen,
Kein Schmuck, der nicht ein liebenswürdig Weib
Verführt, kein Schwert, das nicht den Bund gebrochen,
Nicht etwa hinterrücks den Gegenmann durchstochen.»

Kein Zweifel! Auch der unschuldige Schlaftrunk ist für Gretchens Mutter zum Gift geworden, der Schmuck, um die «liebe Buhle» zu zieren, ward zum Verführungsmittel für das «liebenswürdigste Weib», und das mephistophelische, den Arm des Gegners lähmende «Stoß zu!», hat «hinterrücks den Gegenmann durchstochen.» Muß sich Faust in dem Feilgebotenen nicht selbst erblicken?

Wie aber ist dies zu erklären? Die Worte der Trödelhexe, mit denen sie die Aufmerksamkeit auf ihre Waren lockt, stehen in vollem Gegensatz zu dem, was Mephisto bewirken will. Er will Ablenkung von allem Gewesenen, sie läßt das Vergangene neu erstehen, und will, daß man es beachte:

«Ihr Herren, geht nicht so vorbei!
Laßt die Gelegenheit nicht fahren!
Aufmerksam blickt nach meinen Waren,
Es steht dahier gar mancherlei.»

Die Lösung dieses Widerspruchs liegt erneut in der Tatsache, daß Faust erschaut, wozu er Reife und Neigung hat. In der Erscheinung der Trödelhexe liegt ohne Zweifel ein erstes Aufblitzen seines besseren Seelenteils verborgen. In Wahrheit ist er es, der diese Erscheinung herbeiruft, da sein Seelenauge gerade dafür offen ist. Sowohl die Antwort Mephistos, als auch die Entgegnung Fausts bestärken diesen Gedanken. Mephisto, indem er seinen Unwillen über diese Präsentation vergangener Geschehnisse zum Ausdruck bringt:

«Frau Muhme! Sie versteht mir schlecht die Zeiten.
Getan geschehn! Geschehn getan!
Verleg' Sie sich auf Neuigkeiten!
Nur Neuigkeiten ziehn uns an.»

Faust, indem er an sein Ich appelliert, und damit erkennen läßt, wie sehr er sich bisher immer noch selbst gegenwärtig war:

«Daß ich mich nur nicht selbst vergesse!
Heiß' ich mir das doch eine Messe!»

Bei einer derartigen «Hexenmesse», wo man «geschoben wird», obwohl man «zu schieben» vermeint, kann das Bewußtsein leicht schwinden und in einem astralen Atavismus untergehen. Faust aber will alles mit vollem Ich-Bewußtsein erleben. Mephistos Absicht droht damit neuerlich Gefahr. Er sieht sich zu noch stärkeren Mitteln gezwungen, Fausts Leibfreiheit zu intensivieren. Die Erscheinung «Liliths» ist sichtbarer Ausdruck für den Versuch, sein Bewußtsein zu überwältigen. Lilith galt in altrabbinischen Sagen als «Buhlteufel» und Mutter Luzifers, als weiblicher

Satan. In Goethes «Walpurgisnacht» ist sie der Inbegriff der Verführung und Sinnlichkeit.

«Lilith ist das... Adams erste Frau.
Nimm dich in acht vor ihren schönen Haaren,
Vor diesem Schmuck, mit dem sie einzig prangt.
Wenn sie damit den jungen Mann erlangt,
So läßt sie ihn so bald nicht wieder fahren.»

Daß Lilith auch als «Adams erste Frau» bezeichnet wird, knüpft an das erste Buch Mose an, Kapitel I, Vers 27: *«Und Gott schuf den Menschen ihm zum Bilde, zum Bilde Gottes schuf er ihn; und schuf sie einen Mann und ein Weib.»* Erst im zweiten Kapitel ist dann von der Erschaffung Evas die Rede. Um das Mißverstehen dieser Bibelstelle, die scheinbar von einer doppelten Erschaffung der Frau spricht, rankten sich jüdische Sagen, die von einer dämonischen Frau Adams, Lilith, hebr.: die «Nächtliche», zu erzählen wußten. Goethe entnahm ihre Gestalt dem «Anthropodemus Plutonicus» (Menschenvolk unter der Erde) von Prätorius, 1666, wo auf Seite 21 steht, daß *«Lilith, welche von Angesicht wie ein schön Weib gestalt, die vorgehenden mit lieblichen anblicken und entblössung der Brust zu sich locke und hindenzu eine schüpichte Schlange sey und, so bald man herzu nähere, die Leute ganz grimmiglich fresse.» (7)* Lilith ist also Vampyr und Lamie zugleich.

In dieses Bild der Verführerin fügen sich auch die «schönen» langen Haare folgerichtig ein. Das Haar ist als physiognomisches Zeichen für Persönlichkeit und Charakter sehr sprechend. Carl Gustav Carus hat in seiner «Symbolik der menschlichen Gestalt» der Bedeutung der Haare ein eigenes Kapitel gewidmet und festgestellt, daß die Art des Haares, seine Farbe und qualitative Beschaffenheit, in einem *«sehr eigentümlichen Zusammenhang mit den inneren Nervengebilden und dadurch zugleich mit manchen psychischen Eigenschaften»* steht. *(8)* So ist z. B. eine *«gewisse Kindlichkeit»* des Charakters stets mit *«hellen, weichen, feinen Haaren»* verbunden. *«Ebenso bestimmt ergibt sich aus physiologischem Grunde die Bedeutung eines gröbern dunklern Haars für eine gewisse Festigkeit und Härte des Charakters...» (8)* Kurze Haare deuten auf Wachheit und Bewußtseinsklarheit. Hinter dem langen Haar will man sich verbergen. Langes, seidenweiches Haar wirkt Bewußtsein-einschläfernd. Es gibt ein altes illyrisches Sprichwort, in dem heißt es: *«Frauen haben langes Haar und kurze Gedanken»*, wogegen uns das verminderte Haupthaar am geistig hochstehenden Greise mitunter als Zierde erscheinen kann. Eine Sentenz, die den Zusammenhang zwischen dem mit abbauenden Kräften verbundenen Bewußtseinspol und dem sprießenden Lebenspol, dem das Weibliche intensiver verbunden ist, aufzeigen will.

Das lange Haar, in das sich Lilith wie in einen Mantel hüllt, um damit mehr zu entblößen als zu verdecken, ist ihr einziger Schmuck. Gleich den zahlreichen Nixen- und Undinengestalten – man denke an die Loreley – wendet sie diesen Schmuck als Verführungsmittel an, um durch Glanz und Weichheit ihres Haares den Verlockten «einzuschläfern».

Allerdings, würde man die Erscheinung Liliths bloß als Personifikation der Verführung verstehen, hieße dies, ihr letztlich doch nur Symbolcharakter zuzubilligen. Wenn wir in ihr aber eine Intensivierung mephistophelischer Betäubungsversuche erblicken wollen, dann muß die Wahrnehmung Liliths einen konkret-realen Vorgang innerhalb des Seelenbereiches Fausts bedeuten. Rudolf Steiner hat den Hinweis gegeben, daß sich hinter Lilith in Wahrheit ein Stück Ätherleib Fausts verbirgt, das Mephisto aus seiner schlafenden Leibeshülle *«herausholt»*. *(2)* Da die Äthersubstanz über eine saugende Wirkenskraft verfügt, muß uns die Charakteristik Liliths als Lamia und Vampyr sehr sinnvoll erscheinen. Außerdem wird damit auch eine Brücke zur «Klassischen Walpurgisnacht» errichtet, in der die Lamien als «lustfeine Dirnen» und gleichzeitig als «Verschlingerinnen» in Erscheinung treten werden. Und dies ist deshalb wieder von Bedeutung, weil alles, was Faust hier erlebt, einen bleibenden Eindruck hinterläßt. Dies ermöglicht es, daß er die Dinge, wenn sie erneut – wohl in veränderter Form, aber mit dem gleichen Wesensgehalt – an ihn herantreten werden, er sie in richtiger Weise durchschauen und keiner Täuschung mehr unterliegen wird. So wird Faust z. B. die «Klassische Walpurgisnacht» in einer ganz anderen Bewußtseinshaltung durchschreiten, als den gegenwärtigen Hexenzauber des Blocksberges.

Es bleibt noch die Frage zu klären, wieso der eigene Ätherleib für Faust zum Verführer werden kann. Als weibliches Wesen erscheint ihm sein Ätherleib deshalb, weil die ätherische Wesensschicht des Mannes weiblich ist. *«Das führt hinauf in Zeiten, in denen der Mensch überhaupt nicht so konstituiert war... Hier sehen wir, wie schon luziferische Künste, die dem Mephistopheles auch zu Hilfe stehen, mitspielen, wie aber doch etwas Niedriges dabei ist.» (2)* Rudolf Steiner rührt damit an jene mißverstandene Bibelstelle des ersten Kapitels der Genesis. Nicht darf es nämlich heißen: *«... und schuf sie einen Mann und ein Weib»*, sondern: *«und schuf sie männlich-weiblich»*. Der Mensch in seiner ursprünglichen geistig-seelischen Konfiguration – und nur von ihr ist in diesem ersten Kapitel die Rede – war androgyn, so wie er es auch heute noch in seinem Ich und seinem Astralleib ist. Da der androgyne Mensch, als lebendiges Wesen jedoch bereits einen Ätherleib besaß, wußte auch dieser noch nichts von einer Entzweiung in ein Männliches und Weibliches. Erst der Sündenfall führte zur Geschlechtertrennung für den physischen und ätherischen Leib. Jetzt erst wird der bisher zweigeschlechtlich-reine Ätherleib für den Mann zur «Lilith», zu seiner «ersten Frau» und gleichzeitig zum «Nährboden» für die luziferisierte Triebnatur, zur «Mutter Luzifers». Wenn Faust nun Lilith als Verführerin erschaut, dann heißt das, daß ihn der durch Luzifer verdorbene Teil seines eigenen Ätherleibes, der durch Mephistos Manipulationen der schlafenden Leibeshülle entzogen wurde, überwältigt.

Der Ätherleib aber ist sowohl Träger der Gedanken- und Erinnerungskräfte, als auch der Boden zur Verwurzelung unserer Triebe. (Besinnen wir uns auf das in «Auerbachs Keller» über die Temperamente Gesagte.) Diese Doppelfunktion des Ätherleibes wird den Rest der Szene zu einer dramatischen Auseinandersetzung zwischen «Trieb» und «Erinnerung», d. h. zwischen Fausts höherem Seelenteil und der mephistophelischen Korrumpierung seiner ätherisch-astralen Leibeshüllen erstehen lassen. Denn nicht der Ätherleib als Ganzes ist durch den Widersacher verdorben worden. Was wir seit der Osternacht an wahrer Lebenssubstanz immer wieder als reale Wirkenskraft mit Fausts Seele verbunden sahen, kann auch jetzt nicht eliminiert werden. Wenn es im Augenblick auch den Anschein haben mag, als ob Mephisto sein Ziel erreicht hätte, wird das Ende der Szene erkennen lassen, daß jene ich-erfüllten Lebenskräfte zwar eine Zeitlang übertäubt, aber nicht für immer zum Schweigen gebracht werden konnten.

In dieser Übertäubung stürzt sich Faust nunmehr tatsächlich in den Strudel dieses Hexenzaubers und tanzt mit einer jungen Hexe. Ihr begleitender Wechselgesang läßt erkennen, daß Faust ganz von dem sinnlich-erotischen Element erfaßt und mitgerissen wird, das von «Lilith» ausstrahlt. Daß ihr Gesang das Apfel-Motiv enthält, kann uns aufzeigen, wie folgerichtig und geistgemäß Goethe den inneren Vorgang des Geschehens weiterspinnt:

«Der Äpfelchen begehrt ihr sehr,
Und schon vom Paradiese her.
Von Freuden fühl' ich mich bewegt,
Daß auch mein Garten solche trägt.»

In der Zweideutigkeit der Wortbedeutung liegt alles vorhin Ausgesprochene darin: Paradies, Geschlechtertrennung, Luziferisierung. Und wie? Müssen die «Äpfelchen» der jungen Hexe Faust nicht an jene trauten Stunden gemahnen, die Mephisto einst blasphemisch mit Worten aus dem Hohen Lied Salomonis ironisierte?:

«Gar wohl, mein Freund! Ich hab' Euch oft beneidet
Ums Zwillingspaar, das unter Rosen weidet.»

Mephisto zeigt in seinem Zwiegesang mit der «Alten» dagegen den alles verschlingenden Abgrund dieser «Geschlechtertrennung» in unverblümter Obszönität auf. Und doch darf dabei nicht übersehen werden, daß dem Teufel die Bewußtseinsbetäubung Fausts nur um den Preis der Entdekkung eines höheren Geheimnisses, eben der Manipulation mit dem ätherischen Leib und das durch sie bewirkte Erschauen der Lilith-Gestalt, möglich war. In einer gewissen Weise ist Faust dadurch doch ein Stück «nach oben» gestiegen, wo er sich die Lösung manches Rätsels versprach.

Das Überwuchern triebhafter Sinnlichkeit wird durch das Auftreten einer neuen Gestalt retardiert; an ihr offenbaren sich abermals Bewußtseins-Elemente: der «Proktophantasmist». Ihn dürfen wir uns wohl auch nicht durch Mephistos unmittelbare Einwirkung auf den Brocken gehoben denken; vielmehr wird auch er – die Charakteristik die er erhält, läßt uns dies vermuten –, auf jene etwas «anormalisierte natürliche» Art, wie die vier Klubgesellen, den Hexenberg gefunden haben.

Da wir bereits erkannt haben, daß bei diesem Blocksbergtreiben nichts Willkürliches und Zufälliges waltet, wird auch diese Erscheinung in irgendeiner Weise mit Faust zu tun haben müssen, und wird nicht allein dadurch ihre Rechtfertigung finden, daß Goethe bloß einen alten Gegner lächerlich machen wollte. Zwei Geschehnisse laufen demnach gleichzeitig nebeneinander her: Fausts Tanz mit der jungen Hexe und das dieses merkwürdigen Aufklärers wider allen Hexenspuk. Sollten uns diese beiden Handlungsabläufe vielleicht die beiden Erlebnissphären Fausts – Trieb und Bewußtsein – in verschleierter Form sichtbar machen?

Unter einem Phantasmist ist eine Art «Geisterseher» zu verstehen. «Proktos» dagegen heißt im Griechischen der «Steiß». Aufs Korn genommen wird damit der Schriftsteller und Buchhändler Nicolai in Berlin, einst ein Kampfgenosse und Freund Lessings, von Goethe und Schiller jedoch bereits in den «Xenien» als banaler und philisterhafter Antipode alles Genialen gebrandmarkt und verspottet. Dieser Nicolai hatte durch seine Gegenschrift «Die Freuden des jungen Werther» nicht nur Goethes jugendlich-überschwengliche Romantik zu verhöhnen versucht, er hat auch in der Berliner Akademie der Wissenschaften Abhandlungen über die Verwerflichkeit des Aberglaubens von einer geistigen Welt verfaßt. Nun litt er zu seinem Leidwesen aber selbst unter Visionen, die ihn geistige Welt erleben ließen. Als Entwöhnungskur ließ er sich an jenem Körperteil, den die Griechen mit «proktos» bezeichneten, Blutegel ansetzen. Daraufhin vergingen ihm die Visionen, und der «Proktophantasmist» konnte daher, als 1797 das Gerücht aufkam, im Humboldtschen Schloß zu Tegel würden Spukerscheinungen wahrgenommen, der Akademie der Wissenschaften in einem Vortrag, auf Grund eigener Erfahrung beweisen, daß Schauungen einer geistigen Welt sofort verschwänden, wenn man sich am After Blutegel ansetzen ließe.

«Verfluchtes Volk! was untersteht ihr euch?
Hat man euch lange nicht bewiesen:
Ein Geist steht nie auf ordentlichen Füßen?
Nun tanzt ihr gar, uns andern Menschen gleich!»

Mitten in diesen Hexensabbat versetzt Goethe also den Aufklärer.

Während er, getreu seines irdischen Verhaltens, auch hier gegen alle Geister wettert, tanzt Faust mit seiner jungen Hexe munter fort.

«Ihr seid noch immer da! Nein, das ist unerhört.
Verschwindet doch! Wir haben ja aufgeklärt!
Wir sind so klug, und dennoch spukt's in Tegel.
Wie lange hab' ich nicht am Wahn hinausgekehrt,
Und nie wird's rein; das ist doch unerhört!»

Mephisto gibt hämisch das Rezept wieder, dem sich Nicolai verschrieben hatte:

«Er wird sich gleich in eine Pfütze setzen,
Das ist die Art, wie er sich soulagiert,
Und wenn Blutegel sich an seinem Steiß ergetzen,
Ist er von Geistern und von Geist kuriert.»

Es ist bestimmt kein Zufall, daß sich Faust gerade in diesem Augenblick von seiner Hexe befreit und aus dem Tanz tritt. Ist vielleicht auch er von «Geistern kuriert»? Dieses Phantasmisten-Intermezzo muß etwas bewirkt haben, denn gleich nach dem Aufgeben seines Tanzes wird Faust ein sehr bedeutungsschweres Erlebnis zuteil. Versuchen wir aufzuschlüsseln, was sich eigentlich ereignet hat. Da läßt Goethe eine Seele in den Kreis treten, die leugnet, was doch ist; die Seele eines Menschen, der um geistige Realitäten weiß, aber dieses Wissen nicht wahrhaben will. Was tut er deshalb? Er eliminiert selbst die Möglichkeit einer Offenbarung dieser Geistrealität, um dann zu beweisen, daß es sie nicht gibt. Und was bedeutet das in bezug zu Faust? Faust leugnet diese Geistwelt ja keineswegs; kennt er sie in allen ihren Schattierungen doch nur zu gut und benutzt jede Gelegenheit, sie noch tiefer wahrzunehmen. Der andere dagegen hofft ihre Nicht-Existenz unter Beweis stellen zu können. Dabei entschlüpft ihm ein sehr aufschlußreiches Geständnis:

«Heut' seh' ich, will mir nichts gelingen;
Doch eine Reise nehm' ich immer mit
Und hoffe noch, vor meinem letzten Schritt,
Die Teufel und die Dichter zu bezwingen.»

In einem Atemzug nennt er die Dichter mit den Teufeln und ist voll Zuversicht, die Irrealität ihrer Welten doch noch dokumentieren zu können. Was veranlaßt ihn, die Dichter mit dieser Geisterwelt gleichzusetzen? Der Dichter zeigt Wahrheit auf durch Schein. Das soll verhindert werden; denn es würde ihm womöglich wirklich gelingen, daß die Welt den «schönen Schein» der Dichtkunst für Wahrheit nähme, und das darf nicht sein. Gerade in diesem Augenblick aber, wo durch den «Proktophantasmisten» die Problematik von «Schein» und «Sein» aufgerollt wird, löst sich Faust von seiner jungen Hexe. Muß sich er, der stets nach Erkenntnis Dürstende, nicht die Frage stellen, wie all das zu bewerten wäre, was ihm hier auf dem Blocksberg begegnete? Gewiß, er zweifelt nicht, daß es sich um Realitäten handelt; aber könnten diese Realitäten für sein gegenwärtiges Bewußtsein nicht doch zugleich Schein sein, d. h. sich in Gestaltungen offenbaren, die ganz andere Formen annehmen müßten, wenn er hindurchdringen könnte? Dem niederen Bewußtsein zeigt sich das Erlebte als Realität; doch sind sie «Schein» für das, was dahinter steht.

Wir haben die «Walpurgisnacht» als die Peripetie des ersten Teiles der Faust-Tragödie bezeichnet. Hier liegt ihr Kernpunkt. In diesem Augenblick beginnt der große Umschwung. Äußerlich gesehen, scheint die Ursache für Fausts Verhalten eine mehr oder minder willkürliche Belanglosigkeit zu sein. Auf Mephistos erstaunte Frage, warum er «das schöne Mädchen fahren ließe», antwortet Faust:

«Ach! mitten im Gesange sprang
Ein rotes Mäuschen ihr aus dem Munde.»

Das «rote Mäuschen» ist eine durch sinnliche Triebe hervorgerufene Vision, die für den Bewußtseinszustand, in dem sich Faust befindet, eine ganz gewöhnliche Erscheinung ist, und nichts weiter zu bedeuten hat. Mephisto bagatellisiert sie auch gleich mit den Worten:

«Das ist was Rechts! das nimmt man nicht genau;
Genug, die Maus war doch nicht grau.
Wer fragt darnach in einer Schäferstunde?»

Das Wesentliche dieses Vorganges liegt jedoch darin, daß Faust bei dieser Vision nicht stehenbleibt. Würde er sich damit abfinden, wäre dies ein

Zeugnis dafür, daß er nicht voll bewußt geblieben ist, daß es Mephisto letztlich doch gelang, ihn in eine traumhafte Bewußtseinslethargie hineinzustoßen. Aber Faust führt die Vision weiter: *«Die Szene erstarrt – ... und das rote Mäuschen wird zum Gretchen.»* (2)

«Mephisto, siehst du dort
Ein blasses, schönes Kind allein und ferne stehen?
Sie schiebt sich langsam nur vom Ort,
Sie scheint mit geschloßnen Füßen zu gehen.
Ich muß bekennen, daß mir deucht,
Daß sie dem guten Gretchen gleicht.»

Die Imagination hat sich aufgelöst und Faust steigt auf von einem ursprünglich niederem Imaginationserlebnis zum Erschauen der Seele Gretchens, die ihm in ihrer wahren, dem drohenden Schicksal preisgegebenen Gestalt, erscheint. Diese Bewußtseinserhellung aber hat sich, wenn man den inneren Vorgang ins Auge faßt, an den «Dichtern» des «Proktophantasmisten» entzündet. Zeit und Raum sind aufgehoben. Das Bild der verlassenen Geliebten läßt die Vergangenheit beständig sein und nimmt gleichzeitig die Zukunft vorweg, indem es einer Toten gleicht:

«Fürwahr, es sind die Augen einer Toten,
Die eine liebende Hand nicht schloß.
Das ist die Brust, die Gretchen mir geboten,
Das ist der süße Leib, den ich genoß.»

Mephisto wendet alle Kraft auf, ihn von der Deutung dieser Erscheinung abzubringen:

«Es ist ein Zauberbild, ist leblos, ein Idol.
Ihm zu begegnen, ist nicht gut; ...»

Gefahr brächte es, sich ihm zu nahen. Wie der Anblick der Medusa den Schauenden zu Stein erstarren ließ, so würde auch der «starre Blick» dieser Erscheinung das «Blut erstarren» machen. Noch einmal versucht er es mit Frivolität und münzt die Gestalt zum Wunschbild von Fausts eigenem Verlangen um:

«Das ist die Zauberei, du leicht verführter Tor!
Denn jedem kommt sie wie sein Liebchen vor.»

Aber Faust läßt sich nicht beirren. «Wonne» und «Leiden» erlebt er beim Anblick dieser Gestalt, von der er den Blick nicht wenden kann:

«Wie sonderbar muß diesen schönen Hals
Ein einzig rotes Schnürchen schmücken,
Nicht breiter als ein Messerrücken!»

Das Motiv des roten Hals-Streifs schlägt die Brücke zum Bild des roten Mäuschens und macht den Bewußtseinsaufstieg Fausts deutlich. Die Frage, die Reinhard Buchwald in diesem Zusammenhang stellt, ob wir bei der Erscheinung Gretchens mehr an ein *«Sichmelden»* der zum Tode Verurteilten denken sollen, oder an ein inneres Gewissenserlebnis Fausts, ist von dieser Sicht her gesehen keine Frage mehr. Die Erscheinung stellt ein geistiges Erlebnis Fausts dar, zu dem er durch seine eigene Kraft vordringen konnte, da er imstande war, sich den Betäubungsversuchen Mephistos zu entziehen.

Der Teufel gerät in Bedrängnis. Abermals versucht er Faust das Bild der Medusa zu suggerieren:

«Ganz recht! ich seh' es ebenfalls.
Sie kann das Haupt auch unterm Arme tragen;
Denn Perseus hat's ihr abgeschlagen. –
Nur immer diese Lust zum Wahn!»

Es bleibt offen, ob diese Worte nur Ablenkungsmanöver sind, oder ob die Erscheinung für Mephisto wirklich nur eine «Medusa» bleibt. Rudolf Steiner vertritt letztere Auffassung und meint, Goethe würde damit aufzeigen, *«wie zwei verschiedene Seelen ein und dieselbe geistige Wirklichkeit in ganz verschiedener Weise deuten können; die eine wahr, die andere in der einen oder anderen Richtung falsch.» (2)* Verbindet man die Worte Mephistos mit Fausts niederem Seelenteil, dann läge so etwas wie ein Beruhigungsmanöver in ihnen, das Faust selbst seinem besseren Ich entgegensetzt. Doch wie auch immer diese Frage zu beantworten wäre, die Gefahr, daß Faust in der Gestalt die Vorwegnahme von Gretchens

Hinrichtung erblickt, ist groß. Es würde Mephistos Schlingen wohl endgültig zerreißen.

Noch einmal müssen wir den Blick zurückwenden auf den auslösenden Moment von Fausts Bewußtseinsumschwung. Es war die Welt der «Dichter», mit ihrer Problematik von «Schein» und «Sein». Mephisto wird diese Welt stets unverständlich bleiben, aber begriffen hat er, daß ihm von ihr die Vereitelung seiner Pläne droht. So sieht er sich gezwungen, Faust auch in diese Welt – natürlich seinen Maximen gemäß – einzuführen. Seinen Maximen gemäß, das heißt, sie müßte ihm im Sinne des Proktophantasmisten und seiner Gleichsetzung von Teufel und Dichter dargeboten werden, wodurch der «schöne» Schein seine Umwertung zum «falschen» Schein erfahren würde. Faust müßte dann seine Haltung korrigieren, die ihn glauben macht, der «Geist» des Dichters könnte höhere Wahrheiten offenbaren. Im «Freilichttheater» am Blocksberg sieht Mephisto diese Chance gegeben und tatsächlich gelingt es ihm, Faust das «Hügelchen» hinaufzulocken:

> «Hier ist's so lustig wie im Prater;
> Und hat man mir's nicht angetan,
> So seh' ich wahrlich ein Theater.»

Vermag er letztlich doch noch, Faust zu betäuben? Die folgende Szene wird mit dieser Frage in untrennbarem Zusammenhang stehen.

Walpurgisnachtstraum
oder
Oberons und Titanias goldne Hochzeit

Die Szene ist als «Intermezzo» gedacht und gehört ursprünglich nicht in das Faust-Drama. Goethes «zeitkritische» Phantasie war mit der 1796 gemeinsam mit Schiller erfolgten Herausgabe der «Xenien» nicht erschöpft. Diesen Überschuß an sozialkritischen Reflexionen – nun nicht mehr in antikisierenden Distichen, sondern deutschen Reimstrophen niedergeschrieben –, gedachte Goethe ebenfalls in Schillers Musenalmanach erscheinen zu lassen. Der Freund riet jedoch davon ab, da er der Auffassung war, es sei mit den Xenien der Polemik fürs erste Genüge getan. Am 20. Dezember 1797 billigte Goethe in einem Brief an Schiller dessen Vorbehalt:

«‹Oberons goldene Hochzeit› haben Sie mit gutem Bedachte weggelassen, sie ist die Zeit über nur um das Doppelte an Versen gewachsen und ich sollte meinen, im ‹Faust› müßte sie am besten ihren Platz finden.»

Wie so oft, stimmte die Kritik der Nachwelt mit der Auffassung des Dichters nicht überein. Man bezweifelte nicht nur diesen «besten Platz», man bestritt auch die Folgerichtigkeit und Notwendigkeit der Eingliederung und empfand den «Walpurgisnachtstraum» als einen Fremdkörper, der im Faust-Drama überhaupt keinen Platz habe. In der Tat scheint – ähnlich wie bei den «Xenien» – auch für die meisten der hier gesprochenen Vierzeiler eine Kenntnis der Zeitliteratur für das Verständnis notwendig, und so ist es nur zu einsehbar, wenn man in dieser Episode ein Gedankengut erblickt, das dem heutigen Zeitgeist als restlos überholt anmuten muß. Da es sich offenbar auch nur schwer in die Faust-Handlung eingliedert, ersteht die Forderung nach Eliminierung dieses «Intermezzos» wie von selbst. Auch Erich Trunz ist der Auffassung, daß hier Goethes Wunsch, *«das kleine Werk irgendwo unterzubringen», (1)* bestimmender war als das Gefühl *«der inneren Zugehörigkeit» (1)* zur Faust-Dichtung. Vorsichtiger formuliert Reinhard Buchwald, wenn er meint, man müsse bei derartigen Widersprüchen immer von einer Voraussetzung ausgehen:

«Daß nämlich der Dichter einige Grade gescheiter gewesen ist als seine Kritiker und daß er wahrscheinlich einen bestimmten Gedanken verfolgt hat, den wir aufzuspüren haben.» (2)

Kein Zweifel, daß wir uns dieser Auffassung vollinhaltlich anschließen. Nicht, weil wir den dichterischen Genius für absolut unfehlbar halten, sondern weil wir eine vorschnelle Kritik vermeiden wollen, die letztlich immer nur aus der gleichen Seelenhaltung kommt: sich klüger und weitblickender zu dünken als der Schöpfer des Werkes. Wir wollen es im Falle von «Oberons und Titanias goldner Hochzeit» nicht anders halten, und uns erst nach einer eingehenden Untersuchung der Szene ein Urteil bilden.

Schon der Einwand, Goethe hätte diese Szene anfänglich nicht für den «Faust» geschrieben, besteht nur insoferne zu Recht, als damit die ursprünglichen, Schillers Horen zugedachten Verse angesprochen werden. Goethe hatte sie aber später – wie wir hörten – beinahe um das Doppelte erweitert und war gleichzeitig der Meinung, im «Faust» müßten sie den *«besten Platz»* finden. Die Erweiterung stand also bereits in einem gewissen Zusammenhang mit der Dichtung, mag dieser vorerst auch ein mehr erfühlter, denn ein bewußt ins Auge gefaßter gewesen sein.

Auch das Argument, der «Walpurgisnachtstraum» wäre nur bei einer genauen Orientierung über die gesellschaftlichen und kulturellen Zeitverhältnisse um Goethe verständlich, und erfordere eine genaue Kenntnis von dem Freundes- und Feindeskreis des Dichters, ist nicht voll stichhältig. Dies könnte höchstens für jene Experten zutreffen, die glauben, Goethes Werk allein aus der unmittelbar erlebten Biographie des Dichters erklären zu müssen. Doch ist diese Methode noch nie zu einem tieferen Verständnis seiner Dichtungen durchgedrungen. Goethe ging es in dem Augenblick, da er den Horen-Entwurf in das Faust-Drama einzubauen gedachte, nicht mehr darum, Personen seiner Umwelt auf die Bühne zu bringen, um sie zu persiflieren, vielmehr war es ihm um die aus der Handlung des Dramas erfließende Notwendigkeit zu tun, sich mit Weltanschauungsrichtungen, mit künstlerisch-ästhetischen Problemen oder politisch-sozialen Fragen auseinanderzusetzen; Themata, die gewiß in der Faust-Tragödie den «besten Platz» finden mußten, da auch sie für den strebenden, faustischen Geist wichtige Fragen in sich bergen. Daß er für diese Darstellung, die überwiegend in satirischem, dem Blocksberg gemäßen Ton gehalten ist, genügend Gestalten aus seiner weitläufigen Umgebung als geeignete Repräsentanten fand, ist nicht weiter verwunderlich. Doch ist dies von sekundärer Bedeutung. Das Primäre liegt in den Ideen, Anschauungen und Verhaltensweisen. Da diese jedoch für unsere Gegenwart noch gleiche Aktualität besitzen wie zu Goethes Zeiten, könnte man ihre persönlichen Vertreter und Verfechter ohne weiteres austauschen; es fänden sich für die ideelle Charakteristik auch heute genügend lebendige Beispiele. Eine genaue Kenntnis der Personen, die hinter den dichterischen Gestalten stehen ist gewiß interessant, aber zum Verständnis bei weitem nicht in dem Maße erforderlich, wie meistens behauptet wird. Denn alle die angeführten Personen sind mehr oder weniger Typen, deren «zwölf auf ein Dutzend gehen», und daher beliebig austauschbar. Gerade das Gegenteil trifft zu: nicht sie sind es, die Ideen bilden, wodurch sich eine Kenntnis ihrer Person als notwendig erwiese, um auf die jeweilig vertretene Weltanschauung schließen zu können, vielmehr zeigen sie sich bloß als irgendwelche Vertreter einer Geistesströmung, für die sich beliebig andere Typen finden ließen.

Damit ist aber bereits ein wesentlicher Hinweis zum Verständnis dieser «Einfügung» des «Walpurgisnachtstraumes» gegeben. Denn sie wäre niemals möglich gewesen, und Goethe hätte sie gewiß nie vollzogen, wenn nicht bereits der erste Xenien-Entwurf jenen objektiven Ideengehalt in sich getragen hätte, der innerlich mit der Faust-Thematik korrespondierte. Goethe war nicht ein Künstler, der einen Fremdkörper auf Biegen und Brechen seinem Werk einverleibt hätte. An uns liegt es daher, diesen objektiven Wahrheitsgehalt aufzufinden, mag er auch noch so verborgen und verschlüsselt sein.

Es wird sich dabei als nützlich erweisen, zunächst einen Überblick über die Vorgänge dieser Szene anzustreben. Eine wertvolle Hilfe leistet uns dazu der Aufsatz von Walter Dietze «Der Walpurgisnachtstraum in Goethes ‹Faust›», auf den wir uns wiederholt berufen werden, ohne deshalb die dort vertretenen Auffassungen im vollen Umfang zu teilen. *(3)* Zu Beginn seiner Ausführungen zeigt Dietze die überraschende Symmetrie und zyklische Anlage dieses Intermezzos auf, das 176 Verse umfaßt und sich deutlich in eine Einleitung, ein Mittelstück und einen Abschluß gliedert. Die Versbehandlung läßt dabei eine kontinuierliche Einheitlichkeit des Metrums erkennen, sowohl in der epigrammatischen Strukturierung, wie in der Reimanordnung. Die 176 Verse gliedern sich in 44 Epigramme, die ausnahmslos vierzeilig sind, wobei das Metrum der ersten und dritten Zeile fast immer trochäisch, das der zweiten und vierten dagegen jambisch rhythmisiert. Eine merkwürdige Zwiespältigkeit ist damit gegeben. Denn *«jambisch sprechen heißt, den ganzen Stil so einrichten, daß die Vokale zu ihrem Recht kommen» (4)*, der trochäische Rhythmus dagegen strebt nach Akzentuierung der Konsonanten. Der Jambus vermittelt Innerlichkeit und eröffnet uns die Welt der Gefühle, der Trochäus tendiert zur *«Prosa»* und *«Konversation» (4)* und führt zur Gedankenwelt. Das Reimschema ist ebenfalls streng durchgehalten und kontinuierlich: a b / a b. Wir haben im «Walpurgisnachtstraum» somit eine sehr ziselierte und straffe Komposition vor uns, die in dieser formalen Gebundenheit einen auffallenden Gegensatz darstellt zu der mitunter chaotisch anmutenden Turbulenz der vorangehenden Walpurgisnacht.

Das kann kaum ein Zufall sein, denn diese Strenge und Klarheit der Gliederung stellt sich zur Benennung der Szene in einen merkwürdigen Widerspruch. Spricht diese doch ein Traum-Erlebnis an. Der Traum aber hat seine eigene Logik, die mit der Folgerichtigkeit unseres wachen Verstandesdenkens meist in krasser Diskrepanz steht. Hier dagegen zeigt er in auffallender Weise uns vertraute logische Züge. Auch wäre zu fragen, was Goethe mit der Bezeichnung «Traum» überhaupt ausdrücken wollte. Ein Traum bedarf eines Bewußtseins, das träumt. Dies kann offenbar nur Faust sein. Er ist es, der nunmehr von der Walpurgisnacht träumt, nachdem er zuvor ihre «Traum- und Zaubersphäre» in imaginativer «Wachheit» erlebt hatte. Es handelt sich somit um eine Abschattung von Fausts Bewußtsein; von der echten Imagination sinkt er in eine dumpfere Traum-Bilderwelt hinab. Der «spiritus rector» dieser Abschattung ist natürlich Mephistopheles. Ihm muß es ja darum gehen, Faust von der echten Imagination abzubringen, in der sich am Ende der «Walpurgisnacht» Gretchen in ihrer Schicksalstragik offenbarte. Den Übergang von der einen zur anderen Bewußtseinssphäre markieren Mephistos letzte Worte in der Walpurgisnacht-Szene: «Nur immer diese Lust zum Wahn!» Das bezieht sich noch auf Fausts imaginatives Erscheinungsbild Gretchens. Dann aber heißt es:

«Komm doch das Hügelchen heran,
Hier ist's so lustig wie im Prater;
Und hat man mir's nicht angetan,
So seh' ich wahrlich ein Theater.»

Hier beginnt sich die imaginative Klarheit der Bilderwelt für Faust zu umnebeln; indem er an das «Hügelchen herankommt», sinkt er in die dumpfere Bewußtheit des Traumes hinunter. Und daß diese Traumwelt kein Wahrtraum, sondern nur Schein bedeutet, zeigt uns der Dichter durch den Umstand auf, daß sich dieser Traum als ein Theaterstück auf der Blocksbergbühne präsentiert. Die Frage, ob es sich um «schönen» oder «falschen» Schein handeln wird, dürfte sich allein daraus schon beantworten. Daß Mephisto diesem Traum jedoch eine besonders klar umrissene Struktur verleiht, läßt eine bestimmte Absicht vermuten. In ihr wird wohl auch Sinn und Zweck dieser so umstrittenen Szene zu suchen sein.

Betrachten wir daher die einzelnen Teile genauer. Die Einleitung reicht – nach dem von Walter Dietze aufgestellten Schema – bis zum Vierzeiler des «Solo». Der Theatermeister eröffnet und beschreibt die Szenerie:

«Heute ruhen wir einmal,
Miedings wackre Söhne.
Alter Berg und feuchtes Tal,
Das ist die ganze Szene!»

Der Schauplatz bleibt gegenüber der «Walpurgisnacht» der gleiche: «Alter Berg und feuchtes Tal» – der Brocken. Mieding war der erste Weimarer Theatermeister; sein Name symbolisiert einfach die Welt des Theaters, die hier freilich unter mephistophelischer Regie steht.

Außer den ersten beiden Vierzeilern, die vom Theatermeister und dem Herold gesprochen werden, wird der Einleitungsteil durchwegs von Geistwesen bestritten: Oberon, Titania, Puck und Ariel. Es sind Elementarwesen, die uns aus Shakespeares «Sommernachtstraum» und dem «Sturm» bekannt sind. Damit spiegelt die Scheinwelt dieses Theaters die gleiche Ebene wider, in der sich Faust während der Walpurgisnacht-Szene bewegte: den Astralplan mit dem ihm verbundenen ätherischen Bereich, in dem sich alle durch astrale Wirkenskräfte hervorgerufenen Bilder und Geschehnisse spiegeln und manifestieren. Der Unterschied zu Shakespeare liegt jedoch in der erwähnten mephistophelischen Tingierung, die diesem Intermezzo notwendig anhaftet. Allein schon der Titel läßt die ironische, die Wahrheit verkehrende Grundhaltung des Stückes erkennen: «Oberons und Titanias goldne Hochzeit». Die Pervertierung liegt in der Verquickung der im Wirkensbereich der Zeit schaffenden Elementargeister mit der irdisch-vergänglichen Zeitdimension, wie sie der Mensch in seinem Tagesbewußtsein erlebt. Oberon und Titania, die wahre Zeitwesen sind, *«dirigierende Wesenheiten auf dem Astralplan» (5)*, welche die Arbeit der Naturgeister im Jahreslauf regeln *(6)*, sind als solche der Vergänglichkeit des sinnlich-irdischen Zeitablaufes nicht unterworfen, da sie ihre Tätigkeit in einer Sphäre entfalten, wo Zeit die Eigenschaft räumlicher Gleichzeitigkeit besitzt und der irdische Ablauf des Nacheinander zur Allgegenwart zusammenschmilzt. Diese ewig-jungen, im Sinne der Vergänglichkeit gesprochen: zeitlosen Lenker des Elfenreiches, feiern nun die fünfzigste Wiederkehr ihrer Vermählung; ein Widerspruch in sich, eine Antinomie, die für die Sinneserforschung dieser Szene bestimmt von wesentlicher Bedeutung ist, und erneut ein eindeutiges Urteil über Qualität des hier gespielten «Scheines» spricht. Auch die Zusammensetzung des begleitenden Orchesters zeigt unmißverständlich die gleiche Richtung an, in die wir diesbezüglich zu blicken haben:

> «Fliegenschnauz' und Mückennas'
> Mit ihren Anverwandten,
> Frosch im Laub und Grill' im Gras,
> Das sind die Musikanten!»

Der Gedanke an die Insekten-Welt des Herrn der «Fliegen, Frösche, Wanzen, Läuse» drängt sich unwillkürlich auf, wenn wir damit auch noch nicht direkt in seine Ungeziefer-Metaphorik eingeführt werden. Aber Titanias elfenhafte Begleiterinnen aus Shakespeares «Sommernachtstraum» – Bohnenblüte, Senfsamen, Spinnweb und Motte – scheinen eine merkliche mephistophelische Um-Modelung erfahren zu haben. Und Puck, den

Shakespeare sagen läßt, daß er *«rund um die Erde einen Gürtel zieht in viermal zehn Minuten»*, daß er eile, *«wie des Tataren Pfeil vom Bogen fliegt»*, schleift hier am Blocksberg als derber Plumpsack «den Fuß im Reihen». Nur Ariel bewahrt sich «himmlisch reine Töne», obgleich auch er dulden muß, daß sein Gesang neben den «Schönen» auch «viele Fratzen» anlockt. Und sie scheinen uns wesentlich eindringlicher das Gesumme, Gequake und Gezirpe des Orchestertutti deutlich zu machen, als die «Schönen», die der Luftgeist Ariel beschwören will.

Oberons und Titanias Gesang greift ein Motiv auf, das den Intentionen der Liebe entgegensteht: das Motiv der Trennung.

Oberon:

«Gatten, die sich vertragen wollen,
Lernen's von uns beiden!
Wenn sich zweie lieben sollen,
Braucht man sie nur zu scheiden.»

Titania:

«Schmollt der Mann und grillt die Frau,
So faßt sie nur behende,
Führt mir nach dem Mittag Sie,
Und Ihn an Nordens Ende.»

Der Bezug zum «Sommernachtstraum» ist damit kurz apostrophiert. Der «Süden», in welchen Titania versetzt ist, erscheint bei Shakespeare als «Indien», wo sich Titania der Pflege eines Knaben erfreute, den nunmehr Oberon zur Erziehung begehrt. Der Zwist des Elfenpaares ist bei dem englischen Dichter schwerwiegender Natur. Stoßen in ihm doch sonnenhaft-vaterrechtliche Wirkenskräfte und lunares Mutterrecht aufeinander. *(6)* Am Blocksberg jedoch wird dieser Zwist unter Ausschaltung seines eigentlichen Kernes – die Entlassung des Kindes aus der weiblich-seelischen Sphäre und sein Hineinwachsen in den männlichen Ich-Bereich – zu einem banalen Ehestreit persifliert. Übersehen wir aber nicht, daß die Thematik: Liebe – Trennung, das Verhältnis Fausts zu Margarete unmittelbar berührt. Die Worte Oberons und Titanias vermischen sich im Traum mit den eigenen Seelenerlebnissen. So klingen beide Elemente darin an: die noch nicht erloschene Liebe Fausts und Mephistos Absicht der Trennung: «Wenn sich zweie lieben sollen, / Braucht man sie nur zu scheiden.»

Zwischen Wahrheit und Schein völlige Verwirrung zu stiften ist Mephistos Anliegen. Volle Gewißheit darüber gibt uns der Vierzeiler des «Solo», der die Einleitung abschließt. Eine Seifenblase erscheint, die dumpfe Dudelsacktöne erzeugt: der «Schneckeschnickeschnack» einer Pseudokunst, die Buntheit vortäuscht, in Wahrheit aber hohl ist wie eine Seifenblase:

> «Seht, da kommt der Dudelsack!
> Es ist die Seifenblase.
> Hört den Schneckeschnickeschnack
> Durch seine stumpfe Nase.»

Dudelsack und Seifenblase sind ein völlig unvergleichbares Gebilde. Auch hier könnte man an Shakespeares «Sommernachtstraum» erinnert werden. Die dumpf-schnarrenden Töne des Dudelsacks mit ihrer eindringlichen Klangkonsistenz, und die luftig-schwebende, buntschillernde Seifenblase, geben ein ähnliches Paar wie Titania und der durch Puck in einen Esel verwandelte Zettel. *«Ich bitte dich, du holder Sterblicher, / Sing noch einmal»*, begehrt sie, die zarte, luftig-schillernde Elfe; während er in seiner erdfesten, ungeschlachten Prosa seinen «Schneckeschnickeschnack» brummt: *«Ich hab' ein räsonnabel gutes Ohr für Musik; spielt mir ein Stück auf der Maultrommel»*. Und die ganze Liebe Titanias zu ihrem Esel-Freund ist ja nichts anderes, als eine durch Oberons List herbeigeführte «Seifenblase», jederzeit zum Platzen bereit, sobald die Täuschung erkannt wird.

Nun bietet aber das goldene Hochzeitsfest des Elfenpaares dem Dichter Gelegenheit, verschiedene Gäste auftreten zu lassen und diesem Auftreten den Stil eines höfischen Maskenzuges zu verleihen. Er bildet den Mittelteil des Stückes und seinen eigentlichen Brennpunkt. Die Untersuchungen Walter Dietzes lassen erkennen, daß auch er – gleich dem ganzen Walpurgisnachtstraum – dreigegliedert ist. Der erste Abschnitt, beginnend mit dem «Geist der sich erst bildet» und bis zum «Weltkind» reichend, ist der umfangreichste. Er knüpft unmittelbar an die Welt des «Schönen Scheines» an, indem er sich auf ästhetische Aussagen konzentriert und die Schriftsteller, Wortesetzer und Reimschmiede persifliert. So gleich zu Beginn der «Geist, der sich erst bildet»:

«Spinnenfuß und Krötenbauch
Und Flügelchen dem Wichtchen!
Zwar ein Tierchen gibt es nicht,
Doch gibt es ein Gedichtchen.»

«Spinnenfuß», «Krötenbauch» und «Flügelchen» – ein unharmonisches, organisch-gegensätzliches Gebilde, das nach Hohem strebt und im Irdisch-Niedrigen steckenbleibt. Als Ganzes ist es unsinnig und die Natur gibt diesem Unsinn kein Leben; ein Tier kann aus solch unzusammenhängenden Teilen niemals entstehen. Aber ein «Gedichtchen»? Wer fragt schon danach, was Liedermacher durch Vers und Reim zusammenkleistern. Damals wie heute liegt darin höchste Aktualität. Das nachfolgende «Pärchen» spricht das Mißlingen auch unverfroren aus:

«Kleiner Schritt und hoher Sprung
Durch Honigtau und Düfte;
Zwar du trippelst mir genung,
Doch geht's nicht in die Lüfte.»

Spiegeln diese Verse nicht den ganzen Hohn Mephistos, den er über den strebenden Menschengeist im Angesicht des «Herrn» ausgoß?:

«Er scheint mir, mit Verlaub von Euer Gnaden,
Wie eine der langbeinigen Zikaden,
Die immer fliegt und fliegend springt
Und gleich im Gras ihr altes Liedchen singt.»

In den Versen des «Pärchens» sind aber auch ebenso Anklänge an vorhin Erlebtes enthalten. Immer wieder müssen wir uns bewußt sein, daß es sich in dieser Szene um eine Abdunkelung von Fausts Bewußtsein durch Mephisto handelt. Ähnlich wie in der «Hexenküche» dringen auch jetzt Reste von Erlebnissen in das Traumbild hinein; Bekanntes, dessen Zusammenhang jedoch völlig verwischt ist und das daher ungeheuer verwirrend wirkt. So etwa hallt in der ersten Verszeile des «Pärchens»: «Kleiner Schritt und hoher Sprung», der Hexenchor nach: «Mit tausend Schritten macht's die Frau...» / «Mit einem Sprunge macht's der Mann.» Während wir im letzten Verspaar: «Zwar du trippelst mir genung, / Doch geht's nicht in die Lüfte», vermeinen, die vergebens zur Höhe strebende «Halbhexe» hindurchzuhören: «Ich tripple nach, so lange Zeit...» Im Traum tauchen immer wieder Reminiszenzen von Erlebtem auf, finden jedoch keinen Zusammenhang und erscheinen dadurch sinnlos und verwirrend. Gerade das aber ist Mephistos Absicht.

Nach dieser allgemeinen Urteilsfällung treten Gestalten auf, die entweder direkt mit Namen genannt werden, oder doch in einer Weise umschrieben sind, daß man mühelos zu erkennen vermag, wen der Dichter dabei im Auge hatte. Der «Neugierige Reisende» ist ohne Zweifel wieder Nicolai, der Werther-Parodist, Verlagsbuchhändler und Leiter der «Allgemeinen deutschen Bibliothek», den Goethe bereits in der «Walpurgisnacht» als «Proktophantasmist» aufs Korn genommen hatte. Wieder ist es das Gewahrwerden eines Geistig-Wesenhaften, entgegen aller strikten Negation, wie sie Nicolai vertrat, das sein Vierzeiler ausspricht:

«Ist das nicht Maskeraden-Spott?
Soll ich den Augen trauen,
Oberon den schönen Gott
Auch heute hier zu schauen!»

Für Nicolai ist die Erscheinung Oberons nur «Maskeraden-Spott», weil nicht sein «kann», was nicht sein «darf». Die Leugnung des Geistigen ist das objektive Element dieser Verse, unabhängig vom Wissen, wer sie spricht.

Gleichzeitig liegt aber – dem Sprechenden ganz unbewußt – eine große Wahrheit darin; denn der ganze «falsche Schein» dieses Brocken-Theaters ist mephistophelischer «Maskeraden-Spott».

Hinter dem «Orthodoxen» verbirgt sich vermutlich Leopold Graf Stolberg, der aus kirchlicher Überzeugung Schillers Gedicht «Die Götter Griechenlands» angegriffen hatte:

«Keine Klauen, keinen Schwanz!
Doch bleibt es außer Zweifel:

So wie die Götter Griechenlands,
So ist auch er ein Teufel.»

Die Kenntnis der eben zitierten Persönlichkeit ist für den Sinngehalt der Verse jedoch nicht erforderlich. Eindeutig geht hervor, daß hier eine kirchlich-orthodoxe Meinung spricht, der alles Vorchristlich-Heidnische Teufelswerk bedeutet.

Im «Nordischen Künstler» mag vielleicht Goethe seine eigene Stimme ertönen lassen und uns bestätigen, was wir in bezug auf die Bedeutung der «Italienischen Reise» für die Faust-Dichtung anläßlich des «Wald und Höhle»-Monologes ausgesprochen haben: daß sie ihn in die Lage versetzte, die in Weimar begonnenen, aber liegengebliebenen Skizzen aufzugreifen und sie ihrer Ausarbeitung und Vollendung entgegenzuführen. Denn vorher, d. h. in seinem «gegenwärtigen» Zeitpunkt fühlte er dazu nicht die Kraft; alles konnte nur Skizze bleiben.

«Was ich ergreife, das ist heut
Fürwahr nur skizzenweise;
Doch ich bereite mich bei Zeit
Zur italien'schen Reise.»

Und auch hier ist der objektive Aspekt der wesentliche. Das Kennenlernen einer fremden Welt, die Bereicherung der Erfahrung, Erweiterung des eigenen Horizontes und die Befruchtung durch neue Erlebnisse, sind für einen schöpferischen Künstler eine unbedingte Notwendigkeit.

Durch die Einschaltung eines «Puristen», einer «jungen Hexe» und einer «Matrone» – ein ähnliches Paar erlebten wir bereits in der Walpurgisnacht-Szene –, wird das Bornierte und Überholte der bisher geäußerten Ansichten noch unterstrichen. Der Purist, der sich über die nackte Hexe gleichermaßen mokiert, wie die Leser der «Horen» über Goethes dort abgedruckte «Römische Elegie»; weiters die junge Hexe, die ihm antwortet und die Notwendigkeit der geforderten «züchtigen Bedeckung» den «alten und grauen Weibchen» zuschiebt, was schließlich wieder eine Matrone herausfordert, sich zur Sprecherin der also Verhöhnten zu machen:

«Wir haben zu viel Lebensart,
Um hier mit euch zu maulen,

Doch, hoff' ich, sollt ihr jung und zart
So wie ihr seid, verfaulen.»

Wie vereinbart sich «zu viel Lebensart» mit dem am Ende geäußerten Wunsche? Eine ethische Dissonanz tönt hier auf, die in ihrer Schärfe und zeitlosen Objektivität alle Jahrhunderte überdauert.

Bei aller Gebundenheit der Personen an Goethes Gegenwart, zeigt sich doch, daß man ihre Aussagen nicht nur im Sinne einer menschlichen, allzumenschlichen Unzulänglichkeit anzusehen hat. Zieht man den Vorhang der über sie gebreiteten Primitivität etwas hoch, merkt man unschwer, daß hier Lebensmaximen zugrunde liegen, die sich in ihrer prinzipiellen Substanz in jedem Zeitalter Gültigkeit verschaffen. Auch die Tatsache, daß der Anblick der jungen, hüllenlosen Hexe die «Orchestermusiker» aus dem Takt bringt, dürfte kaum einer Verjährung unterworfen sein:

«Fliegenschnauz' und Mückennas',
Umschwärmt mir nicht die Nackte!
Frosch im Laub und Grill' im Gras,
So bleibt doch auch im Takte!»

Zeitlos ist auch die «Windfahne», die einmal «nach der einen Seite», das anderemal nach der «anderen Seite» ihre Worte setzt. Subjektiv könnte damit Reichardt anvisiert sein, der einerseits Goethe den Hof machte, andererseits über den Weimarer Kreis nur Übles zu sagen wußte.

Das folgende Epigramm der «Xenien» packt das Faust-Thema ziemlich handfest an, indem sie sich selbst als Insekten ansprechen und die Ungeziefer-Metaphorik, die sich um Mephisto wie eine Aura rankt, neuerlich beschwören:

«Als Insekten sind wir da,
Mit kleinen scharfen Scheren,
Satan, unsern Herrn Papa,
Nach Würden zu verehren.»

Die im Musenalmanach für das Jahr 1797 geschriebenen Xenien haben bei den Betroffenen viel böses Blut geweckt. Nach diesen «Insektenstichen» läßt Goethe auch die Umschreibungen fallen und nennt die «Hochzeitsgäste» direkt beim Namen. Da erscheint der dänische Schriftsteller August von Hennings, der die Weimarer Olympier in seinem «Musaget», eine von ihm verfaßte Gedichtsammlung, als unchristliche Dichter bekämpfte. Goethe brandmarkt diesen Musensohn, ganz im Sinne einer Äußerung über die Xenien, die er Christian Gottlob Voigt gegenüber in einem Brief vom 24. IX. 1796 machte: *«...wir lassen... geflügelte Naturen aller Art, Vögel, Schmetterlinge und Wespen ausfliegen»*.

«Seht, wie sie in gedrängter Schar
Naiv zusammen scherzen!
Am Ende sagen sie noch gar,
Sie hätten gute Herzen.»

Es soll nicht geleugnet werden, daß die direkte Namensnennung eine Kenntnis der genannten Personen notwendiger erscheinen läßt, als dies bei der bloßen Typisierung der Fall ist. Trotzdem ist der eigentliche Sinngehalt, auf den es ankommt, völlig unabhängig von der Person Hennings zu erfassen. Beziehen sich seine Verse doch direkt auf die vorhin gesprochenen Xenien-Worte. Sie nannten «Satan» als «ihren Herrn Papa» und nun folgert ein uns – angenommen – völlig unbekannter «Hennings»: «Am Ende sagen sie noch gar, / Sie hätten gute Herzen.» Das ist eine Folgerung, die auch Faust an seinen Traum knüpfen müßte: Mephistophelisches Blocksberg-Theater und Schein des Guten und Richtigen? Wie könnte sich dies je zusammenreimen? Schon der «Nordische Künstler» sprach eine Wahrheit aus, die sich mit Mephistos Verwirrungsabsicht nicht gut in Einklang bringen läßt. Sollte sich in diesem Traumerlebnis ein ähnliches ankündigen, wie wir es bisher bei allen Manövern Mephistos erlebt haben? Der Umstand nämlich, daß Faust in das Erlebte immer auch seine eigenen Geisteskräfte einfließen läßt und sich dadurch der mephistophelischen Manipulation bis zu einem gewissen Grad zu entziehen vermag? Wir lassen diese Frage vorerst unbeantwortet stehen.

Mit Hennings verbunden ist auch der «Ci-Devant Genius der Zeit». Hennings gab nämlich eine Zeitschrift heraus, die bis 1800 den Namen «Genius der Zeit» trug, und von diesem Datum an sich «Genius des 19. Jahrhunderts» nannte. Daher die Bezeichnung «ci-devant», d. h. «bisheriger Genius der Zeit».

«Mit rechten Leuten wird man was.
Komm, fasse meinen Zipfel!
Der Blocksberg, wie der deutsche Parnaß,
Hat gar einen breiten Gipfel.»

Der «bisherige Genius der Zeit» scheint bis in unsere Tage «bisherig» geblieben zu sein; die Wahrheit vom «breiten Gipfel» gilt nach wie vor.

Hinter dem «Neugierigen Reisenden» steht erneut der «vielgehaßte» Nicolai, der überall Jesuitisches zu wittern sich bemüßigt fühlte:

«Sagt, wie heißt der steife Mann?
Er geht mit stolzen Schritten.
Er schnopert, was er schnopern kann.
‹Er spürt nach Jesuiten›.»

Der «Kranich» bezieht sich nach übereinstimmender Meinung der Interpreten auf Lavater. Goethe sagt am 17. II. 1829 zu Eckermann: *«Lavaters Gang war wie der eines Kranichs, weswegen er auf dem Blocksberg als Kranich vorkommt.»*

«In dem Klaren mag ich gern
Und auch im Trüben fischen;
Darum seht ihr den frommen Herrn
Sich auch mit Teufeln mischen.»

Die Identifikation mit Lavater ist ebenfalls unerheblich; wichtiger ist, daß der in klaren wie in trüben Gewässern auf Fischfang ausgehende «Kranich» eine Liaison verkündet, die keiner Veralterung unterworfen ist.

Das «Weltkind», hinter dem sich vielleicht erneut der Dichter zu Wort meldet, bestätigt uns diese Meinung:

«Ja für die Frommen, glaubet mir,
Ist alles ein Vehikel;
Sie bilden auf dem Blocksberg hier
Gar manches Konventikel.»

Goethe hat sich auch selbst des öfteren als Weltkind bezeichnet.

Fassen wir das bisherige zusammen, dann wird eines ersichtlich: ein

Kampf wird hier auf ästhetisch-künstlerischem Felde ausgefochten, der – glossiert und persifliert – durch Sarkasmus und Ironie die eigenen Maximen fragwürdig erscheinen läßt. Mit Wahrheiten wird wie mit Seifenblasen herumgeworfen, die einem die Frage aufdrängen, ob sich der Aufwand an Gedankenkraft für solche Luftgebilde überhaupt lohnt.

Die Tendenz der Zweck- und Sinnlosigkeit setzt sich im zweiten Abschnitt noch intensiver fort, wenn nunmehr die Philosophen als Hauptakteure erscheinen:

> «Da kommt ja wohl ein neues Chor?
> Ich höre ferne Trommeln.
> Nur ungestört! es sind im Rohr
> Die unisonen Dommeln.»

Es geht um Erkenntnistheorie – das Urthema Fausts. Seine Einführung findet der Philosophen-Reigen durch einen «Tänzer», einen «Tanzmeister» und einen «Fideler»; ein Trio, das den nachfolgenden Gelehrten eine äußerst negative Charakteristik verleiht, indem es sie als ein «Lumpenpack» bezeichnet, das sich wie die «Dommeln» im Rohr «unison» vernehmen läßt, sich in Wahrheit aber untereinander spinnefeind ist und «krumm» und «plump» daherspringt. Fünf «Wahrheitssucher» sind es, die sich den Anschein geben, als würden sie auf einer gemeinsamen erkenntnistheoretischen Grundlage ihr Gedankengebäude aufbauen: auf der Anerkennung eines übersinnlichen Seinsbereiches. Der «Dogmatiker» liefert ein heiteres Gegenstück zum ontologischen Gottesbeweis. Dieser beweist das Dasein Gottes aus dem Gottesbegriff. Hier wird die Existenz des Teufels aus dem Teufelsbegriff abgeleitet:

> «Ich lasse mich nicht irre schrein,
> Nicht durch Kritik noch Zweifel.
> Der Teufel muß doch etwas sein;
> Wie gäb's denn sonst auch Teufel?»

Während der Dogmatiker den «Walpurgisnachtstraum» als unanzweifelbare Realität ansieht, leitet der «Idealist» diese – auch von ihm nicht geleugnete Realität – als Emanation seines Ichs ab, getreu im Fichteschen Sinne, daß sich das Ich selbs setzen und sich das Nicht-Ich aus gleicher

Schöpferkraft entgegensetzen würde. Allerdings muß er sich dabei im peinlichen Dilemma seiner eigenen Vernunftwidrigkeit erleben:

«Die Phantasie in meinem Sinn
Ist diesmal gar zu herrisch.
Fürwahr, wenn ich das alles bin,
So bin ich heute närrisch.»

In gleicher Weise dünkt sich der «Realist» verunsichert, für den die geistige Realität von Begriff und Idee stets unanzweifelbar erschien, der sich jedoch angesichts dieser närrischen Turbulenz zum erstenmal «nicht fest auf seinen Füßen» fühlt:

«Das Wesen ist mir recht zur Qual
Und muß mich baß verdrießen,
Ich stehe hier zum ersten Mal
Nicht fest auf meinen Füßen.»

Dagegen nimmt der «Supernaturalist», hinter dem sich die theistische Aufklärungsphilosophie verbergen dürfte, wie sie etwa Friedrich Heinrich Jacobi vertrat, den Spuk mit großer Genugtuung wahr, weil er ihm die Möglichkeit gibt, auf eine positive Gegenwelt schließen zu können:

«Mit viel Vergnügen bin ich da
Und freue mich mit diesen;
Denn von den Teufeln kann ich ja
Auf gute Geister schließen.»

Den umgekehrten Schluß zieht der «Skeptiker». Seines Dafürhaltens gibt es den «Schatz», dem seine «Kollegen» nachjagen – nämlich die absolute Erkenntnis – gar nicht. Da der Zweifel aber ein negatives Kriterium ist, sieht er sich auf richtigem Platz. Denn im Teufel findet der Zweifel seine reinste Inkarnation:

«Sie gehn den Flämmchen auf der Spur,
Und glaub'n sich nah dem Schatze.
Auf Teufel reimt der Zweifel nur,
Da bin ich recht am Platze.»

Daß hier mit gezieltem Humor erkenntnistheoretische Einseitigkeiten und Übersteigerungen ad adsurdum geführt werden, ist leicht zu erkennen.

Die fünf Philosophen haben denn auch erneut mit ihrem Streit um die Wahrheitsfindung die Musikanten verwirrt, wie es vordem der Anblick der jungen Hexe tat. Wieder müssen sie vom «Kapellmeister» zur Ordnung gerufen werden:

«Frosch im Laub und Grill' im Gras,
Verfluchte Dilettanten!
Fliegenschnauz' und Mückennas',
Ihr seid doch Musikanten!»

Doch schon treten die «Politiker» auf den Plan, ebenfalls in fünffacher Staffelung, und leiten den dritten Abschnitt des Mittelteiles ein. Mit ihnen lotet Goethe in die Tiefen soziologisch-politischer Problematik. Durch die französische Revolution sind die alten gesellschaftlichen Strukturen weitgehendst zerbrochen worden, und Ansätze zu neuen Formierungen zeichneten sich erst allerorts ab. Bei dieser Gruppe beschränkt sich Goethe daher auf bloße Typisierung.

Die «Gewandten» sind die Gesinnungslosen, die immer obenauf schwimmen, weil sie keine Skrupel hegen, Maximen und Meinungen je nach Bedarf zu wechseln, nötigenfalls auch auf den Kopf zu stellen:

«Sanssouci, so heißt das Heer
Von lustigen Geschöpfen;
Auf den Füßen geht's nicht mehr,
Drum gehn wir auf den Köpfen.»

Hinter den «Unbehülflichen» verbergen sich die französischen Emigrés, Vertreter des ehemaligen Hof- und Beamtenadels. Auch die «Irrlichter» fehlen nicht, jene aus dem «Sumpf» aufsteigenden Gestalten, wie sie allen revolutionären Umschwüngen anhaften. «Leuchten», die jedoch keinen Bestand haben und nicht wirkliches Licht auszustrahlen vermögen.

Ihnen gesellt sich würdig die «Sternschnuppe» hinzu, die jäh aufflammende, aber ebenso rasch vergessene Tagesberühmtheit, die nicht – wie die anderen – von «unten» aufsteigt, sondern von «oben» herabstürzt und ihren Glanz verliert:

«Aus der Höhe schoß ich her
Im Stern- und Feuerscheine,
Liege nun im Grase quer –
Wer hilft mir auf die Beine?»

In den «Massiven» schließlich spiegeln sich die plump dahertappenden Volksmassen wider, die durch die Revolution in Bewegung kommen und sich mit ihren «Ellenbogen» Raum schaffen:

«Platz und Platz! und ringsherum!
So gehn die Gräschen nieder,
Geister kommen, Geister auch
Sie haben plumpe Glieder.»

Puck, der den Abgesang einleitet, erweist sich selbst als derber Elfengeist, als würde er das Heer der «Massiven» anführen wollen.

«Tretet nicht so mastig auf
Wie Elefantenkälber,
Und der Plumpst' an diesem Tag
Sei Puck, der Derbe, selber.»

Mit Ariels Versen jedoch scheinen Schwere und Gewicht zu verschwinden, die Polemik und Kritik erzeugt haben. Wir kehren zu Oberons Feenpalast zurück:

«Gab die liebende Natur,
Gab der Geist euch Flügel,
Folget meiner leichten Spur,
Auf zum Rosenhügel!»

Die Orchester-Coda schließlich löst den Spuk vollends in nichts auf. Mit dem heraufdämmernden Morgen zergeht der «Walpurgisnachtstraum»:

«Wolkenzug und Nebelflor

Erhellen sich von oben.
Luft im Laub und Wind im Rohr,
Und alles ist zerstoben.»

Soweit der Überblick über das «Intermezzo». Daß darin Zusammenhänge mit dem Faust-Drama durchaus zu finden sind, hat sich uns erwiesen. Es gilt nunmehr konkret den Sinn aufzuspüren, der dieses Intermezzo als eine folgerichtige Weiterführung der inneren Dramenhandlung erscheinen läßt.

Zunächst wäre der Umstand zu betonen, daß der «Walpurgisnachtstraum» organisch aus der vorangehenden Walpurgisnacht-Szene herauswächst. Bereits in ihr begegneten wir Personen, Typen und kleinen Gruppierungen, die jenen des «Traumes» in ihrem Gestaltungsprinzip ähnlich waren und daher als Vorbereitung auf das «Intermezzo» verstanden werden dürfen. Wir erinnern uns der Erscheinung Nicolais als «Proktophantasmist», an die Versammlung von «General», «Minister», «Parvenu» und «Autor». Zu diesen Gestalten und kleinen Gruppen führte Mephisto Faust mit den Worten:

«Es ist doch lange hergebracht,
Daß in der großen Welt man kleine Welten macht.»

Seine Absicht war es dabei, Faust von seinem Suchen nach dem «Kernpunkt» des «Bösen» abzubringen und ihn bei nebensächlichen Randerscheinungen aufzuhalten. Das Blocksbergtheater ist ebenfalls eine solche, von Mephisto gemachte «kleine Welt». Wobei der Unterschied zu Fausts Erlebnis in der Walpurgisnacht darin liegt, daß es sich dort – wie erwähnt – um geistige Realitäten handelte, während das Traumspiel bloßer, von Mephisto inszenierter falscher Schein ist. Traten uns in der Walpurgisnacht die Gestalten jenes munteren Klubs in ihrer leibfreien Wesenhaftigkeit – also real – entgegen, so ist hier auf der Bühne alles nur Irrealität. Trotz dieser qualitativen Unterschiedlichkeit zeigt sich jedoch äußerlich-formal ein sehr wohlüberlegter Szenenzusammenhang. Und überschauen wir die Thematik dieser Traumbilder, so läßt sich nicht leugnen, daß ihr Kern durchwegs an Kriterien rührt, die mit Fausts Erkenntnisstreben und Ergründungswillen fest verbunden sind, da sie Kernpunkte des

Menschheitsdramas darstellen, von dem die Faust-Dichtung ja einzigartigster Repräsentant ist. Die «kleine Welt», die sich Faust hier im mephistophelischen Schein offenbart, birgt Fragestellungen und Probleme, denen er im zweiten Teil der Dichtung – in der «großen Welt» des Kaiserhofes – auf Schritt und Tritt begegnen wird. Mit Recht bemerkt daher Walter Dietze:

«Was sich scheinbar nebensächlich, gar abwegig als Zwischenspiel manifestiert, birgt in sich gedankliche Elemente von so weit übergreifendem Radius, daß der von ihnen eingeschlossene Kreis den Erkenntnismonolog der Eingangsszene voll erfaßt und die Sozialproblematik im fünften Akt des Zweiten Teils immerhin tangiert.» (3)

Der Vorwurf der meisten Kommentare, der «Walpurgisnachtstraum» sei eine *«Einsträuung von satirischem Häckerling in ein ewiges Gedicht», (7)* ein Unterfangen, das von Friedrich Theodor Vischer als *«unverantwortlicher Leichtsinn» (7)* bezeichnet wurde, ist damit widerlegt. Es wäre in Wahrheit ja auch absurd zu denken, Goethe hätte die Oberon- und Titania-Episode nicht anderswo verwerten können und sich tatsächlich zu der Banalisierung herabgewürdigt, ihr im «Faust» einen Justament-Unterschlupf zu verschaffen.

Dürfen wir den thematischen Zusammenhang der Episode mit dem Gesamtdrama somit als gegeben erachten, bleibt weiterhin die Frage nach Sinn und Funktion zu klären. Dafür erscheint uns der Umstand, daß Goethe dieses Traumerlebnis in der Form eines Theaterstückes darstellt, von wesentlicher Bedeutung zu sein. Auf der «erhöhten Wirklichkeit» (Goethe) des Theaters soll durch gespielten Schein der verborgene Wahrheitsgehalt des Dramas offenbart werden. Die Art, wie sich das Theater am Brocken gibt, zeigt uns nun erneut einen sehr konkreten und sehr deutlich sprechenden Zusammenhang mit Shakespeares «Sommernachtstraum» auf: mit der von den Handwerkern gespielten *«höchstkläglichen Komödie von Pyramus und Thisbe»*. Dort, wie hier am Blocksberg, zeigt sich uns ein Theater im Theater; und dort, wie hier, wird gerade der Wahrheitsgehalt des Stückes durch restlose Desillusionierung ad absurdum geführt. Die Schauspieler, die dort als *«Wand»*, als *«Mond»* und *«Löwe»* agieren, bemühen sich eifrigst, dem «Schein» alle Glaubwürdigkeit zu rauben. Die «Wand» appelliert, ehe sie spricht, treuherzig an ihr Publikum, daß sie in

Wahrheit *«Thoms Schnauz, der Kesselflicker»* sei, und der «Löwe», bevor er sein schreckliches Gebrüll erhebt, gesteht freimütig, er sei gar kein Löwe, vielmehr *«Hans Schneck, der Schreiner»*. Damit wird der «Schöne Schein» des Kunstwerkes auf die banalste und primitivste Ebene heruntergezogen und zum Dienst oberflächlichster Ergötzung entwürdigt, für die es sich nicht lohnt auch nur einen ernsten Gedanken darauf zu verschwenden.

Neben dieser Desillusionierung aber werden die im einzelnen richtigen Gedanken untereinander vertauscht und verschoben, so daß nur völlige Verwirrung die Folge sein kann. Besonders der «Prolog» zu jener Handwerker-Komödie macht dies deutlich:

«Wenn wir mißfallen tun, so ist's mit gutem Willen.
Der Vorsatz bleibt doch gut, wenn wir ihn nicht erfüllen.»

Das Urteil, das Theseus darüber fällt, könnte man auch über die Geschehnisse im «Walpurgisnachtstraum» sprechen: *«Seine Rede war wie eine verwickelte Kette: nichts zerrissen, aber alles in Unordnung.»* Denn auch Faust soll desillusioniert werden; er soll die Sinnlosigkeit seines unermüdlichen Geistesstrebens endlich einsehen lernen. Damit sind wir an jene Sinngebung der Szene herangeführt, die Rudolf Steiner in so prägnant-einsehbarer Weise aufgezeigt hat:

«Im ‹Walpurgisnachtstraum› ist alles vernünftig; aber Faust soll vorgemacht werden, daß er sich an diesem Vernünftigen nur ergötzen soll.» (8)

Das geht deutlich aus den Worten des «Servibilis» hervor, der am Ende der Walpurgisnacht-Szene als dienstbeflissener Verkünder des Blocksberg-Theaters fungiert und in dem man ein untertäniges Werkzeug Mephistos erblicken muß:

«Gleich fängt man wieder an.
Ein neues Stück, das letzte Stück von sieben;
So viel zu geben, ist allhier der Brauch.
Ein Dilettant hat es geschrieben,
Und Dilettanten spielen's auch.
Verzeiht, ihr Herrn, wenn ich verschwinde;
Mich dilettiert's, den Vorhang aufzuziehn.»

Das dem Italienischen entnommene Wort «Dilettant» bezeichnet seit dem 18. Jahrhundert zunächst nur den nicht beruflich geschulten Künstler, bzw. den Kunstliebhaber aus Zeitvertreib und Spielerei. Goethe geht jedoch auf die Urbedeutung zurück. Das italienische Verb «dilettare» leitet sich vom lateinischen «delectare» her und bedeutet: amüsieren, ergötzen. Die Wurzel von «delectare» liegt jedoch in «lacere»: locken, ködern. Und dieses «lacere» wiederum hängt mit dem Substantiv «laqueus» = Strick als Schlinge, zusammen. Das «dilettieren» des Servibilis ist also ein Ergötzen, das gleichzeitig bestricken, «in die Schlinge locken» soll. Und diese mephistophelische Schlinge liegt darin, daß Faust im «Walpurgisnachtstraum» Vernunft und Wissenschaft wohl sehr «vernünftig» vorgesetzt bekommt, aber in einer Art, die in Faust nur Verachtung darüber erwecken muß. Im einzelnen ist alles richtig, jedoch der Ernst in ein so ironisches Licht gestellt, daß es unmöglich erscheint, ihn ernst zu nehmen. Dadurch werden die Dinge aus ihrer wahren Position ver-rückt und erwecken im Erlebenden gerade das Gegenteil dessen, was sie eigentlich sagen.

Wie kann Mephisto Faust am besten verwirren und betäuben? Indem er ihm gerade das als absurden, trügerischen Schein aufzuzeigen sich bemüht, das Faust die Kraft gab, die mephistophelischen Schlingen des Walpurgisnacht-Erlebnisses zu sprengen: die Geisteskraft des «Dichters» mit ihrem Wahrheitsgehalt im «Schönen Schein». Dazu dient das Theater am Blocksberg. Deshalb zeigt das «Stück» auch formal eine klar durchgearbeitete Struktur und Gliederung. Aber so ernst seine Problematik und so streng sein Aufbau auch ist, als Ganzes ist es doch nur ein unwahres Traumbild. Es lohnt daher nicht – dies soll Faust damit suggeriert werden – auch nur einen Gedanken an Wissenschaft, Kunst und dergleichen zu verschwenden. In diesem Blocksbergtheater läßt Mephisto seine von Anbeginn gehegte Intention Ereignis werden:

> «Verachte nur Vernunft und Wissenschaft,
> Des Menschen allerhöchste Kraft,
> Laß nur in Blend- und Zauberwerken
> Dich von dem Lügengeist bestärken,
> So hab' ich dich schon unbedingt! –»

Indem er den Vernunft-Bereich *«hereinschwindelt» (8)* in die Blocksberg-Aura, glaubt er Faust von seinem hohen Geistesstreben für längere Zeit kuriert, und die durch die Imagination neu erweckte Erinnerung an Gretchen ausgelöscht zu haben. Deshalb findet er es gut, diese Bretterbühne auf dem Hexenberg vorzufinden:

«Wenn ich euch auf den Blocksberg finde,
Das find' ich gut; denn da gehört ihr hin.»

Muß er doch überzeugt sein, daß Faust den «Seifenblasen» und «Lumpenpack» letztlich nur Verachtung zollen kann.

Allein der Träumende ist Faust. Und trotz aller Täuschungsmanöver, Banalisierung und Pervertierung kann Mephisto es nicht verhindern, daß sich Faust auch hier zur «Klarheit» durchringt. Dies nämlich lassen die letzten Verse Ariels erkennen:

«Gab die liebende Natur,
Gab der Geist euch Flügel,
Folget meiner leichten Spur,
Auf zum Rosenhügel!»

Wohin lenkt Ariel unseren Blick? Meint der «Rosenhügel» nur die stille «Laube» Titanias, wo sie auf «Blumenbetten kost» *(9)*, oder öffnet er uns die Sicht hin zur «Anmutigen Gegend», in der Faust selbst auf «blumigen Rasen» gebettet, durch Ariels und der Elfen Hilfe, d. h. durch die «liebende Natur» und den «Flügeln des Geistes», seinen Erquickungsschlaf erfahren und zu einem neuen Lebensmorgen erwachen wird?

Aller «falscher» Schein ist durch Ariels Worte aufgehoben. «Wolkenzug und Nebelflor» – die Traum-Umnachtung Fausts – «Erhellen sich von oben»; der Spuk von «Luft im Laub», von «Wind im Rohr» ist zerstoben und vorbei.

Dieses Ende des Traumes ist von Mephisto bestimmt nicht gewollt. Wer hat es herbeigeführt? In einem Atemzug hatte der «Proktophantasmist» die Dichter und Teufel genannt, und so den Wahrheitsgehalt der Dichtung negiert. Mephisto griff diese Negation in seinem Blocksbergtheater eilig auf. Aber die Welt des echten Dichters, aus Natur und Geist die ewigen Wahrheiten schöpfend, hat letztlich doch den Sieg davongetragen. Mit diesem tiefen Wissen erwacht Faust aus seinem Traum und kann es hinüberretten in die leidvolle Wirklichkeit, die ihn erwartet. War es doch seine eigene Geisteskraft, sein Wissen um «Natur» und «Geist», die den trügerisch-verworrenen Traum so harmonisch-lichtvoll abschließen und auf eine höhere Ebene heben konnte.

Trüber Tag – Feld

Nach seiner Flucht in Imagination und Traum-Gaukelei, stürzt Faust zurück in eine niederschmetternde Wirklichkeit. Der Schauer dieses Erlebnisses wirkt bis in die formale Gestaltung hinein. «Trüber Tag» ist die einzige Szene, die Goethe unverändert in der ursprünglichen Prosa-Fassung aus dem «Urfaust» übernommen hat. Dies geschah in voller Absicht, der mehrere Motive zugrunde liegen mögen. Ein primärstes scheint Erich Trunz ausgesprochen zu haben:

«Nach der poetischen Seelenwelt der Gretchenszenen und der magischen Geisterwelt der Walpurgisnacht ist hier plötzlich nackteste (und eben darum ‹prosaische›) Wirklichkeit: Gretchen im Kerker, hilflos, unter schwerer Anklage.» (1)

Auch mögen durch den Widerhall dieser furchtbaren Wahrheit in seiner Seele Gefühlsbereiche aufgebrochen sein, die Wesen und Charakter so sehr durchrüttelten und erschütterten, daß die alte Sprache dem Erlebten gegenüber versagte. Der unruhige Rhythmus dieser Prosa, ihr hektisches Auf-und-Ab geben ein eindringliches Zeugnis für das Ringen nach Worten.

«Im Elend! Verzweifelnd! Erbärmlich
auf der Erde lange verirrt und nun gefangen!
Als Missetäterin im Kerker zu entsetzlichen
Qualen eingesperrt das holde unselige Geschöpf!
Bis dahin! dahin!»

Wie Shakespeare greift auch Goethe zu dem Kunstgriff, ein erschütterndes Geschehen nicht durch eine realistische Darstellung dem Zuschauer nahezubringen, sondern durch den viel ergreifenderen, weil der Phantasie des Hörers voll Raum gebenden erzählenden Bericht eines Dritten.

Gretchens Schicksal erfahren wir vorerst aus dem Widerhall, den es in Fausts Seele auslöst.

«Verräterischer nichtswürdiger Geist,
und das hast du mir verheimlicht! – ... Gefangen!
Im unwiederbringlichen Elend! Bösen Geistern
übergeben und der richtenden gefühllosen Menschheit!
Und mich wiegst du indes in abgeschmackten
Zerstreuungen, verbirgst mir ihren wachsenden
Jammer und lässest sie hülflos verderben!»

Wen klagt er an? Mephisto oder sich selbst? Gewiß – der Verursacher all des Elends ist der Teufel; aber die Taten, die zu diesem Elend führten, setzte Faust; jener Teil seines Wesens, der sich willig den mephistophelischen Einflüsterungen und Intentionen überlassen hatte. Wie ist dies zu verstehen? Die Frage rührt an die tiefsten Menschheitsprobleme. Was heißt es zunächst: «Das hast du mir verheimlicht!»? Wir haben auf die gleichermaßen objektive, wie subjektive Seite der Mephisto-Gestalt wiederholt verwiesen. Dieser Doppelaspekt gilt auch hier. Natürlich ist es die korrumpierte Seite in Fausts Seele – Mephisto in ihm – der ihn taub und blind machte für seinen besseren Wesensteil. Jene Seite, die sich nur allzugerne den «Zerstreuungen» überließ, die aus diesem korrumpierten Seelenbereich erflossen. Daß es aber dazu kommen konnte, daß das menschliche Seelenleben überhaupt eine derartige Diskrepanz aufweisen kann, daß ihm eine so wilde Triebnatur eingepflanzt ist, das hat die Wirkenskraft dieses objektiven widergöttlichen Geistwesens zur Ursache, das hier Mephistopheles genannt wird. Umsonst läßt ihn Goethe ja auch nicht als «nichtswürdigen Geist» durch Faust ansprechen.

Damit ist auch gleichzeitig dem erwähnten potentiellen Einwand begegnet, Faust müsse sich die Schuld vor allem selbst anlasten, und dürfe sie nicht billigerweise dem Gefährten zuschieben, dem er sich selbst verschrieben hat. In den Worten: «Und das hast du mir verheimlicht» liegt kein Abschieben der Schuld, vielmehr drückt sich darin das Überwältigt-Werden von der eigenen, der Widersachermacht verfallenen Seelennatur aus.

Fausts Entsetzen quittiert der Teufel nur mit der nüchternen und fühllosen Bemerkung: «Sie ist die Erste nicht.» Es ist der kalt-sachliche Intellekt, der hier spricht und ein «Alltägliches» registriert. Dieses furchtbare

Wort: «Sie ist die Erste nicht», mußte der junge Goethe im Prozeß gegen die Frankfurter Kindesmörderin Margareta Brandt aus Menschenmund hören und es so satanisch empfunden haben, daß er es in unverändertem Wortlaut Mephistopheles sprechen läßt.

«Hund! abscheuliches Untier! –
wandle ihn, du unendlicher Geist!
Wandle den Wurm wieder in seine Hundsgestalt...,
daß er vor mir im Sand auf dem Bauch krieche,
ich ihn mit Füßen trete, den Verworfnen! –
Die Erste nicht! – Jammer! Jammer!
von keiner Menschenseele zu fassen,
daß mehr als ein Geschöpf in die Tiefe dieses
Elends versank, daß nicht das erste genug tat
für die Schuld aller übrigen in seiner
windenden Todesnot vor den Augen des ewig
Verzeihenden! Mir wühlt es Mark und Leben durch,
das Elend dieser Einzigen; du grinsest
gelassen über das Schicksal von Tausenden hin!»

Für Faust ist dieses Schicksal ein einmaliges Geschehen, das durch sein urgewaltiges Leid genügen müßte, als Sühne für alle zu stehen. Denn für den Weltengeist trägt jeder einzelne Mensch die Ganzheit in sich, und was dieser einzelne gedacht und geschaffen hat, ist Eigentum der Menschheit geworden. Konnte dies «unwiederbringliche Elend» der einen, die Schuld all der anderen nicht tilgen? Konnte Verzweiflung, Schuld und Todesangst dieser einen Seele nicht Sühne sein für alle «vor den Augen des ewig Verzeihenden»? Ein tiefer Gedanke. Nicht das Bild eines Weltenrichters taucht hier auf, wie es Michelangelo in seinem «Jüngsten Gericht» gemalt hat, sondern das Antlitz des Alles-Verstehenden, der Menschenschuld und Menschenleid in eigener Anschauung erlebt und mitgelitten hat. Welch ein tiefer Brunnen öffnet sich in diesem Augenblick in Fausts Seele, der so lange verschüttet war. Seine Empfindungswelt hat eine Wandlung erfahren; Faust ist ein anderer geworden. In seinen Worten spiegelt sich ein menschheitliches Erbarmen. Gretchen ist nicht mehr bloß die «liebe Buhle», um deren Schicksal allein er bangt, sie ist ihm Repräsentantin für

Unzählige geworden, die in gleicher Weise ihr namenloses Elend durchleiden. Mit ihrer ganzen Schwere und Tragik erfüllen sich nun die Worte, die Faust einst mit kühnem Trotz gesprochen hat:

> «Mein Busen, der vom Wissensdrang geheilt ist,
> Soll keinen Schmerzen künftig sich verschließen,
> Und was der ganzen Menschheit zugeteilt ist,
> Will ich in meinem innern Selbst genießen.
> Mit meinem Geist das Höchst' und Tiefste greifen,
> Ihr Wohl und Weh auf meinen Busen häufen,
> Und so mein eigen Selbst zu ihrem Selbst erweitern,
> Und, wie sie selbst, am End auch ich zerscheitern.»

In dieser «Selbsterweiterung» zum Leid und Weh des anderen, liegt im verborgensten Hintergrund ein Schritt hin zu dem «Ewig-Verzeihenden». Denn Fausts gegenwärtige Seelenhaltung reicht weit über den Wunsch, das Leid der Welt «mit dem Geiste zu greifen» und im «innern Selbst» zu «genießen», hinaus. Sie bedeutet auch mehr als ein bloßes Mitempfinden. In diesem Augenblick beginnt sich in ihm vielmehr etwas zu regen, das man allein mit dem Wort «mit-erleiden» in seiner urgründlichsten Bedeutung bezeichnen kann. Seine Seele nimmt die andere in sich auf und erlebt ihr Leid mit gleicher Intensität, als wäre es eigenes Weh. Sein eigenes Schulderlebnis führt ihn zur Erkenntnis der Notwendigkeit des «Ewig-Verzeihenden». Sein Wesen erfährt damit die stärkste «Lockerung» und vollzieht jene innere Wandlung, die, als eigentliche Gegenkraft gegen das mephistophelische Einwirken, es überhaupt erst möglich macht, «Genesung» und «Entbürdung» von seiner Schuld vor dem Schicksal zu rechtfertigen. In der Kerkerszene wird sich dieses «Mit-Erleiden» ins Menschheitliche steigern.

Aber eine Frage bleibt als ewig quälendes Rätsel bestehen: Warum?:

> «Großer herrlicher Geist, der du mir zu erscheinen würdigtest, der du mein Herz kennest und meine Seele, warum an den Schandgesellen mich schmieden, der sich am Schaden weidet und am Verderben sich letzt?»

Man kann die innere Haltung Fausts, mit der er diese Frage stellt, nicht hoch genug werten. Denn wie leicht könnte er im «status nascens» seiner inneren Empfindungswandlung durch die Unmöglichkeit auf diese Frage Antwort zu finden, erneut in den Zweifel stürzen und sich herausgefordert fühlen, anklagend auch dieser Welt des «Ewig-Verzeihenden» zu fluchen, wie er einst den Fluch sprach über die aus der «väterlichen» Schöpfung entsprossene. Doch nichts davon; angeklagt wird allein die widergöttliche Macht.

An dieser immer aufs neue gestellten Frage des Menschen und ihrer Beantwortung hängt die Güte der Schöpfung. Die reale Existenz des Bösen und seine Wirkenskraft hat Faust erkannt. Und diese Erkenntnis wehrt es ihm auch, die Schuld von seinem eigenen Menschsein abzuwälzen. Denn er weiß zu gut, wie dieser «Hund» – Metapher seines eigenen verdorbenen Ätherleibes, wie wir in der Szene «Vor dem Tor» (S. 112) darstellten –, wie dieser «Schandgeselle» seine eigene Trieb- und Begierdenwelt beherrscht. Aber das «Warum» –, die Notwendigkeit, daß der Mensch an dieses «Ungeheuer» wie mit Ketten geschmiedet sein muß, dies vermag er nicht zu durchschauen. Daß die Schöpfung ohne die Einwirkung der widergöttlichen Welt sich hätte so nicht vollziehen können, wie sie sich vollziehen muß, um Erde und Mensch an das gottgedachte Ziel zu bringen, wird sich Faust erst im zweiten Teil der Dichtung greifbarer enthüllen können.

Für den mephistophelischen Geist ist alle Verzweiflung und Anklage jedoch nur Beweis für menschliche Unzulänglichkeit und Schwachheit.

> «Nun sind wir schon wieder an der Grenze
> unseres Witzes, da wo euch Menschen der Sinn
> überschnappt. Warum machst du Gemeinschaft mit uns,
> wenn du sie nicht durchführen kannst?
> Willst fliegen und bist vorm Schwindel
> nicht sicher? Drangen wir uns dir auf,
> oder du dich uns?»

Eine zwar sehr bittere, aber doch neuerliche Bestätigung dafür, daß jenem mephistophelischen «Übermenschentum» Regungen wie Mitleid, Rührung, Gewissen völlig fremd sind, und es ein vergebliches Beginnen wäre, es mit menschlich-ethischen Wertungen fassen zu wollen. Wohl aber bekommt es dort moralische Substanz, wo sich der Mensch zum Vollzieher seiner Intentionen macht. Doch gerade daran scheitert die Kraft des Menschen. Denn ihm ist es nicht gegeben, sich über ethische Werte restlos und absolut hinwegzusetzen. Seine Unzulänglichkeit behütet ihn in diesem Fall davor, das Böse in seiner Absolutheit auf Erden zu vollziehen: «Warum machst du Gemeinschaft mit uns, wenn du sie nicht durchführen kannst?»

Die ganze Tragik, die dem Menschen aus dieser offenbar unlöslichen «Gemeinschaft» erwächst, zeigt sich mit aller Eindringlichkeit erneut in dem Umstand, daß Faust den «großen, herrlichen Geist», den Vermittler einer höheren Macht, die ihm jenen «Ungeist» sandte, eindringlicher denn je um Befreiung von diesem «Schandgesellen» bittet und im gleichen Atemzug von diesem «Verworfenen» Hilfe fordern muß: «Rette sie! oder weh dir! Den gräßlichsten Fluch über dich auf Jahrtausende!»

Doch höhnisch weist Mephisto Fausts Ansinnen zurück. In den Schicksalsablauf einzugreifen, das rollende Rad, das einmal in Bewegung gesetzt, unaufhaltsam und unausweichlich seinen Weg nimmt, aufzuhalten, ist ihm nicht möglich. Im gräßlichen Erkennen steht Faust vor dem Unwiderrufbaren seiner Tat:

«Ich kann die Bande des Rächers nicht lösen,
seine Riegel nicht öffnen. –
Rette sie! – Wer war's, der sie
ins Verderben stürzte? Ich oder du?»

Doch von gleicher Unwiderruflichkeit ist Fausts Entschluß: «Bringe mich hin! Sie soll frei sein!»

Noch einmal muß Faust Hohn und Spott über sich ergehen lassen, da ihn Mephisto an den Blutbann gemahnt und von «rächenden Geistern» spricht, die über des «Erschlagnen Stätte» auf den «wiederkehrenden Mörder lauern».

«Noch das von dir? Mord und Tod einer Welt
über dich Ungeheuer! Führe mich hin,
sag' ich, und befrei sie!»

Wie sind die Schwierigkeiten zu deuten, die Mephisto einer Rettung

Gretchens entgegenstellt? Zweierlei scheint uns gewiß: in den Schicksalsablauf als solchen vermag er wohl nicht unmittelbar einzugreifen. Die Straße, auf die uns der Widersacher verlockt, wird zwar durch ihn bereitet, doch von uns ausgeschritten. Daher kann eine Korrektur dieses Ablaufs wieder nur durch uns selbst – durch den Menschen – erfolgen. Nur Faust kann Gretchen retten.

> «Ich führe dich, und was ich tun kann, höre!
> Habe ich alle Macht im Himmel und auf Erden?
> Des Türners Sinne will ich umnebeln,
> bemächtige dich der Schlüssel und führe sie
> heraus mit Menschenhand!»

Zum zweiten scheint uns jedoch nicht minder gewiß, daß Mephisto Gretchens Rettung um jeden Preis verhindern will. War ihr Verderben doch von Anbeginn sein Ziel. Daß er sich Fausts Willen schließlich beugt, d. h. daß Faust diesmal nicht seinen Worten folgt, sondern einen eigenen Entschluß bekundet und diesen durchzusetzen die Kraft aufbringt, bedeutet einen Sieg seines besseren Menschseins; ein Aufscheinen einer relativen Eigenständigkeit gegenüber Mephisto, wie sie das Verhältnis im zweiten Teil der Dichtung bestimmen wird.

Nacht – offen Feld

Die Szene ist nur ein kurzes Momentbild, eine Aufblendung von Fausts vorbeieilender Hast. Auf «schwarzen Pferden» brausen er und Mephisto an dem Hochgerüst vorbei, wo Gretchen am nächsten Tag ihr Sühneopfer erleiden wird.

Faust:
Was weben die dort um den Rabenstein?
Mephistopheles:
Weiß nicht, was sie kochen und schaffen.
Faust:
Schweben auf, schweben ab, neigen sich, beugen sich.
Mephistopheles:
Eine Hexenzunft.
Faust:
Sie streuen und weihen.
Mephistopheles:
Vorbei! Vorbei!

Die sechs Zeilen sind in rhythmisierter Prosa verfaßt und bilden formal einen Übergang von der reinen Prosa des vorangegangenen Bildes zum Versmaß der Kerkerszene. Weit wichtiger ist jedoch die inhaltliche Funktion dieses Augenblicksgeschehens. Über sie sind Ansichten und Interpretationen, wie so oft, geteilt. Die am häufigsten vertretene Auffassung will das Bild bloß als Projektion von Fausts aufgeregter Phantasie verstehen. So etwa Reinhard Buchwald:

«Auch diese Szene gilt ganz und gar Faust, seiner Verzweiflung und Angst um Gretchen. Aus seiner geängsteten Seele steigt auch die Vision am Rabenstein auf, wobei, wie immer beim jungen Goethe, äußere Gegenständlichkeit und innere Bildhaftigkeit ineinanderwirken.» (1)

Interpreten, die dem Geschehen Objektivität einräumen, divergieren wiederum dahingehend in ihrer Meinung, daß die einen den Worten Mephistos Glauben schenken und in den «schwebenden Gestalten» tatsächlich eine «Hexenzunft» erblicken, andere dagegen in ihnen «Engel» sehen wollen. Wie meistens bei derartigen Meinungsunterschiedlichkeiten birgt jede Auffassung eine Teilwahrheit in sich, ohne den Geistgehalt an seinem Kern zu ergreifen. So genügt es nicht, bloß von Fausts erhitzter Phantasie zu sprechen, obwohl sein Erlebnis sehr wohl mit den Phantasie-Kräften zu tun hat. Denn es handelt sich nicht um eine, aus seelischer Erregung erfließende visionäre Phantastik, sondern um eine Lockerung, die Faust zu einer exakten Imagination führt, ähnlich, wie es die Erscheinung Gretchens am Ende der «Walpurgisnacht» war. Damit aber ist indirekt auch die Frage nach dem Wesen dieser Gestalten beantwortet. Es ist zwar richtig, daß Hexen es lieben, Richtstätten aufzusuchen, und das mythologisierende Volksbewußtsein sprach von Blitz- und Wetterhexen, die teuflische Asche über die Felder streuen, doch dürfte diese Sicht hier kaum für Faust zutreffen. Vielmehr ist es tatsächlich wie bei dem entscheidenden Walpurgisnacht-Erlebnis: Faust gewahrte Gretchen, Mephisto wollte die Medusa erblickt haben. Jeder erlebt, wozu er bereit ist und was ihm sein inneres Gestimmt-Sein ermöglicht. So auch hier: für Faust offenbaren sich Engelwesen, die «weihen und schweben»; Mephisto sieht eine Hexenzunft. Ist er ja auch nach wie vor bemüht, Faust von einem Aufblicken zu höheren Sphären abzuhalten. Er ist weiters der Überzeugung, daß Gretchen «gerichtet» ist, d. h. daß sie ihm überantwortet wird. In seiner Sicht können es daher nur ihm vertraute Geister sein, die hier «kochen und schaffen». In dieser mephistophelischen Perspektive würde die ganze Szene jedoch eine bloße Wiederholung jener Mahnung an Gretchens irdisches Schicksal bedeuten, die Faust auf dem Brocken bereits durch die Imagination der Gretchen-Gestalt hinreichend erfahren hat. Ein Dichter wie Goethe wiederholt sich aber in solch markanten Geschehnissen nicht. Sieht man das «Neigen» und «Beugen» dieser Geistgestalten jedoch als einen «Weiheakt» guter Mächte an, dann heißt dies, daß hier der Schuldlos-Schuldigen eine Opferstätte bereitet wird, auf der Tod nicht Vollstreckung, sondern Rettung bedeutet. Und dieses «Erschauen» entringt sich Fausts höherer Wesensnatur.

Kerker

«Mich faßt ein längst entwohnter Schauer,
Der Menschheit ganzer Jammer faßt mich an.»

Für Goethe bedeutet dieser «Schauer» eine Hinneigung zum «stillen, ernsten Geisterreich» (Zueignung!), zum Unvergänglichen des Menschen, nach dem sich sehnend seine Seele erhebt. Faust kann in diesem «Schaudern» noch nicht «der Menschheit bestes Teil» (II., 1. Akt, Rittersaal) erkennen, noch hat er den Kelch der Leiden nicht bis zur Neige geleert. Er, dessen Selbst sich zum Menschheits-Selbst geweitet hat, erbebt vor dem Kommenden; Furcht vor dem Wiedersehen läßt ihn zaudern, die schwere Kerkertüre zu öffnen. Da dringt Gretchens Stimme an sein Ohr. Es ist ein schlichter, volksliedhafter Gesang, der ihm aus der Zelle entgegentönt. Mit einzigartigem Dichtergriff faßt Goethe in den wenigen Versen die Quintessenz des Märchens vom Machandelbaum darin zusammen und rückt die Szene damit von Anfang an in die Sicht von Symbolik und Metaphorik. Bereits 1775 – im «Urfaust» – finden sich diese Märchenverse vom getöteten Kind, dessen Knochen sich zu einem scheuen Vogel wandelten; aber kaum ein Zeitgenosse achtete darauf. Die Nachwelt staunte zwar, wie sich darin *«Erlebtes, Kindliches, Magisches und Märchenhaftes» (1)* vermischen würde und bewunderte den künstlerischen Instinkt des Dichters, der tiefere Sinn jedoch blieb eigentlich auch ihr verborgen.

«Meine Mutter, die Hur',
Die mich umgebracht hat!
Mein Vater, der Schelm,
Der mich gessen hat!
Mein Schwesterlein klein
Hub auf die Bein',
An einem kühlen Ort;
Da ward ich ein schönes Waldvögelein;
Fliege fort, fliege fort!»

«Kein Satz des Sinns», so schreibt Erich Trunz, *«könnte so sehr wie der Wahnsinn diese reine Symbolik der Bilder und Klänge erreichen... Die Sicherheit und Selbständigkeit des Griffs und die Fülle der Weltkenntnis bleibt immer wieder bewundernswert.» (1)*

Da das Märchen erst 1808 in der von dem Maler Ph. O. Runge aufgezeichneten niederdeutschen Fassung im Druck erschienen ist, der «Urfaust» aber längst geschrieben war, muß Goethe es unmittelbar aus dem Volksmund gekannt und seinen Inhalt als so tiefgründig für Gretchens Schicksal empfunden haben, daß er es zur «ideellen» Pforte ihres Kerkers machte.

Auch Reinhard Buchwald betont die ergreifende Wirkung dieses Liedes, *«weil es nur ein ganz kindlicher Mensch» (2)* singen könne; die Beziehung zu Gretchens Schicksal mutet ihn geradezu *«unheimlich»* an, doch zeigt auch er die Parallelität im Konkreten nicht auf. Wir werden sie im Miterleben dieser letzten Szene darzustellen versuchen.

Wenn Erich Trunz vom *«Wahnsinn»* Gretchens spricht, so hat er damit nicht das übliche Krankheitsbild des Irreseins vor Augen. Gretchens Sinne sind wohl zerrüttet und verwirrt, doch diese «Geistesverwirrung» bedeutet gleichzeitig *«Hellsichtigkeit»*, wie es E. Trunz treffend formuliert. Damit sieht er in Gretchens «Wahnsinn» ein ähnliches Element wirksam, wie es Richard Wagner im *«Wahnvermögen»* des Menschen erkannt hat. Für Wagner ist dieses Wahnvermögen in seiner höchsten Potenz gleichbedeutend mit einem *«aus dem normalen Verstandesdenken herausgehobenen Wahrnehmungsvermögen»*, ist ein *«Empfangen höherer Wahrheit». (3)* Solche wahnverklärte Vorstellungen aber sind nach Wagners Überzeugung nur *«demjenigen zu eigen, der Entsagen und Leiden wirklich ausübt». (3)*

Mit Einbeziehung dieser Sicht haben wir Gretchens Sinnesverrückung in zwei Perspektiven zu verstehen: sie ist Gnade und Erleuchtung. Gnade, da ihr die Bewußtseinstrübung die Ängste und Schmerzen mildert, denen sie mit voller Wachheit unbarmherzig ausgesetzt wäre; Erleuchtung, weil dieser «Wahn» sie auf eine Ebene des Geistes emporhebt, auf der sie das «Wesentliche» erfaßt.

Darin liegt aber auch gleichzeitig der eigentliche innere Vorgang der Szene. Faust muß mit diesem *«Irrwahn»* Gretchens ringen, meint R.

Buchwald, er muß sie seelisch frei machen, um sie auch äußerlich befreien zu können. Aber dies ist nur ein Teil des Vorganges. Gewiß muß er sie ins wache Tagesbewußtsein zurückholen, soll die Befreiung gelingen. Er muß sich aber auch gleichzeitig der in diesem «Irrwahn» verborgenen Hellsichtigkeit gegenüberstellen – ihrem Erkennen der wahren Wesenszusammenhänge –, und diese Konfrontation läßt Faust deutlich fühlen, daß er sie mehr und mehr verliert. Denn Gretchens anfängliche Todesfurcht, ihr Grauen und Entsetzen, weichen in immer stärkerem Maße dem Wissen um eine tiefe Verbundenheit mit der göttlichen Welt. In diesem sich Loslösen von jenem Faust, der Mephisto als seinen unentbehrlichen Begleiter hat, und in der damit verbundenen Absage an alle irdischen Sinnesbande ihrer Liebe, liegt die innere Dramatik dieser Szene.

Wenn Faust den Kerker betritt, vermeint Gretchen, der Henker sei es, um sie zum Richtstuhl zu führen.

«Weh! Weh! Sie kommen. Bittrer Tod!...
Bist du ein Mensch, so fühle meine Not...
Wer hat dir, Henker, diese Macht
Über mich gegeben!
Du holst mich schon um Mitternacht.
Erbarme dich und laß mich leben!... –
Bin ich doch noch so jung, so jung!
Und soll schon sterben!»

In die Todesangst zeichnet Erinnerung ihre Bilder. Aber die Konturen fließen ineinander. Ihre Jugend, die nun so früh den Tod erleiden soll, die Schönheit, die ihr zum Verderben gereichte, der Freund, der einst so nahe war und jetzt so ferne weilt –, alles steigt auf in ihrer Seele, wird deutlich, verblaßt, um schließlich ganz den Zusammenhang mit der Wirklichkeit zu verlieren.

«Laß mich nur erst das Kind noch tränken.
Ich herzt' es diese ganze Nacht;
Sie nahmen mir's um mich zu kränken,
Und sagen nun, ich hätt' es umgebracht.
Und niemals werd' ich wieder froh.»

Der neu aufblühende Schmerz hebt sie wieder zur Märchen-Imagination empor, erspart ihr wachbewußtes Leiden.

«Sie singen Lieder auf mich!
Es ist bös von den Leuten!
Ein altes Märchen endigt so,
Wer heißt sie's deuten?»

Faust kniet beschwörend nieder, doch Gretchen versteht nicht den Sinn seines Kommens. Die Gebärde des Kniens kehrt ihr vielmehr den Blick nach «oben» und läßt sie die Schwelle nach dem «Drüben» fühlen, dem sie sich immer stärker erschließen wird.

«O laß uns knien, die Heil'gen anzurufen!
Sieh! unter diesen Stufen,
Unter der Schwelle
Siedet die Hölle!
Der Böse,
Mit furchtbarem Grimme,
Macht ein Getöse!»

Unbewußt nimmt ihre Wahn-Hellsichtigkeit bereits die «Scheidung» vorweg, die sie am Ende der Szene bewußt vollziehen wird. Als Faust mit dringlichem Flehen ihren Namen ruft, wachen ihre Sinne wieder auf. Sie erkennt seine Stimme, erlebt ihn an dieser Schwelle zwischen Himmel und Hölle stehend, mit jenem Adel seines Wesens, von dem einstens seine «edle Gestalt», sein «hoher Gang» kündeten und von dem sie so ganz ihre Seele erfüllt hatte:

«Er rief: Gretchen! Er stand auf der Schwelle.
Mitten durchs Heulen und Klappen der Hölle,
Durch den grimmigen, teuflischen Hohn
Erkannt' ich den süßen, den liebenden Ton.»

Fausts drängende Eile, sein auf irdische Rettung bedachter Sinn, erfaßt die Anmahnung nicht, die in ihren Worten liegt: *«Viele werden sein, die ausgestoßen werden in die Finsternis hinaus und da wird sein Heulen und Zähneklappen» (Matth. VIII.,12).* Doch Faust, wie Gretchen ihn in ihrer

Liebe erlebte, schreitet unangefochten hindurch. Bei diesem Faust findet sie Rettung:

«Er ist's! Er ist's! Wohin ist alle Qual?
Wohin die Angst des Kerkers? die Ketten?
Du bist's! Kommst, mich zu retten!
Ich bin gerettet! –»

Bei ihm will sie verweilen; und alles vergangene Glück wird neu in ihr erweckt: die Straße der ersten Begegnung, Marthens Garten, die ganze Vergangenheit wird ihr zur neu erlebten Gegenwart und läßt in ihr das Wissen um die Wirklichkeit des Augenblicks schwinden. Fausts ungeduldiges Mühen, ihr den Ernst dieser Wirklichkeit nahe zu bringen, zeitigt die gegenteilige Wirkung. Ihr Verstehen setzt neuerlich aus, sie vermischt die Worte «müssen» und «küssen» und entgleitet immer mehr den äußeren Gegebenheiten.

«Wie? du kannst nicht mehr küssen?
Mein Freund, so kurz von mir entfernt,
Und hast's Küssen verlernt?»

Indem sie das «Wahnvermögen» neuerlich überkommt, öffnen sich auch wieder die Augen der Seele:

«Warum wird mir an deinem Halse so bang?
Wenn sonst von deinen Worten, deinen Blicken
Ein ganzer Himmel mich überdrang,
Und du mich küßtest, als wolltest du mich ersticken.»

Ein erster Zweifel schreckt in ihr auf: «Und bist du's denn? Und bist du's auch gewiß?» Als «Verwirrung» verstanden, ist es ein Schwinden des wachen Erkennens; im Lichte ihrer Hellsichtigkeit jedoch bedeutet es ein Ahnen, daß der Mann, der sie von ihren Ketten befreite, doch nicht jener Geliebte ist, der unangefochten hindurchschreiten kann «durch's Heulen und Klappen der Hölle». Dann aber weicht der Zweifel dem Bekenntnis der eigenen Schuld:

«Und weißt du denn, mein Freund, wen du befreist?...

Meine Mutter hab' ich umgebracht,
Mein Kind hab' ich ertränkt.»

Seltsam muß es erscheinen, daß sie den Tod der Mutter auf sich nimmt, da die Gewissensstimme in ihr auftönt. Denn Faust war es, der ihr den Trank übergab und ihr ängstliches Fragen, ob es der Mutter auch nicht schaden würde, mit den hingeworfenen Worten beruhigte: «Würd' ich sonst, Liebchen, dir es raten?» Indem Gretchen ihre Schuld am Tode der Mutter ausspricht, wird ihr Bekenntnis zum Selbsterlebnis Fausts. Aus dem unaustilgbaren Reich der Wahrheit tönt es ihm herüber:

«Sie schlief so lange, sie wacht nicht mehr.
Sie schlief, damit wir uns freuten.»

Hinweggewischt ist alle beschönigende Vordergründigkeit und Rechtfertigung. Der Tod der Mutter trägt seine eigenen, schuldenschweren Züge. Und der Tod des Kindes?

«War es nicht dir und mir geschenkt?
Dir auch. –»

Auch dieser Tod lastet auf Faust; und vielleicht ist dieses «Dir auch» das Schlüsselwort zu einem tieferen Verständnis für die Symbolik des Märchenliedes am Beginn der Szene. Auf diese hintergründige Verwobenheit seines Geistgehaltes wollen wir jetzt näher eingehen; es wird uns manches dadurch verständlich werden.

Gretchens Lied

Das Märchen vom «Machandelboom» erzählt uns von einem an Weisheit «reichen» Manne und seiner schönen, «frommen» Frau. Ihre sehnlichste Bitte galt dem Segen eines Kindes, aber das Schicksal wollte ihnen diesen Herzenswunsch nicht erfüllen. Im Hofe vor ihrem Hause stand ein Wacholderstrauch (Machandelboom), und eines Wintertages, als die Frau vor dem Baum einen Apfel schälte, schnitt sie sich in den Finger, und Blutstropfen fielen auf den weißen Schnee. Im Anblick der roten Tropfen in dem reinen Weiß überkam sie erneut die Sehnsucht nach einem Kinde, und diesmal sollte ihre Bitte erhört werden. Die Umstände, unter denen ihr diese Erfüllung gewährt wurde, werfen ein Licht auf das Wesen des Kindes, wenn man die Metaphorik der Bilder richtig versteht.

Der Wacholder galt in ältesten Zeiten als Baum der Verjüngung, der geistigen Erneuerung. Wacholderreisig brannte auf den Opferaltären der germanischen Priester, und sein Duft stieg – gleich dem Weihrauch an christlichen Kultstätten – zu den Göttern empor. Mit dem Wacholderstrauch vor dem Hause deutet uns die Märchensymbolik somit eine «Weihestätte» an, und alles was sich dort vollzieht, muß in der Transparenz zum Übersinnlichen verstanden werden.

Die «fromme Frau» – es ist die Menschenseele damit gemeint – schält im Winter, wo alles äußere Leben erstorben ist, jene Frucht, die Symbol für den Paradiesessturz der Menschheit ist: sie löst den Apfel aus seinen Hüllen. Der Apfel vom Baum der Erkenntnis hat dem Menschen sein Selbstbewußtsein gebracht. Das Bild der schälenden Frau zeigt auf, wie die Seele ihr eigenes Wesen aus den Schalen herauszulösen sucht. Wie auch immer man diesen Weg der Selbstfindung beschreiten mag, er bedeutet in jedem Falle einen «Schnitt» in das dem Irdischen verbundene Leben. Faust hat es in seiner Waldeinsamkeit erfahren, Gretchen durchleidet es in ihrer Liebe.

Wenn Blutstropfen aufleuchten im weißen Schnee, kann uns dieses Märchenbild ein Wahrzeichen dafür sein, daß eine innere Entwicklung der

Seele ihren Anfang genommen hat. Bei dieser Tätigkeit also überfällt die Mutter erneut mit Macht die Sehnsucht nach einem Kinde. Und wenn diese Bitte nunmehr Erfüllung findet, dann spricht das Märchen auch hier in seiner Bildsymbolik: das Kind, das aus «Weisheit» und «Frommheit» geboren wird, das den «reichen» Mann und die «fromme» Frau zu Eltern hat, ist das «Geisteskind» im «Seelenschoß», das in der Seele aufkeimende «Ich» –, der «kleine Junge», wie es das Märchen ohne besondere Namensgebung bezeichnet. Dort aber, wo das wahre Ich geboren wird, sind auch Opfer zu erbringen: die Frau stirbt bei der Geburt des «kleinen Jungen». Allein der Mensch gehört zwei Welten an. Wer hätte dies eindringlicher erfahren müssen als Faust. Der Mensch muß auch mit der Sinneswelt leben, die ihm zur «zweiten Frau» wird. Dem wahren Ich kann sie jedoch immer nur «Buhlschaft» und «Stiefmutter» sein, die auf sein Verderben sinnt. Als der Knabe von der Schule heimkommt, gerät er ins «Stellholz»: die Stiefmutter führt ihn zur Bodenkammer, heißt ihn Äpfel aus der Kiste nehmen und da er sich hineinbückt, läßt sie den schweren Deckel zufallen.

«Wer aber eins von diesen Kleinen ins Stellholz lockt – (bei Luther: ‹wer aber ärgert dieser Geringsten einen›), dem wäre besser, daß ihm ein Mühlstein an seinen Hals gehängt würde.» (Matth. XVIII, Vers 6)

In der Übersetzung von Emil Bock: *«Wer aber das innere Werden dessen stört, was im Menschen durch den Glauben an mein Ich zart aufkeimt, ihm wäre es besser, man legte ihm einen Mühlstein um den Hals und versenkte ihn damit in die Tiefen des Meeres.»*

Dem heimkehrenden Vater setzt sie den getöteten Knaben als Gericht vor, und er, der anfangs so traurig bei Tische saß, wird während dieser Mahlzeit immer froher und froher; es schmeckt ihm, «als ob alles sein wäre».

Hier knüpfen sich bereits die ersten Fäden zu Faust und Gretchen. Beide Märchenebenen, die sinnliche wie die übersinnliche, birgt ihre Liebe. Auch Faust ist der an Wissen «reiche» Vater, Gretchen die «fromme» Seele. Das Kind dieser Liebe sollte ein «Geisteskind» werden. In Gretchens Seele wurde es geboren, da sie sich erfüllen ließ von dem hohen Menschenadel seines Wesens. In Faust keimte es zart auf, als er in der Einsamkeit Gott und Welt im eigenen Busen erstehen fühlte.

Doch der Mensch muß auch mit der Sinneswelt leben, sagten wir. Faust ist nicht nur ein geistiger Vater für alles, was in Gretchens Seele an «Gutem» und «Lieben» erblühte, und Gretchen blieb nicht allein die «fromme Seele». Sie ist dem irdischen Vater ihres Kindes auch die «liebe Buhle» geworden. Und so handelt sie gleich der Stiefmutter und tötet ihr Kind: «Meine Mutter, die Hur', / Die mich umgebracht hat!»

Wie aber ist das zweite Verspaar: «Mein Vater, der Schelm, / Der mich gessen hat!» in bezug auf Faust zu verstehen? Das Kind, so sagte Gretchen, war auch ihm geschenkt. Hat er es nicht ebenso unbekümmert verzehrt, wie der Vater des Märchens? Was will überhaupt dieses grausige, aber uralte Tantalidenbild ausdrücken? Der Passionsweg dieses Geisteskindes, das den Zauber unserer Kindheit bewirkt, beginnt in der «Schule», wo es allein dem Erdenverstand überantwortet wird, den es dort zu entwickeln lernt. Und wenn es heimkehrt von diesen «Lehrjahren» in sein irdisches Haus, ist es dem Tode verfallen. Auf dem Leidensweg durch die irdische Welt verblaßt der lebendige Geist in uns und wird zum leblosen Gedankenschatten; als tote Knochenreste des Erdenverstandes werden sie achtlos vom Vater unter den Tisch geworfen. Allein die lebendige Kraft des Geistes ist uns als «Himmelslicht» unverlierbar einverwoben. Wir haben «Fleisch» und «Blut» dieses Geisteskindes unbewußt als Nahrung uns einverleibt. Und wie im Mark der toten Knochen das Blut als Träger neuen Lebens entsteht – man denke an Gretchens Gebet vor dem Andachtsbild im Zwinger –, so können auch die toten Gedanken ihre Auferstehung erfahren, wenn sie wieder in Berührung gebracht werden mit den Gemütstiefen der verstorbenen «Mutter». Im Märchen vollzieht dies die Stiefschwester des Knaben, d. h. der Teil, der an die Sinne gebundenen Empfindungswelt, der um den Verlust der Bruderseele trauert. Marlenchen nennt ihn das Märchen, und läßt in diesem Namen die Büßende – Maria Magdalena – hindurchtönen. Sie ist es, die die Knochenreste sammelt und in ein Seidentüchlein gehüllt, hinausträgt zum Wacholderstrauch, unter dem die Mutter des Knaben begraben ist. Und wie ein Phönix aus der Asche erheben sich die toten Gedanken als scheuer Vogel empor zu lebendiger Geistigkeit.

«Mein Mutter die mich schlacht,
Mein Vater der mich aß,

Mein Schwester der Marlenichen,
Sucht alle meine Benichen,
Bindt sie in ein seiden Tuch,
Legt's unter den Machandelbaum.
Kywitt, kywitt, wat vör'n schöön Vagel bün ik!»

Stellen wir Gretchens Lied dem Märchentext zur Seite, zeigt sich, daß Goethe den ganzen Sinngehalt des Märchenliedes in seine Dichtung aufgenommen hat. Die Bedeutung ist nach all dem Gesagten nicht schwer zu erkennen. Die in Faust tief verborgenen Kindheitskräfte, denen er keinen Glauben schenken kann, hätten durch die Liebe zu neuem Leben erweckt werden können. Sein großer Monolog in «Wald und Höhle» war uns dafür Zeugnis. Aber Gretchen ist ihm immer nur «liebe Buhle» geblieben, nie «fromme» Seele geworden; er konnte über den Reiz der Sinne nicht siegen, und die Schätze der Kindheit sanken in die unbewußten Tiefen hinab, ertranken in den trüben Wassern der leidenschaftlich durchwühlten Seele. Ahnungslos hat er sein eigenes Kind als Opferspeise verzehrt.

Die Liebe der «namenlosen Büßerin» aber wird jenseits der Schwelle wirken und um das Erwachen dieses Geisteskindes flehen. So wird es uns in zarten Regungen als «Knabe Lenker» und «Euphorion» im zweiten Teil der Dichtung entgegentreten. ---

Kehren wir zur eigentlichen Szenenhandlung zurück. Gretchens wahnerfüllte Hellsichtigkeit läßt uns die Ereignisse immer transparenter werden. Für Fausts Mahnung «Laß das Vergangene vergangen sein», hat sie kein Ohr. Sie greift immer weniger den Sinngehalt seines Drängens und Warnens auf. Nur einzelne Worte sind es, die sie erfaßt und in ihrem Wahnbewußtsein weiterspinnt. Angst für das Leben des Geliebten, Sorge um das Grab der Mutter, des Bruders, und die Bitte, ihr das tote Kind in den Arm zu legen –, es ist wie ein nochmaliges Durchleiden des Schmerzensweges ihres Schicksals.

«Und das Kleine mir an die rechte Brust.
Niemand wird sonst bei mir liegen!
Mich an deine Seite zu schmiegen,
Das war ein süßes, ein holdes Glück!»

Mit diesen Worten kehrt sie sich von der Vergänglichkeit dieser Erdenwelt ab, wendet den Blick dem Ewigen zu. Ein plötzliches Gefühl der Entfremdung drängt sich ihr auf:

«Mir ist's, als müßt' ich mich zu dir zwingen,
Als stießest du mich von dir zurück;
Und doch bist du's und blickst so gut, so fromm.»

Die Lösung von den früheren Bindungen läßt sie das «Wesentliche» immer deutlicher erkennen.

«Ich darf nicht fort; für mich ist nichts zu hoffen.
Was hilft es fliehn? Sie lauern doch mir auf,
Es ist so elend, betteln zu müssen,
Und noch dazu mit bösem Gewissen!
Es ist so elend, in der Fremde schweifen,
Und sie werden mich doch ergreifen!»

Ihr Zurückweisen der Flucht heißt Bereitschaft zur Sühne. Sie will nicht mit «bösem Gewissen» leben. Das irdische Gericht, das ihr den Tod bringen wird, hört auf seine Schrecknis zu haben; denn es bringt ihr gleichzeitig die Möglichkeit der Sühne vor Gott. So wird ihr der Kerker immer deutlicher zum «heiligen Ort». Ihr Flehen, Faust möge sein «armes Kind» retten – eine Mahnung, die sich uns erst aus dem Sinngehalt des Märchens in ihrer ganzen Tiefe erschließt – läßt sie noch einmal Bilder der Vergangenheit schauen: den Teich, in dem sie ihr Kind ertränkte, die tote Mutter und auch die glücklichen Zeiten in den Armen des Geliebten. Faust, der erkennen muß, daß kein «Flehen» und «Sagen» hilft, will sie gegen ihr Sträuben aus dem Kerker tragen. Da aber bekommt die Wand, die schon längst zwischen ihnen erstanden ist, ihre klaren und für Faust unverrückbaren Konturen:

«Laß mich! Nein, ich leide keine Gewalt!
Fasse mich nicht so mörderisch an!
Sonst hab' ich dir ja alles zu Lieb' getan.»

Verzweifelt mahnt Faust sie zum Entschluß. Schon graut der Morgen.

Gretchen schaut diesen letzten Tag, der für sie anbricht und den sie als ihren «Hochzeitstag» ersehnt hat.

«Tag! Ja es wird Tag! der letzte Tag dringt herein;
Mein Hochzeittag sollt' es sein!
Sag niemand, daß du schon bei Gretchen warst.
Weh meinem Kranze!
Es ist eben geschehn!
Wir werden uns wiedersehn; ...»

Es wird ein Wiedersehen jenseits dieser Erdenwelt sein. Und wie von «drüben» blickt sie auf diesen letzten Tag herunter mit all seinem Schrekken, den er ihr bringen wird.

«Die Glocke ruft, das Stäbchen bricht.
Wie sie mich binden und packen!
Zum Blutstuhl bin ich schon entrückt.
Schon zuckt nach jedem Nacken
Die Schärfe, die nach meinem zückt.
Stumm liegt die Welt wie das Grab.»

Der «Menschheit ganzer Jammer» formt sich zum Ruf des Verzweifelten: «O wär' ich nie geboren!» Ein Flehen, das seit Sophokles das Wissen um die namenlose Tragik irdischen Menschseins immer wieder zum Ausdruck brachte. Und nochmals sei es wiederholt: während sich Gretchens Bewußtsein gnadenvoll trübt und nicht ganz eintaucht in die realen Schrecken des Geschehens, erlebt Faust alles in grausamer Wirklichkeit. Man könnte sogar noch eindringlicher sagen: Faust erleidet den Schmerz des anderen verbunden mit der Gewissensqual, selbst der Verursacher dieses Schmerzes gewesen zu sein. Ein Erlebnis, wie es der Seele bevorsteht, wenn sie den vergänglichen Erdenleib abgelegt hat; Vorahnung eines nachtodlichen Fegefeuers.

Da erscheint Mephisto und drängt zur Flucht. Es ist der Augenblick, in dem für Gretchen der «Himmel» alle Bindungen zu dem irdischen Geliebten überflügelt. Aus dem Boden, unter dessen Schwelle die «Hölle siedet», sieht sie ihn aufsteigen. «Was will der an dem heiligen Ort?» Wenn nicht schon vorher, dann müßten in uns hier die letzten Zweifel schwinden, daß die Stimme im Dom nicht Gretchens Gewissen war, sondern tatsächlich ein «Böser Geist». Denn nicht von der Angst vor Verdammnis ist ihr Herz erfüllt. Voll Vertrauen überantwortet sie sich der göttlichen Gnade.

«Gericht Gottes! dir hab' ich mich übergeben! ...
Dein bin ich, Vater! Rette mich!
Ihr Engel! Ihr heiligen Scharen,
Lagert euch umher, mich zu bewahren!
Heinrich! Mir graut's vor dir.»

Der Tag des Gerichts wird ihr zum «Hochzeitstag» mit der göttlichen Welt. Sie geht ein in ihren eigensten Wesensbereich. Mephisto jedoch glaubt sein teuflisches Spiel gewonnen zu haben. Zynisch verkündet er: «Sie ist gerichtet!» Doch aus Höhen, die kein irdischer Fuß betreten kann, tönt es ihm zurück: «Ist gerettet!» Gretchen hat dieser Stimme das Tor geöffnet. Von einem unaufgeforderten Eingreifen der geistigen Welt, wie mitunter behauptet wird, kann keine Rede sein.

Faust aber steht in diesem Augenblick zwischen beiden Gestalten wie an jener Schwelle, die Gretchens Vision erschaute. Es ist, als würden beide Bereiche um seine Seele kämpfen. Da reißt ihn Mephisto gebietend mit sich: «Her zu mir!» Die eiserne Türe fällt hinter ihnen zu. Von innen aber dringt der Ruf der Verklärten: «Heinrich! Heinrich!»

Zweimal ruft sie den Namen, da sie Faust dem Bösen folgen sieht. Ein Ruf, der Faust auf allen seinen Wegen und Irrwegen begleiten wird.

Epilog

Kritik und Kommentare haben das Ende des ersten Teiles der Dichtung mit Fragen belastet, die es notwendig machen, auch unserer Betrachtung ein Schlußwort folgen zu lassen, das zu der aufgeworfenen Problematik aus unserer Sicht Stellung bezieht.

Dieses Ende unterscheidet sich von der Urfaust-Fassung inhaltlich durch die «Stimme von oben», die über Gretchens nachtodliches Schicksal ein eindeutiges Urteil spricht: «Ist gerettet!» Man hat dieses direkte und «unaufgeforderte» Eingreifen einer übernatürlichen Macht als stilistischen Mißgriff verurteilt. Völlig zu unrecht will uns scheinen. Denn die «Aufforderung» ist hier ebenso gegeben, wie etwa bei der Erscheinung des Erdgeistes oder den Geschehnissen am Brocken. Gretchen hat Mephisto voll und ganz durchschaut und sich von seinem Bereich bewußt geschieden. Was in der Gartenszene noch instinktives Erfühlen war, ist im Kerker klare Erkenntnis geworden. Sogar ihre Liebe zu Faust hat sie als Opfer in diese Scheidung geworfen. Die Worte: «Dein bin ich Vater! Rette mich!», lassen keinen Zweifel zu. Durch diese Bewußtseinstat hat Gretchen dem Himmel das Tor zu ihrer Seele geöffnet. Bezieht man weiters die Tatsache mit ein, daß am Anfang der Szene das Lied aus dem Märchen vom Machandelbaum steht mit seiner Botschaft von Tod und Auferstehung: «Da ward ich ein schönes Waldvögelein;/Fliege fort, fliege fort!» dann wächst das Ertönen der Stimme aus jenen Sphären, wohin sich das «Vöglein» emporschwingt, organisch und selbstverständlich aus den Geschehnissen heraus. Zu denken, das zweimalige Rufen des Namens ihres Geliebten sei als ein Zurückrufen zu verstehen, als Wunsch nun doch befreit zu werden, ist absurd. Goethe hat bei der ersten Weimarer Aufführung am 29. August 1829 den Worten Mephistos: «Her zu mir!» einen Chor sprechen lassen, der statt des zweimaligen Rufes: «Heinrich! Heinrich!» erklang, und keinen Zweifel läßt über den Sinn jener «Stimme von oben»:

«Im Wolkenschoß gebettet!
Im Wolkenschoß gebettet!

Heran! Heran!
In Engelsarmen
Entsühnt zu erwarmen!
Find Erbarmen,
Erbarmen, Erbarmen!»

An eine Umkehr zu irdischen Wünschen ist nicht zu denken. Gretchen nimmt ihren Tod als Sühne auf sich; aber was äußerlich als Vernichtung erscheint, ist in Wahrheit die Gewinnung des Unverlierbaren ihres Wesens.

Und Faust? Ist Mephistos gebieterisches «Her zu mir!» wirklich gleichbedeutend mit der Aussage des alten Volksstückes: «Fauste, in aeternum damnatus est»? Wie könnte Goethe dies gedacht haben, da Grundzüge des zweiten Dramen-Teiles längst festgelegt waren? Wohl muß Faust im Augenblick der widergöttlichen Macht folgen, da sie in ihm noch zwingend wirksam ist. Allein die Frage einer endgültigen Verdammnis hängt ja nicht von dieser augenblicklichen Bewußtseins- und Seelenreife ab. Sie wurzelt vielmehr in den Worten des «Herrn»: «Es irrt der Mensch, solang' er strebt.»; und sie basiert ferner auf den Paktworten: «Werd' ich beruhigt je mich auf ein Faulbett legen, / So sei es gleich um mich getan!» In dem unentwegten Ergründen, in dem nie erlahmenden Streben nach Erkenntnis sind alle großartigen, wie furchtbaren Taten geschehen, die Faust «irrend» begangen hat. In einer ununterbrochenen Kette von Ereignissen wurde uns vor Augen geführt, wie sich die «zwei Seelen» in seiner Brust immer mehr und mehr voneinander entfernt haben. Dem Trank in der Hexenküche, der Verführung Gretchens, dem Tod der Mutter, der Ermordung des Bruders, der schwarzen Magie der Walpurgisnacht und der umnebelnden Bewußtseinstrübung durch das Brocken-Theater, stehen die Anrufung des Erdgeistes, der Auferstehungschor, Osterspaziergang, der reine Auflaut seines Herzens beim ersten Betreten von Gretchens Kammer entgegen, die Selbstbesinnung in «Wald und Höhle», die immer eindringlichere Erkenntnis vom Wesen des Widersachers, das Befreien aus den magischen Fesseln der Walpurgisnacht und schließlich, im niederschmetternden Erleben der begangenen Untaten, das sich Weiten seiner Seele zum Mit-Erleiden menschheitlicher Schicksalsnot. Deshalb hat das

Wort des «Herrn» nach wie vor absolute Gültigkeit. Sollte er seinen «Knecht», der ihm immer noch «verworren dient» abberufen? Dann wäre die ganze Problematik des «Prologs», die Frage nach der Güte der Schöpfung unwiderruflich negativ beantwortet. Davon kann keine Rede sein.

Und Mephisto? Wohl zwingt er Faust ihm zu folgen, allein er ist weit entfernt mit «Triumph aus voller Brust» zu prahlen. Mußte er sich doch Stück für Stück seiner Geheimnisse abringen lassen, mußte sich demaskieren, das «Böse» zu erkennen geben. Denn Faust hat den Widersacher in der menschlichen Seele mehr als genug erfahren und erkannt. All das nimmt Faust freilich die Schuld nicht ab, die auf ihm lastet. Er vermochte nicht so unangefochten zwischen «Himmel und Hölle» hindurchzuschreiten, wie Gretchen es erhoffte. So bleibt die Frage bestehen, wie Faust mit dieser Schuldenlast im Sinne des «Herrn» überhaupt weiter wirken kann. Diese Möglichkeit aufzuzeigen dürfte wohl zu den schwierigsten Problemen für den Dichter gezählt haben. Der Beginn des «zweiten Teiles» wird diese Problematik aufgreifen. Der Keim ihrer Beantwortung liegt jedoch bereits im gegenwärtigen Augenblick, in welchem die Fülle der Schuld Faust zwar unwiderruflich an Mephisto bindet, sie aber gleichzeitig in ganzer Schwere für ihn erkennbar wird. Schuld und Erkenntnis wird ein Kernpunkt dieser Problematik sein. In seinem Schuldig-Werden lernte Faust die Wirkenskraft des Bösen in der eigenen Menschennatur kennen. Wie dieses Böse außerhalb der menschlichen Seele als objektive Weltenkraft wirksam ist, dies wird das wichtigste Kriterium seines kommenden Erkenntnisweges sein. Darin aber wird auch die Lösung der Schuldfrage liegen.

Literatur-Verzeichnis

Goethe, J. W. v.:

Briefe

Dichtung und Wahrheit

Gespräche mit Eckermann

Buchwald, Reinhard:

Führer durch Goethes Faustdichtung, Stuttgart 1955

Stöcklein, Paul:

Wege zum späten Goethe, Hamburg 1949

Trunz, Erich:

Kommentar zu Goethes «Faust», Hamburg 1963

Zitate aus den Werken Rudolf Steiners:

PROLOG IM HIMMEL

1 Geisteswissenschaftliche Erläuterungen zu Goethes «Faust», 1. Band (im folgenden: Faustvorträge I) – Vortrag vom 19. VIII. 1916, Freiburg 1955

2 Der Mensch im Lichte von Okkultismus, Theosophie und Philosophie – 9. und 10. Vortrag, Dornach 1956

3 Faustvorträge I, Vortrag vom 4. IV. 1915

4 Welche Bedeutung hat die okkulte Entwicklung des Menschen für seine Hüllen und sein Selbst?, Dornach 1957

5 Faustvorträge I, Vortrag vom 20. VIII. 1916

6 Die Offenbarungen des Karma, 10. Vortrag, Dornach 1968

7 Das Johannes-Evangelium, 3. Vortrag, Dornach 1955

NACHT

1 Die Philosophie der Freiheit, 2. Kapitel, Dornach 1962

2 Faustvorträge I, Vortrag vom 11. IV. 1915

3 Über die Mysteriendramen, Vortrag vom 17. IX. 1910, Dornach 1962
4 Die Geheimnisse der Schwelle, 1. Vortrag, Dornach 1966
5 Wie erlangt man Erkenntnisse der höheren Welten, Dornach 1972
6 Der Seelen Erwachen, 4. Mysteriendrama, Dornach 1962
7 Faustvorträge I, Vortrag vom 11. IX. 1916
8 Faustvorträge I, Vortrag von 4. IV. 1915
9 Von Jesus zu Christus, 3. Vortrag, Dornach 1958
10 Bausteine zu einer Erkenntnis des Mysteriums von Golgatha, 3. Vortrag, Dornach 1961

VOR DEM TOR

1 Rudolf Steiner: Anthroposophische Leitsätze, Dornach 1954
2 Rudolf Steiner: Das Johannesevangelium im Verhältnis zu den drei anderen Evangelien, Dornach 1975
3 J. W. v. Goethe: Geschichte der Farbenlehre, Bern 1947
4 Rudolf Steiner: Faust-Vorträge II, Vortrag vom 30. IX. 1916, Freiburg 1956
5 Gustav Schwab: Die schönsten Sagen des klassischen Altertums, bearbeitet von Kurt Eigl, Wien 1955
6 Rudolf Steiner: Die geistigen Wesenheiten in den Himmelskörpern und Naturreichen, Dornach 1960
7 Friedrich v. Schiller: Über die aesthetische Erziehung des Menschen
8 Rudolf Steiner: Die Geheimwissenschaft im Umriß, Dornach 1955
9 Rudolf Steiner: Die Offenbarungen des Karma, Dornach 1968
10 Rudolf Steiner: Aus der Akasha-Chronik, Dornach 1969
11 Rudolf Steiner: Die Brücke zwischen der Weltgeistigkeit und dem Physischen des Menschen, Dornach 1970
12 Rudolf Steiner: Die Evolution vom Gesichtspunkte des Wahrhaftigen, Dornach 1958
13 Oskar Dahnhardt: Natursagen

STUDIERZIMMER I

1 Friedrich v. Schiller: Über die aesthetische Erziehung des Menschen
2 Rudolf Steiner: Faust-Vorträge II, Vortrag vom 30. IX. 1916
3 Erich Trunz: Kommentar zu Goethes Faust, Hamburg 1963
4 Rudolf Steiner: Faust-Vorträge I, Vortrag vom 19. VIII. 1916
5 Rudolf Steiner: Die Brücke zwischen der Weltgeistigkeit und dem Physischen des Menschen, Dornach 1970
6 Rudolf Steiner: Das Matthäus-Evangelium
7 Rudolf Steiner: Anweisungen für eine esoterische Schulung, Dornach 1973
8 Ulrich Dunkel: Neubearbeitung von «Brehms Tierleben»
9 Oskar Dahnhardt: Natursagen
10 Rudolf Steiner: Christus und die geistige Welt, Dornach 1960
11 Rudolf Steiner: Das Johannesevangelium im Verhältnis zu den drei anderen Evangelien, Dornach 1959

STUDIERZIMMER II

1 Rudolf Steiner: Das Künstlerische in seiner Weltmission, Dornach 1961
2 Friedel Lenz: Bildsprache der Märchen, Stuttgart 1971
3 Rudolf Steiner: Faust-Vorträge II, Vortrag vom 30. IX. 1916
4 Rudolf Steiner: Das Johannesevangelium im Verhältnis zu den drei anderen Evangelien
5 Wilhelm Flitner: Goethe im Spätwerk, Hamburg 1947
6 Rudolf Steiner: Von der Initiation, Dornach 1959
7 Rudolf Steiner: Die Geheimnisse der Schwelle, 1966
8 Rudolf Steiner: Die Welt der Sinne und die Welt des Geistes, Dornach 1959
9 Rudolf Steiner: Die Brücke zwischen der Weltgeistigkeit und dem Physischen des Menschen, Dornach 1970
10 Rudolf Steiner: Faust-Vorträge I, Vortrag vom 20. VIII. 1916
11 Reinhard Buchwald: Führer durch Goethes Faust, S. 350, Stuttg. 1955
12 Rudolf Steiner: Das Rätsel des Menschen (Die geistigen Hintergründe der menschlichen Geschichte), Dornach 1964

AUERBACHS KELLER IN LEIPZIG

1 Rudolf Steiner: Faustvorträge II, Vortrag v. 3. XI. 1917, Freiburg/Breisgau, 1956
2 Ernst Beutler: Goethe, Faust und Urfaust, Leipzig 1940
3 Lothar Vogel: Der dreigliedrige Mensch, Dornach 1967
4 Konrad Lorenz: Das sogenannte Böse, Wien 1963
5 Rudolf Steiner: Natur und Mensch in geisteswissenschaftlicher Betrachtung, 2. Vortrag, Dornach 1967
6 Rudolf Steiner: Welche Bedeutung hat die okkulte Entwicklung des Menschen für seine Hüllen und sein Selbst?, Erster Vortrag, Dornach 1957
7 H. Vogel: Metamorphosen des Bösen in «Auerbachs Keller, Hexenküche und Romantische Walpurgisnacht», in: Das Goetheanum, 16. Jg., Nr. 12
8 Rudolf Steiner: Welche Bedeutung hat die okkulte Entwicklung des Menschen für seine Hüllen und sein Selbst?, Dritter Vortrag, Dornach 1957

HEXENKÜCHE

1 Friedrich Husemann / Otto Wolff: Das Bild des Menschen als Grundlage der Heilkunst, Stuttgart 1974
2 Alfred Brehm: Tierleben, 4. Band, Stuttgart 1974
3 Ernst Marti: Die vier Äther, Stuttgart 1974
4 Rudolf Steiner: Lukas-Evangelium, Dornach 1955
5 Rudolf Steiner: Geisteswissenschaft und Medizin, Dornach 1961
6 Herbert Siewecke: Anthroposophische Medizin, Dornach 1959
7 Rudolf Steiner: Faustvorträge II, Vortrag v. 3. XI. 1917, Freiburg/Breisgau 1956
8 Rudolf Steiner: Der Seelen Erwachen, 2. Bild, Dornach 1956
9 Rudolf Steiner: Christus und die menschliche Seele, Dornach 1960
10 Ernst Bindel: Die geistigen Grundlagen der Zahlen, Stuttgart 1958
11 Rudolf Steiner: Das Initiatenbewußtsein, 7. Vortrag v. 18. VIII. 1924, Dornach 1969
12 J. W. v. Goethe: Italienische Reise. 6. IX. 1787

13 Valentin Andreae: Die Chymische Hochzeit des Christian Rosenkreuz, Stuttgart 1957
14 Rudolf Steiner: Die Chymische Hochzeit des Christian Rosenkreuz, Stuttgart 1957

STRASSE

1 Rudolf Steiner: Wie erlangt man Erkenntnisse der höheren Welten, Stuttgart 1961
2 Werner Keller: Aufsätze zu Goethes «Faust I», Darmstadt 1974

ABEND

1 Rudolf Steiner: Das Johannes-Evangelium, 4. Vortrag, Dornach 1955
2 Rudolf Steiner: Das Rätsel des Menschen, Vortrag v. 28. VIII. 1916, Dornach 1964
3 Werner Keller: Aufsätze zu Goethes «Faust I», Darmstadt 1974

GARTEN

1 Rudolf Steiner: Die geistige Führung des Menschen und der Menschheit, Dornach 1925

WALD UND HÖHLE

1 Werner Keller: Aufsätze zu Goethes «Faust I», Darmstadt 1974
2 Rudolf Steiner: Die Pforte der Einweihung, Dornach 1956
3 Rudolf Steiner: Wahrspruchworte, Dornach 1961
4 Rudolf Steiner: Faustvortr. II, Vortr. v. 19. I. 1919, Freiburg/Br. 1956

MARTHENS GARTEN

1 Erich Trunz: Goethes Faust, Hamburg 1963
2 Werner Keller: Aufsätze zu Goethes «Faust I», Darmstadt 1974
3 Rudolf Steiner: Faustvorträge I, Vortrag v. 30. V. 1915, Freiburg/Br. 1955

ZWINGER

1 Reinhard Buchwald: Führer durch Goethes Faust-Dichtung, Stuttgart 1955

DOM

1 Reinhard Buchwald: Führer durch Goethes Faust-Dichtung, Stuttgart 1955

WALPURGISNACHT

1 Reinhard Buchwald: Führer durch Goethes Faust-Dichtung, Stuttgart 1955
2 Rudolf Steiner: Faustvorträge II, Vortrag v. 10. XII. 1916, Freiburg 1956
3 Erich Trunz: Goethes Faust, Hamburg 1963
4 Werner Keller: Aufsätze zu Goethes «Faust I», Darmstadt 1974
5 H. Vogel: Metamorphosen des Bösen in «Auerbachs Keller, Hexenküche und Romantische Walpurgisnacht», in: Das Goetheanum, 16. Jahrgang, Nr. 13
6 Eberhard Fuchs: Jugend-Sekten, München 1979
7 Ernst Beutler: Artemis-Gedenkausgabe, Oktober 1977
8 Carl Gustav Carus: Symbolik der menschlichen Gestalt, Hildesheim 1962

WALPURGISNACHTSTRAUM

1 Erich Trunz: Goethes Faust, Hamburg 1963
2 Reinhard Buchwald: Führer durch Goethes Faust-Dichtung, Stuttgart 1955
3 Werner Keller: Aufsätze zu Goethes «Faust I», Darmstadt 1974
4 Rudolf Steiner: Sprachgestaltung und dramatische Kunst, Dornach 1969
5 Rudolf Steiner: Die geistigen Wesenheiten in den Himmelskörpern und Naturreichen, Dornach 1960
6 Friedrich Oberkogler: William Shakespeare «Ein Sommernachtstraum», eine geisteswissenschaftliche Studie, Wien 1980

7 Fr. Th. Vischer: Goethe's Faust. Neue Beiträge zur Kritik des Gedichts, Stuttgart 1875
8 Rudolf Steiner: Faustvorträge II, Vortrag v. 10. XII. 1916, Freiburg 1956
9 William Shakespeare: Ein Sommernachtstraum, Übersetzung von A. W. Schlegel, Darmstadt 1965

TRÜBER TAG – FELD

1 Erich Trunz: Goethes Faust, Hamburg 1963

NACHT – OFFEN FELD

1 Reinhard Buchwald: Führer durch Goethes Faust-Dichtung, Stuttgart 1955

KERKER

1 Erich Trunz: Goethes Faust, Hamburg 1963
2 Reinhard Buchwald: Führer durch Goethes Faust-Dichtung, Stuttgart 1955
3 Richard Wagner: Über Staat und Religion, Ges. Schriften VIII